NEGROS DA TERRA

JOHN MANUEL MONTEIRO

Negros da terra
Índios e bandeirantes nas origens de São Paulo

2ª edição
2ª reimpressão

Copyright © 1994 by John Manuel Monteiro

Grafia atualizada segundo o Acordo Ortográfico da Língua Portuguesa de 1990, que entrou em vigor no Brasil em 2009.

Capa
Ale Kalko

Imagem de capa
Apiacás. Habitation des Apiacás sur l'Arinos, de Hercule Florence, 1828, aquarela sobre papel, 40,8 × 51,0 cm. Coleção Arquivo da Academia de Ciências (São Petersburgo). Reprodução de Claus Meyer/ Tyba.

Preparação
Marcia Copola

Índice remissivo
Otacílio F. Nunes Jr.
Probo Poletti

Revisão
Eduardo Russo
Maria Prado

Coordenação editorial
Página Viva

Dados Internacionais de Catalogação na Publicação (CIP)
(Câmara Brasileira do Livro, SP, Brasil)

Monteiro, John Manuel, 1956-2013.
Negros da terra: índios e bandeirantes nas origens de São Paulo / John Manuel Monteiro. — 2ª ed. — São Paulo : Companhia das Letras, 2022.

Bibliografia.
ISNB 978-85-359-3300-0

1. Bandeirantes e sertanistas — Brasil 2. Brasil — História — Entradas e bandeiras 3. Escravidão — Brasil 4. Índios da América do Sul — Brasil — Condições sociais 5. São Paulo (Estado) — História 6. Trabalho indígena I. Titulo.

22-103347 CDD-980-5

Índices para catálogo sistemático:
1. Brasil : índios : Escravidão : Política indigenista portuguesa : História 980.5
2. Índios : Escravidão : Política indigenista portuguesa : Brasil : História 980.5
Maria Alice Ferreira – Bibliotecária – CRB-8/7964

Todos os direitos desta edição reservados à
EDITORA SCHWARCZ S.A.
Rua Bandeira Paulista, 702, cj. 32
04532-002 — São Paulo — SP
Telefone: (11) 3707-3500
www.companhiadasletras.com.br
www.blogdacompanhia.com.br
facebook.com/companhiadasletras
instagram.com/companhiadasletras
twitter.com/cialetras

Sumário

Apresentação e agradecimentos 7

1. A transformação de São Paulo indígena, século XVI 19

   Os Tupi na Era da Conquista 21
   Contato, alianças e conflitos 34
   Jesuítas e colonos na ocupação do Planalto 43
   O contraponto jesuítico 51
   Colonos na ofensiva 63
   Conclusão 67

2. O sertanismo e a criação de uma força de trabalho 70

   A riqueza do sertão 72
   Os portugueses de São Paulo e a destruição do Guairá 84
   As grandes bandeiras e a economia paulista 94
   A reorganização do apresamento 98
   Um remédio para a pobreza? 105
   Novos rumos 113

3. O celeiro do Brasil 122

Um espaço para o desenvolvimento 123

Caminhos da agricultura paulista 140

4. A administração particular 158

A elaboração de uma mentalidade escravista 160

O uso e costume da terra 168

Colonos e jesuítas: a batalha decisiva 173

Escravos ou administrados? 181

5. Senhores e índios 189

Da sobrevivência à vivência 190

Caminhos para a integração 195

A busca de um espaço próprio 209

O conflito inevitável 215

O sentido ambíguo das fugas 222

De índio a escravo: comentários finais 229

6. As origens da pobreza rural 232

São Paulo rural, 1679: distribuição da riqueza 234

A concentração e a consolidação da riqueza 241

A difusão da pobreza rural 249

7. Os anos finais da escravidão indígena 257

Caminhos da liberdade: alforrias 259

Caminhos da liberdade: a justiça 264

Transição para a escravidão negra? 271

Notas 279

Referências bibliográficas 328

Mapas e tabelas 355

Índice remissivo 357

Apresentação e agradecimentos

Em 1651, após uma longa marcha pelos sertões, alguns remanescentes da grande expedição do mestre de campo Antonio Raposo Tavares chegaram a Belém do Pará, tão castigados por doenças, fome e ataques de índios que, segundo o padre Antonio Vieira, "os que restavam mais pareciam desenterrados que vivos". No entanto, acrescentava o mesmo padre, a viagem "verdadeiramente foi uma das mais notáveis que até hoje se tem feito no mundo": durante três anos e dois meses os integrantes da tropa haviam realizado um "grande rodeio" pelo interior do continente, embora nem mesmo soubessem por onde andavam. Perdidos na imensidão da América, só descobriram que haviam descido o grande rio Amazonas quando suas precárias e improvisadas embarcações alcançaram o entreposto militar do Gurupá, na foz do Xingu, sendo disto informados pelos estarrecidos soldados do forte.

No entanto, o que mais causou espanto em Vieira foi a aparente contradição entre tão desmedidos esforços e seus objetivos prosaicos, que tinham levado estes portugueses a atravessar tantas léguas e sofrer tantas privações para capturar a mão de obra que julgavam indispensável para o seu modo de vida. Afinal de contas, o motivo singular que havia incentivado o empreendimento era o de arrancar "ou por força ou por vontade [os índios] de suas terras e os trazer às de São Paulo e aí se servirem deles como costumam".

De certa forma, a expedição de Raposo Tavares representa algo emblemático da expansão seiscentista na América portuguesa. Apesar de muitos historiadores, seguindo Jaime Cortesão, ressaltarem a dimensão geopolítica do empreendimento, esta e tantas outras expedições de apresamento oriundas de São Paulo pouco tinham a ver com a expansão territorial. Muito pelo contrário: ao invés de contribuírem diretamente para a ocupação do interior pelo colonizador, as incursões paulistas — bem como as tropas de resgate da região amazônica e os "descimentos" dos missionários em ambas as regiões — concorreram antes para a devastação de inúmeros povos nativos. Parafraseando Capistrano de Abreu, a ação destes "colonizadores" foi, na realidade, tragicamente despovoadora.

Na época, os paulistas ficaram conhecidos na América e na Europa como grandes sertanistas, sem iguais no seu conhecimento dos dilatados sertões, na sua perseverança e coragem. Posteriormente, alguns historiadores ergueram estes sertanistas — batizando-os de bandeirantes — a proporções épicas, reconhecendo particularmente seu papel na expansão geográfica da América portuguesa. Mas, se as bandeiras paulistas passaram a ocupar um lugar de destaque na historiografia brasileira, a sociedade que se constituiu a partir destes empreendimentos ainda permanece, na verdade, pouco conhecida.

Com certeza, atrás das façanhas destes intrépidos desbravadores esconde-se a envolvente história dos milhares de índios — os negros da terra — aprisionados pelos sertanistas de São Paulo. Assim, grande parte dos estudos tem se concentrado nas peripécias dos bandeirantes, sendo que o "ciclo de caça ao índio" teria constituído apenas uma fase preliminar e mesmo de importância menor das atividades bandeirantes, na qual os paulistas teriam fornecido escravos índios para os engenhos do Nordeste açucareiro. Ao mesmo tempo, a imensa bibliografia sobre a formação da sociedade e economia coloniais tem dedicado pouca atenção ao papel do trabalho indígena. Apesar de algumas contribuições recentes terem lançado luz sobre este tema negligenciado, as principais tendências no estudo da Colônia permanecem subordinadas a um quadro teórico no qual a organização do trabalho se atém à lógica da expansão do capitalismo comercial. Nesta perspectiva, o índio — quando mencionado — desempenha um papel apenas secundário e efêmero, ocupando a antessala de um edifício maior onde reside a escravidão africana.

Negros da terra retoma a já trilhada história seiscentista de São Paulo buscando redimensionar todo o contexto histórico do fenômeno bandeirante. O ponto de partida é a simples constatação de que as frequentes incursões ao interior, em vez de abastecerem um suposto mercado de escravos índios no litoral, alimentavam uma crescente força de trabalho indígena no planalto, possibilitando a produção e o transporte de excedentes agrícolas; assim, articulava-se a região da chamada Serra Acima a outras partes da colônia portuguesa e mesmo ao circuito mercantil do Atlântico meridional. Porém, deve-se ressaltar que a dimensão e o significado do trabalho indígena em São Paulo não se limitavam à mera lógica comercial. Na verdade, praticamente todos os aspectos da formação da sociedade e economia paulista durante seus primeiros dois séculos confundem-se de modo essencial com os processos de integração, exploração e destruição de populações indígenas trazidas de outras regiões.

Nesta nova interpretação crítica da história social de São Paulo entre os séculos XVI e XVIII, as populações nativas ocupam um papel central. Ao enfocar as origens, desenvolvimento e declínio da escravidão indígena, os capítulos que se seguem procuram demonstrar que as principais estruturas da sociedade colonial na região surgiram de um processo histórico específico, no qual diversas e distintas sociedades indígenas ficaram subordinadas a uma estrutura elaborada visando controlar e explorar a mão de obra indígena.

No seu conjunto, apesar de focalizar mais especificamente a estrutura e dinâmica da escravidão indígena, este livro busca dialogar com três problemas centrais da história do Brasil: o papel do índio na história social e econômica da Colônia; o pujante mito do bandeirante; e a importância das economias não exportadoras para a formação do país. Longe de resolver estas questões, o material aqui apresentado antes visa contribuir com novos elementos para uma discussão mais ampla e crítica da dinâmica interna que se desenvolvia nos interstícios de uma economia e sociedade voltadas prioritariamente para o Atlântico.

Este livro nasceu de uma tese de doutorado defendida na Universidade de Chicago em 1985. Embora se preserve grande parte do material original da tese, a mesma foi ampliada e enriquecida durante os últimos seis anos em função de pesquisas adicionais e em deferência às críticas recebidas. Muito devo a John Coatsworth, Bentley Duncan, Friedrich Katz e Stuart Schwartz, integrantes da banca, por seus comentários e sugestões precisas, algumas das quais foram integradas a esta versão.

Agradeço às seguintes instituições, que financiaram pesquisas em arquivos portugueses, italianos e brasileiros: Center for Latin American Studies (Universidade de Chicago), Social Science Research Council, Fulbright/Hayes Commission e CNPq. Também contei com o apoio institucional do Cebrap, que generosamente me acolheu em 1991-2 como pesquisador visitante, permitindo a revisão final deste livro dentro de um rico ambiente interdisciplinar, privilégio raro para quem se acostumou com a austeridade intelectual da universidade.

Trechos deste livro apareceram em diversas publicações especializadas: *Slavery and Abolition, Estudos Econômicos, História* (Unesp), *Revista de Antropologia, Ler História, Ciências Sociais Hoje* e *Revista de História*. Sou grato aos pareceristas anônimos destas revistas por suas importantes críticas.

Inúmeras pessoas ofereceram prestimosa colaboração em diversas etapas desta trajetória. Durante minhas estadias em Portugal, contei com a valiosa assistência e companhia intelectual de Albino Marques, L. M. Andrade, Patrick Menget, Bill Donovan e Ivan Alves Filho, sendo que estes dois últimos também me acolheram no Rio de Janeiro. Entre os colegas americanos, sou grato a Martin Gonzalez, Cliff Welch, Joel Wolfe, Herb Klein, Alida Metcalf, Mary Karasch, Muriel Nazzari e Kathy Higgins, que leram e comentaram algumas partes do trabalho. Meus pais, Manuel e Madelyn Monteiro, bem como meu irmão Willy, ofereceram vários tipos de apoio em muitas ocasiões.

Em São Paulo, o grupo interdisciplinar ligado ao Núcleo de História Indígena e do Indigenismo tem proporcionado um ambiente fecundo para a discussão deste livro. Agradeço particularmente a Marta Rosa Amoroso, Beatriz Perrone-Moisés, Nádia Farage, Robin Wright, Miguel Menéndez (já falecido), Paulo Santilli, Dominique Gallois e Manuela Carneiro da Cunha. Dentre os colegas da Unesp, devo reconhecer o apoio e comentários de Luiz Koshiba, Sonia Irene do Carmo, Ana Maria Martinez Corrêa, Manoel Lelo Bellotto, Teresa Maria Malatian, Kátia Abud, Ida Lewkowicz, Jacy Barletta e Angélica Resende. Pela leitura de versões anteriores deste trabalho, sou especialmente grato a Francisco "Pancho" Moscoso, Carlos Eugênio Marcondes de Moura, Jacob Gorender, André Amaral de Toral, Luiz Felipe de Alencastro e Lilia Moritz Schwarcz, todos adiantando sugestões enriquecedoras. Contei ainda com o estímulo de Horácio Gutiérrez, José Roberto do Amaral Lapa, Bob Slenes, Lúcia Helena Rangel, Sílvia Helena Simões Borelli, Mara

Luz, Maria Odila Leite da Silva Dias, Luiz e Dida Toledo Machado, e, sobretudo, Maria Cristina Cortez Wissenbach.

Finalmente, meu maior débito é com Maria Helena P. T. Machado, por seu companheirismo e indispensável apoio intelectual, sem falar da ajuda que me prestou na tradução deste livro. Álvaro e Thomas, nossos filhos, também contribuíram, pois sem eles o trabalho teria sido bem mais rápido, porém mais pobre.

NEGROS DA TERRA

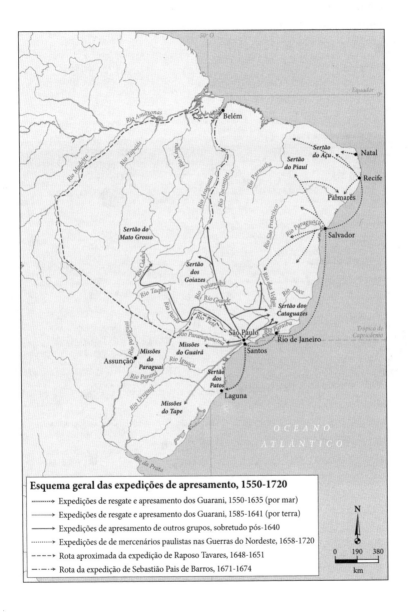

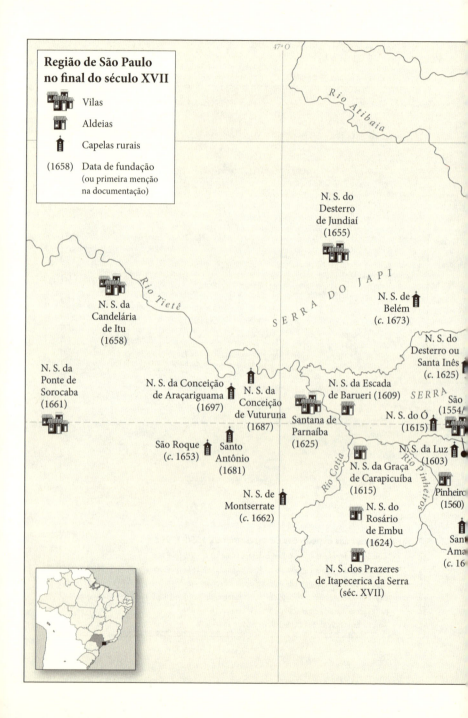

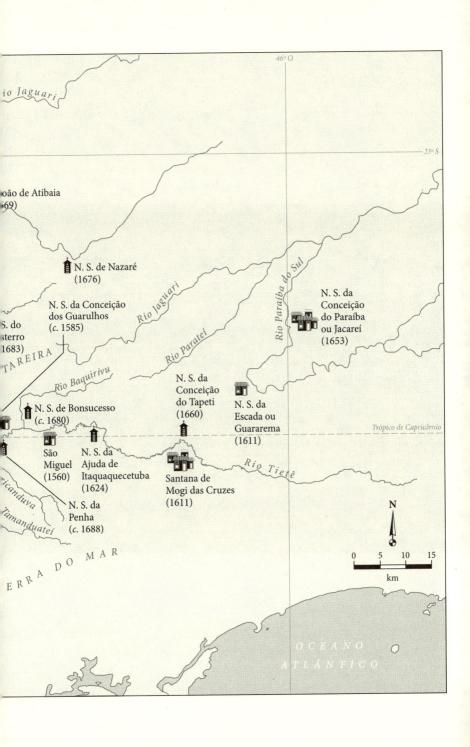

1. A transformação de São Paulo indígena, século XVI

No dia de Natal de 1562, Martim Afonso Tibiriçá perdeu sua última batalha, sucumbindo a uma das doenças infecciosas que grassavam entre os habitantes indígenas do Brasil na época. De certo modo, a vida e a morte deste importante guerreiro e chefe tupiniquim espelharam a própria marcha da expansão europeia na capitania de São Vicente no século XVI. Muitos anos antes, ele já havia incorporado a seu grupo — como genro — o primeiro branco e assistira à rápida ascensão deste como influente líder de índios e portugueses. Na década de 1530, Tibiriçá consentira na formação de uma aliança com os estranhos, certamente tendo em vista a vantagem que esta lhe proporcionaria sobre seus inimigos tradicionais. Com a chegada dos primeiros jesuítas, no meio do século, autorizara a edificação de uma capela rústica dentro de sua aldeia e permitira que os padres convertessem seu povo, ele próprio sendo o primeiro catequizado. Os jesuítas, por sua vez, expressaram sua reverência por este índio considerado exemplar sepultando-o no interior da modesta igreja de São Paulo de Piratininga.

Embora ressaltem seu papel colaborativo no estabelecimento do domínio europeu na região, os parcos dados biográficos existentes sobre Tibiriçá podem ilustrar também uma outra perspectiva. De fato, se as ações de Tibiriçá ressentiam-se de uma forte influência das demandas dos europeus, é importante lembrar que responderam antes à lógica e à dinâmica interna da organização social indígena. Além disso, mesmo figurando como protagonista na formação das relações luso-indígenas na região, Tibiriçá sofreu, ao lado dos demais integrantes da sua sociedade, as profundas crises e transformações desencadeadas pela expansão europeia. Aquilo que parecia uma aliança inofensiva e até salutar logo mostrou-se muito nocivo para os índios. As mudanças nos padrões de guerra e as graves crises de autoridade, pontuadas pelos surtos de contágios, conspiraram para debilitar, desorganizar e, finalmente, destruir os Tupiniquim.

Basicamente ignorada pela historiografia vigente, a dinâmica interna do Brasil indígena teve suficiente profundidade e densidade histórica para influenciar de maneira significativa a formação da Colônia. A importância desta dinâmica não residia apenas nas configurações econômicas e sociais que ela imprimiu nas sociedades nativas, como também nas maneiras pelas quais foi integrada à memória histórica dos povos aborígines. Neste sentido, muitas vezes foi a consciência de um passado indígena que forneceu as bases para uma ação perante a situação historicamente nova da conquista. Fortes expressões desta tendência surgiram, ao longo do século XVI, nos movimentos sociais nativos, seja nas manifestações messiânicas, seja nos movimentos de resistência armada, às vezes englobando a participação de diversas aldeias, como no caso da Confederação dos Tamoios.

Levando em consideração a dinâmica interna dos grupos tupi e o choque desta com o processo de expansão portuguesa, pretende-se, neste capítulo, avaliar a história das relações luso-indígenas no Brasil meridional do século XVI. Durante este período, as ações e reações indígenas foram contrárias às expectativas portuguesas e, como tais, pesaram de modo significativo na elaboração de uma política lusitana de dominação na região. Os portugueses, em suas relações com os índios, buscaram impor diversas formas de organização do trabalho e, em contrapartida, defrontaram-se com atitudes inconstantes que oscilaram entre a colaboração e a resistência. No entanto, das diversas formas de exploração ensaiadas, nenhuma delas resultou satisfatória e, igualmente, todas tiveram um impacto negativo sobre as sociedades indígenas, contribuindo para a desorganização social e o declínio demográfico dos povos nativos. Como consequência, os colonizadores voltaram-se cada vez mais para a opção do trabalho forçado na tentativa de construir uma base para a economia e sociedade colonial. Neste sentido, podem-se situar as origens da escravidão no Brasil — tanto indígena quanto africana — nesta fase inicial das relações luso-indígenas.

OS TUPI NA ERA DA CONQUISTA

No que consistiria esta "dinâmica interna" das sociedades tupi? Sem fazer justiça à enorme complexidade das estruturas sociais do Brasil quinhentista, podemos destacar, de forma sintética, alguns elementos constitutivos dessa dinâmica: o processo de fragmentação e reconstituição dos grupos locais, os papéis de liderança desempenhados pelos chefes e xamãs e, finalmente, a importância fundamental do complexo guerreiro na afirmação da identidade histórica destes grupos. No seu conjunto, estes aspectos dizem respeito particularmente a pontos de inflexão nas relações que se desenvolveram, posteriormente, com os europeus. Neste sentido, eles ajudam a explicar não apenas as bases históricas sobre as quais os padrões de resistência e adaptação indígenas repousavam, como também os meios pelos quais a dominação portuguesa foi possível.

Ao chegarem ao Brasil, os invasores europeus logo descobriram que grande parte do litoral bem como as partes do interior às quais se tinha mais acesso encontravam-se ocupadas por sociedades que compartilhavam certas características básicas, comuns à chamada cultura tupi-guarani. Contudo, a despeito das aparências de homogeneidade, qualquer tentativa de síntese da situação etnográfica do Brasil quinhentista esbarra imediatamente em dois problemas. Em primeiro lugar, a sociedade tupi permanecia radicalmente segmentada, sendo que as relações entre segmentos ou mesmo entre unidades locais frequentemente resumiam-se a ações bélicas. Referindo-se ao relacionamento entre grupos tupinambá e tupiniquim do Brasil meridional, Gabriel Soares de Sousa comentou: "E ainda que são contrários os tupiniquins dos tupinambás, não há entre eles na língua e costumes mais diferença da que têm os moradores de Lisboa dos da Beira".[1] Em segundo, grande parte do Brasil também era habitada por sociedades não tupi, representando dezenas de famílias linguísticas distintas.[2]

Para enfrentar estes problemas, os europeus do século XVI procuraram reduzir o vasto panorama etnográfico a duas categorias genéricas: Tupi e Tapuia. A parte tupi desta dicotomia englobava basicamente as sociedades litorâneas em contato direto com os portugueses, franceses e castelhanos, desde o Maranhão a Santa Catarina, incluindo os Guarani. Se é verdade que estes grupos exibiam semelhanças nas suas tradições e padrões culturais, o mesmo não se pode afirmar dos chamados Tapuia. De fato, a denominação "Tapuia" aplicava-se frequentemente a grupos que — além de diferenciados socialmente do padrão tupi — eram pouco conhecidos dos europeus. No *Tratado descritivo*, Gabriel Soares de Sousa confessava a precariedade do estado de conhecimento: "Como os tapuias são tantos e estão tão divididos em bandos, costumes e linguagem, para se poder dizer dêles muito, era necessário de propósito e devagar tomar grandes informações de suas divisões, vida e costumes; mas, pois ao presente não é possível...".[3] Na mesma época, o jesuíta Fernão Cardim arrolou, com certa facilidade, 76 grupos não tupi sob a classificação "Tapuia".[4] Ao que parece, a denominação representava pouco mais que a antítese da sociedade tupi, sendo, portanto, projetada em termos negativos.

De qualquer modo, o surgimento do binômio Tupi-Tapuia estava bem fundamentado, na medida em que identificava trajetórias históricas diferentes e formas de organização social distintas, fato este destacado em virtualmente todas as fontes quinhentistas.[5] Esboçando suas primeiras impressões a respeito dos índios do Brasil, o padre Manuel da Nóbrega retratou os Tapuia em termos vagos: "Há nestas terras uma geração que não vive em casas, senão nos morros e têm guerra com todos e de todos são temidos".[6] Já Gabriel Soares de Sousa, ao descrever os Guaianá, um povo jê que habitava a região de São Paulo, destacava em maiores detalhes o aparente atraso destes índios em relação aos Tupi:

> É gente de pouco trabalho, muito molar, não usam entre si lavoura, vivem de caça que matam e peixe que tomam nos rios, e das frutas silvestres que o mato dá; são grandes flecheiros e inimigos de carne humana [...] Não vive este gentio em aldeias com casas arrumadas, como os tamoios seus vizinhos, mas em covas pelo campo, debaixo do chão, onde têm fogo de noite e de dia e fazem suas camas de rama e peles de alimárias que matam.[7]

Com tais imagens superficiais e incompletas contrastavam as descrições mais elaboradas das sociedades tupi. Como veremos em maiores detalhes, estas diferenças — reais ou imaginárias — desempenhariam um papel de relevo nas relações euro-indígenas que se desenrolariam depois da chegada dos brancos. Às vezes conflituosa, às vezes pacífica, a convivência entre formas radicalmente divergentes de organização social manifestava-se em todas as partes do Brasil no século XVI. A região englobada pela capitania de São Vicente não figurava como exceção, embora se tenha suscitado uma certa controvérsia em torno da identificação dos habitantes originais do local onde foi erguida a vila de São Paulo. Ali conviviam Tupiniquim e Guaianá, estes Jê e aqueles Tupi, assim enquadrando-se rigorosamente no esquema dicotômico Tupi--Tapuia. Já invocamos as observações de Gabriel Soares de Sousa a respeito dos Guaianá; podemos acrescentar os comentários de um dos observadores mais imediatos da situação, Hans Staden. Ele diferenciava claramente os Guaianá dos Tupiniquim, descrevendo-os como habitantes da serra, que "não têm domicílio fixo, como os outros selvícolas", e destacando a caça e coleta como sua base de sustentação.[8]

De fato, a maioria dos relatos quinhentistas deixam claro que os Tupiniquim constituíam os principais habitantes da capitania de São Vicente, pelo menos até a última década do século.[9] Embora presentes no litoral, os Tupiniquim — "cuja região se estende em oitenta milhas para o interior da terra e quarenta ao longo da costa", de acordo com Staden —[10] mantinham uma importante concentração de aldeias na Serra Acima, em torno do local que seria a futura vila de São Paulo.

Embora as primeiras fontes identifiquem, através das denominações étnicas, aquilo que se pode considerar como conjuntos tribais, na verdade a aldeia representava a principal unidade da organização social dos grupos tupi. Mesmo assim, diversas comunidades podiam manter relações bastante estreitas, amarradas em redes de parentesco ou de aliança, sem que estas relações, porém, se caracterizassem enquanto unidades políticas ou territoriais mais expressivas.[11] De fato, a união entre unidades locais sofria constantes mutações decorrentes de circunstâncias históricas, uma vez que as frequentes mudanças na composição de alianças influíam no caráter e duração de laços multicomunitários. Esta mutabilidade escapou à atenção dos cronistas, que descreviam grupos de aldeias como se formassem conjuntos políticos mais abrangentes e fixos.

Quanto ao número e tamanho das aldeias tupiniquim existentes durante o século XVI, os relatos dos contemporâneos, infelizmente, pouco nos dizem.[12] Tudo indica, no entanto, que o principal assentamento tupiniquim na época da chegada dos europeus era o do chefe Tibiriçá, certamente o mais influente líder indígena da região. Nos anos de 1550, esta aldeia — conhecida pelos nomes de Inhapuambuçu e, eventualmente, Piratininga —[13] passou a abrigar a capela e o precário Colégio de São Paulo de Piratininga, instalados pelos inacianos em 25 de janeiro de 1554. Uma segunda aldeia importante no período era a de Jerubatuba, sob a chefia de Cauibi, supostamente irmão de Tibiriçá. Esta última localizava-se em torno de doze quilômetros ao sul de Inhapuambuçu, próximo ao futuro bairro de Santo Amaro. Em 1553, o aventureiro alemão Ulrich Schmidel, tendo passado alguns dias na aldeia, descreveu-a como "um lugar muito grande".[14] Finalmente, a terceira aldeia que figurava com certo relevo nos relatos quinhentistas, Ururaí, também tinha como chefe um irmão de Tibiriçá, chamado Piquerobi. Localizado seis quilômetros ao leste de Inhapuambuçu, este assentamento, mais tarde, tornou-se a base do aldeamento jesuítico de São Miguel.

Também dispomos de poucas informações sobre o tamanho dessas unidades pré-coloniais, mas, pelo que se pode apurar nos relatos, as aldeias tupiniquim possivelmente eram menores que sua contrapartida tupinambá no Rio de Janeiro, Bahia ou Maranhão, conforme as descrições detalhadas dos cronistas e missionários franceses e portugueses. Ao referir-se ao interior da capitania de São Vicente, o padre Diogo Jácome mencionou a existência de algumas aldeias com quatrocentas almas cada.[15] Já o irmão Anchieta afirmou que cada aldeia "consta só de seis ou sete casas", o que para Hans Staden seria uma "pequena aldeia".[16] Tais observações contrastam com a população frequentemente atribuída às aldeias tupinambá, estimada em torno de oitocentos a mil habitantes, embora alguns cronistas mais empolgados tenham chegado aos milhares.[17]

De qualquer modo, o que se sabe de certo é que estas aldeias não constituíam povoados fixos e permanentes, pois, após alguns anos, os grupos tendiam a mudar-se para um novo local. Na região planáltica, os primeiros jesuítas alegavam que tais mudanças ocorriam a cada três ou quatro anos, enquanto outros relatos sugerem um espaçamento maior, de doze ou mesmo vinte anos. Já no período inicial de influência jesuítica, no ano de 1557, tanto Inhapuambuçu quanto Jerubatuba viviam um processo de fragmentação. "O que é pior", comentou o padre Luís da Grã, "não vão juntos."[18]

Diversos motivos podiam contribuir para o deslocamento de uma aldeia: o desgaste do solo, a diminuição das reservas de caça, a atração de um líder carismático, uma disputa interna entre facções ou a morte de um chefe. Contudo, qualquer que fosse a razão, a repetida criação de novas unidades de povoamento constituía evento importante, envolvendo a reprodução das bases principais da organização social indígena. Neste sentido, é importante reconhecer o papel fundamental desempenhado pelo chefe na composição original e na proliferação de cada aldeia, pois a identidade histórica e política da mesma associava-se de forma intrínseca ao líder da comunidade.[19]

A emergência de unidades independentes de povoamento estava ligada à capacidade do chefe em mobilizar parentes e seguidores. Apesar de a principal fonte de autoridade do chefe provir do seu papel de liderança em situações bélicas, suas responsabilidades eram, também, atinentes à organização da vida material e social. De acordo com Gabriel Soares de Sousa, após determinar o deslocamento de uma facção, o chefe escolhia o local da nova aldeia, supervisionava a construção das malocas e selecionava o terreno para a horticultura. Ele não apenas trabalhava ao lado dos seus seguidores, como também fornecia o exemplo: "quando faz [as roças] com ajuda de seus parentes e chegados, ele lança primeiro mão do serviço que todos".[20] Este último detalhe é revelador, pois, a despeito de sua maior responsabilidade e prestígio, o chefe permanecia igual a seus seguidores na execução das tarefas produtivas. De fato, a liderança política raramente correspondia a qualquer privilégio econômico ou posição social diferenciada.[21]

Da mesma forma, os limites da autoridade dos chefes sempre permaneciam sujeitos ao consentimento de seus seguidores. Ao descrever a liderança nas comunidades tupinambá e tupiniquim, Staden comentou: "Cada um obedece ao principal da sua cabana. O que o principal ordena, é feito, não à força ou por medo, porém de boa vontade".[22] Os primeiros jesuítas, por sua vez, lamentavam com frequência a ausência de um "rei" entre os Tupi, reconhecendo que a fragmentação política servia de obstáculo ao seu trabalho. Escrevendo de São Vicente, Pedro Correia relatou que a conversão dos índios havia de ser uma tarefa muito difícil "porque não têm Rei, antes em cada Aldeia e casa há seu Principal".[23]

Esta última observação reflete a dificuldade dos europeus em identificar as fontes de autoridade política entre as sociedades indígenas. Utilizando a designação de principal, os primeiros relatos projetavam três níveis distintos de liderança política. Este termo aplicava-se aos chefes das malocas, das aldeias e às lideranças no nível supra-aldeia. Esta última categoria não aparece com muita frequência, sendo notada, geralmente, apenas no contexto da guerra, quando grupos distintos aliavam-se perante um inimigo comum. Assim, em diversas ocasiões, o chefe Tibiriçá dos Tupiniquim ou o Cunhambebe dos Tupinambá comandaram guerreiros de diversas aldeias para a batalha, cada qual adquirindo uma vasta fama de líder valente e respeitado.[24]

Embora, efetivamente, a principal fonte de autoridade repousasse na habilidade do chefe em mobilizar guerreiros, este possuía outros atributos significativos. Nota-se, como exemplo, a virtude oratória, que figurava de modo importante na formação de um grande líder indígena. Anchieta, sendo ele próprio um exímio orador, relatou com admiração a fala de Tibiriçá na ocasião da morte do jesuíta Pedro Correia.[25] De acordo com Fernão Cardim, todos os dias, antes do amanhecer, o chefe "por espaço de meia hora lhes prega, e admoesta que vão trabalhar como fizerão seus antepassados, e distribue-lhes o tempo, dizendo-lhes as cousas que hão de fazer".[26] Da mesma forma, Nóbrega, escrevendo de São Vicente, forneceu algo do conteúdo destes discursos: "cada dia antes da manhã de uma parte alta manda a cada casa o que há de fazer aquele dia, e lhes diz que hão de viver em comunidade".[27]

Além de demonstrar o papel organizativo do chefe, os comentários de Cardim e de Nóbrega indicam outro atributo não militar desta figura: o de guardião das tradições, sempre propondo que as ações futuras fossem executadas em termos daquilo que fora estabelecido no passado. Sem dúvida, a preservação das tradições foi elemento fundamental na definição da identidade coletiva, bem como na organização da vida material e social. O chefe tupinambá Japi-açu, ao ceder às pressões francesas para erradicar o sacrifício humano, explicou claramente como a tradição ditava a prática. Na ocasião, tendo sido sua vontade vetada no conselho tribal, Japi-açu comentou:

> Bem sei que êsse costume é ruim e contrário à natureza, e por isso muitas vêzes procurei extingui-lo. Mas todos nós, velhos, somos

quase iguais e com idênticos poderes; e se acontece um de nós apresentar uma proposta, embora seja aprovada por maioria de votos, basta uma opinião desfavorável para fazê-la cair; basta alguém dizer que o costume é antigo e que não convém modificar o que aprendemos dos nossos pais.[28]

Este mesmo papel — guardião das tradições — era compartilhado com os xamãs, ou pajés, que às vezes acumulavam, também, autoridade política.[29] De acordo com Évreux, na sua descrição dos Tupinambá do Maranhão, os xamãs "ocupam entre os selvagens a posição de mediadores entre os espíritos e o resto do povo".[30] Com efeito, enquanto intermediários entre o sobrenatural e o cotidiano, os xamãs desempenhavam diversas funções essenciais, tais como o curandeirismo, a interpretação de sonhos e a proteção da sociedade local contra ameaças externas, entre elas espíritos malévolos. Sua autoridade derivava principalmente do conhecimento esotérico que possuíam, resultado de longos anos de aprendizado com xamãs experientes. Referindo-se aos Tupiniquim, Nóbrega escreveu: "há entre eles alguns que se fazem santos e lhes prometem saúde e vitória contra seus inimigos".[31] A importância e prestígio dos pajés também foram enfatizados pelo chefe tupinambá Porta Grande, que contou aos jesuítas que estes "lhes davam as coisas boas, scilicet, mantimentos".[32]

Além dos pajés, residentes nas aldeias, a vida espiritual dos povos tupi-guarani era, igualmente, marcada pela eventual presença de profetas ambulantes, chamados caraíbas. Apesar de estranhos à comunidade, os caraíbas exerciam grande influência sobre os habitantes das aldeias. Segundo Nóbrega, "de certos em certos anos vêm uns feiticeiros de distantes terras, fingindo trazer santidade; e no tempo de sua vinda lhes mandam limpar os caminhos e os recebem com danças e festas segundo seu costume".[33]

Exímios oradores, estes profetas transitavam de aldeia em

aldeia, deixando uma mensagem messiânica entre os índios. Nóbrega ofereceu alguma indicação de seu recado apocalíptico:

> O feiticeiro lhes diz que não cuidem de trabalhar, nem vão à roça, que o mantimento por si crescerá, e que nunca lhes faltará que comer, e que por si virá a casa; e que os paus agudos se irão cavar, e as flechas se irão ao mato por caça para seu senhor, e que hão de matar muitos de seus contrários, e cativarão muitos para seus comeres.[34]

O discurso profético convencia aldeias inteiras a embarcarem em longas viagens em busca de um paraíso terrestre, uma "terra sem mal", onde a abundância, a eterna juventude e a tomada de cativos predominavam. Embora muitos autores busquem explicar estas migrações ora como reações messiânicas à conquista ora como manifestações do conflito inerente entre tipos de autoridade (entre o principal e o caraíba), é importante reconhecer a dimensão histórica das mesmas.[35] De acordo com Carlos Fausto, além da orientação espacial dos movimentos, redundando em deslocamentos geográficos (geralmente para o Oriente), a busca da "terra sem mal" também se assenta num plano temporal. Terra dos valentes ancestrais do passado, também figurava como o futuro destino dos bravos guerreiros que matassem e comessem muitos inimigos.[36] Com efeito, o discurso do profeta dialogava com elementos fundamentais, os quais situavam os Tupi numa dimensão histórica: movimentos espaciais, liderança política, xamanismo e, sobretudo, guerra e sacrifício de cativos.

Entre os Tupiniquim, a liderança política e espiritual atingia sua maior expressão no contexto da guerra. Nestas ocasiões, os chefes preparavam os planos de batalha e comandavam os guerreiros; os xamãs, através da interpretação de sonhos e outros signos, determinavam quando os ataques seriam mais proveitosos; e os caraíbas exaltavam o ideal guerreiro em seus discursos. Na sua longa descrição da organização social indígena, Soares de Sousa resumiu bem a posição central da guerra na sociedade tupi: "Como os tupinambá são muito belicosos, todos os seus fundamentos são como farão guerra aos seus contrários".[37]

Os primeiros relatos coloniais, apesar das diferenças que apresentam, destacam três elementos críticos que tiveram importância crucial nas relações intertribais e, posteriormente, euro-indígenas. Estes seriam: a trama da vingança, as práticas de sacrifício e antropofagia, e a complexa configuração de alianças e animosidades entre aldeias.

Na região do planalto, os Tupiniquim e seus inimigos — particularmente os Tupinambá do litoral — proporcionaram belos exemplos de guerra intestina. Ao longo do século XVI, os Tupiniquim e Tupinambá engajaram-se em frequentes escaramuças, num interminável ciclo de conflitos armados. Estes conflitos, porém, atingiram proporções gigantescas em meados do século, em decorrência das implicações coloniais da chamada Guerra dos Tamoios. Testemunhas oculares relatavam batalhas envolvendo centenas e até milhares de combatentes, na terra e no mar. Na sua descrição dos Tupinambá, Pero de Magalhães Gandavo contou: "e assim parece cousa estranha ver dous, tres mil homens nús duma parte e doutra com grandes assobios e gritos frechando huns aos outros".[38] Por sua vez, Anchieta, quando refém entre os Tupinambá, presenciou a armação de duzentas canoas para a guerra contra os portugueses, cada uma com capacidade para vinte a trinta guerreiros, além das armas e mantimentos.[39]

Certamente, as circunstâncias da Guerra dos Tamoios foram excepcionais; mesmo assim, as observações de Staden, Léry e dos jesuítas — observadores autorizados, uma vez que tinham vivido entre os índios — revelam aspectos significativos da guerra tupi no período anterior à chegada dos europeus. Todos os relatos concordavam que o motivo principal dos constantes conflitos entre grupos locais repousava na sede de vingança. "Essa gente tem arraigado no coração o sentimento da vingança", escreveu Jean de Léry.[40] Nóbrega, logo após sua chegada ao Brasil, observou: "E não têm guerra por cobiça, porque todos não têm nada mais do que pescam e caçam, e o fruto que toda a terra dá: senão somente por ódio e vingança".[41] E Staden, ao explicar "por que devoram seus inimigos", relatou diversas provocações gritadas no calor da batalha, como: "aqui estou para vingar em ti a morte dos meus amigos".[42]

Apesar do ceticismo de muitos autores modernos, a trama da vingança, na verdade, é bastante elucidativa. Ao definir os inimigos tradicionais e reafirmar papéis dentro das unidades locais, a vingança e, de modo mais geral, a guerra foram importantes na medida em que situavam os povos tupi em uma dimensão histórico-temporal. Durante sua estadia entre os Tupinambá, Jean de Léry transcreveu um interessante discurso indígena que sugeria o significado da guerra na preservação da memória do grupo local. De acordo com o mesmo, os Tupinambá mais velhos relembravam aos demais índios as tarefas tradicionais a ela ligadas:

> Nossos predecessores, dizem falando sem interrupção, uns após outros, não só combateram valentemente mas ainda subjugaram, mataram e comeram muitos inimigos, deixando-nos assim honrosos exemplos; como pois podemos permanecer em nossas casas como fracos e covardes? Será preciso, para vergonha e confusão nossa, que os nossos inimigos venham buscar-nos em nosso lar, quando outrora a nossa nação era tão temida e respeitada das outras que a ela ninguém resistia? Deixará a nossa covardia que os margaiá [maracajás ou tememinós] e os pero-angaipá [portugueses] que nada valem, invistam contra nós?

O próprio orador fornecia a resposta: "Não, não gente de minha nação, poderosos e rijos mancebos não é assim que devemos proceder; devemos ir procurar o inimigo ainda que morramos todos e sejamos devorados, mas vinguemos os nossos pais!".[43]

Assim, ao que parece, a guerra indígena fornecia um laço essencial entre o passado e o futuro dos grupos locais.[44] A vingança em si consumava-se de duas maneiras tradicionais: através da morte do inimigo durante a batalha ou através da captura do mesmo e execução posterior no terreiro. Estes últimos sofriam prolongado cativeiro na aldeia inimiga, que culminava numa grande festa, onde os cativos eram mortos e comidos. Apesar de os relatos coloniais procurarem, por motivos evidentes, equiparar cativos a escravos, a tomada de prisioneiros destinava-se unicamente a estes eventos.

De fato, o sacrifício dos cativos e a antropofagia têm provocado grande controvérsia desde o século XVI. No entanto, a ênfase exagerada na antropofagia, naturalmente repugnante às sensibilidades ocidentais, tem distorcido o complexo guerra-sacrifício. É importante notar, por exemplo, que apesar do êxito de alguns jesuítas e capuchinhos em persuadir grupos a desistirem da antropofagia, os missionários não conseguiam abafar tão facilmente o ritual de morte no terreiro. Isto sugere, mais uma vez, que a consecução da vingança — com ou sem antropofagia — constituía a força motriz da guerra indígena ao longo do litoral brasileiro.[45]

A importância do rito sacrificial estendia-se, igualmente, à esfera das relações interaldeias. A festa que marcava o fim do cativeiro foi, muitas vezes, um evento que aglutinava aliados e parentes de diversas unidades locais. Segundo Nóbrega, era a matança "para a qual se juntam todos os da comarca para ver a festa".[46] Mesmo quando a influência dos jesuítas começava a se impor entre os Tupiniquim, um grupo recusou-se a interromper "uma grande matança de escravos", a despeito dos apelos insistentes dos padres. "Escusaram-se os índios dizendo que não podia ser por estarem já os convidados todos juntos e ter já todos os gastos feitos com vinhos e outras coisas."[47]

Assim, a guerra, o cativeiro e o sacrifício dos prisioneiros constituíam as bases das relações entre aldeias tupi no Brasil pré--colonial. As batalhas frequentemente congregavam guerreiros de diversas unidades locais; em Piratininga, por exemplo, mesmo na presença dos jesuítas, os Tupiniquim hospedavam outros grupos locais na preparação de ataques contra os Tupinambá.[48] E, após as vitórias ou derrotas, aliados e parentes reuniam-se nas aldeias anfitriãs: nas vitórias, para saborear a vingança; nas derrotas, para reconstruir aldeias destruídas e recompor populações destroçadas. A dinâmica das relações entre unidades locais, expressa nos termos do conflito ou da aliança, por sua vez, forneceu uma das chaves do êxito — ou fracasso — dos europeus, na sua busca pelo controle sobre a população nativa.

CONTATO, ALIANÇAS E CONFLITOS

Ao chegar a São Vicente, os primeiros portugueses reconheceram de imediato a importância fundamental da guerra nas relações intertribais. Procurando racionalizar o fenômeno, convenceram-se de que os intermináveis conflitos representavam pouco mais que vendetas sem maior sentido; ao mesmo tempo, porém, perceberam que podiam conseguir muito através de seu engajamento com elas. Considerando o estado de fragmentação política que imperava no Brasil indígena, as perspectivas de conquista, dominação e exploração da população nativa dependiam necessariamente do envolvimento dos portugueses nas guerras intestinas, através de alianças esporádicas. Ademais, pelo menos aos olhos dos invasores, a presença de um número considerável de prisioneiros de guerra prometia um possível mecanismo de suprimento de mão de obra cativa para os eventuais empreendimentos coloniais.

Os índios, por sua vez, certamente percebiam outras vantagens imediatas na formação de alianças com os europeus, particularmente nas ações bélicas conduzidas contra os inimigos mortais. Entretanto, estes logo descobriram claramente os efeitos nocivos de semelhantes alianças. A consequente transformação da guerra, agravada pelos frequentes surtos de doenças contagiosas, trazia sérias rupturas na organização interna das sociedades indígenas. Mais importante ainda, o apetite insaciável dos novos aliados por cativos — porém não no sentido tradicional — ameaçava subverter a principal finalidade da guerra indígena: o sacrifício ritual no terreiro.

Já na primeira metade do século XVI, os Tupiniquim começaram a enfrentar estes problemas na capitania de São Vicente. Quando da chegada dos portugueses em 1531-2, eles haviam aceitado a presença europeia justamente porque esta não apresentava nenhuma ameaça ostensiva ao bem-estar indígena. Afinal de contas, as principais aldeias tupiniquim estavam localizadas em cima da serra, ao longo do rio Tietê. Além disso, encontrava-se entre os principais "guerreiros" um tal de João Ramalho, português que anos antes tinha se integrado ao grupo local chefiado por Tibiriçá. "Casado" com uma filha deste chefe, Ramalho acabou estabelecendo outra aldeia, que serviria de base para a futura vila portuguesa de Santo André da Borda do Campo.

Com toda a certeza, a aliança entre os Tupiniquim e os portugueses muito se deveu à presença de João Ramalho. Para o recém--chegado jesuíta Manuel da Nóbrega, baseado em informações secundárias, Ramalho era um português totalmente indigenizado. Escreveu Nóbrega: "[...] toda sua vida e de seus filhos segue a dos índios [...] Têm muitas mulheres ele e seus filhos, andam com irmãs e têm filhos delas tanto o pai quanto os filhos. Seus filhos vão à guerra com os índios, e suas festas são de índios e assim vivem andando nús como os mesmos índios".[49]

Apesar de seu desgosto inicial pelos modos gentílicos de Ramalho, Nóbrega reconheceu imediatamente a fundamental importância da presença dele na capitania. De fato, quando da sua primeira visita às aldeias do planalto, a comitiva inaciana contou com o apoio do filho mais velho de Ramalho, André, "para dar mais autoridade ao nosso ministério, porque [João Ramalho] é muito conhecido e venerado entre os gentios, e tem filhas casadas com os principais homens desta Capitania, e todos estes filhos e filhas são de uma índia filha dos maiores e mais principais desta terra".[50] Mais tarde, quando os portugueses resolveram povoar o planalto, o principal assentamento luso-tupi cresceu em torno da aldeia de João Ramalho.

Porém, mesmo antes da ocupação mais concentrada do planalto pelos portugueses, na década de 1550, a aliança foi submetida a sérias provas. O desenvolvimento das empresas coloniais no litoral, sobretudo a partir da década de 1540, havia começado a aumentar a demanda pela mão de obra indígena e pelo abastecimento de gêneros de primeira necessidade. Embora algumas unidades maiores, como a da família Schetz de Antuérpia, houvessem chegado a importar escravos da África Ocidental, a maioria buscou sua força de trabalho entre a população indígena. Em 1548, segundo um relato da época, a capitania já dispunha de seis engenhos de moer cana e uma população escrava superior a 3 mil cativos.[51]

Na procura por trabalhadores indígenas, os colonos buscavam suprir-se, inicialmente, de duas maneiras: através do escambo ou da compra de cativos. Na primeira forma de recrutamento, os portugueses ofereciam ferramentas, espelhos e bugigangas aos chefes indígenas na expectativa de que estes orientassem mutirões para as lavouras europeias. Embora útil na derrubada das matas para o preparo das roças, esta forma mostrou-se inadequada, esbarrando na aparente inconstância dos índios. Na segunda forma de recrutamento, os portugueses procuravam fomentar a guerra indígena com o intuito de produzir um fluxo significativo de cativos que, em vez de sacrificados, seriam negociados com os europeus como escravos.

Entretanto, nenhuma das duas estratégias mostrou-se eficiente, devido sobretudo à recusa dos índios em colaborar à altura das expectativas portuguesas. Expectativas estas que, ademais, provocaram rupturas nas relações intertribais já existentes antes da chegada dos europeus. O impacto negativo dos produtos europeus sobre as sociedades nativas foi sublinhado na década de 1550, pelo jesuíta Pedro Correia, da seguinte maneira:

> Se os índios do Brasil são agora mais guerreiros e mais maldosos do que deviam ser, é porque nenhuma necessidade têm das coisas dos cristãos, e têm as casas cheias de ferramentas, porque os cristãos andam de lugar em lugar e de porto em porto enchendo-lhes de tudo que eles querem. E o índio que em outros tempos não era ninguém e que sempre morria de fome, por não possuir uma cunha para fazer uma roça, agora têm quantas ferramentas e roças que quiserem, comem e bebem de contínuo e andam sempre a beber vinhos pelas aldeias, ordenando guerras e fazendo muitos males, o que fazem todos os que são muito dados ao vinho por todas as partes do mundo.[52]

Atrás deste discurso moralista está a sugestão das profundas transformações e da desestruturação que tomaram conta das aldeias indígenas em contato com os portugueses. Com o passar do tempo, a postura dos índios começou a subverter o projeto dos europeus, justamente porque a transformação das sociedades nativas não caminhava na direção desejada pelos portugueses.

Um problema imediato surgiu com o fracasso do sistema de escambo enquanto mecanismo que visava o suprimento das necessidades dos colonizadores, sobretudo no abastecimento de gêneros alimentícios. Os horticultores tupi-guarani produziam excedentes com facilidade e parecia possível expandir esta produção com a ajuda de utensílios de ferro. Os relatos quinhentistas, por exemplo, contêm numerosas referências a aldeias indígenas que apresentavam abundantes estoques de milho ou farinha de mandioca. Vicente Rodrigues, um jesuíta radicado em Pernambuco, escreveu que "vinham os gentios de seis e sete léguas pela fama dos Padres, carregados de milho [mandioca] e o mais que tinham para lhes oferecer...". Um colega de Rodrigues em Pernambuco, Antonio Pires, relatou que certa vez chegou à missão "um principal de outra aldeia, que vinha carregado, com sete ou oito negros, de milho". No Sul, na mesma época, os Guarani ficaram conhecidos pela abundância de comestíveis que forneciam aos europeus. "Muitas vezes vinham muitos índios com grandes presentes de veados e galinhas, peixes, cera e mel", escreveu o jesuíta Leonardo Nunes ao descrever sumariamente os Carijó.[53]

Para o desagrado dos colonizadores, no entanto, os índios forneciam provisões apenas esporadicamente e de maneira limitada, ao passo que os portugueses começaram a depender mais e mais da produção e mão de obra indígena para seu próprio sustento. É verdade que, em meados do século XVI, as relações de troca chegaram a florescer, mas cada parte atribuía-lhes um sentido radicalmente distinto. A oferta de gêneros por parte dos índios não foi — como querem Alexander Marchant e outros autores subsequentes — uma simples "resposta" econômica a uma situação de mercado.[54] Muito pelo contrário, tanto a aquisição quanto a oferta de "mercadorias" devem ser compreendidas mais em termos de sua carga simbólica do que por seu significado comercial. Tomadas fora de contexto, as observações dos jesuítas acima citados podem conduzir a uma noção equivocada sobre a produção indígena nesta conjuntura crucial. Por exemplo, o padre Pires assim explicou o suprimento de gêneros por um principal indígena: "O seu intento é que lhe demos muita vida e saúde e mantimento sem trabalho como os seus feiticeiros lhe prometem". Do mesmo modo, Leonardo Nunes revelou que os Guarani traziam seus "grandes presentes" na expectativa de uma contrapartida espiritual por parte dos jesuítas.[55]

Assim, cabe ressaltar que o escambo ganha sentido apenas na medida em que se remete à dinâmica interna das sociedades indígenas. Longe de se enquadrarem no contexto de uma economia de mercado em formação, as relações de troca estavam vinculadas intrinsecamente ao estabelecimento de alianças com os europeus. Portanto, os índios aceitaram e até promoveram semelhantes relações desde que elas contribuíssem para a realização de finalidades tradicionais. Paradoxalmente, foi nesta postura ostensivamente conservadora que os grupos tupi contribuíram para a transformação acelerada das relações intertribais e luso-indígenas.

Na medida em que o escambo se mostrou um modo pouco eficaz para atender às necessidades básicas dos europeus, estes procuraram reformular a base da economia colonial através da apropriação direta da mão de obra indígena, sobretudo na forma da escravidão. Inicialmente, a aquisição de escravos permanecia subordinada à configuração das relações intertribais. Contudo, com a presença crescente dos europeus, as guerras intertribais passaram a adquirir características de "saltos", promovidos com o objetivo de cativar escravos para as empresas coloniais. Nesse sentido, como sugere o padre Correia no trecho acima citado, o resultado principal destas relações iniciais foi a intensificação da guerra entre inimigos tradicionais, tais como os Tupiniquim e Tupinambá, com consequências desastrosas para os grupos indígenas.

Os portugueses acreditavam que o aumento de prisioneiros de guerra acarretaria a formação de um considerável mercado de escravos, uma vez que mesmo a legislação colonial sancionava esta forma de adquirir trabalhadores.[56] Mas os cativos não se transformavam em escravos tão facilmente. Os europeus logo enfrentaram resistência à venda de prisioneiros não apenas entre os captores como também entre os próprios cativos. Assim, por exemplo, quando o jesuíta Azpilcueta ofereceu-se para comprar um prisioneiro tupinambá na hora do sacrifício deste, foi a vítima que impediu a transação: "ele disse que não o vendessem, porque lhe cumpria a sua honra passar por tal morte como valente capitão".[57]

Paulatinamente, ficava mais e mais claro para os portugueses que a transformação do prisioneiro em escravo, através da manipulação da guerra, envolvia antes a redefinição ritual e social do sacrifício humano. Apesar de a maior parte dos grupos locais lutar pela preservação de suas tradições, as relações euro-indígenas acabaram provocando mudanças significativas. Alguns grupos tupiniquim, por exemplo, sobretudo após a chegada dos jesuítas, abandonaram a antropofagia e passaram a dar um enterro cristão aos inimigos mortos. Anchieta, ao comentar a dificuldade em eliminar por completo o sacrifício dos prisioneiros, escreveu que, "entre tanta multidão de infiéis, algumas poucas ovelhas se abstenham ao menos de comer seus próximos".[58]

Na capitania de São Vicente, os portugueses buscaram aumentar a oferta de mão de obra indígena por meio da aliança com os Tupiniquim, transformando-a de uma relação de relativa igualdade para uma de subordinação. Não se conhecem em maiores detalhes os elementos precisos desta transformação, mas parece claro que, já na década de 1540, os portugueses controlavam — direta e indiretamente — algumas aldeias tupiniquim. O papel do genro de Tibiriçá, João Ramalho, foi fundamental na expansão da influência e autoridade dos colonizadores. De acordo com Ulrich Schmidel, um alemão que visitou uma aldeia luso-tupiniquim em 1553, Ramalho "pode reunir cinco mil índios em um só dia".[59] Assim, ao apropriar-se dos atributos de um chefe tupi, Ramalho acabou sendo o intermediário ideal, colaborando sobremaneira na moldagem das relações luso-indígenas em favor dos portugueses.

Igualmente, o caso específico de João Ramalho e sua relação com Tibiriçá ilustra outro elemento crucial no processo de dominação portuguesa. No século XVI, o casamento e o concubinato tornaram-se formas importantes através das quais os portugueses firmaram sua presença entre os índios do Brasil. De acordo com o padre Nóbrega: "Nesta terra há um grande pecado, que é terem os homens quase todos suas negras por mancebas, e outras livres que pedem aos negros por mulheres, segundo o costume da terra, que é terem muitas mulheres".[60] Em São Vicente, o concubinato atingiu proporções tão alarmantes, pelo menos aos olhos dos jesuítas, que Pedro Correia, demonstrando certo desgosto, observou: "Há muito pouco tempo que me lembro que se perguntava a uma mamaluca quê índias e escravas são estas que traz com você; respondia ela dizendo que eram mulheres de seu marido, as quais elas sempre trazem consigo e olhavam por elas assim como uma abadessa com suas monjas".[61] Contudo, não se tratava simplesmente da adoção de práticas nativas pelos portugueses carentes na ausência de mulheres brancas. Mais importante, a poligamia e o concubinato refletiam, às vezes, as alianças pactuadas entre portugueses e índios, conferindo aos colonos certo prestígio dentro das estruturas indígenas.[62]

Embora os portugueses conseguissem a adesão de alguns chefes locais por meio dessas alianças, tais estratégias de consolidação do controle nem sempre foram bem-sucedidas. Conforme veremos adiante, a resistência de outros elementos tupiniquim aos avanços dos portugueses evidentemente provocava sérias crises de autoridade entre os grupos locais, levando a um facciosismo agudo. Contudo, mesmo os colaboradores mais próximos mostravam-se inconstantes. Até Tibiriçá, considerado pelos jesuítas um caso exemplar de conversão, chegou a repugnar ao irmão Anchieta quando insistiu em sacrificar um prisioneiro guaianá "à moda gentílica". Mais desconcertante, pelo menos no ponto de vista de Anchieta, foi a manifestação entusiasmada dos demais índios presentes, "até os próprios catecúmenos, por ser isso exactamente o que desejavam, e gritavam à uma que se matasse".[63]

Apesar das dificuldades enfrentadas na dominação dos Tupiniquim, os portugueses de São Vicente conseguiram incitar os aliados a intensificar os conflitos com os Tupinambá. Em vista desta escalada, diversos grupos tupinambá, ao longo do litoral de Cabo Frio a São Vicente, aliaram-se, formando um poderoso movimento de resistência. Entre as décadas de 1540 e 1560, todo o litoral e muitas partes da Serra Acima foram envolvidos na chamada Guerra dos Tamoios.

De forma significativa, esta guerra refletiu mudanças importantes na estrutura dos conflitos intertribais no Brasil meridional. Se, no início, a guerra estava arraigada na lógica das relações e rivalidades pré-coloniais, agora ficava claro que as ações bélicas passavam a ser subordinadas às pressões e demandas do colonialismo nascente. Estas transformações, por sua vez, teriam efeitos profundos sobre as estruturas internas das sociedades indígenas. Jean de Léry, ao relatar a tentativa dos franceses em comprar alguns cativos tememinó aos Tupinambá, elucida esta questão:

> Por mais esforços que fizéssemos, porém, nossos intérpretes só conseguiram resgatar parte dos prisioneiros. Que isso não era do agrado dos vencedores percebi-o pela compra de uma mulher com seu filho de dois anos, que me custaram quase três francos em mercadorias. Disse-me então o vendedor: "Não sei o que vai acontecer

no futuro, depois que pai Colá [Villegaignon] chegou aqui já não comemos nem a metade de nossos prisioneiros".[64]

Ademais, ficava cada vez mais claro para as autoridades portuguesas que a insubordinação e rebeldia indígena estavam intrinsecamente ligadas às provocações europeias, na medida em que a exploração desenfreada da mão de obra indígena aparentemente levava tanto à resistência armada quanto ao declínio demográfico. A percepção desta ligação entre demandas europeias e comportamentos indígenas contribuiu para a alteração radical da política portuguesa para o Brasil, política esta que envolvia pela primeira vez a própria Coroa enquanto agente colonial. De fato, ao redigir o Regimento de Tomé de Sousa em 1548, a Coroa não apenas estabeleceu as bases de um governo colonial como também esboçou a primeira manifestação de uma política indigenista, dando início a uma série interminável de leis, decretos, ordens e regimentos que fariam parte de uma legislação no mais das vezes ambígua e contraditória.[65] A nova postura expressa no Regimento admitia abertamente que o fracasso da maioria das capitanias tinha raízes no cativeiro ilegítimo e violento praticado pelos colonos. Ao mesmo tempo, de forma mais velada, o Regimento reconhecia que o êxito da Colônia dependia, em última instância, da subordinação e exploração da mesma população indígena.[66]

JESUÍTAS E COLONOS NA OCUPAÇÃO DO PLANALTO

A frota de Tomé de Sousa trouxe entre seus passageiros alguns jesuítas que haviam de representar a pedra fundamental da política indigenista. Apesar de sua relativa autonomia, pois respondiam antes ao general da ordem em Roma do que ao rei de Portugal, e apesar do enorme poder econômico que acumulariam subsequentemente, nestes primeiros anos os jesuítas serviram aos interesses da Coroa como instrumentos da política de desenvolvimento da Colônia. Oferecendo um contraponto à dizimação deliberada praticada pela maioria dos colonos, os jesuítas buscaram controlar e preservar os índios através de um processo de transformação que visava regimentar o índio enquanto trabalhador produtivo. Com o estabelecimento de aldeamentos, os jesuítas acenavam com um método alternativo de conquista e assimilação dos povos nativos. Conforme verificaremos adiante, este projeto malogrou, tendo graves implicações para a formação de uma relação amargamente conflituosa entre jesuítas e colonos na região.

No entanto, estes conflitos só se intensificariam anos depois. No contexto imediato da Guerra dos Tamoios, a despeito de sérias diferenças em opinião, jesuítas e colonos colaboraram na ocupação formal do planalto pelos portugueses na década de 1550. Os frequentes ataques dos Tamoio contra as unidades coloniais do litoral tornaram as atividades produtivas praticamente inviáveis. O padre Manuel da Nóbrega, ao reconhecer a necessidade de núcleos complementares no litoral e no interior, comentou que os habitantes da costa, "posto que tenham peixe em abastança, não tem terras para mantimentos nem para criações, e sobretudo vivem em grande desassossego porque são cada dia perseguidos dos contrários e o mantimento que comem vem do Campo, dez, doze léguas do caminho...".[67] A Câmara Municipal de São Paulo, por sua vez, também destacou esta complementaridade em requerimento feito ao capitão Estácio de Sá:

> [...] lembramos a Vossa Senhoria em como esta vila de São Paulo sendo há tantos anos edificado doze léguas pela terra adentro e se fazer com muito trabalho longe do mar e das vilas de Santos e São Vicente porquanto se não podiam sustentar assim ao presente co-

mo pelo tempo adiante porquanto ao longo do mar se não podiam dar os mantimentos para sustentamento das ditas vilas e engenhos nem haviam pastos em que pudessem pastar o muito gado vacum que há na dita vila e Capitania...[68]

Além de criar uma economia subsidiária, a ocupação formal do planalto igualmente visava buscar novas fontes de mão de obra cativa. A revolta dos Tamoio tornou a escravização dos Tupinambá um negócio cada vez mais arriscado e caro. Diante disto, os portugueses voltaram sua atenção a outro inimigo dos aliados tupiniquim, os Carijó, que em muitos sentidos forneciam o motivo principal para a presença tanto de jesuítas quanto de colonos no Brasil meridional. Cabe ressaltar que já existia, antes mesmo da fundação de São Vicente, um modesto tráfico de escravos no litoral sul, encontrando-se, no meio do século, muitos escravos carijó nos engenhos de Santos e São Vicente.[69]

De fato, a consolidação da ocupação europeia na região de São Paulo a partir de 1553 estabeleceu uma espécie de porta de entrada para o vasto sertão, o qual proporcionava uma atraente fonte de riquezas, sobretudo na forma de índios. Acontecimentos quase simultâneos, a criação da vila de Santo André da Borda do Campo e a fundação do Colégio de São Paulo representavam o embrião do conflito entre colonos e jesuítas em torno dos índios. De um lado, com a participação ativa de João Ramalho, um grupo de colonos com seus seguidores tupiniquim estabeleceram a vila de Santo André, oficialmente sancionada pelo donatário em 1553, quando foi concedido um foral e instalado um conselho municipal para tratar de assuntos administrativos. Assim, Santo André foi a terceira vila da capitania, seguindo São Vicente (1532, possivelmente 1534) e Santos (1545). O local da nova vila, situada no topo da serra próxima à principal trilha utilizada pelos Tupiniquim nas suas excursões para o litoral, permitia acesso ao vasto interior ao sul e oeste da capitania, conforme sugere o título Borda do Campo.[70] Realmente, os portugueses logo exploraram esta orientação, como ilustra a viagem de um certo Francisco Vidal, que, já em 1553, foi para o Paraguai, regressando em poucos meses com vinte escravos guarani. Embora o comércio clandestino fosse pouco aceitável para a Coroa, os documentos da Câmara Municipal de Santo André confirmam este contato com os espanhóis do Paraguai.[71]

Ao mesmo tempo, os jesuítas de São Vicente preparavam-se para subir a serra, pois padre Nóbrega projetava a consolidação de três aldeias indígenas no local da aldeia de Tibiriçá, entre os rios Tamanduateí e Anhangabaú, hoje centro de São Paulo.[72] Os jesuítas, Nóbrega em particular, alimentavam uma grande expectativa quanto à expansão da influência portuguesa em São Vicente, em parte considerando a experiência fracassada em outras capitanias, mas sobretudo por causa das notícias favoráveis obtidas sobre a população indígena do Brasil meridional. Em 1553, a maior concentração de jesuítas no Brasil achava-se em São Vicente "por ser ela terra mais aparelhada para a conversão do gentio que nenhuma das outras, porque nunca tiveram guerra com os cristãos, e é por aqui a porta e o caminho mais certo e seguro para entrar nas gerações do sertão, de que temos boas informações".[73]

Seguindo o projeto de Nóbrega, treze padres e irmãos da Companhia, muitos deles recém-chegados na frota de 1553, escalaram a serra do Mar e fundaram, a 25 de janeiro de 1554, o Colégio de São Paulo de Piratininga. O colégio, além de abrigar os padres que trabalhariam junto à população local, também serviria de base a partir da qual os jesuítas poderiam projetar a fé para os sertões. Porém, ao orientarem suas energias para os Carijó do interior, acabaram entrando em conflito direto com os colonos, que procuravam nestes mesmos Carijó a base de seu sistema de trabalho.

Todavia, este conflito não se materializou imediatamente, uma vez que antes se fazia necessária, para a permanência dos invasores em solo indígena, a colaboração entre colonos e jesuítas perante a resistência dos índios. Realmente, ao longo da década de 1550, os Tamoio mantiveram o litoral em estado de sítio: lançavam até mesmo ataques ao planalto, ameaçando continuamente a jovem e instável vila de Santo André.[74] Esta situação chegou a agravar-se na medida em que a ocupação permanente do planalto pelos portugueses provocava também cisões entre os próprios aliados tupiniquim. O facciosismo interno, resultado deste processo, manifestava-se de forma aguda: em 1557, o jesuíta Luís da Grã relatou que as principais aldeias tupiniquim estavam sofrendo o processo de desagregação.[75]

Foi neste contexto de insegurança que o governador Mem de Sá determinou a extinção da vila de Santo André em 1558, mandando os moradores se deslocarem para as imediações do Colégio, local mais seguro, onde se estabeleceu a vila de São Paulo em 1560. Tão logo foi consumada a fusão, em 1562, os colonos e os jesuítas entrincheiraram-se na expectativa de um assalto dos índios revoltados. Ao longo dos três anos seguintes, os Tupiniquim, liderados por Piquerobi e Jaguaranho, respectivamente irmão e sobrinho de Tibiriçá, fizeram cerco à nova vila, ameaçando-a de extinção.[76] A guerra causou sérios danos para ambos os lados, afetando de forma mais aguda os índios que atacavam e os que defendiam São Paulo.

De fato, apesar da relativa igualdade em termos estratégicos e tecnológicos, os europeus contavam com uma arma muito mais potente que as armas de fogo: as doenças contagiosas. Assim como em outras partes do Novo Mundo no século XVI, os contágios surtiram efeito devastador sobre as populações indígenas do litoral brasileiro. A primeira epidemia mais séria alastrou-se pelo interior da capitania em 1554. "Com estes que fizemos cristãos saltou a morte de maneira que nos matou três Principais e muitos outros índios e índias", escreveu desoladamente um jesuíta na época.[77] Às vezes assolando diversas capitanias de uma só vez, as epidemias mortais tornaram-se cada vez mais frequentes na segunda metade do século. Em 1559, por exemplo, um jesuíta relatou o surto de uma doença que fazia vítimas em massa ao longo do litoral e no interior, do Rio de Janeiro ao Espírito Santo.[78] Surtos consideráveis de sarampo e varíola irromperam em São Vicente durante a guerra de 1560-3, dizimando e desmoralizando a população nativa.[79]

Entrementes, o conflito mais amplo entre portugueses e Tupinambá estava sendo definido ao longo do litoral, já que o efeito cumulativo da diplomacia, das ações militares e dos contágios havia reduzido os últimos Tamoio a aliados, escravos ou cadáveres. A conclusão da guerra, com um saldo tão negativo para os índios, também ilustra alguns conflitos e contradições da guerra indígena neste período de transição. O papel dos jesuítas, sobretudo Nóbrega e Anchieta, foi importante, mas não no sentido que aparece na historiografia convencional. Estes, na verdade, conseguiram promover um acordo entre certos grupos belicosos, o que, no entanto, não redundou propriamente na paz. De acordo com o relato de Anchieta, os Tupinambá mostravam-se dispostos a negociar precisamente porque a configuração das alianças estava mudando no contexto da guerra. Cientes da rebelião das facções tupiniquim contra os aliados portugueses, os Tupinambá enxergaram a oportunidade de estabelecer uma aliança com os portugueses para combater seus rivais tradicionais — os Tupiniquim. De fato, Anchieta confessou que o único motivo para a negociação da parte dos Tamoio foi "o desejo grande que têm de guerrear com seus inimigos tupis, que até agora foram nossos amigos, e pouco há se levantaram contra nós...".[80]

Em 1567, quando a Guerra dos Tamoios chegou a seu fim, devido à agressiva campanha militar comandada por Mem de Sá, as áreas de ocupação portuguesa na capitania de São Vicente achavam-se momentaneamente pacificadas. No entanto, a perspectiva de desenvolvimento econômico que a paz prometia ressurgia com toda a força na luta pela mão de obra indígena, caracterizada sobremaneira pela competição direta entre jesuítas e colonos.[81] Até certo ponto, a questão envolvia uma delicada discussão ética em torno da liberdade dos índios, discussão que, entretanto, tem sido descontextualizada na historiografia. O fato é que, mais especificamente, o que de fato se disputava eram as formas de controle e integração na emergente sociedade luso-brasileira de grupos recém-contatados. Tanto jesuítas quanto colonos questionavam a legitimidade e os métodos utilizados pelo rival para arrancar os índios de suas aldeias natais, que abrangiam desde a persuasão ou atração pacífica até os meios mais violentos de coação. Uma vez consumada a separação, disputava-se o direito de administrar o trabalho dos índios já deslocados para a esfera colonial.

Embora uma abordagem simplificadora dos fatos permitisse delimitar estes conflitos em termos de interesses bem definidos entre as partes, a situação real manifestou maior complexidade, explicando, outrossim, algumas das contradições que passaram a povoar a política indigenista dos portugueses no Brasil. Realmente, ao passo que os colonos não se mostravam unívocos a favor da escravidão como forma singular do trabalho indígena, nem todos os jesuítas se opunham ao cativeiro. Afinal de contas, todos — excluindo os índios, é claro — concordavam que a dominação nua e crua proporcionaria a única maneira de garantir, de uma vez por todas, o controle social e a exploração econômica dos indígenas. Um exemplo ilustrativo desta ambivalência é o pensamento do padre Manuel da Nóbrega, que, entre outros, defendia a escravidão indígena e africana como meio necessário para o desenvolvimento da Colônia, sugerindo certa vez que a condição escrava seria um avanço para a "gentilidade". Ao discutir o modo mais eficaz para executar os planos jesuíticos, Nóbrega insistiu que queria ver o gentio "sujeito e metido no jugo da obediência dos cristãos, para se neles poder imprimir tudo quanto quiséssemos, porque é ele de qualidade que domado se escreverá em seus entendimentos e vontade muito bem a fé de Cristo, como se fez no Peru e Antilhas".[82] De fato, juntamente com muitos contemporâneos seus — padres ou não —, Nóbrega sustentava a simples noção de que o Brasil só prosperaria a partir da dominação dos índios e, no caso de grupos particularmente resistentes, seria necessária a execução de guerras justas nas quais o inimigo seria reduzido ao cativeiro.

Para Nóbrega, portanto, apesar de sua defesa da liberdade da maioria dos índios, a escravidão indígena devia ser permitida e mesmo desejada em determinados casos, não apenas para efeitos de defesa ou de castigo, mas também porque a oferta de legítimos cativos atrairia novos colonos para o Novo Mundo. De fato, segundo Nóbrega, a receita certa para o desenvolvimento recomendava que "o gentio fosse senhoreado ou despejado...".[83] Anchieta, por sua vez, demonstrando certa frustração com os resultados contraditórios de seus esforços entre os Tupiniquim de Piratininga, ecoava as posturas de seu mentor: "Não se pode portanto esperar nem conseguir nada em toda esta terra na conversão dos gentios, sem virem para cá muitos cristãos, que conformando-se a si e a suas vidas com a vontade de Deus, sujeitem os Índios ao jugo da escravidão e os obriguem a acolher-se à bandeira de Cristo".[84]

Tais considerações contribuíram diretamente para a formulação da lei de 20 de março de 1570, que buscava regulamentar — mas não proibir — o cativeiro indígena.[85] O novo estatuto designava os meios considerados legítimos para adquirir cativos, sendo estes restritos à "guerra justa" devidamente autorizada pelo rei ou governador e ao resgate dos índios que enfrentavam a morte nos ritos antropofágicos. Os demais índios, escravizados por outros meios, foram declarados livres. Na verdade, a lei teve pouco efeito sobre as reais relações entre colonos e índios, uma vez que a brecha oferecida pela instituição da guerra justa abria caminho para abusos. De qualquer modo, a lei claramente refletia o tom conciliatório adotado por uma Coroa ambivalente, indecisa entre os interesses de colonos e jesuítas. A postura a favor da liberdade dos índios certamente atendeu aos apelos dos padres Luís da Grã e José de Anchieta, que participaram da junta de 1566, organizada pela Coroa para definir a política indígena, a partir da qual surgiu a lei de 1570. Ao mesmo tempo, a cláusula referente à guerra justa surgia como resposta à demanda dos colonos por escravos, sendo ainda aceitável para os jesuítas. Este dispositivo, bem conhecido na península Ibérica, havia sido invocado no Brasil pela primeira vez pelo governador Mem de Sá em 1562. Nesta ocasião os Caeté foram condenados ao cativeiro como castigo por terem, seis anos antes, trucidado e supostamente comido o primeiro bispo do Brasil, apetitosamente apelidado Sardinha.[86]

O CONTRAPONTO JESUÍTICO

Se a legislação do século XVI tratava explícita e detalhadamente das questões da guerra e do cativeiro indígena, a regulamentação e distribuição da mão de obra permaneceram bem mais vagas. O impacto destrutivo da guerra levou os portugueses à busca de caminhos alternativos de dominação e transformação dos povos nativos, surgindo neste contexto as primeiras experiências missioneiras. Ao implementar um projeto de aldeamentos, os jesuítas procuraram oferecer, através da reestruturação das sociedades indígenas, uma solução articulada para as questões da dominação e do trabalho indígena. De fato, apesar de nunca atingir plenamente suas metas, o projeto jesuítico logo tornou-se um dos sustentáculos da política indigenista no Brasil colonial.[87]

O primeiro aldeamento da região, embora não projetado inicialmente como tal, foi Piratininga, organizado em torno da aldeia de Tibiriçá em 1554. No entanto, ao que parece, a população do povoado não chegou a ser muito grande, mesmo nos termos da época. Em setembro de 1554, Anchieta relatava que apenas 36 índios tinham sido batizados, alguns in extremis. Nesse mesmo período, os padres aceitaram apenas 130 índios para a catequese, "de toda a idade e de ambos os sexos".[88]

A partir de 1560, com a fundação da vila de São Paulo, mais três aldeamentos foram instituídos: São Miguel, Nossa Senhora dos Pinheiros e Itaquaquecetuba, todos no planalto nas imediações da vila, abrigando sobretudo os Tupiniquim e Guaianá. Um quarto aldeamento jesuítico, Nossa Senhora da Conceição, acolheu um grupo de "guarulhos" introduzidos, por volta de 1580, pelos padres. No decorrer do século XVI, o único aldeamento no litoral vicentino foi o de São João, surgido junto à vila de Itanhaém na década de 1560, sendo fundado e habitado por índios carijó.[89]

Estas novas aglomerações rapidamente começaram a substituir as aldeias independentes, transferindo para a esfera portuguesa o controle sobre a terra e o trabalho indígena. Em princípio instituídos com a intenção de proteger as populações indígenas, na verdade os aldeamentos aceleraram o processo de desintegração de suas comunidades. À medida que os jesuítas subordinaram novos grupos à sua administração, os aldeamentos tornaram-se concentrações improvisadas e instáveis de índios provenientes de sociedades distintas. Mesmo assim, nos anos iniciais pelo menos, as missivas dos padres mostravam certo otimismo para com o potencial de crescimento dos aldeamentos. Em 1583, por exemplo, padre Gouveia registrou uma população superior a quinhentas almas nos dois aldeamentos de São Miguel e Pinheiros, assim igualando-se à população europeia da região, calculada em 120 lares.[90] Dois anos depois, outro padre escrevia entusiasmado ao provincial sobre um populoso grupo de maromini (guarulhos) recém--"reduzido" e integrado a um aldeamento ao lado de índios guaianá, ibirabaquiyara (provavelmente Kayapó meridional) e carijó.[91] Finalmente, relatórios referentes a batismos, embora pouco específicos em termos numéricos, também apontavam para um crescimento dos aldeamentos nas décadas de 1570 e 1580.[92]

No contexto do século XVI, a expectativa positiva que o projeto jesuítico suscitava empolgava não apenas os missionários como também a Coroa e até os colonos. Para um defensor do sistema escrevendo no início do século XVII, os aldeamentos seriam cruciais na defesa das zonas açucareiras do Nordeste contra ameaças externas — as visitas periódicas de corsários ingleses e holandeses — e internas, especialmente aquelas representadas pelos Tapuia do interior e pelos escravos aquilombados.[93] Já para os colonos, a existência de aldeamentos robustos e produtivos ofereceria uma reserva de trabalhadores livres disponíveis para a economia colonial, assim conciliando o ideal da liberdade com o objetivo maior de desenvolver a Colônia. Tal perspectiva agradou o bispo Antonio Barreiro, que, escrevendo ao papa em 1582, enfatizou que os jesuítas, além de continuarem na luta a favor da liberdade dos índios, ao mesmo tempo serviam generosamente aos interesses temporais com seus aldeamentos, "donde também ajudam os moradores para o plantar de suas canas e mantimentos e mais coisas necessárias às suas fazendas".[94]

Os colonos, por sua vez, demonstravam alguma simpatia ao projeto de aldeamentos enquanto alternativa à escravidão, desde que este garantisse mão de obra abundante e barata. Em certo sentido, a política indigenista nos primeiros tempos visava desenvolver uma estrutura de trabalho na qual os colonos contratariam os serviços dos índios aldeados. O aldeamento proporcionaria uma estrutura de base para a reprodução da força de trabalho, preservando-se algumas características da organização social pré-colonial — tais como a moradia, a roça, a família e mesmo a estrutura política —, modificadas, é claro, pelo projeto cultural dos jesuítas. Nesse sentido, o valor dos salários permaneceria bem abaixo dos custos de reprodução da força de trabalho, os quais seriam absorvidos pelas mesmas estruturas dos aldeamentos. Contudo, conforme veremos adiante, os aldeamentos não conseguiram atender à demanda dos colonos.

Além de propor um mecanismo de acesso à mão de obra indígena, o projeto dos aldeamentos também definiu a questão das terras dos índios. Com o intuito de providenciar uma base para o sustento dos habitantes, cada aldeamento foi dotado de uma faixa considerável de terras. Ao mesmo tempo, porém, as doações de terras tinham o objetivo menos nobre de restringir os índios a áreas determinadas pelos colonizadores, abrindo assim acesso a regiões antes ocupadas pelos grupos nativos. Os principais aldeamentos da região, São Miguel e Pinheiros, receberam doações em 1580, ocasião na qual o capitão-mor em São Vicente concedeu seis léguas em quadra (aproximadamente 1100 km²) para cada. Mesmo extensas, estas doações não refletiam absolutamente as formas pré-coloniais de ocupação. O próprio instrumento de doação aponta alterações radicais na definição do direito de propriedade, pois os antigos ocupantes de todo o território estavam agora obrigados a contentar-se com uma porção restrita das mesmas terras. Na sua petição, os índios de Pinheiros observaram placidamente que a terra que cultivavam para os padres não servia mais e, portanto, solicitaram a doação de uma área em Carapicuíba, alguns quilômetros distante do aldeamento, apertada entre as propriedades de Domingos Luís Grou e Antonio Preto.[95] Por seu turno, os índios de São Miguel pediram uma doação mais claramente associada ao passado indígena, uma vez que visavam terras próximas ao local de Ururaí, antiga aldeia de Piquerobi. É importante frisar, no entanto, que o capitão-mor, embora autorizasse as doações, não reconhecia os direitos tradicionais dos índios à terra, justificando-as antes por "a maior parte deles serem cristãos e terem suas igrejas e estarem sempre prestes para ajudarem a defender a terra e a sustentá-la".[96]

Apesar das expectativas iniciais, o projeto dos aldeamentos acabou sendo um fracasso notável sob praticamente todos os aspectos. Para os colonos, mesmo durante o século XVI, quando a economia ainda caminhava em marcha lenta, o acesso restrito à mão de obra indígena mostrou-se tão inadequado quanto irritante. Ao visitar os aldeamentos do Sul no fim do século, um padre jesuíta descreveu a forma pela qual a mão de obra era distribuída: "[Os padres] repartem índios de serviço e fazem-se depositários do jornal [...] Quem vem pedir índios para serviço pede os ao Padre o qual chama um principal, o qual com os Portugueses os vai buscar e lá se concertam na paga".[97] Na verdade, os colonos desejavam negociar os serviços diretamente com os índios, mas, para seu aborrecimento, os jesuítas funcionaram sempre como intermediários. Em 1598, com a tensão já se acumulando, os principais colonos protestaram junto à Câmara Municipal de São Paulo contra a "grande opressão" que sofriam nas mãos dos jesuítas e das autoridades, que impediam a negociação com os índios aldeados (seus "amigos e vizinhos"), sendo antes necessária a autorização do capitão-mor, frequentemente ausente da vila. Propunham, nessa ocasião, que a Câmara permitisse "os homens trazerem índios mansos para o seu serviço por pouco tempo para poucas coisas", mediante a anuência de qualquer vereador, driblando assim a autoridade do capitão-mor.[98] Tal medida não surtiria suficientemente, porque mesmo dispensando o consentimento do capitão-mor, os colonos teriam que enfrentar a interferência dos padres nos próprios aldeamentos.

Realmente, ficava claro a partir do início do século XVII que a experiência com o trabalho livre havia malogrado. Revoltado com o obstáculo jesuítico, um grupo significativo de colonos emitia perante a Câmara, em 1612, uma dura crítica aos aldeamentos. O problema de base, reclamavam, residia na falta de confiabilidade da mão de obra dos aldeados. A maioria dos índios recusava-se a trabalhar para os colonos, e mesmo aqueles que aceitavam não respeitavam as condições de pagamento, voltando para o aldeamento assim que recebiam seus vencimentos (metade dos quais depositada antecipadamente), sem cumprir os serviços satisfatoriamente. Os colonos atribuíam essa resistência ao controle absoluto exercido pelos jesuítas: "Agora se introduzia pelo dito gentio um rumor dizendo que não conheciam senão aos padres por seus superiores e os ditos padres dizendo que as ditas aldeias eram suas e que eram senhores no temporal e no espiritual...". Cada vez mais indignados, os colonos advertiam que sob as condições atuais os índios não serviam para nada; pelo contrário, chegavam a representar uma ameaça à Colônia, uma vez que sua concentração e isolamento permitiriam "que se levantem contra os brancos e moradores como nesta capitania tem feito e em outras partes deste estado". Finalmente, os colonos resolviam que os aldeamentos não deviam receber "nem escravos nem serviços de brancos senão que haja em todas capitães homens que tenham especial cuidado e sejam suficientes para evitar e ordenar as coisas acima ditas...".[99]

A despeito deste apelo final, os colonos já reconheciam que, mesmo eliminando os obstáculos práticos ao acesso à mão de obra aldeada, esta fonte permaneceria insuficiente para suprir suas crescentes necessidades. De fato, os aldeamentos mostraram-se incapazes de proporcionar as estruturas adequadas para sustentar e reproduzir uma reserva de trabalhadores. Já na década de 1560, os jesuítas temiam pela sobrevivência dos aldeamentos, frequentemente assolados por surtos de contágios: "Há de quando em quando grandes mortandades entre eles, como aconteceu pouco tempo há, que pedaços lhe caíam, com grandes dores e um cheiro peçonhentíssimo", observou sombriamente o padre Baltasar Fernandes.[100] Certamente ele se referia à epidemia de varíola que em 1563 atingiu boa parte da população local, fazendo dos aldeamentos vítimas particularmente visadas.

Com suas altas taxas de mortalidade, os aldeamentos dependiam fundamentalmente da introdução constante de novos grupos para recompor suas populações. Por conseguinte, estas missões foram caracterizadas pela mistura de povos e culturas, o que, por um lado, contribuía para a estratégia jesuítica de homogeneização, porém por outro, desarticulava a sociedade indígena. De fato, no seu esforço em transformar os aldeamentos em mecanismos ideais para a manipulação e controle dos povos indígenas, os jesuítas buscavam, de forma meticulosa, desmontar os elementos fundamentais da organização social e cultural de diversos grupos locais, substituindo-os por um modelo radicalmente divergente. Por exemplo, a criação de povoados fixos e permanentes com uma delimitação territorial em termos absolutos contrastava fortemente com o padrão convencional de fragmentação e recomposição periódica de aldeias. Já a organização espacial das missões, decalcada do modelo europeu orientado em torno da igreja numa praça central, também fugia aos modelos organizacionais das aldeias pré-coloniais. Ainda em outros casos, a substituição das unidades domésticas multifamiliares por unidades nucleares bem como a proibição da poligamia tiveram grande impacto, ao passo que a repressão de boa parte dos ritos nativos e a concomitante introdução de rituais cristãos buscavam reestruturar os contornos básicos da vida dos índios. Finalmente, e talvez mais significativo, os missionários procuravam inculcar nos seus súditos indígenas uma nova concepção do tempo e do trabalho, na qual a divisão sexual do trabalho e a organização rígida do tempo produtivo necessariamente esbarravam nos conceitos pré-coloniais.[101]

De modo geral, os jesuítas concentraram suas estratégias em três áreas de ação: a conversão dos "principais", a doutrinação dos jovens e a eliminação dos pajés. Mas, a cada passo, enfrentavam resistências, em maior ou menor grau. De fato, acompanhando os efeitos devastadores das doenças, foi a resistência indígena o principal obstáculo ao êxito do projeto missioneiro. Os jesuítas, como os demais europeus, contavam ingenuamente com a adesão cega ao cristianismo de seu rebanho brasileiro: não faltam, nos relatos quinhentistas, os batismos em massa, os supostos milagres e as dramáticas declarações de fé por parte das lideranças indígenas. Mas seus esforços nem sempre surtiram efeito, e mesmo a conversão de um chefe não garantia a adesão de seus seguidores. Nóbrega, por exemplo, citando um caso na Bahia, relatou que um chefe chegou a "estar mal com todos seus parentes" por ter aceito a conversão e colaborado com os padres.[102]

Nos primeiros anos, em parte considerando a resistência das gerações mais velhas, mas também buscando subverter formas tradicionais de educação indígena, os jesuítas dedicaram muitas energias à instrução dos meninos.[103] Contudo, os padres encontraram dificuldades em compatibilizar seus esforços com as rotinas do cotidiano dos jovens catecúmenos. Com referência ao aldeamento de São João, próximo a Salvador, Nóbrega confessava que os meninos só acompanhavam as lições de religião, alfabetização e música durante três ou quatro horas por dia, já que estes mesmos alunos antes executavam outras tarefas, tais como a caça e a pesca. Após as aulas, os padres congregavam os demais habitantes do aldeamento para a missa, que sempre incluía a execução de músicas religiosas pelo coro juvenil. Finalmente, para completar as atividades, soavam um sino no meio da noite, quando os meninos passariam os ensinamentos para a geração mais velha.[104] Mas mesmo este programa intensivo, de acordo com Anchieta, acabava tendo pouco efeito. O êxito inicial muitas vezes regredia na adolescência, quando, para desagrado dos jesuítas, os jovens adotavam os costumes dos anciãos.[105]

Ao longo do século XVI, a principal frente de ação adotada pelos missionários foi a luta contra os pajés e caraíbas que, certamente, representavam a última e mais poderosa linha de defesa das tradições indígenas. Especialmente concentrada, a ofensiva contra os "feiticeiros" justificava-se na certeza de que a presença e influência carismática dos pajés ameaçavam subverter o trabalho dos próprios padres. Certa vez, Anchieta observou que a obra missioneira em São Paulo encontrava seu mais forte rival num profeta carismático "ao qual todos seguem e veneram como a um grande santo", e que tinha a intenção de destruir a Igreja católica.[106] No interior dos aldeamentos, segundo Nóbrega, os pajés espalhavam que a água do batismo constituía a causa das doenças que naquela altura assolavam as populações nativas.[107]

A associação entre os contágios e a obra dos jesuítas estendia-se além das preleções dos pajés. Segundo um padre: "Na Aldea com as velhas não há cousa que as mova da nossa parte pera quererem receber o baptismo, porque tem por muy certo que lhe deitão a morte com o baptismo".[108] Este receio não deixava de ter algum fundamento, considerando que os padres muitas vezes se concentravam no batismo de índios à beira da morte. Curiosamente, os próprios padres guardavam suspeita quanto à eficácia do batismo. Após testemunhar inúmeros exemplos de índios que readotaram seus "modos gentílicos" apesar de conversos, o padre Afonso Brás, por exemplo, trabalhando entre os Tupiniquim e Tememinó em Porto Seguro e Espírito Santo, afirmava: "Não ouso aqui batizar estes gentios tão facilmente, a não ser que o peçam muitas vezes, porque me temo de sua inconstância e pouca firmeza, senão quando estão no ponto da morte".[109]

Neste sentido, não bastava apenas desacreditar os pajés; os jesuítas também teriam de apropriar-se do papel de líder espiritual carismático. De fato, nas suas atividades missioneiras, os jesuítas frequentemente adotavam práticas que acreditavam proveitosas por emularem as práticas pré-coloniais. Era comum, por exemplo, ao modo dos discursos dos chefes e pajés, os jesuítas pregarem de madrugada. Igualmente, Anchieta, ao buscar a conversão de algumas aldeias tupinambá ao longo do litoral, lançou mão de um discurso curiosamente semelhante ao dos mesmos pajés carismáticos que tanto desprezava. "Falando em voz alta por suas casas como é seu costume", Anchieta colocava "que queríamos ficar entre eles e ensinar-lhes as coisas de Deus, para que ele lhes desse abundância de mantimentos, saúde e vitória de seus inimigos e outras coisas semelhantes."[110] Com efeito, os padres logo perceberam também que o batismo, com suas implicações mágicas para os índios, poderia servir para subverter certos ritos, sobretudo o da antropofagia. Assim, ao visitarem uma aldeia tupiniquim no interior da capitania em 1554, os jesuítas Nóbrega e Pedro Correia se propuseram a batizar alguns cativos na hora do sacrifício. Os Tupiniquim, no entanto, não permitiram, "dizendo que se os matassem depois de batizados, que todos os que os matassem e os que comessem daquela carne morreriam...".[111] Em 1560, quando os índios mataram dois cativos numa aldeia próxima à vila de São Paulo, recusaram-se a consumir o rito antropofágico porque o padre Luís da Grã havia batizado as vítimas anteriormente.[112]

A despeito do impacto destrutivo que o projeto missionário teve sobre as sociedades indígenas, os índios, na transição para o regime dos aldeamentos no decorrer do século XVI, conseguiram preservar pelo menos alguns vestígios da organização política e da identidade étnica. Ao que parece, a autoridade do chefe foi resguardada, fornecendo uma base para certa autonomia dos grupos étnicos que faziam parte da população aldeada. Ao passo que os portugueses achavam necessária tal liderança para mediar o controle sobre a população mais ampla, esta preservação estabelecia canais para os protestos e reivindicações dos índios. Os chefes, mesmo reconhecendo sua subordinação aos padres e às autoridades leigas, podiam lançar mão da violência para moderar as imposições unilaterais dos colonizadores. Em 1607, por exemplo, os chefes dos aldeamentos apareceram perante a Câmara Municipal de São Paulo para protestar contra a nomeação de um tal João Soares como capitão dos índios. Afirmando que "eles costumavam e sempre costumaram obedecer mandados de capitães e justiças", as lideranças indígenas advertiram que a presença de Soares nos aldeamentos não seria tolerada, "porquanto o dito João Soares lhes tinha feito muitos agravos e faz cada dia o não queriam obedecer porque não podem sofrer mais do que tem sofrido...". Reclamavam ainda de que Soares enviava índios para o litoral, carregados de mercadorias, "sem lhes pagar seus trabalhos". Além destes abusos, Soares e seus filhos levavam as mulheres dos aldeamentos para suas casas particulares. Finalmente, "não podiam ter uma raiz de mandioca nem criação tudo por via desse João Soares...". Assim revoltados, os índios elegeram Antonio Obozio, "para ele como mais antigo falasse por todos", para pronunciar um ultimato para a Câmara: caso medidas urgentes não fossem tomadas, os índios rebelar-se-iam contra a autoridade dos brancos e matariam João Soares. Prudentes, os camaristas acharam melhor proibir Soares de frequentar os aldeamentos, prevendo pena de pesada multa.[113]

Com efeito, a ameaça de revolta ou mesmo de insurreição generalizada representava os limites máximos da resistência indígena ao domínio português. A longo prazo, a resistência forneceu um forte argumento a favor da escravidão como fórmula mais viável para as relações luso-indígenas. Em diversas ocasiões ao longo do século XVI, a ameaça materializou-se em violência substantiva, o que, por sua vez, suscitou a repressão brutal e a escravização. Já na década de 1550, o receio dos jesuítas de perderem tudo o que tinham conseguido construir devido à "inconstância" dos índios foi reforçado concretamente no episódio de Maniçoba, aldeia situada a uns cem quilômetros da igrejinha de São Paulo. Em 1554, os Tupiniquim rebelaram-se, ameaçando de morte o padre Gregório Serrão, que acabou sendo expulso da aldeia. Ao que parece, os índios recusavam-se a tolerar a intromissão dos padres na guerra e no sacrifício.[114]

Este quadro de instabilidade era realçado pelas rivalidades interétnicas presentes na população dos aldeamentos. Na década de 1590, por exemplo, a violência entre facções irrompeu em São Miguel. Já os conflitos de Barueri, em 1611-2, inicialmente envolvendo Carijó e Tupiniquim, e posteriormente Carijó e Pé-largo (possivelmente Guaianá), repercutiram mais seriamente. Com a participação de quinhentos a seiscentos índios, estes tumultos deixaram a população branca em sobressalto, obrigando as autoridades a buscar a solução do conflito no deslocamento de uma das facções envolvidas para outro aldeamento.[115] Contudo, o incidente mais inquietante foi aquele da revolta no aldeamento de Pinheiros em 1590, quando os índios juntaram-se com guerreiros de aldeias independentes num levante geral contra os jesuítas e colonos. Embora os danos materiais e o número de vítimas tenham sido consideráveis, o que mais preocupou os colonos foi o ato simbólico da destruição da imagem de Nossa Senhora do Rosário, padroeira do aldeamento, não lhes escapando seu significado de rejeição do cristianismo e da autoridade colonial.[116]

Neste sentido, a principal justificativa para o projeto dos aldeamentos, a de controlar os índios e prepará-los para a vida produtiva, ia para os ares. Ao tentarem manipular elementos da história e das tradições indígenas, os padres, com sua política de aldeamentos, acabaram esbarrando na resistência dos Tupiniquim,

Carijó, Guaianá e guarulhos, entre outros. Com efeito, ao invés de produzir e reproduzir trabalhadores capazes de contribuir para o desenvolvimento da Colônia, os aldeamentos de São Paulo conseguiram criar apenas comunidades marginais de índios desolados, debilitados pelas doenças importadas e incapazes de providenciar sua própria sobrevivência. Foi neste contexto, portanto, que os colonos resolveram tomar a questão do trabalho indígena nas suas próprias mãos.

COLONOS NA OFENSIVA

À medida que se tornava cada vez mais aparente a insuficiência do projeto dos aldeamentos enquanto forma de suprir a força de mão de obra, os colonos passaram a intensificar outros meios de recrutamento de índios para os seus serviços. A partir da década de 1580, a despeito das restrições impostas pela legislação portuguesa, os colonos começaram a favorecer a apropriação direta do trabalhador indígena através de expedições predatórias ao sertão. Realmente, a observância estrita da lei nunca figurou entre as práticas prediletas dos paulistas. Se a lei de 1570 e legislação subsequente admitiam o cativeiro mediante a regulamentação da guerra justa, os cativos que os paulistas almejaram nem sempre se enquadravam nas especificações da lei.

De fato, com frequência os inimigos mais indicados para uma guerra justa foram os chamados Tapuia, e mesmo a lei de 1570 cita nominalmente os Aimoré — denominação que incluía diversos povos jê que resistiam arduamente aos avanços portugueses no litoral da Bahia. Desde cedo, no entanto, os colonos manifestaram clara preferência por cativos tupi e guarani, e isto por diversos motivos: a maior densidade demográfica, a facilidade de comunicação através de uma "língua geral" e a maior possibilidade de formar alianças; mediante estes contatos, novos cativos justificavam seu interesse. A questão do trabalho também realçava a distinção algo estereotipada entre Tupi e Tapuia. Ao referir-se aos Guaianá de São Paulo, Gabriel Soares de Sousa comentou: "e quem acerta de ter um escravo guaianás não espera dêle nenhum serviço, porque é gente folgazã de natureza e não sabe trabalhar".[117]

Até meados do século XVIII, os colonos, partindo para o sertão em busca de cativos, jogavam com esta imagem dualista. Inúmeras denúncias surgiram ao longo deste extenso período, apontando que os colonos saíam com o intuito de reprimir os povos mais indomáveis, bárbaros e traiçoeiros para integrá-los ao grêmio da Igreja, porém regressavam, no mais das vezes, apenas com cativos tupi, frequentemente mulheres e crianças. Comentando as atividades de uma tropa de paulistas recrutada pelo governo para combater os temíveis "Tapuias do Corso" de uma região nordestina nos últimos anos do século XVII, o governador geral explicou à Coroa: "Os Paulistas saem da sua terra, e deitam várias tropas por todo o sertão, e nenhum outro intento levam mais, que captivarem o gentio de língua geral, que são os que estão já domesticados, e se não ocupam no gentio do Corso, porque lhes não serve para nada".[118]

Semelhante estratégia, de tomar cativos tupi e guarani no decorrer de guerras justas, já havia se manifestado no século XVI, na capitania de São Vicente. A declaração de uma guerra justa contra os Carijó em 1585 tinha servido de fato precursor para uma prática que logo se generalizou. Naquela ocasião, os colonos de São Vicente, Santos e São Paulo redigiram uma petição na qual requereram ao capitão-mor de São Vicente autorização para organizar uma expedição de guerra contra os Carijó, no interior da capitania. O documento em si fazia questão de detalhar os motivos reais do empreendimento: antes de relacionar as hostilidades praticadas pelos Carijó, a petição identificava como causa principal a carência de escravos na capitania, particularmente no litoral açucareiro. Salientando que 2 mil escravos tinham perecido nos seis anos anteriores devido a contágios, os colonos advertiam que sem os escravos necessários não seria possível manter a produção dos gêneros, privando assim a Coroa de dízimos valiosos. Após estabelecer suas prioridades, os colonos pediam ao capitão-mor

> que Sua Mercê com a gente desta dita capitania faça guerra campal aos índios denominados carijós os quais a tem a muitos anos merecida por terem mortos de quarenta anos a esta parte mais de cento e cinquenta homens brancos assim portugueses como espanhóis até mataram padres da companhia de jesus que foram os doutrinar e ensinar a nossa santa fé católica...[119]

Embora baseada em incidentes isolados, porém reais, esta descrição dos Carijó como gente bárbara e violenta apresentava forte contraste com os comentários tanto de colonos quanto de missionários, que consideravam os Guarani superiores aos demais povos indígenas. Além disto, não se justificava a guerra indiscriminada contra todos os Carijó, já que esta denominação genérica incluía grupos aliados aos portugueses. Neste sentido, com o intuito de suprir as necessidades de mão de obra com os Guarani, fica claro que os colonos buscavam uma forma de enquadrar uma expedição francamente escravista nas exigências da legislação vigente.

Poucas semanas após o envio da petição, o capitão-mor Jerônimo Leitão convocava os representantes das câmaras municipais das três vilas para uma reunião no Engenho São Jorge, em São Vicente, com o intuito de delimitar as condições da guerra justa. Procurando evitar qualquer interferência dos jesuítas, o capitão-mor havia conclamado a participação do vigário de São Vicente como representante eclesiástico, conferindo assim maior legitimidade à resolução. Nesta estabeleceu-se a condição de que os cativos tomados na guerra seriam divididos entre as três vilas, sendo as câmaras municipais encarregadas de sua partilha entre os colonos "para eles os doutrinarem e lhe darem bom tratamento como a *gentio forro* e se ajudarem deles em seu serviço no que for lícito...".[120] Nota-se que a disposição de tratar os índios como "gentio forro" ilustra a natureza contraditória do processo, pois, fosse a guerra realmente justa, de acordo com o estipulado na lei de 1570, os colonos poderiam manter os cativos como legítimos escravos.

Com efeito, a estratégia de legitimar o recrutamento de escravos índios através da guerra justa mal disfarçava a intenção dos colonos em aumentar rapidamente seus plantéis de cativos guarani e outros.[121] A expedição de 1585, neste sentido, refletia um movimento geral que ganhou corpo na década de 1580 com a intensificação de entradas para o sertão, tanto particulares como sancionadas pelos representantes da Coroa. Assim, Jerônimo Leitão já tinha conduzido um ataque contra os Tememinó em 1581, enquanto outros colonos projetaram investidas nos vales do Tietê e do Paraíba.

Estas ações suscitaram uma nova onda de revolta nos arredores da colônia portuguesa, com grupos guaianá, guarulhos e tupiniquim recebendo os europeus e seus prepostos indígenas com crescente violência. Em 1583, a Câmara Municipal de São Paulo aconselhava os colonos a evitarem as aldeias guaianá pelos riscos envolvidos. Quatro anos mais tarde, a mesma Câmara debatia o perigo iminente de "haver aqui muito gentio guaianá e assim a maior parte do gentio do sertão falar mal e estar alevantado...".[122] Mais do que nunca, a resistência indígena encontrava-se explicitamente atrelada à questão da escravidão. Em 1590, de acordo com a Câmara Municipal, "se ajuntaram todas as aldeias do sertão desta Capitania" para rechaçar a presença europeia na região. Naquela ocasião, uma força aliada de Guaianá e Tupiniquim assolou uma expedição de cinquenta homens, sob a liderança de Domingos Luís Grou e Antonio Macedo, nas proximidades da futura vila de Mogi das Cruzes.[123] Dando sequência a esta vitória, os aliados indígenas lançaram novos ataques aos sítios portugueses localizados ao longo do rio Pinheiros e, com o apoio dos residentes do aldeamento de Pinheiros, fizeram uma rebelião surpreendente contra o controle europeu da região. Da mesma forma, um ano depois, a oeste da vila, no local denominado Parnaíba, os índios aniquilaram outra expedição escravista no rio Tietê.[124]

A crescente hostilidade dos índios propiciou a organização de forças punitivas que, numa onda repressiva, entre 1590-5, acabou destruindo ou escravizando a população nativa num raio de pelo menos sessenta quilômetros em torno da vila. As principais vítimas, apesar dos protestos enérgicos dos jesuítas contra os excessos cometidos, foram os Tupiniquim rebelados, particularmente visados "porquanto eram nossos vizinhos e estavam amigos conosco e eram nossos compadres e se comunicavam conosco gozando de nossos resgates e amizades e isto de muitos anos...".[125] Ao mesmo tempo, como consequência, os Guaianá e guarulhos recuaram para o vale do Paraíba ou para além da serra da Cantareira, sendo novamente envolvidos pelos paulistas apenas na década de 1640.

CONCLUSÃO

Com o final do século XVI, o primeiro ciclo de relações luso-indígenas chegou a seu término. No curto espaço de duas gerações, os principais habitantes da região de São Paulo tinham vivido a destruição de suas aldeias e a desintegração de suas sociedades. E os poucos que haviam conseguido sobreviver a estas calamidades achavam-se completamente subordinados aos colonos ou aos jesuítas. Já para os portugueses, o significado da conquista era duplo. Se, por um lado, havia liberado terras para a ocupação futura pelos invasores, por outro, ao diminuir e destruir as reservas locais de mão de obra, havia imposto a necessidade da introdução de trabalhadores de outras regiões, fato que implicaria a redefinição do papel e da identidade do índio na sociedade colonial. Ao longo do primeiro século da ocupação portuguesa da capitania de São Vicente, o caráter das relações luso-indígenas sofreu uma transformação radical. Igualmente, durante a maior parte do século XVI, a tendência dominante nessas relações havia se circunscrito às questões da aliança e da troca e à luta pela posse da terra. Da mesma forma, a apropriação do trabalho indígena, também preocupação central nesse período, permanecia subordinada à complexa rede de relações interétnicas já existentes. O contato, porém, ao desencadear um processo de desintegração entre as sociedades indígenas, acabou, inexoravelmente, desequilibrando as relações iniciais a favor da dominação portuguesa. Esta desintegração foi aprofundada pelo desastre demográfico, decorrente de doenças e da guerra, permitindo que os portugueses dominassem com maior facilidade setores significativos da população indígena. Até o fim do século, grande parte do território antes ocupado pelos Tupiniquim e Guaianá encontrava-se seguramente em mãos dos conquistadores.

O fato de os portugueses não conseguirem integrar as sociedades indígenas à esfera colonial sem antes destruí-las resultou na elaboração de formas de organização do trabalho historicamente novas, entre as quais a escravidão indígena e africana veio a mostrar-se a mais satisfatória do ponto de vista colonial. Em última instância, sobretudo no litoral açucareiro, a escravidão negra acabou sendo preferida por motivos morais, legais e comerciais. Contudo, em São Paulo, apesar de não adotarem a escravidão africana em massa no século XVII, os colonos criaram um sistema de trabalho que divergia qualitativa, quantitativa e institucionalmente das experiências do primeiro século. Com o intuito de expandir a base produtiva da Colônia, os paulistas passaram a introduzir na esfera colonial índios em números crescentes, e provenientes de terras cada vez mais remotas. Esta massa de novos cativos, por sua vez, destituída de qualquer vínculo histórico com as terras que passavam a habitar, ocuparia a base de uma sociedade colonial, definindo-a nos termos das relações sociais que moveriam o novo sistema de produção.

2. O sertanismo e a criação de uma força de trabalho

Ao longo do século XVII, colonos de São Paulo e de outras vilas circunvizinhas assaltaram centenas de aldeias indígenas em várias regiões, trazendo milhares de índios de diversas sociedades para suas fazendas e sítios na condição de "serviços obrigatórios". Estas frequentes expedições para o interior alimentaram uma crescente base de mão de obra indígena no planalto paulista, que, por sua vez, possibilitou a produção e o transporte de excedentes agrícolas, articulando — ainda que de forma modesta — a região a outras partes da colônia portuguesa e mesmo ao circuito mercantil do Atlântico meridional. Sem este fluxo constante de novos cativos, a frágil população indígena do planalto logo teria desaparecido, porque, a exemplo da escravidão negra do litoral nordestino, a reprodução física da instituição dependia, em última instância, do abastecimento externo. Porém, ao contrário da sua contrapartida senhorial do litoral, os paulistas deram as costas para o circuito comercial do Atlântico e, desenvolvendo formas distintivas de organização empresarial, tomaram em suas próprias mãos a tarefa de constituir uma força de trabalho.

Buscando assegurar um lugar de destaque para seus ascendentes no panteão da história nacional, os estudiosos paulistas curiosamente têm menosprezado o contexto local nas suas interpretações sobre o sentido e a evolução do chamado bandeirantismo. Adotou-se a convenção de dividir o movimento em fases distintas, abrangendo o "bandeirismo defensivo", o apresamento, o movimento colonizador, as atividades mercenárias e a busca de metais e pedras preciosas.[1] Contudo, apesar dos pretextos e resultados variados que marcaram a trajetória das expedições, a penetração dos sertões sempre girou em torno do mesmo motivo básico: a necessidade crônica da mão de obra indígena para tocar os empreendimentos agrícolas dos paulistas.

O que mudou ao longo do século foram as condições de apresamento, determinadas pelas variáveis da orientação geográfica, das distâncias percorridas, dos custos operacionais e das formas divergentes de reação dos indígenas abordados. Até 1640, os paulistas preencheram suas necessidades com prodigiosas levas de cativos guarani, acompanhando de perto a expansão da agricultura comercial no planalto. Com a interrupção no abastecimento de cativos guarani a partir dessa data, os colonos passaram a enfrentar uma crise de graves repercussões sobre as estruturas locais, pois tornava-se difícil manter a população cativa no nível até então atingido. Como agravante, uma terrível epidemia de varíola se abateu sobre o planalto na década de 1660. Diante da situação, os colonos modificaram suas estratégias de apresamento, desenvolvendo novas formas de organização para as expedições sertanejas. Estas, embora tenham alcançado êxito considerável, inesperadamente alteraram a composição étnica e sexual da força de trabalho. Enfim, à medida que as expedições refletiam as demandas do planalto, passaram a determinar as opções econômicas dos colonos. Esta relação complexa entre o apresamento e a economia local de São Paulo constitui a preocupação central deste capítulo.

A RIQUEZA DO SERTÃO

Se as expedições de apresamento para o interior e o comércio de escravos índios em São Paulo datavam das origens da Colônia, a partir do século XVII adquiriram novos aspectos qualitativos e quantitativos. As experiências do primeiro século introduziram diversos métodos de apropriação direta da mão de obra nativa, abrangendo os resgates, o apresamento direto e, em escala maior, as expedições punitivas, características dos últimos anos do século XVI. Para atender às necessidades do novo século, estes modelos de apresamento foram sendo ampliados e aperfeiçoados pelos paulistas. Ao passo que o escambo e os pequenos assaltos do século XVI restringiram-se às imediações do rio Tietê, agora as expedições projetavam-se a distâncias mais dilatadas, integrando-se ao emergente circuito comercial intercapitanias. E, se as campanhas punitivas dos anos 1590 manifestaram objetivos defensivos e territoriais, as expedições maiores articulavam-se de forma mais explícita a um projeto coletivo de desenvolvimento.

Em certo sentido, foi o projeto de desenvolvimento de d. Francisco de Sousa que intensificou as incursões portuguesas ao sertão. Quando governador do Brasil entre 1591 e 1601, d. Francisco dedicou-se com afinco à busca de metais e pedras preciosas, devidamente estimulada pela lenda tupiniquim de Itaberaba-açu, uma serra resplandecente que, para muitos, localizava-se nas cabeceiras do rio São Francisco. Surgia no imaginário português o Sabarabuçu, corruptela pela qual ficou conhecida a almejada serra de prata e esmeraldas. Já em 1596, d. Francisco armou três expedições, saindo simultaneamente da Bahia, Espírito Santo e São Paulo, com destino ao São Francisco. A vertente paulista do empreendimento, chefiada por João Pereira de Sousa Botafogo, contou com pelo menos 25 colonos, cada qual com seus respectivos índios. Entrando pelo vale do Paraíba, os exploradores atravessaram a serra da Mantiqueira, acreditando ter descoberto as minas a setenta ou oitenta léguas de São Paulo. Uma parte do grupo seguiu para Salvador com amostras de pedras preciosas, outra passou a explorar a região do Paraupava (Araguaia-Tocantins), mas a maioria regressou a São Paulo satisfeita com os Tupinambá que havia capturado no vale do Paraíba.

Animado com os resultados da expedição de Sousa Botafogo, d. Francisco deslocou-se para o Sul, acompanhado por um séquito de mineiros práticos da Alemanha, Holanda e Espanha. As jornadas subsequentes para o rio São Francisco resultaram pouco frutíferas em termos de riqueza mineral, mas, durante a permanência do mesmo d. Francisco em São Paulo, foram descobertas minas de ouro e de ferro próximas à vila. Concluído seu mandato, o governador viajou para a Metrópole e iniciou gestões junto ao rei com o fito de obter os requisitos necessários para dar seguimento a seu ambicioso projeto. Em 1608, ele se achava novamente em São Paulo, munido dos títulos de governador do Sul e superintendente das minas.[2]

Em seu projeto, d. Francisco propunha articular os setores de mineração, agricultura e indústria, todos sustentados por uma sólida base de trabalhadores indígenas. O modelo proposto inspirava-se, talvez, naquele em pleno desenvolvimento na América espanhola, onde as massas indígenas, no movimento conjugado de empresas mineradoras e agrícolas, geravam grandes fortunas entre os colonos espanhóis, engordando igualmente os cofres do Reino. Porém, no Brasil, o plano logo malogrou. Além de os portugueses não terem encontrado nenhuma Potosí resplandecente, os modestos descobrimentos das minas de Jaraguá, Parnaíba e Voturuna decepcionaram pelo pequeno montante de ouro que renderam. Ao mesmo tempo, apesar do estabelecimento de uma fábrica de ferro em Santo Amaro por volta de 1609 e da suposta edificação de uma vila nas imediações da futura Sorocaba, onde existiam de fato depósitos significativos do minério, o projeto fracassou também na sua dimensão industrial.[3] Ainda assim, a tentativa malograda de d. Francisco e seus associados de transformar o sertão em um dinâmico e movimentado núcleo europeu surtiu efeito na organização da economia local de São Paulo. Por um lado, conforme veremos adiante, o crescimento da lavoura comercial foi estimulado e, por outro, o apresamento da mão de obra indígena atingiu proporções nunca dantes alcançadas.

De fato, entre 1599, quando chegou a São Paulo, e 1611, quando faleceu, d. Francisco de Sousa autorizou e mesmo patrocinou diversas viagens em demanda de minas e de índios. Apenas uma, liderada por André de Leão e contando com o apoio do círculo íntimo de d. Francisco, voltou, em 1601, para a região do Sabarabuçu, onde vagou pelos sertões durante nove meses, produzindo pouco além do fascinante relato do mineiro prático holandês Willem Jost Ten Glimmer.[4] Considerando o alto custo e pequeno êxito deste empreendimento, d. Francisco e seus seguidores passaram a concentrar esforços na região imediata do planalto. Um resultado direto desta iniciativa foi o redimensionamento dos objetivos das expedições para o interior, que agora buscavam capturar, indiscriminadamente, os índios dos sertões da própria capitania de São Vicente. Realmente, todas as expedições tinham características comuns: voltavam com muitos cativos e sem nenhuma riqueza mineral. A expedição de Nicolau Barreto, com a participação de mais de cem colonos, ao devassar o vale do Paranapanema em 1602-3, apresou cerca de 2 mil cativos tememinó.[5] Quatro anos mais tarde, sob o comando do mamaluco Belchior Dias Carneiro, outra expedição, apesar das hostilidades sofridas pelos ataques dos Kayapó meridional, que trucidaram diversos colonos, retornou ao povoado ostentando centenas de índios do chamado sertão dos Bilreiros. Destino similar teve, dois anos depois, a expedição de Martim Rodrigues Tenório de Aguilar. Mas os caçadores de escravos conseguiram melhores resultados ao sul e oeste, onde existiam Tememinó e Guarani em números elevados. Duas expedições de 1610, ligadas à exploração das minas de ferro de Sorocaba, tomaram muitos cativos desses dois grupos. Finalmente, na última viagem estimulada por d. Francisco, Pedro Vaz de Barros conseguiu escravizar, em 1611, quinhentos Guarani na região do Guairá.[6]

Alguns dos colonos que participaram das expedições sem dúvida alimentavam certa esperança de alcançar a riqueza instantânea que um descobrimento de prata traria, mas a vasta maioria alistou-se nestas aventuras de olho na oportunidade de criar ou expandir suas posses de escravos. Logo, para muitos, a busca de metais e pedras preciosas servia de capa, legitimando a intenção real dos exploradores. Não é de se menosprezar este artifício, pois, a partir do momento em que a Coroa começou a baixar leis e decretos coibindo o cativeiro indígena, os colonos buscaram qualquer pretexto para dar cobertura às atividades escravagistas. Afonso Sardinha, por exemplo, partindo para o sertão em 1598 com "outros mancebos e mais de 100 índios cristãos", alegou que sua única intenção era buscar "ouro e outros metais".[7] A Câmara Municipal de São Paulo, sempre prestes a defender os interesses dos principais colonos, lançou mão de outro artifício quando da expedição de Nicolau Barreto, pedindo autorização ao governador para penetrar no sertão com a finalidade de recapturar índios supostamente fugidos.[8]

Quaisquer que fossem os pretextos adotados pelos colonos para justificar suas incursões, o objetivo maior dos paulistas era claramente o de aprisionar Carijó, ou Guarani, que habitavam um vasto território ao sul e sudoeste de São Paulo. De fato, durante as primeiras décadas do século XVII, os paulistas concentraram suas atividades em duas regiões, que ficaram conhecidas como o sertão dos Patos e o sertão dos Carijós. O sertão dos Patos, localizado no interior do atual estado de Santa Catarina, era habitado por grupos guarani, identificados, entre outras, pelas denominações Carijó, Araxá e Patos.

O sertão dos Carijós, por sua vez, abrangia terras além das margens do rio Paranapanema, igualmente habitadas sobretudo por grupos guarani, porém incluindo também diversos grupos não guarani. Esta imprecisa referência geográfica remetia-se, provavelmente, a Guairá, região circundada pelos rios Piquiri, Paraná, Paranapanema e Tibagi. De acesso relativamente fácil — os paulistas demoravam de quarenta a sessenta dias para chegar —, Guairá logo se tornou o principal objetivo das expedições que partiam de São Paulo.[9]

Mas esta caminhada colocava os paulistas inevitavelmente em contato com outros grupos que ocupavam as terras intermediárias, situadas sobretudo no vale do Paranapanema. Dois grupos, Tememinó e Tupinaé, aparecem na documentação da época como as principais vítimas das expedições da primeira década do século XVII. Pouco sabemos das relações entre portugueses e estes grupos além do fato de que grandes contingentes tememinó foram introduzidos em São Paulo em dois momentos: na expedição de Nicolau Barreto em 1602-4 e em 1607, quando Manuel Preto, voltando de Villa Rica del Guayra, "pacificamente" persuadiu um grupo a se deslocar para sua fazenda de Nossa Senhora do Ó.[10]

Embora os inventários e testamentos do início do século XVII registrem uma ampla diversidade de grupos indígenas, a partir da segunda década esta cedeu lugar à predominância de cativos guarani nos plantéis paulistas. Isto sugere que os paulistas se ocuparam, nos primeiros anos do século, em preparar o terreno para os assaltos de maior envergadura contra os Guarani, que caracterizaram o período 1610-40. Neste sentido, o aspecto mais importante das expedições contra os Tememinó residiu exatamente na ampliação dos quadros guerreiros dos paulistas, o que mais tarde viria a desempenhar papel de relevo nas investidas dos mesmos contra os Guarani de Guairá. É possível que estes Tememinó tenham sido os "Tupi" que figuram nas crônicas do século XVI como habitantes da região entre São Paulo e Paraguai, sendo estes inimigos tradicionais de grupos guarani. Neste caso, seriam eles também os Tupi citados frequentemente pelos jesuítas espanhóis como os fiéis ajudantes dos paulistas nos assaltos às missões. Manuel Preto, um dos principais líderes na destruição das missões de Guairá, supostamente comandava 999 arqueiros, sem dúvida uma referência aos guerreiros tememinó adquiridos em 1607.[11]

A mobilização de grupos de índios guerreiros com a finalidade de escravizar inimigos para servir os colonos não constava como original nas relações luso-indígenas, mas, no caso da São Paulo seiscentista, passou a adquirir características e proporções nitidamente novas. Entretanto, antes das expedições de grande porte contra os Guarani, os portugueses procuravam lidar com intermediários indígenas na sua busca de cativos. Tal como no século XVI, as relações de troca e as alianças continuavam a desempenhar um papel central nas estratégias dos colonos que procuravam movimentar cativos para a esfera europeia. Ainda inexperientes no conhecimento do sertão e com suas forças paramilitares em fase de constituição, os paulistas dependiam desses intermediários, sobretudo à medida que se distanciavam de São Paulo. Em 1612, ao explicar por que os paulistas tinham tanto êxito na captura de índios no Guairá, o governador de Buenos Aires lembrava à Coroa espanhola que isso se devia à colaboração de certos caciques guarani, que "lhes servem de guias nestas entradas".[12]

Ao mesmo tempo, todas as expedições rumo ao sertão partiam providas de amplo suprimento de quinquilharias para "resgates" com os indígenas que topassem no caminho. Ao relacionar as contas da missão dos Patos, o jesuíta Pedro Rodrigues lançou uma despesa de doze mil-réis com "resgate de facas, anzóis, contas, espelhos e outras coisas desta sorte, que levei para duas vezes a distribuir pelas aldeias das capitanias do sul dando prêmios aos índios e índias que sabiam melhor a doutrina cristã".[13] Dentre os escassos haveres de Francisco Ribeiro, objetos de um inventário rabiscado em pleno sertão, figuravam "seis tesouras de resgate" e "nove pentes de resgate".[14] Poucos anos depois, Manuel Pinto observou no seu testamento que, certa feita, tinha aviado Fernão Gomes com "um barrete vermelho e uns valórios [avelórios] para resgate dos Patos".[15] Nota-se, em todos os casos, o baixo valor desses itens. Ao mesmo tempo, porém, é difícil avaliar as vantagens que semelhantes artigos traziam aos portugueses ou, ainda, do ponto de vista contrário, o impacto destrutivo de tais objetos nas práticas tradicionais das sociedades indígenas. Os portugueses, por sua vez, não alimentavam ilusões quanto ao papel do escambo: este existia para servir aos interesses imediatos, frequentemente executado com a ideia cínica de que os amigos de hoje podem tornar-se os escravos de amanhã. Essa postura manifestava-se claramente nos casos em que as bugigangas — aparentemente inócuas — apareciam ao lado da aguardente de cana como objeto de troca. Ao descrever o escambo com as aldeias do Sul, um senhor de engenho do Rio de Janeiro explicou: "Esta gente é muito afetuosa à aguardente; por consequência, fazemo-lhe o presente dela para mais os acarinhar".[16]

A desastrada trajetória de um grupo intermediário pode ser ilustrada com o caso dos Kayapó meridionais — denominados bilreiros na época —, grupo jê que ocupava uma extensa faixa territorial a noroeste da vila de São Paulo. No início, os paulistas não visavam os Kayapó enquanto cativos; de fato, como a prática demonstrou ao longo dos séculos XVII e XVIII, a captura dos mesmos era muito difícil. Descrevendo os Kayapó, um jesuíta salientou que eram guerreiros temíveis, conhecidos por sua eficácia em trucidar os inimigos com golpes certeiros na cabeça. Nas batalhas, continuou o padre, tomavam muitos prisioneiros com a intenção de comê-los.[17] Embora esta última afirmação seja falsa, já que os Kayapó não praticavam a antropofagia, a tomada de cativos forneceu a chave das relações luso-kayapó. De fato, diversas expedições que partiram nos anos iniciais do século XVII para o sertão dos Bilreiros trouxeram cativos não kayapó, o que sugere a possibilidade de os cativos terem sido fornecidos pelos próprios Kayapó. Tais relações amistosas, no entanto, tiveram uma duração breve. Nota-se que, em 1608 e 1612, duas grandes expedições foram atacadas e derrotadas pelos Kayapó. A partir de então, estes se tornaram objetos da hostilidade portuguesa. Expostos ao cativeiro ou ao extermínio, apenas refugiando-se nos sertões remotos é que os Kayapó conseguiram evitar, por mais de um século, novos confrontos.[18]

Os principais intermediários neste incipiente tráfico de escravos índios encontravam-se na região dos Patos, onde o chamado "porto dos Patos" servia de entreposto no circuito dos cativos guarani.[19] De acordo com os jesuítas que visitaram a região nos últimos anos do século XVI, as aldeias do litoral se especializaram no intercâmbio luso-guarani, ao passo que as principais concentrações da população indígena permaneciam no interior, a vinte ou trinta léguas de distância.[20] Poucos anos mais tarde, com o tráfico já amadurecido, outro padre esboçou os métodos de resgate: "há alí algumas aldeias de gentios amigos dos portugueses aos quais estes levam resgates de ferramentas e vestidos em cuja troca eles lhes dão seus próprios parentes e amigos". No porto dos Patos, estes cativos eram acorrentados e postos nas embarcações rumo às capitanias de São Vicente e Rio de Janeiro.[21]

Embora a alegação de que os colaboradores entregavam seus amigos e parentes aos portugueses pareça um pouco exagerada, não há dúvida quanto à prática dos paulistas em manipular relações familiares e intertribais para conseguir seus intentos. Alguns chefes indígenas, sem dúvida, fugindo das práticas tradicionais, tiraram vantagem da sua posição de intermediários, acumulando poder e até riquezas. Tal seria o caso de um certo Tubarão, que, com o apoio de seus três ou quatro irmãos, todos supostamente xamãs, tornou-se o principal fornecedor de cativos guarani na região dos Patos durante a primeira década do século XVII. Mais uma vez, coube aos jesuítas descrever, com ricos detalhes, o sistema de abastecimento de escravos indígenas. Chegando à laguna dos Patos com ferramentas, panos e outros artigos de escambo, os comerciantes portugueses mandariam chamar Tubarão e seus irmãos. Estes, por sua vez, entregariam cativos araxá — tomados pelos Carijó em guerras intestinas — em troca das mercadorias europeias. Além destes cativos de guerra, eram igualmente apresentadas "pessoas soltas", tais como órfãos e viúvas, provenientes das aldeias carijó do interior. Finalmente, outros índios viriam por conta própria, à procura das mercadorias dos portugueses, oferecendo produtos locais — como as boas redes — que se usavam nos povoados europeus. Segundo o relato jesuítico, estes ingênuos mascates também seriam escravizados pelos insaciáveis portugueses.[22]

Este tráfico marítimo de cativos, relativamente pequeno pelo menos até a década de 1630, também foi estimulado pelas autoridades régias, em conluio com os colonos de São Vicente, Santos e Rio de Janeiro. Os jesuítas do Brasil meridional, tendo em mira eles próprios o deslocamento dos Carijó para aldeamentos nas capitanias, queixaram-se com frequência das autoridades civis, profundamente engajadas no cativeiro injusto dos Guarani. De acordo com um padre, os funcionários da Coroa designados para auxiliar os jesuítas no estabelecimento de aldeamentos agiam com cinismo, pois, após colaborarem com os padres no transporte dos Guarani, entregariam os índios para os colonos se servirem deles enquanto cativos. Referindo-se a uma expedição de 1619, o mesmo padre explicava que o objetivo original era reunir no litoral um grande número de índios araxá e carijó, já trazidos do sertão tanto por sertanistas como pelos missionários, e transferi-los para aldeamentos em São Vicente, Rio de Janeiro e Cabo Frio numa embarcação fretada por um comerciante do Rio de Janeiro, Antonio Mendes de Vasconcelos. Porém, ao chegar a São Vicente, terminou abruptamente a participação dos jesuítas na expedição, pois os índios seguiram, a cargo de particulares, para os mercados de escravos na Bahia, Pernambuco e até Portugal.[23]

À medida que crescia a demanda por escravos, a violência tornava-se um instrumento cada vez mais importante na aquisição de cativos no sertão. Como no exemplo dos Kayapó meridionais, as relações de aliança e troca, mesmo fortalecidas pelos laços de parentesco entre colonizadores e índios, esfacelavam-se a ponto de reduzir os próprios aliados a cativos. Como era de se esperar, na região dos Patos as relações de troca entre os portugueses e os Guarani logo foram substituídas pelas agressões diretas dos europeus e seus prepostos indígenas. Pedro Rodrigues, um jesuíta com bastante experiência nesta região, relatou o caso de alguns portugueses que chegaram ao porto dos Patos com a intenção de trocar mercadorias com intermediários, os quais já haviam se prestado a "resgates e amizade". No entanto, quando os índios se apresentaram, os portugueses "tomaram a falsa fé um índio principal com outros que o acompanhavam e a todos meteram em ferros que seria obra de quarenta e os trouxeram por força ao navio e em breve chegaram à Capitania de São Vicente".[24]

Nem sempre tais atos de violência foram prefaciados pela dissimulação do escambo. Uma rara devassa criminal de 1624, que visava esclarecer a morte do chefe guarani Timacaúna, tipifica exemplarmente um apresamento praticado sem cerimônia. Neste caso, Timacaúna, quando chefiava a mudança de seu grupo para um local não muito distante de São Paulo, foi subitamente atacado por um grupo de "pombeiros negros", composto de índios pertencentes a alguns paulistas. Matando Timacaúna, estes escravizaram os demais Guarani, repartindo-os entre os senhores paulistas.[25] Nota-se neste incidente o uso do termo *pombeiro*, palavra de origem africana, designando africanos ou mestiços que se ocupavam em fornecer escravos do interior aos comerciantes portugueses do litoral. Os "pombeiros negros" seriam, no caso, índios do povoado especializados no apresamento de índios do sertão.[26] Se, como parece, esta prática era generalizada, isto refletiria, de fato, uma interiorização da organização do apresamento, sugerindo que os paulistas passavam a depender menos dos intermediários independentes e mais dos seus próprios subordinados. Fato este que, igualmente, poderia sugerir uma transformação nas relações entre brancos e índios, contribuindo de maneira significativa à redefinição do cativo como escravo.

Tal mudança na organização do apresamento proporcionou um aumento imediato no fluxo de cativos guarani para São Paulo. Se é difícil calcular a dimensão exata do tráfico de cativos para este período, pelo menos sobre a composição e distribuição da população cativa durante o século XVII temos informações mais precisas. Em 1615, por exemplo, foi elaborada uma matrícula dos Carijó, recém-trazidos do Guairá por uma expedição autorizada por Diogo de Quadros, superintendente das minas. Neste caso, ao invés de incorporar os índios aos aldeamentos, as autoridades dividiram-nos entre 78 colonos particulares. Cada colono assumiu a responsabilidade de cuidar dos cativos, firmando um acordo que reconhecia serem os índios "forros", porém obrigados a trabalhar "em benefício das minas". Na realidade, a matrícula representava a distribuição do espólio da expedição, já que a vasta maioria dos colonos beneficiados não explorava minas.[27]

À primeira vista, o que se destaca nesta lista é a presença maciça de mulheres e crianças, representando quase 70% do total (ver Tabela 1). Tal preferência por cativas guarani refletia, até certo pon-

Tabela 1

DISTRIBUIÇÃO DOS ÍNDIOS NA MATRÍCULA DE 1615

Tamanho de posse	(N)*	Homens	Mulheres	Crianças	Total
1 a 5	(29)	33	51	16	100
6 a 10	(29)	75	93	59	227
11 a 15	(13)	45	61	62	168
Mais de 15	(7)	41	40	52	133
TOTAL	(78)	194	245	189	628

* N: número de proprietários na faixa de tamanho de posse.
FONTE: CMSP-Registro, 7:115-57.

to, a divisão de trabalho adotada inicialmente pelos colonos nas suas unidades de produção, onde mulheres e crianças executavam as funções ligadas ao plantio e à colheita, o que, aliás, seguia a divisão sexual do trabalho presente em muitas sociedades indígenas. Esta divisão, no contexto colonial, implicava vantagem adicional para os colonos, liberando os cativos adultos masculinos para outras funções especializadas, tais como o transporte de cargas e a participação em expedições de apresamento. No entanto, ao longo do século XVII, o desenvolvimento do sistema escravista acarretou importantes modificações nesta divisão, que caminhou para o distanciamento do trabalho indígena de seus antecedentes pré-coloniais. Ao mesmo tempo, porém, a introdução acentuada de cativos femininos e infantis rompia definitivamente com padrões pré-coloniais de cativeiro, quando a vasta maioria de cativos, tomados em escaramuças, era composta de guerreiros. Neste sentido, os padrões coloniais de apresamento parecem ter reforçado a estratégia de impor relações de dominação sobre os índios. De fato, apesar de a divisão sexual de trabalho nas unidades produtivas apresentar alguns elementos de continuidade do período pré-colonial, foi justamente a descontinuidade na definição do papel do cativo que mais pesou na caracterização da população escrava do planalto.[28]

Já no fim da década de 1620, quando milhares de cativos guarani foram conduzidos para São Paulo, a população local acusava um aumento notável. Devido ao crescimento da economia do planalto, a vila paulistana tornara-se o centro receptor da maioria dos cativos; ao mesmo tempo, o caminho terrestre de Guairá, de forma geral, tornou-se preferido à rota marítima dos Patos. Ainda assim, o litoral sul continuou a receber expedições cada vez mais vultosas até a década de 1630. Escrevendo em 1637, um padre do Rio de Janeiro afirmou que, nos dez anos anteriores, entre 70 mil e 80 mil almas haviam sido levadas pelos paulistas da região dos Patos, embora poucos deles tivessem chegado com vida às capitanias portuguesas. Da região do Rio da Prata, continuou ele, apenas mil dos 7 mil escravizados tinham sobrevivido. Finalmente, demonstrando as proporções elevadas que o tráfico havia assumido, o jesuíta alegava que em uma só expedição 9 mil índios haviam sido capturados e entregues, acorrentados, na América portuguesa.[29]

OS PORTUGUESES DE SÃO PAULO
E A DESTRUIÇÃO DO GUAIRÁ

A maior parte das grandes expedições tinha como objetivo as numerosas aldeias guarani no Guairá. Desde a segunda metade do século XVI, os habitantes nativos desta região achavam-se envolvidos pelos interesses conflitantes de espanhóis, portugueses e jesuítas. Tanto os povoadores do Paraguai quanto os portugueses de São Paulo disputavam o acesso à mão de obra existente neste vasto e vagamente definido território que separava os extremos dos respectivos impérios ibéricos. Entretanto, nenhum dos dois mostrava-se interessado na ocupação efetiva do lugar, desejando antes apenas fazer cativos guarani, ao mesmo tempo que procuravam evitar contatos mais intensos com outros grupos indígenas que viviam nas regiões limítrofes, conhecidos por sua belicosidade. Em poucas palavras, longe de exibirem sinais de uma rivalidade luso-espanhola, os paulistas e paraguaios compartilhavam interesses comuns, reforçados pela perspectiva de relações comerciais, os paulistas fornecendo artigos de procedência europeia e até escravos africanos em troca de escravos índios e prata. No período de União Ibérica (1580-1640), apesar da proibição do comércio entre as Américas espanhola e portuguesa, os membros da Câmara Municipal de São Paulo aprovaram a abertura de um caminho para o Paraguai: "Pareceu bem a todos pelo proveito que se esperava deste caminho se abrir e termos comércio e amizade por sermos todos cristãos e de um rei comum".[30]

Se é verdade que os paraguaios e paulistas conseguiram forjar uma relação harmoniosa nas terras indefinidas — às custas dos Guarani, é claro —, tal relação foi desestabilizada pelos missionários jesuítas que se instalaram na região a partir de 1609, ocasião em que os padres Cataldino e Maceta ergueram as primeiras reduções.[31] Desde o princípio, os jesuítas cultivaram péssimas relações com os colonos de ambos os lados, e estes, por sua vez, não viram com bons olhos a chegada de um novo concorrente na competição pela mão de obra guarani. No Paraguai, os colonos contavam com o apoio de autoridades eclesiásticas e civis para lançar uma forte campanha de oposição à presença dos jesuítas, já que estes poderiam retirar de circulação um sem-número de cativos guarani. Tal perspectiva ameaçava a precária base econômica da sociedade colonial espanhola na região, tão dependente da existência do trabalho dos Guarani nas atividades agrícolas, sobretudo no cultivo, colheita e transporte do mate.[32]

Para os paulistas, que continuaram a fazer cativos no Guairá sem entrar em conflito frontal com os padres, a presença jesuítica, pelo menos nos anos iniciais, não se revestiu de semelhante ameaça. Afinal de contas, Guairá abrangia um vasto território e, até a década de 1620, a população não reduzida era maior que aquela das missões. Mesmo na véspera da invasão paulista de 1628, os jesuítas contavam com apenas quinze reduções no Guairá, algumas das quais integradas por catecúmenos não guarani. Naquela conjuntura, porém, o quadro já estava mudando, uma vez que os efeitos acumulados das expedições de apresamento, do processo de aldeamento e das doenças contagiosas efetivamente circunscreveram o campo de atuação dos apresadores, que voltavam seus olhos para uma proporção relativamente maior da população global que se achava aglomerada nas missões. Ademais, na ótica dos paulistas, as reduções figuravam antes como ampliações, visto que a densidade demográfica das missões era bem mais concentrada do que nas aldeias livres dos Guarani, Guaianá e Gualacho (Kaingang). Neste sentido, os paulistas passaram a assaltar as reduções não por motivos geopolíticos ou morais — como quer uma vertente da historiografia paulista — mas, simplesmente, porque era justamente nelas que se encontravam números consideráveis de Guarani. De acordo com um jesuíta da época, no início os paulistas respeitavam a presença dos padres, mas, com o aumento de sua cobiça, passaram a atacar as reduções. O problema, segundo ele, era que os mesmos paulistas consideravam a região como seu território exclusivo. Porém, o principal motivo dos assaltos, concluiu este jesuíta, residia na simples vontade dos colonos em adquirir índios "baratos".[33]

Para muitos historiadores, os paulistas teriam investido contra as reduções porque essas missões ofereceriam mão de obra já transformada e disciplinada pelos jesuítas, assim melhor condicionada para o ritmo de trabalho exigido nos engenhos do Brasil. Tal noção subestima, de um lado, a importância da horticultura guarani, anterior ao contato, enquanto, de outro, superestima a eficácia de um projeto aculturativo dos jesuítas.[34] Na verdade, os portugueses interessavam-se pelos Guarani desde a primeira metade do século XVI justamente pelas notícias que tinham da agricultura praticada por este povo. Além disto, mesmo após a chegada dos jesuítas castelhanos ao Guairá, os paulistas continuaram a assaltar prioritariamente as aldeias não controladas pelos padres. Finalmente, a partir das evidências da documentação jesuítica, produzida às vésperas da invasão paulista, fica patente que as reduções do Guairá não chegaram a se caracterizar como as prósperas e disciplinadas comunidades utópicas que, posteriormente, configurariam o empreendimento jesuítico do Paraguai. De fato, as investidas periódicas de paulistas e espanhóis constituíram apenas um entre vários problemas que impediam o desenvolvimento das missões.

Em 1628, à época da principal invasão do Guairá pelos paulistas, as missões do Guairá em sua maioria eram comunidades recém-formadas, precárias e isoladas, debatendo-se em busca de uma base econômica viável para sua sobrevivência. Um relatório de 1625, referente à situação material da obra jesuítica na província do Paraguai, informava do estado de penúria em que se achavam as cinco reduções às margens do rio Paraná, inteiramente dependentes do magro estipêndio de quatrocentos pesos que recebiam de Roma, já que até aquele momento poucas roças haviam sido plantadas. No Guairá, segundo o relatório, os catecúmenos não produziam o suficiente nem para sustentar as despesas mínimas da igreja.[35] Em 1628, quando os paulistas já se encontravam instalados nas margens do Tibagi, padre Antonio Ruiz de Montoya, então superior das missões do Guairá, retratou em sua carta ânua outros obstáculos para o êxito missioneiro. Além das atividades predatórias de paulistas e espanhóis, Ruiz acrescentava as doenças, a fome, as rivalidades faccionais e a guerra intertribal como as principais atribulações da população aldeada em oito das reduções da província.[36] Destas, sem dúvida, os contágios e a guerra intertribal haviam causado os maiores estragos. Padre Diego Salazar, encarregado da supervisão de duas das maiores missões, observou que a maioria das reduções "estão cheias de con-tágios"; em 1631, uma violenta epidemia grassou entre os rios Paraná e Paraguai, que "povoou o céu de novos cristãos".[37] Já o conflito intertribal marcava presença em quase todas as missões, acarretando, em algumas instâncias, verdadeiros desastres. Tal seria o caso de Candelária, que logo após sua fundação foi assolada por um "exército de infiéis".[38]

Portanto, pode-se enquadrar a intensificação das expedições paulistas num contexto de instabilidade e incerteza. O primeiro dos empreendimentos em larga escala, conduzido por Antonio Raposo Tavares, partiu de São Paulo em 1628. Contudo, apesar de os historiadores considerarem esta expedição como o modelo do bandeirantismo, na verdade ela foi atípica em termos de tamanho e estrutura. Realmente, quando comparada às dezenas de expedições de apresamento realizadas ao longo do século XVII, a envergadura da força expedicionária de Raposo Tavares foi desproporcionalmente grande. A maioria dos relatos sustenta que o movimento comportou a participação de novecentos paulistas (entre portugueses e mamalucos) e 2 mil guerreiros tupi. No entanto, nestas versões, o total de paulistas parece exagerado, uma vez que é possível identificar apenas 119 participantes em outras fontes. Além disto, a razão de dois índios por paulista seria muito baixa quando comparada a outras expedições. Ao mesmo tempo, a disciplinada organização militar da expedição não constituiu regra para as demais viagens de apresamento realizadas no decorrer do século, de caráter bem mais informal. Depondo contra os paulistas em 1630, o vigário Pedro Homem Albernaz, do Rio de Janeiro, traçou interessante paralelo entre a expedição de Raposo Tavares e a organização militar da Colônia: "[...] e assim para estas entradas levantam capitães e oficiais de milícia com bandeiras e tambores", ressaltando como isto violaria os códigos legais em vigor.[39] Com certeza, essa expedição havia sido organizada em quatro companhias, cada uma munida de bandeira e liderada por capitães dos principais distritos rurais de São Paulo e Parnaíba. Igualmente, a companhia de Rapo-. so Tavares adotara uma organização interna composta de uma divisão avançada e outra de retaguarda. Embora tais inovações estratégicas não tivessem sido incorporadas às práticas subsequentes de apresamento, significaram na época um rompimento decisivo com as anteriores, na medida em que substituíram de vez as relações de intercâmbio e aliança pelas de força e violência.

Se é óbvio que a expedição de Raposo Tavares partiu de São Paulo com a intenção explícita de aprisionar milhares de Guarani, permanece a dúvida quanto ao objetivo preexistente de invadir as reduções. A exemplo das expedições coletivas anteriores, tais como a entrada punitiva de 1585 ou a viagem de Nicolau Barreto em 1602, Raposo Tavares e seus capitães desenvolveram cuidadosamente alguns pretextos para a operação bélica. De acordo com os jesuítas Maceta e Mansilla, autores de uma denúncia detalhada contra as atividades dos paulistas, um dos principais participantes, Francisco de Paiva, chegou ao ponto de obter junto ao Santo Ofício da Inquisição um mandado autorizando a penetração no sertão para perseguir um herege.[40] Outros participantes contaram ainda a d. Luís Céspedes y Xería, governador do Paraguai que se uniu a uma das companhias por um trecho da viagem, que os paulistas visavam recuperar os muitos escravos tupi, tememinó, pé-largo e carijó que haviam fugido e se achavam no Guairá. Reforçando esta alegação, os capitães André Fernandes e Pedro Vaz de Barros, líderes de duas companhias, iam munidos de autorizações legais para recapturar os fugitivos.[41]

Contudo, motivos mais palpáveis e substantivos surgiram num ato público na Câmara Municipal de São Paulo, no final de 1627.

Neste, os principais colonos, entre os quais Raposo Tavares se mostrou especialmente vociferante, alertaram que os castelhanos de Villa Rica andavam penetrando nas terras da Coroa portuguesa, "descendo todo o gentio que está nesta coroa para seus repartimentos e serviços".[42] Semelhante acusação assumia gravidade diante da crise de mão de obra enfrentada pelos colonos ao longo da década de 1620. Pouco antes, o superintendente das aldeias, Manuel João Branco, reclamara do despovoamento dos aldeamentos, uma vez que os colonos andavam transferindo seus habitantes para suas propriedades particulares.[43] Até o governador geral do Brasil reconhecia a carestia de mão de obra em São Paulo "pelas muitas mortes", provavelmente decorrentes dos contágios.[44]

A bandeira de 1628 iniciou suas atividades com certa cautela, com Raposo Tavares estabelecendo um arraial às margens do Tibagi, na entrada do território do Guairá. A partir desta base, os paulistas começaram, com o fim de fazer cativos, a assaltar aldeias guarani, logo apelando para as reduções. Tal objetivo foi atingido através da violência nua e crua. Segundo o relato de um jesuíta, o método usual dos paulistas consistia em cercar a aldeia e persuadir seus habitantes, usando de força ou de ameaças, a acompanhar os colonos de volta para São Paulo. Um destino terrível reservava-se às aldeias que ousassem resistir. Nestes casos, os portugueses "entram, matam, queimam e assolam [...] e casos houve em que se queimaram povoações inteiras só para terror e espanto dos que ficavam vizinhos". A longa caminhada até São Paulo prometia horrores adicionais, "como matar os enfermos, os velhos, aleijados e ainda crianças que impedem os mais ou parentes a seguirem a viagem com a pressa e expediência que eles pretendem e procuram as vezes com tanto excesso que chegaram a cortar braços a uns para com eles açoitarem os outros".[45] Outro padre denunciou que os paulistas se comportavam "com tanta crueldade que não me parecem ser cristãos matando as crianças e os velhos que não conseguem caminhar, dando-os de comer a seus cachorros...".[46]

Até 1632, as sucessivas invasões haviam destruído boa parte das aldeias guarani e virtualmente todas as reduções do Guairá. Desta forma, milhares de cativos guarani foram introduzidos em São Paulo, sendo ainda um número menor negociado em outras capitanias. Quantos seriam, contudo, permanece questão difícil, considerando-se a variação dos cálculos presentes em relatos coevos, alguns deles inflados pelas intenções políticas de informantes jesuítas. Cifras globais, atingindo 300 mil, são citadas por historiadores com frequência. Pouco provável, esta soma possivelmente originou-se de uma transcrição falha de um escrivão na corte de Filipe IV.[47] Com base em três relatos independentes, parece razoável reduzir, com alguma segurança, este total. O padre Antonio Ruiz de Montoya afirmou que os paulistas haviam destruído onze missões, cada qual com uma população de 3 mil a 5 mil almas, o que significaria o apresamento de 33 mil a 55 mil cativos, caso todos tivessem sido escravizados.[48] Já Manuel Juan Morales, um negociante espanhol residente em São Paulo, apontou a destruição de catorze reduções com uma população conjunta de 40 mil habitantes, dos quais 30 mil haviam sido reduzidos ao cativeiro.[49] Finalmente, o padre Lourenço de Mendonça, do Rio de Janeiro, ao citar uma certidão passada por jesuítas espanhóis, relatou que catorze missões, com mil ou 2 mil famílias cada, haviam caído nas mãos dos paulistas, o que somaria 60 mil cativos guarani introduzidos em São Paulo.[50] Podemos acrescentar ainda um quarto relato, do governador de Buenos Aires, baseado em informações de Ruiz de Montoya, em que se assevera que os paulistas retiraram, entre 1628 e 1630, 60 mil índios da província do Paraguai.[51]

Tais estimativas não devem fugir muito à realidade, sobretudo quando se considera que os paulistas não se restringiram às reduções em suas investidas contra os índios do Guairá. Especificamente quanto às missões, em 1628 existiam quinze no Guairá, das quais treze foram destruídas de vez e duas deslocadas para localidades mais seguras ao sul, ao longo do rio Uruguai. A grande maioria delas — em número de doze — tinha sido estabelecida menos de quatro anos antes da invasão dos paulistas. As que sobreviveram, ainda que por terem se deslocado, eram as mais antigas — San Ignacio e Loreto —, datando de 1610. Estas duas reduções estavam plenamente integradas à economia espanhola, o que pode explicar sua maior estabilidade perante os assaltos. Mas mesmo estas sofreram reveses significativos, incluindo uma forte epidemia em 1618.[52] Já as outras missões caíram diante dos paulistas de forma bastante rápida, embora a cronologia exata destes incidentes seja desconhecida. De acordo com um documento do ano de 1629, Raposo Tavares, acompanhado por 86 paulistas, comandara a destruição de Jesús María, San Miguel e pelo menos mais uma redução.[53] Parece provável que as demais missões foram desarticuladas pelas outras colunas da bandeira de 1628, especificamente as de André Fernandes e Manuel Preto.[54]

Uma vez completamente destruída a população guarani do Guairá, os paulistas voltaram sua atenção novamente para os Guarani do Sul. Passaram então a atacar as missões de Tape e Uruguai, situadas no atual território do estado do Rio Grande do Sul. A situação na província de Tape assemelhava-se àquela do Guairá na medida em que as reduções ainda eram recém-constituídas (1633-4) quando dos ataques portugueses (1635-41). Das seis reduções jesuíticas, três foram destruídas até 1638, sendo que Raposo Tavares e Fernão Dias Pais chefiaram as investidas mais concentradas, respectivamente em 1636 e 1637, ao passo que outras expedições valeram-se dos sertanistas que haviam adquirido valiosa experiência nas campanhas do Guairá. Mesmo assim, desta vez os paulistas enfrentaram maior resistência por parte dos índios. A expedição de Raposo Tavares, supostamente contando com uma força de 140 paulistas e 1500 índios de guerra, encontrou dificuldade em subjugar os índios da redução de Jesús María, defendida por trezentos guerreiros. Logo após, temendo uma revolta generalizada, os assaltantes chegaram a desistir, uma vez que os habitantes de San Cristóbal, Santa Ana e San Joaquín foram reunidos na missão de Natividad.[55]

Por volta de 1640, diversos fatores convergiram para dificultar o cativeiro dos Guarani pelos paulistas. Primeiro, os jesuítas, evidentemente contando com o apoio de poderosas forças nas colônias e nas metrópoles, obtiveram, através de canais legais, êxito na sua contraofensiva, levando o problema das missões ao governador do Brasil, ao rei Filipe IV e, finalmente, ao papa. Após forte campanha em defesa das reduções, os jesuítas espanhóis convenceram o papa a publicar um breve em que se denunciavam, com linguagem bastante áspera, as atividades dos preadores paulistas e paraguaios.[56] Apesar de ocasionar tumultos em São Paulo, Santos e Rio de Janeiro, a publicação do breve em si não foi suficiente para coibir os paulistas, que voltaram a atacar outras missões em 1648 e 1676. Neste sentido, a reorganização do esquema de defesa das missões objetivava afastar a ameaça dos portugueses. De um lado, os padres começaram a concentrar as reduções em locais mais inacessíveis, sobretudo ao longo dos rios Uruguai e Paraguai; de outro, as expedições de apresamento passaram a enfrentar distâncias maiores, terrenos inóspitos e o desafio de outros grupos indígenas — tais como os Paiaguá e Guaykurú —, todos obstáculos entre os paulistas e a tão cobiçada mão de obra guarani. Além disto, apesar de a Coroa castelhana proibir o fornecimento de armas aos índios, em evidente precaução contra rebeliões indígenas, os jesuítas preservaram grupos guerreiros para defender as missões contra os ataques de paulistas e índios inimigos. Em alguns casos, os padres chegaram a equipar os índios com armas de fogo, mas, ao que parece, o mais comum era combater com os tradicionais arcos e flechas.[57]

É provável que este último fator tenha sido determinante do fim das grandes expedições contra os povos guarani. Pouco acostumados à derrota, os paulistas encararam reveses significativos na província do Uruguai. Em 1638, guerreiros guarani trucidaram dezessete sertanistas de São Paulo e tomaram outros dezessete cativos, no rechaço da expedição de Pedro Leite Pais (irmão de Fernão Dias) em Caaçapaguaçu.[58] A derrota mais contundente, no entanto, ocorreu em 1641, quando a vultosa bandeira de Jerônimo Pedroso de Barros esbarrou na resistência indígena em Mbororé. Segundo uma testemunha ocular jesuítica, 130 canoas, carregadas de trezentos paulistas e seiscentos Tupi, abordaram um arraial de jesuítas e índios situado às margens do rio Mbororé, tributário do Uruguai. Após uma feroz batalha aquática e terrestre, os paulistas tiveram que bater em retirada. Derrotada no campo militar, a expedição foi aniquilada de vez pela fome e pelas doenças, o que, para o triunfante escritor jesuíta, proporcionou um castigo merecido.[59] No ano seguinte, para ressaltar o simbolismo de tão importante evento, os índios de Mbororé regalaram um visitador jesuíta com uma peça de teatro na qual era reconstituída a heroica vitória contra os "lusitanos".[60] Ainda que algumas poucas e isoladas expedições tenham voltado ao território guarani, o "desastre" de Mbororé marcou o fim de uma época.

AS GRANDES BANDEIRAS E A ECONOMIA PAULISTA

Representando o auge do apresamento de cativos guarani, o surto bandeirante de 1628-41 relacionava-se muito mais ao desenvolvimento da economia do planalto do que — como a maioria dos historiadores paulistas tem colocado — à demanda por escravos no litoral açucareiro. Sem dúvida, alguns — talvez muitos — cativos tomados pelos paulistas chegaram a ser vendidos em outras capitanias. Mas este comércio restrito não explica nem a lógica nem a escala do empreendimento bandeirante. As evidências fazem crer que o abastecimento dos engenhos foi um aspecto conscientemente distorcido pelos jesuítas da época, justamente porque fornecia elementos substantivos para seu pleito contra os paulistas. De fato, a venda de índios que não fossem tomados em guerras justas constituía um ato manifestamente ilegal, mesmo dentro dos mal definidos contornos da legislação indigenista. Usando destes argumentos, um padre alegava que haviam sido vendidas em praça pública, num período de quatro anos, de 11 mil a 13 mil almas.[61]

Na verdade, a única evidência mais contundente ligando a campanha de Raposo Tavares ao comércio intercapitanias surge numa devassa pública realizada em Salvador em resposta a uma queixa feita em 1629 pelos padres Mansilla e Maceta.[62] De acordo com as testemunhas, alguns cativos carijó haviam sido, de fato, embarcados em Santos para serem vendidos no Rio de Janeiro, Espírito Santo e Bahia. Seriam estes 47 cativos transportados numa caravela, sendo que a maioria havia sido desembarcada no Espírito Santo, ao passo que dois meninos, de oito ou nove anos, haviam seguido para Salvador. Uma segunda embarcação, fretada por Domingos Soares Guedes, um comerciante português residente em Salvador, transportara dez ou onze Carijó, deixando quatro cativos no Rio de Janeiro. Finalmente, um terceiro barco, de propriedade dos beneditinos, carregara 25 índios, todos oriundos das missões assaltadas por Raposo Tavares, entregando-os ao convento de São Bento em Salvador.

Ao mesmo tempo, poucos indícios sugerem que outras regiões no Brasil tenham comprado, nesse período, cativos indígenas das capitanias do Sul. A versão convencional da historiografia brasileira sustenta que as grandes expedições contra as reduções coincidiram com uma crise aguda de mão de obra no Nordeste açucareiro, decorrente das invasões holandesas e da interrupção no tráfico de escravos africanos, em consequência da perda de Angola. Porém, este argumento é deficiente no seu recorte cronológico, pois a expedição de Raposo Tavares saiu alguns anos antes da invasão de Pernambuco e é bem anterior à tomada de Luanda.[63] Mesmo assim, é verdade que, embora a indústria açucareira empregasse o trabalho indígena para a execução de determinadas tarefas, o número de índios disponíveis decresceu nos primeiros anos do século XVII. Em resposta a esta situação, os portugueses da Bahia organizaram expedições de apresamento semelhantes àquelas que saíam de São Paulo, ainda que sem produzir os mesmos resultados. No final do século XVI, por exemplo, um jesuíta relatou a penetração no sertão por uma grande expedição baiana, contando com trezentos portugueses e seiscentos índios, que, apesar de seu vulto, trouxe poucos cativos.[64] No mesmo ano da invasão do Guairá, o baiano Afonso Rodrigues Adorno chefiou, também com pouco êxito, uma grande expedição de apresamento para o sertão dessa capitania.[65] Ao que parece, durante o século XVII uma parte significativa da mão de obra indígena recrutada para a lavoura canavieira provinha do Maranhão. De fato, o envolvimento português no Maranhão foi um reflexo da expansão açucareira no Nordeste, pois esta nova colônia poderia abastecer, com gêneros alimentícios e mão de obra escrava, os engenhos, particularmente de Pernambuco e outras capitanias do Norte. Essa incipiente conexão torna-se clara a partir da documentação holandesa referente a Pernambuco, pois os flamengos passaram a interessar-se pela potencialidade do tráfico de escravos "tapuia" entre Maranhão e Pernambuco.[66] Talvez nesse sentido, ironicamente, é que a invasão holandesa teria afetado a demanda nordestina pela mão de obra indígena.

Na verdade, os escravos índios que foram "exportados" de

São Paulo representariam apenas o excedente da economia do planalto. Além do modesto tráfico marítimo entre a região dos Patos e as praças ao norte, parece pouco provável a transferência de muitos cativos diretamente do sertão ou das reduções para os engenhos. Curiosamente, um registro de batizados de um distrito rural do Rio de Janeiro na década de 1640 demonstra a existência de alguns cativos indígenas que, em vez de acusar origens guarani, apresentavam denominações tribais como Guaianá, guarulhos e Nhambi (possível referência ao rio Anhembi, ou Tietê).[67] Portanto, a proveniência destes índios era justamente a região de São Paulo, o que faz algum sentido quando se consideram os riscos envolvidos no tráfico de longa distância. Como veremos adiante, os índios recém-trazidos do sertão tinham um valor muito reduzido em razão de suas chances de sobrevivência no novo ambiente. Isto juntamente com as restrições legais ao cativeiro dos índios tornava o tráfico uma proposição econômica pouco interessante, limitando-o à transferência de pequenos grupos ou de indivíduos cujo valor justificasse o custo da viagem.[68]

Portanto, quase todos os índios capturados neste período foram, sem dúvida, integrados à economia florescente do planalto. É o que mostra a própria documentação paulista: verifica-se o crescimento da concentração de índios arrolados em inventários de bens nas vilas de São Paulo e de Santana de Parnaíba (ver Tabela 2). Nesse importante momento do desenvolvimento de uma lavoura comercial, conforme veremos no capítulo 3, as expedições de grande porte se mostraram como um eficiente modo de constituir uma força agregada de mão de obra indígena. É de se notar que muitos, se não a maioria, dos participantes das expedições do Guairá encerraram suas carreiras de sertanistas ao retornar ao planalto, voltando-se, nas décadas de 1630 e 1640, para a atividade mais sedentária da triticultura. O próprio Raposo Tavares, apesar de regressar ao sertão muitas vezes mais, estabele-

Tabela 2

PROPRIETÁRIOS E ÍNDIOS, REGIÃO DE SÃO PAULO, 1600-1729,
SEGUNDO OS INVENTÁRIOS DE BENS

Década	Proprietários	Índios	Posse média
1600-9	12	154	12,8
1610-9	49	863	17,6
1620-9	38	852	22,4
1630-9	99	2 804	28,3
1640-9	111	4 060	36,6
1650-9	142	5 375	37,9
1660-9	148	3 752	25,3
1670-9	138	3 686	26,7
1680-9	159	3 623	22,8
1690-9	71	1 058	14,9
1700-9	63	948	15,0
1710-9	100	927	9,3
1720-9	40	435	9,9
1600-1729	1 174	28 537	24,3

FONTE: Inventários de São Paulo e Parnaíba. IT, 1-44; AESP-INP, CXS. 1-40; AESP-IPO, diversas caixas; AESP-IE, CXS. 1-6.

ceu uma próspera fazenda na paragem de Quitaúna, ao longo do rio Tietê, entre as vilas de São Paulo e Parnaíba, que contava, em 1632, com um plantel de 117 índios.[69] Os outros chefes da invasão do Guairá, assentando-se como os principais senhores de terras da região do planalto, também comandavam prodigiosos plantéis. Tal foi o caso dos irmãos André, Domingos e Baltasar Fernandes, cuja cota na partilha das presas formou a base das vilas de Parnaíba, Itu e Sorocaba, respectivamente.

A REORGANIZAÇÃO DO APRESAMENTO

A partir da década de 1640, as expedições de grande porte cederam lugar a novas formas de organização do apresamento.

De modo geral, as viagens rumo ao sertão passaram a ser de menor porte, mais frequentes e mais dispersas em termos geográficos.[70] De fato, a mudança mais significativa residia na orientação geográfica das expedições, na medida em que os paulistas viam-se obrigados a procurar um substituto adequado para os cativos guarani que haviam alimentado as operações anteriores. Inicialmente, a despeito da distância envolvida, algumas expedições partiram para o miolo do continente, na região do Araguaia-Tocantins, conhecido como o sertão do Paraupava. Os paulistas já tinham conhecimento da região, pois pelo menos duas expedições haviam penetrado nestes sertões nos anos iniciais do século. A segunda, de 1613, foi objeto da crônica de um jesuíta informado pelo sertanista Pedro Domingues. Após uma caminhada de 120 dias, os paulistas chegaram à ilha do Bananal, nela encontrando o grupo não tupi Carajaúna e o grupo tupi Caatinga. A região deixou impressão bastante favorável, sendo a partir daí cotada como uma fonte inexaurível de mão de obra indígena.[71]

Apesar de os inventários acusarem a chegada de alguns índios oriundos da região do Paraupava, ao que parece poucas expedições para aquela zona foram bem-sucedidas em sua tarefa de saciar a fome de braços dos paulistas. Os custos materiais e humanos das expedições com destinos tão afastados tornavam-nas pouco rentáveis. Mesmo assim, alguns colonos mais abastados, notadamente os filhos de Pedro Vaz de Barros, chefiaram ou enviaram armações para o sertão. Um deles, Sebastião Pais de Barros, viajou pelo menos duas vezes para o Tocantins, tendo chegado na segunda expedição a Belém, onde faleceu. Se os custos haviam sido altos, pelo menos ele pôde deixar um espólio de mais de 370 índios em sua propriedade em Santana de Parnaíba. A variedade de etnias que aparecem no inventário, feito na ocasião da morte de sua esposa, sugere que, de fato, grande parte do seu plantel havia sido escravizada no Brasil Central.[72]

A ambiciosa aventura empreendida por Antonio Raposo Tavares em 1648 também deve ser enquadrada neste contexto. Jaime Cortesão — entre outros — caracterizou esta expedição como "a maior bandeira do maior bandeirante", insistindo nos fundamentos geopolíticos que teriam motivado a exploração portuguesa do interior do continente. Na verdade, Raposo Tavares e seus companheiros, na maioria residentes em Santana de Parnaíba, procuravam, desta vez, investigando a possibilidade de assaltar as missões do Itatim, ao longo do rio Paraguai, reproduzir o êxito obtido nas invasões do Guairá. Apesar de rechaçado pelos jesuítas e seus índios, perseguido pelos irredutíveis Paiaguá e molestado pelas enfermidades do sertão, Raposo Tavares seguiu viagem pelo Madeira até o Amazonas, chegando a Belém após vagar por três anos na floresta. Outros da expedição, não querendo se arriscar a paragens tão longínquas, voltaram para São Paulo diretamente do Itatim trazendo cativos das missões, o que encorajou futuras investidas nessa direção. Portanto, no contexto de seu tempo, a "maior bandeira" deve ter repercutido como um grande fracasso, sendo que o Raposo Tavares que regressou a São Paulo era um homem acabado, empobrecido e, de acordo com alguns, tão desfigurado que seus próprios parentes não o reconheceram.[73]

A maioria dos colonos, que não contava com os recursos de um Raposo Tavares ou um Vaz de Barros, restringia-se à procura de cativos nas regiões mais próximas a São Paulo. Diversas expedições penetraram no vale do Paraíba, região abandonada pelos preadores de índios da geração anterior. Este movimento acarretou a fundação na região de novas vilas por pioneiros paulistas, sendo que nos anos 1640-50 foram instalados pelourinhos em Taubaté, Guaratinguetá e Jacareí. Ao mesmo tempo, aventureiros da vila de Parnaíba trilharam os sertões para o Oeste e Sul, chegando a estabelecer as vilas de Itu, Sorocaba e Curitiba. A noroeste, colonos de São Paulo fundaram a vila de Jundiaí. O desenvolvimento de cada uma dessas vilas refletia as novas orientações da busca pela mão de obra indígena. As vilas do vale do Paraíba, por exemplo, serviram de base para as investidas na serra da Mantiqueira e na vasta região das futuras Minas Gerais, onde a população, predominantemente tupi, atraía os paulistas. Jundiaí, por sua vez, situada no chamado caminho geral do sertão, orientava os colonos até os índios e minas de Goiás; já as vilas a oeste — Itu e Sorocaba — tornaram-se pontos de partida para o Extremo Oeste.[74]

Assim, a expansão do povoamento, vinculada à busca de mão de obra, também reintroduziu os Guaianá e guarulhos nos plantéis paulistas. Sempre ao alcance dos preadores de escravos, estes grupos foram poupados por mais de meio século por causa dos cobiçados Guarani. Contudo, com a queda do abastecimento de mão de obra guarani, o apresamento dos Guaianá e guarulhos surgia como solução temporária para a crise. As expedições de João Mendes Geraldo, Antonio Pedroso de Barros e Fernão Dias Pais, voltando ao antigo Guairá para capturar os Guaianá remanescentes, trouxeram em 1645, 1650 e 1661 muitos cativos. Já as expedições de Jaques Félix e Jerônimo da Veiga escravizaram, no início da década de 1640, muitos guarulhos, sendo outros da mesma etnia reduzidos, por volta de 1665, nas proximidades do rio Atibaia.[75]

O maior empreendimento pós-1640, a bandeira de 1666, também estava associado a um forte movimento colonizador.[76] Ao que parece, a expedição penetrou no sertão de Minas Gerais, talvez na nascente do rio São Francisco, uma vez que alguns documentos associados ao movimento referem-se a cativos amboapira (tememinó) e apuatiyara (tobajara), grupos que habitavam a citada região. A comprovar a mesma hipótese, um dos participantes da expedição, Bartolomeu Bueno Cacunda, declarava, num litígio de 1682, que havia estabelecido uma roça no Sapucaí dezesseis anos antes.[77] Outras informações provêm do testamento pouco conhecido de Manuel Lopes, redigido em 1666 no sertão dos Abeiguira. No documento, o moribundo afirmava encontrar-se "neste deserto", arrolando 24 sertanistas proeminentes como testemunhas.[78] O chefe da expedição, portador da almejada patente de capitão-mor, era Jerônimo de Camargo, que, pouco depois, estabeleceria próspera propriedade em Atibaia, com seiscentos índios e uma elaborada capela. Outros participantes, tais como Francisco Cubas Preto, Baltasar da Veiga, Salvador de Oliveira, Antonio Bueno e Bartolomeu Fernandes Faria, assentaram-se, igualmente, nas boas terras situadas entre os rios Juqueri e Atibaia, cada qual com plantéis com mais de cem índios. Essas prodigiosas posses de cativos, na verdade as últimas em São Paulo de alguma expressão até a expansão açucareira do final do século XVIII, formaram a base dos bairros rurais de Atibaia, Votorantim e Antonio Bueno (ou Juqueri).[79]

As expedições que buscaram cativos guaianá e guarulhos tiveram como resultado profunda alteração da composição étnica da população cativa. Em consequência do extraordinário volume dos apresamentos na primeira metade do século, os Guarani continuavam a compor a maioria absoluta da população paulista, apesar de compartilharem os tijupares (ou senzalas) com quadros cada vez mais numerosos de Guaianá e guarulhos. Ao descrever seu extenso plantel em testamento de 1658, José Ortiz de Camargo deixou este singelo registro, indicativo da crescente diversidade: "Declaro que tenho de meu serviço gentio de todas as nações".[80]

Uma importante repercussão das mudanças na composição étnica foi a alteração da razão de masculinidade da população cativa. Analisando-se a Tabela 3, verifica-se que a população feminina predominava no período de apresamento dos Guarani. Já na década de 1650, no entanto, precisamente devido ao fluxo crescente de cativos guaianá, o número de homens ultrapassou pela primeira vez o de mulheres. Estas características gerais ganham

102

Tabela 3

RAZÃO DE MASCULINIDADE* DA POPULAÇÃO ADULTA INDÍGENA, SÃO PAULO E SANTANA DE PARNAÍBA, 1600-89

Década	São Paulo	Santana de Parnaíba
1600-19	82,7	—
1620-9	88,0	—
1630-9	92,8	65,6
1640-9	90,0	75,5
1650-9	108,7	82,0
1660-9	92,7	108,6
1670-9	98,1	114,9
1680-9	99,5	84,4

* Número de índios adultos para cada cem índias adultas no conjunto de inventários.
FONTE: IT, 1-44; AESP-INP, CXS. 1-40; AESP-IPO, diversas caixas; AESP-IE, CXS. 1-6.

Tabela 4

COMPOSIÇÃO DA POPULAÇÃO INDÍGENA POR GRUPO ÉTNICO

Grupo	Homens	Mulheres	Crianças	H/100 M*
Carijó	194	242	205	80,2
Guaianá	66	59	26	111,9
Guarulhos	17	21	11	80,9
TOTAL	277	322	242	86,0

* H/100 M: razão de masculinidade da população adulta.
FONTE: Inventários de São Paulo. IT, 1-44; AESP-INP, CXS. 1-40; AESP-IPO, diversas caixas; AESP-IE, CXS. 1-6.

um sentido mais preciso quando se consideram os dados relativos à composição sexual da população adulta, separada por grupo étnico (Tabela 4). A razão de masculinidade da população identificada como guarani permaneceu em torno de oitenta homens para cada cem mulheres, enquanto para os Guaianá esta taxa, mais equilibrada, beirava 112 homens por cem mulheres.

A predominância de mulheres guarani bem como a presença desproporcional de homens entre os cativos guaianá certamente estão relacionadas às condições do apresamento. Como a densidade demográfica dos Guaianá, basicamente caçadores-coletores, era bem menor que a dos Guarani, os paulistas raramente aprisionavam muitos de uma só vez. A falta de descrições de aldeias guaianá igualmente leva a crer que os paulistas não frequentavam muito os "alojamentos" dessas sociedades jê, capturando sobretudo expedições de caça ou de guerra, fora do âmbito doméstico. Em qualquer caso, as dificuldades apresentadas pela captura dos Guaianá pelos paulistas — ora a baixa densidade populacional, ora a resistência à captura — efetivamente elevaram os custos do abastecimento de mão de obra indígena. De fato, diversos paulistas registraram perdas nas expedições da segunda metade do século XVII. Domingos de Góis, por exemplo, constatou em 1653 que nas três viagens feitas por seu filho "recebeu mais perdas que proveito em morte de seus índios".[81]

No entanto, aqueles que foram efetivamente escravizados apresentavam outros riscos. Muitos logo sucumbiam a doenças de origem europeia e africana; dentre os que sobreviviam aos contágios iniciais, alguns resistiam ao novo regime de trabalho. Por seu lado, os paulistas, já habituados à mão de obra guarani, enfrentaram grandes obstáculos tanto na tentativa de compreender línguas não tupi quanto na transformação destes índios em trabalhadores produtivos. O capitão Antonio Raposo Barreto, de Taubaté, escrevendo a um correspondente comercial no Rio de Janeiro em 1680, expressava o receio de perder os quarenta escravos (possivelmente puri) que seu filho tinha trazido da serra da Mantiqueira, já que estes sofriam de um surto de gripe. Mas a maior frustração do capitão Barreto residia na dificuldade de comunicação, não podendo entender "que os pobres padecem porque não há língua que os entenda".[82]

A nova situação teve implicações graves também no que diz respeito ao controle social nas fazendas paulistas. Basta constatar que a incidência de rebelião e fugas aumentou sensivelmente a par tir dos anos 1650, fatos relacionados, sem dúvida, à questão étnica. Nota-se que todas as revoltas daqueles anos tiveram Guaianá e guarulhos como protagonistas (a respeito, ver capítulo 5). Nesse sentido, as vicissitudes do apresamento influenciavam sensivelmente a formação da sociedade escravocrata em sua versão paulista.

UM REMÉDIO PARA A POBREZA?

Encarando o desafio das incertezas do sertão, os paulistas começaram a favorecer pequenas expedições — armações, na linguagem da época —, organizadas para atender a demandas específicas por mão de obra. Portanto, ao contrário das grandes bandeiras, cuja função essencial residia na reprodução da força coletiva de trabalho no planalto, estas novas expedições serviam sobretudo para a reprodução das próprias unidades de produção. Embarcando em viagens para o interior, muitos jovens redigiram ou ditaram seus testamentos, manifestando a necessidade de penetrar no sertão para "buscar remédio para minha pobreza". Lucas Ortiz de Camargo, por exemplo, declarou que "se lhe oferecia ir Buscar Remédio no sertão que é o trato ordinário desta terra".[83]

Ao longo do século XVII, evidentemente, o "remédio" tão procurado era o cativo indígena, a posse a partir da qual o jovem colono se situava na sociedade luso-brasileira, pois esta oferecia um ponto de partida para as atividades produtivas, bem como uma fonte de renda. Comentando a necessidade absoluta sentida por estes jovens que os fazia arriscar suas vidas em semelhantes expedições, um governador observou: "Aquele cuja muita pobreza não lhe permite ter quem o sirva se sujeita a andar muitos anos pelo sertão em busca de quem o sirva do que servir a outrem um só dia".[84] Realmente, no contexto econômico de São Paulo seiscentista, tão dependente do trabalho indígena, as perspectivas de ascensão para os jovens colonos restringiam-se ao acerto de um dote vantajoso, ao recebimento de uma boa herança ou, finalmente, à participação numa rentável expedição de apresamento. Com poucas exceções, porém, os dotes incluíam apenas um punhado de "peças do gentio da terra", ao passo que as heranças deviam ser divididas de modo equitativo entre todos os herdeiros. Para a maioria dos colonos que buscavam estabelecer-se na sociedade local, a opção do apresamento representava a maneira mais oportuna de constituir uma base produtiva de alguma envergadura.

De modo geral, os jovens que partiam em busca de cativos recebiam ajuda de custo de seus pais ou sogros, que empregavam pequenas somas de capital e alguns índios nas expedições, com a expectativa de expandir suas próprias posses. Os armadores, que forneciam dinheiro, equipamentos e índios, assumiam todo o risco da viagem em troca da perspectiva de ganhar metade dos cativos eventualmente presos. No mais das vezes, a armação era um empreendimento familiar. Sem dúvida, na ausência de dispositivos institucionais que garantissem tais investimentos, parecia mais seguro confiar em parentes. Mesmo assim, a relação entre o armador e o sertanista quase sempre se fundamentou num acordo contratual. Tal relação foi expressa no testamento de Antonio Cordeiro de Jundiaí:

> Declaro que tenho uma armação com Antonio da Costa Colaço no sertão que lhe dei dois negros e uma corrente de quatro braças e meia como dez colares e uma canoa e uma arroba de chumbo com sua pólvora e tudo mais necessário para partirmos entre ambos pelo meio o que Deus der de que tenho papel em meu poder.[85]

Como se vê, a principal contribuição do armador compunha-se de chumbo, pólvora, correntes e, sobretudo, alguns índios, todos elementos essenciais para uma expedição de apresamento.

Com efeito, chumbo e pólvora constituíram as únicas despesas mais pesadas, uma vez que era necessário buscar estes itens em praça alheia. Por exemplo, em 1647, o comerciante Antonio Castanho da Silva enviou Diogo Rodrigues ao Rio de Janeiro para comprar munição para uma viagem sertanista.[86] Mais para o fim do século, a julgar pelas anotações no livro de razão do padre Guilherme Pompeu de Almeida, a maior parte do dinheiro gasto no aviamento de expedições ia para a compra de armas e munições.[87] Estes exemplos comprovam não apenas a necessidade de capital de risco, como também as estratégias violentamente agressivas de que se utilizavam os preadores.

Mais comuns, entretanto, eram os acordos entre pais e filhos, geralmente fechados verbalmente. Francisco Borges, por exemplo, declarou no seu testamento que "aviei meus filhos Gaspar Borges e Francisco Borges para o sertão de todo o necessário, para da gente que trouxessem do dito sertão me darem a metade e eles se ficarem com a outra metade...".[88] Ao que parece, os filhos esperavam dos pais ajuda material e financeira para as viagens ao sertão. Tão usual deveria ser o socorro paternal nas armações que sua ausência tornava-se fato digno de nota. Como o exemplifica a observação de Domingos da Rocha: "Tenho quatorze peças do gentio da terra os quais trouxe do sertão *sem ajuda de meus pais...*".[89] Cabe frisar que tal distinção se mostrava necessária na medida em que os índios poderiam tornar-se objetos de litígio após a morte de seu dono.

Geralmente, as expedições contavam com um ou mais sertanistas experientes, que conduziam um punhado de jovens colonos em sua primeira viagem ao sertão. Portanto, a circulação dos participantes nas investidas de apresamento foi uma característica de suma importância, pois contradiz a noção convencional de que todos os residentes de São Paulo eram bandeirantes por vocação. Decerto, alguns sertanistas, conhecedores de línguas indígenas e dos mistérios do sertão, penetraram no interior inúmeras vezes. Porém, a grande maioria provavelmente não participou das expedições mais do que uma ou duas vezes ao longo de sua vida. Os pais que enviaram seus filhos procuravam agregá-los a armações já montadas em vez de organizar novas expedições. Em 1681, por exemplo, observou Luís Eanes Gil no seu testamento que havia mandado seu filho, Isidoro Rodrigues, para o sertão com "armação alheia". De fato, Isidoro havia partido em 1679, junto com um grupo de jovens colonos, seguindo os capitães Mateus Furtado e Antonio de Morais Madureira, ambos sertanistas experientes.[90] Outras expedições, cujas características são conhecidas, manifestaram uma semelhança estrutural na sua organização. A armação do capitão Fernão Bicudo de Brito e seu tio Antonio Bicudo Leme, montada no vale do Paraíba em 1673, contava em suas fileiras sete colonos moços não aparentados.[91]

As expedições também recebiam apoio material de outras fontes que não a dos pais que buscavam iniciar as carreiras dos filhos com alguns cativos. Contratos entre partes alheias foram bastante comuns, sobretudo na segunda metade do século XVII. Os melhores exemplos de tais acordos provêm dos documentos da Ordem dos Carmelitas, pois, em diversas ocasiões, os religiosos do convento forneceram índios, provisões e até dinheiro a sertanistas que cativassem escravos indígenas. Em 1648, por exemplo, rezava um contrato que: "Vista a limitação dos bens deste convento, e que o remédio dele depende do serviço dos índios, dos quais o convento vai tendo grande falta, o que, visto lhe parecia que convinha mandar alguns moços ao sertão arrimados a um homem branco, pagando-se-lhes todos os gastos e aviamentos necessários". Igualmente, em 1662, os carmelitas determinaram que, "como por falta de gente que tinham as fazendas, nos importava mandar ao sertão oito moços em companhia do capitão José Ortiz de Camargo, para que com o favor de Nossa Senhora pudessem trazer alguma gente, pois sem ela se acabariam totalmente, não só as fazendas, mas o convento...". Resolveram, ainda, naquela ocasião, enviar quatro índios da Fazenda Embiacica para esta finalidade. Finalmente, em 1665, o convento tornou-se o principal aviador da grande expedição chefiada por Jerônimo de Camargo, Antonio Bueno e Salvador de Oliveira. Estes três capitães assinaram um acordo no qual concordavam em ceder ao convento metade dos primeiros cem cativos tomados em troca dos serviços do frei João de Cristo, que acompanharia a viagem representando os interesses do convento. Os demais cativos aprisionados seriam divididos na mesma proporção "aos mais soldados da bandeira".[92]

Outra forma alternativa de participação na atividade do apresamento seria o envio de índios ou armas a cargo do chefe ou qualquer membro de uma expedição. Maria Bicudo, por exemplo, mandou treze índios para o sertão com seu filho Salvador Bicudo de Mendonça em 1660, ainda "jogando umas peças com Manuel Veloso", na mesma expedição.[93] Semelhante prática, portanto, constituía um negócio arriscado. Se é verdade que o armador assumia todo o risco no capital que empregava na expedição, nunca ficou claro até que ponto o sertanista podia ser responsável por eventuais perdas. Buscando, no momento do contrato, alguma proteção legal, certos armadores estipularam que sua parte seria metade dos cativos que chegassem ao povoado, socializando assim as perdas ocorridas durante a viagem de regresso. Tal estratégia mostrava-se prudente, uma vez que os cativos geralmente eram repartidos ainda no sertão. No caso da morte do armador ou do sertanista responsável pelo decurso da expedição, a partir daquele ponto os cativos passavam a viajar a cargo dos herdeiros. Já confinado a uma rede, moribundo e receoso de possíveis descaminhos, o sertanista Manuel Correia de Sá procurou garantir a integridade de sua parte dos cativos tomados no sertão estabelecendo no seu testamento que sua esposa e filho em São

Paulo deveriam receber os cativos ou seu valor *em dinheiro*.[94] A julgar pelos frequentes litígios em torno da posse de índios "descidos" do sertão, mesmo acautelados os sertanistas ficavam sem garantia suficiente.[95]

Além dos sertanistas experientes e colonos jovens que penetravam no sertão, uma parcela significativa da população indígena do planalto também teve papel importante no reabastecimento dos plantéis de cativos. Nas listas de índios arrolados em inventários de bens, aparecia com frequência, junto a alguns nomes, a anotação "ausente no sertão". Na maioria — porém não exclusivamente — homens, estes índios completavam as fileiras das expedições, executando serviços essenciais nas funções de guias, carregadores, cozinheiros e guerreiros. Os colonos podiam levar de um até quinze ou vinte índios, dependendo de quantos queriam arriscar nas incertezas do sertão ou de quantos cativos tinham a expectativa de conseguir. Manuel Correia de Sá, por exemplo, dono de quarenta índios, levou dez consigo na "frota" chefiada por seu compadre, o capitão João Anhaia de Almeida, entre eles duas mulheres e um rapazinho.[96]

De qualquer modo, seria difícil estabelecer uma relação clara entre o tamanho da expedição e o seu retorno em cativos. Em 1675, os irmãos Francisco e Domingos Cardoso, auxiliados por onze índios de seu pai, internaram-se no sertão por vários meses e, quando voltaram, entregaram ao inventariante do pai, falecido durante a ausência deles, trinta índios. Se se admite que tal expedição foi feita segundo o acordo típico da época, ou seja, um contrato de metades, isto significaria que houve um retorno de sessenta cativos.[97] Por seu turno, outro colono, Francisco Cubas Preto, manifestava a incerteza de suas expectativas no momento da partida de uma expedição: "Declaro que assim mais fiz um concerto com um índio da aldeia de Marueri por nome Marcos a quem dei armação, todo aviamento e dois negros do gentio da terra para me trazer a gente que com isto adquirisse par o que lhe dei uma espingarda para si, quer trouxesse gente quer não, e nada mais por uma nem por outra coisa".[98]

Como se buscavam cativos em locais nunca antes explorados pelos brancos, a participação ativa de índios nas expedições tornou-se cada vez mais essencial. Para os colonos, expostos a febres, feras e índios desconhecidos, sua sobrevivência dependia do conhecimento que os índios tinham do sertão.[99] Nas excursões mais curtas, os preadores alimentavam-se da caça e da coleta de frutas e mel silvestre. Já para as expedições mais abrangentes, eram estabelecidos pequenos arraiais ou roças, situados em pontos estratégicos, com vistas a abastecer os sertanistas. Às vezes, alguns índios eram despachados com antecedência para plantar os alimentos que serviriam para sustentar o corpo principal da expedição e os cativos na viagem de regresso. Eventualmente, alguns desses arraiais desenvolveram-se em povoados, sobretudo nas rotas para Minas Gerais, Goiás e Mato Grosso.

À medida que as expedições com destinos próximos tornavam-se mais frequentes, alguns colonos estabeleceram roças no caminho, aos cuidados de índios de confiança. Na década de 1670, por exemplo, existiam as chamadas Plantas do Urucujá, mantidas por Ana Tobajara na rota para a região das Minas Gerais.[100] Outro exemplo é a de Batatais, situada ao norte de São Paulo, na trilha para Goiás, possivelmente no entroncamento com outro caminho rumo à região do rio Sapucaí. O arraial dos Batatais, estabelecido nos anos 1660, quando muitas expedições começaram a atravessar essa zona, surgiu pela primeira vez em documento datado de 1663. De acordo com Pedro Taques, o rico comerciante português Manuel Lobo Franco, relacionado à família Bueno e armador de frequentes expedições de apresamento, adquiria em 1678, através de uma sesmaria, a incrível extensão de dezoito léguas de terras a partir do rio Mogi, "no caminho para os Batatais, que tinha sido alojamento dos gentios em 1678...".[101] Da mesma forma, uma referência a Batatais surge novamente em 1683, no fascinante litígio envolvendo um primo de Manuel Lobo Franco, Francisco Bueno de Camargo. Este último era o dono de João — "crioulo" nascido em São Paulo —, o índio que cuidava das roças de Batatais, carpinteiro e "grandíssimo sertanista". Segundo Bueno de Camargo, as atribuições de João eram: "plantar e mandar plantar e ter conta de todos os mantimentos que havia mandado fazer para o comboio do sertão na viagem que ele Autor [Francisco Bueno de Camargo] fazia". No entanto, antes da chegada do "comboio", passou por Batatais outro preador, Manuel Pinto Guedes, que "levou o dito negro ao sertão sem licença nem autoridade do Autor deixando lhe as suas roças e plantas ao desamparo no que lhe causou grande perda, tanto dos mantimentos como na grande perdição de gente que o Autor teve à falta do dito negro e dos mantimentos vindo de Recolhida". Nem Pinto Guedes nem o grandíssimo sertanista João voltaram, pois provavelmente faleceram em Goiás. No litígio, Camargo exigiu dos herdeiros de Guedes o valor do índio perdido.[102]

Se o estabelecimento de roças no caminho do sertão representava uma inovação na organização do apresamento, este também refletia a iminente crise que os colonos enfrentariam. Projetando suas incursões cada vez para mais longe, rumo aos sertões desconhecidos do vasto continente, os colonos frustravam-se em suas expectativas de encontrar novas fontes de mão de obra. Pois valia a simples equação: distâncias maiores representavam retornos menores, por diversos motivos. Primeiro, os custos e o tempo envolvidos nas armações agiam de forma a limitar seu tamanho, o que significava menor poder de fogo no apresamento de índios. Segundo, estas incursões de tamanho reduzido tornaram-se mais vulneráveis aos perigos do sertão, sobretudo os grupos indígenas desconhecidos. Mesmo evitando os grupos de maior risco, como os Paiaguá,

Kayapó e Guaykurú, os preadores, inevitavelmente, deparavam-se com guerreiros pouco cooperativos com o intento dos colonos. Finalmente, as distâncias dilatadas implicavam o aumento da mortalidade, tanto de sertanistas quanto de cativos. Em poucas palavras, o apresamento de grandes números de cativos tornava-se cada vez mais, mesmo para os colonos mais abastados, uma proposta pouco racional em termos econômicos.

NOVOS RUMOS

À medida que a reorganização do apresamento apresentava-se como solução parcial à crise do abastecimento de mão de obra, os colonos também procuravam manter o fluxo de cativos através de outras estratégias. Ora articulando-se aos planos da Coroa em intensificar a busca de metais preciosos, ora oferecendo serviços militares em defesa do patrimônio açucareiro e pecuário do Nordeste, os paulistas abriam um novo leque de opções econômicas. O crescimento contínuo da lavoura canavieira e a rápida expansão da pecuária, de fato, ocasionaram graves confrontos entre colonos e índios; inicialmente no recôncavo baiano, estes conflitos posteriormente alastraram-se pelo interior de todo o Nordeste. Com a ameaça de transformar ou até de destruir as sociedades nativas, a expansão europeia nesse período suscitou uma série de ações indígenas, no mais das vezes violentas. Para os portugueses, qualquer ato hostil se configurava como pretexto suficiente para condenar todos os índios ao cativeiro ou à extinção. Embora alguns grupos, ao colaborar com os colonos, tenham escapado momentaneamente da destruição, até o final do século grande parte do sertão nordestino, que eram terras indígenas, seria transformada em fazendas de gado.[103]

Realmente, em diversas ocasiões, governadores, senhores de

engenho e conselhos municipais convocaram sertanistas de São Paulo para empreender campanhas de "desinfestação" contra as populações revoltadas. Acenando com sedutoras promessas de títulos honoríficos, terras e até dinheiro, os paulistas eram mobilizados para servir, por determinados períodos, de mercenários. Conhecidos por suas atividades guerreiras nos sertões, os paulistas já haviam recebido convite para participar do conflito luso-holandês no final da década de 1640. Mas a companhia organizada por Antonio Pereira de Azevedo seguiu outro rumo, acompanhando Raposo Tavares em direção às missões do Itatim em 1648.[104] Contudo, dez anos mais tarde, os portugueses de São Paulo demonstraram um pouco mais de entusiasmo quando chamados para combater os índios da Bahia. Em 1657, o governador Francisco Barreto resolveu tomar uma atitude decisiva contra os chamados bárbaros que andavam aterrorizando os povoados e engenhos nos arredores de Salvador. Escrevendo ao capitão-mor de São Vicente, Barreto observou: "O que suposto entendo que só a experiência dos sertanistas dessa Capitania poderá vencer as dificuldades que os desta acham a se destruírem totalmente aquelas aldeias...". Adoçando o convite, o mesmo governador prometia aos paulistas que "todos os que aprisionarem nesta conquista levarão como cativos seus para essa Capitania na forma da resolução que se tomou neste Governo com o Bispo, Teólogos e Ministros de que se formou um conselho em que se declarou ser a guerra justa, supostas as mortes, roubos, incêndios e mais hostilidades", podendo os paulistas, desta forma, "se servir deles como escravos sem o menor escrúpulo de suas consciências".[105] Já no ano seguinte, com o intuito de pacificar o sertão da Bahia, Domingos Barbosa Calheiros embarcava para Salvador, "nestas monções presentes", com uma tropa de quinhentos homens, entre portugueses e índios.[106]

Apesar das providências, os sertões dos bárbaros permaneceram bastante agitados por alguns anos, de modo que em 1670 os paulistas foram novamente chamados para combater "os índios muito bárbaros que infestam a cidade recôncava".[107] Inicialmente, o governador Alexandre de Sousa Freire convidou Pedro Vaz de Barros — o temido "Vaz Guaçu" — para comandar uma entrada, atendendo "as boas informações que o Dr. Sebastião Cardoso de Sampaio me deu da pessoa, experiência e valor de Vossa Mercê e do grande cabedal que tinha de índios".[108] No entanto, coube a Estevão Ribeiro Baião Parente, Manuel Rodrigues de Arzão, Henrique da Cunha e Pascoal Rodrigues — então capitães dos quatro aldeamentos das imediações de São Paulo — assinar um contrato com o governador no qual concordaram em realizar a conquista do sertão com a condição de serem autorizados a manter em legítimo cativeiro os prisioneiros de guerra, que seriam transportados para São Paulo às custas da fazenda real.[109] Outro participante da expedição, Feliciano Cardoso, demonstrou claramente em testamento que o ânimo de combater os bárbaros estava ligado ao desejo de incrementar seu plantel de índios em São Paulo.[110]

De qualquer modo, o resultado das campanhas foi algo diferente do esperado. Apesar de tomados milhares de cativos, na realidade poucos chegaram às fazendas e sítios do planalto, uma vez que muitos morreram das doenças contraídas no contato com os europeus, agravadas pelas condições das marchas forçadas do sertão ao povoado. Alguma indicação deste imenso desperdício de vidas encontra-se no relato, de 1673, do governador Furtado Mendonça. Aplaudindo o êxito dos paulistas contra os bárbaros, notava o governador que os paulistas "extinguiram" a ameaça na área, incendiando aldeias, matando muitos e subjugando 1450 prisioneiros, dos quais setecentos morreram de uma "quasi peste" e outros após a chegada a Salvador. Poucos meses depois, o governador registrava a captura, por Estevão Ribeiro, de outras 1200 "almas" maracá provenientes de três aldeias ao norte de Salvador.[111] Apesar de seu entusiasmo com o sucesso das entradas, faltavam ao governo recursos suficientes para embarcar os cativos remanescentes para São Vicente, uma vez que já se havia gasto demais provisionando os paulistas na fase bélica da conquista do sertão. Por seu turno, os paulistas buscaram compensar a violação do contrato através da comercialização dos cativos na Bahia: o próprio Estevão Ribeiro foi acusado de armar um mercado de escravos em Maragogipe. De acordo com a denúncia, apesar de alegarem ter feito cativos legítimos, numa guerra justa devidamente autorizada pelo governo central, os paulistas, na realidade, haviam gasto a maior parte de seus esforços — além de uma boa quantia dos cofres públicos — na captura de índios "amigos", identificados como Tupi.[112]

Sempre abrindo caminho para o gado, mais mercenários paulistas foram chamados, em 1677, para combater os Anayo, nas imediações do rio São Francisco. Nos mesmos moldes do convite anterior, o governador, desta feita, fornecia armas e provisões, revogando em caráter temporário as proibições relativas ao cativeiro. Nesta ocasião, a autoridade apelou para os principais colonos de São Paulo, Jerônimo Bueno, Fernão de Camargo, Baltasar da Costa Veiga, Bartolomeu Bueno, Antonio de Siqueira e o padre Mateus Nunes de Siqueira, todos com posses superiores a cem índios.[113] Embora nenhum deles concordasse em empreender a viagem, diversos bandos de paulistas responderam à chamada, chegando a destruir os Anayo.

Na década de 1680, quando a questão da terra no interior das capitanias do Norte tornou-se crítica, o governo geral recrutou mais levas paulistas. Tendo os chamados bárbaros do Rio Grande do Norte trucidado mais de cem pessoas ("entre brancos e escravos"), destruindo mais de 30 mil cabeças de gado e derrotando as expedições organizadas pelos moradores locais, resolveu-se procurar uma solução na vasta experiência dos colonos de São Paulo.

Frei Ressurreição, bispo da Bahia e governador provisório do Brasil, comentou a utilidade dos paulistas em tais situações:

> E se os Paulistas são tão acostumados a penetrar os sertões para cativar índios contra as provisões de Sua Magestade que o proíbem, tenho por certo que agora que o podem fazer em serviço de seu rei como leais vassalos seus, e em tão público benefício daquelas capitanias, o farão com maior vontade, não só pelo crédito de sua fama, e esperança de remuneração que há de ter o que obrarem, mas também pela utilidade dos bárbaros que prisionarem, que justamente são cativos na forma das leis del-Rei meu Senhor.[114]

Diversas companhias foram organizadas em São Paulo, inclusive a de Domingos Jorge Velho — famosa pela destruição do quilombo de Palmares — e a de Manuel Alvares de Morais Navarro. Mesmo enfrentando a obstinada resistência tanto dos Janduim como de outros grupos revoltados com a expansão pecuária, os paulistas encontraram mais uma vez nas alianças com certos grupos indígenas o caminho da vitória, o que na verdade significou a destruição, entre 1690 e 1720, da maior parte da população indígena das capitanias do Rio Grande do Norte, Ceará e Piauí.[115]

Mais do que em qualquer outra instância da história do Brasil, as campanhas do Norte mostraram o lado cruelmente destrutivo da política indigenista em zonas de franca expansão econômica. Não recebendo a esperada recompensa em cativos — como ocorrera nas campanhas do sertão da Bahia —, os paulistas tiveram que medir seu êxito em outros termos. Com o fim de ressarcir-se dos prejuízos, as expedições de apresamento dos paulistas nestes sertões logo assumiram o triste caráter de massacres impiedosos. Ao comentar um desses episódios, o governador Lencastre escreveu que o terço paulista "alcançou agora uma vitória contra os índios, dos quais mataram 136 e cativaram 56 excetos outros que morreram afogados no Rio quando iam fugidos".[116] De acordo com outra autoridade do governo, haviam sido as dificuldades práticas no combate aos Tapuia que obrigaram os paulistas a optar pelo extermínio em vez da escravidão.[117] A própria Coroa promovia semelhante tática de guerra, recomendando que o inimigo fosse afugentado para o estado do Maranhão, onde seria devidamente aniquilado pelas tribos locais.[118] Apesar de tudo, resta constatar que tais estratégias, de fato, conseguiram preencher tanto as metas do governo quanto as necessidades dos fazendeiros de gado.

Já para a economia do planalto paulista, a Guerra dos Bárbaros teve importante repercussão, embora não nos termos inicialmente almejados por seus participantes. De um lado, apesar do aparecimento em São Paulo de algumas poucas "peças do gentio do cabelo corredio", classificadas nos inventários como escravos legítimos, as prolongadas expedições não produziram um fluxo de cativos à altura das necessidades nesses últimos anos do século XVII. De outro lado, muitos dos paulistas que participaram nas campanhas não regressavam a São Paulo. Sem poder trazer cativos para suas propriedades no Sul, a maioria dos soldados acabou por se estabelecer nas terras recém-conquistadas dos vales do São Francisco ou do Açu, ou até na remota hinterlândia do Piauí. Estes assentaram-se em extensas sesmarias que se tornaram a principal recompensa para os mercenários.[119] Paulistas, veteranos e renegados das campanhas, espalharam-se pelo interior de várias capitanias, fundando vilas e dedicando-se sobretudo à expansão da pecuária.[120]

Se é fato que alguns paulistas colaboraram com a política de extermínio promovida pelos grandes proprietários e governantes do Nordeste, outros ainda atrelaram o apresamento ao projeto de exploração de novas fontes de riqueza mineral idealizado pela Coroa. Com o agravamento da crise fiscal e comercial da Metrópole na segunda metade do século XVII, os ministros do Reino buscavam soluções mercantilistas para a debelação do problema, entre as quais figurava a intensificação das pesquisas minerais no interior das colônias tropicais do Brasil, Angola e Moçambique. Na região de São Paulo, a busca da prata, do ouro e das esmeraldas articulou--se fundamentalmente à procura de cativos indígenas. Assim, mais uma vez, a convergência de fatores locais e internacionais teve repercussões importantes na economia do planalto.

Porém, a exemplo do que ocorrera no início do século, nem sempre as intenções declaradas foram coerentes com os resultados obtidos, uma vez que, sob pretexto do "descobrimento" de minas, os paulistas continuavam em suas atividades predatórias. Um colono, ao justificar seu pedido de terras à Câmara Municipal de São Paulo, alegou ter penetrado no sertão "com tenção de achar alguns descobrimentos para aumento da coroa real de que não achou mais que gentio de diversas nações".[121] Com certeza, para a maioria dos paulistas, os índios constituíam a verdadeira riqueza a ser extraída do interior — o "ouro vermelho" na feliz expressão de Antonio Vieira. Curiosamente, a própria Coroa tentou, em várias ocasiões, concretizar esta analogia ao cobrar o quinto real sobre os cativos, imposto este associado à extração de riquezas minerais.

A pesquisa de minérios ocasionou um sem-número de viagens ao sertão, algumas delas financiadas pela Coroa, como no caso das expedições de Jorge Soares de Macedo para o Sul em 1679 ou de d. Rodrigo Castelo Branco para Sabarabuçu em 1681. A maioria, no entanto, obteve financiamento particular. De fato, a Coroa mostrava-se pouco disposta a fazer grandes despesas com buscas que traziam bem mais índios do que metais ou pedras preciosas, preferindo incentivar tais expedições com a promessa de títulos honoríficos.[122]

A mais significativa dessas expedições particulares foi, sem dúvida, a de Fernão Dias Pais, que saiu de São Paulo em 1674 e permaneceu no sertão até a morte deste, em 1681. Estabelecendo um arraial no local que julgava ser Sabarabuçu, Fernão Dias e seus seguidores procuravam jazidas de prata e esmeraldas justamente nos morros que, no fim do século, começariam a oferecer fartas quantias de ouro em pó. Apesar de Fernão Dias ter acreditado que descobrira um depósito de esmeraldas, o principal retorno do longo internamento no sertão concretizou-se no fluxo de cativos mandados para São Paulo. Fato este que pode explicar por que não se encontraram índios nas zonas auríferas quando do grande rush do fim do século.[123] Ademais, a exemplo dos aventureiros que saíram de São Paulo para combater os bárbaros, nem todos os companheiros de Fernão Dias Pais regressaram ao planalto. Muitos deles tornaram-se os primeiros povoadores brancos das Minas Gerais, e outros, ainda, seguiam para outras regiões, como o vale do São Francisco. Enfim, no crepúsculo do século, a atividade do apresamento — tão fundamental para a economia antes em expansão — também se apagava lentamente.

Assim, o círculo do processo de recrutamento de mão de obra indígena fechou-se no decorrer dos anos de 1600. O século havia começado com a convergência entre interesses minerais e a busca de cativos, e assim terminou. Até o fim do século, quando o apresamento foi suplantado de vez pela mineração, as frequentes expedições ao mesmo tempo refletiam e afetavam as necessidades e a estrutura da economia do planalto. No início, antes da destruição sistemática dos Guarani, os colonos permàneceram restritos à pequena agricultura ou à exportação de modestas quantidades de carne ou marmelada, atividades que requeriam pouca mão de obra. Ao se aumentar rapidamente a população cativa, através dos assaltos às aldeias e missões guarani, possibilitaram-se maiores empreendimentos agrícolas, com a exploração intensiva de trabalhadores indígenas. A crise no abastecimento, iniciada em 1640 e agravada paulatinamente, obrigou muitos colonos a adotar outras estratégias produtivas, tais como a criação de gado, que maximizava a mão de obra disponível.

No fim das contas, a principal função das expedições residia na reprodução física da força de trabalho e não, conforme se coloca na historiografia convencional, no abastecimento dos engenhos do litoral, embora alguns cativos tenham realmente sido entregues aos senhores de engenho. Portanto, ao contrário de outros sistemas de apresamento e fornecimento de mão de obra — onde o tráfico africano é o exemplo mais notável —, os paulistas não exerceram o papel de intermediários no comércio de cativos, sendo antes tanto fornecedores como consumidores da mão de obra que este sistema integrado produzia. Se, de um lado, as formas peculiares de apropriação do trabalho indígena sofreram as restrições institucionais ao cativeiro dos nativos, de outro, representaram sempre o meio mais econômico de preencher as necessidades dos colonos. A viabilidade desse esquema começou a declinar com o aumento das distâncias, da resistência indígena e dos custos envolvidos. O resultado deste processo foi, inevitavelmente, um vertiginoso declínio do retorno das viagens. O sertanismo preador, sem dúvida, não constituía um negócio no sentido de que se revestiu o tráfico negreiro. De qualquer modo, descontadas as diferenças em termos de organização, cada qual teve uma importância fundamental na elaboração de uma sociedade escravista.

3. O celeiro do Brasil

Ao felicitar o governador da capitania pela abertura de um caminho novo entre São Paulo e Santos no final do século XVIII, o memorialista frei Gaspar da Madre de Deus evocou os velhos bons tempos da capitania, "quando como a Sicília a respeito de Roma, lhe chamavam o celeiro do Brasil por daqui saírem trigo, carnes e outros muitos víveres para todas as povoações do Estado, quando muito se frequentava a navegação do Porto de Santos para os Reinos de Portugal e Angola...".[1] Em outra obra, o mesmo frei Gaspar aprofundava-se nesta reflexão nostálgica, explicando os fundamentos da economia paulista:

> Aos paulistas antigos não faltavam serventes pela razão que, permitindo-lhes as nossas leis, e as de Espanha, em quanto a ela estivemos sujeitos, o cativeiro dos índios aprisionados em justa guerra e a administração dos mesmos, conforme as circunstâncias prescritas nas mesmas leis, tinham grande número de índios, além de escravos pretos da costa d'África, com os quais todos faziam lavrar muitas terras e viviam na opulência.[2]

Esta conexão vital entre a escravidão indígena e a produção colonial — tão evidente para os memorialistas e genealogistas do século xviii — tem sido conscientemente relegada ao esquecimento pelos historiadores modernos. Ao recuperar o elo essencial entre o chamado "bandeirantismo" e a evolução agrária do planalto, mostrando a interdependência dos processos de apresamento e de produção, podemos colocar a história seiscentista de São Paulo numa perspectiva diferente. Neste sentido, o surgimento de uma agricultura comercial no planalto, sobretudo com a produção do trigo, pode explicar muito da constituição da sociedade colonial na região, uma vez que a presença de um número elevado de cativos índios possibilitou a articulação da economia do planalto com a do litoral, redundando, ao mesmo tempo, na composição desigual da riqueza na sociedade local.

UM ESPAÇO PARA O DESENVOLVIMENTO

A conquista definitiva dos índios do planalto nos últimos anos do século xvi propiciou uma nova fase para o desenvolvimento da capitania. Antes confinados aos modestos limites do núcleo original, os colonos agora iniciavam a ocupação e exploração das terras circunvizinhas. Ao mesmo tempo, conforme vimos no capítulo anterior, buscavam estabelecer uma força de trabalho de índios guarani, trazidos dos sertões do Sul e Sudoeste.

Com o advento do século xvii, estes movimentos vieram ao encontro de dois novos impulsos externos. Primeiro, o rápido crescimento da economia açucareira a partir de 1580, sobretudo nas capitanias de Pernambuco, Bahia e, em escala menor, Rio de Janeiro, fez surgir nas zonas secundárias oportunidades para criadores de gado e produtores de gêneros de abastecimento.[3] De fato, os mercados tanto dos engenhos quanto dos portos marítimos a partir dos quais se escoava o produto dos canaviais, com sua crescente população escrava e livre, enfrentavam sérios problemas de abastecimento. Como resposta, agricultores paulistas, junto aos do Sul da Bahia, Espírito Santo e, posteriormente, Maranhão, passaram a orientar suas atividades para este incipiente circuito comercial intercapitanias. No âmbito mais estritamente local, os esforços de autoridades régias em instaurar uma economia integrada de mineração e agricultura nas capitanias do Sul, a partir da última década do século XVI, surtiram o efeito de estimular a produção para o mercado, intensificando, ao mesmo tempo, o recrutamento de mão de obra indígena.

Na verdade, os objetivos iniciais da ocupação do planalto meio século antes só começaram a se realizar no alvorecer do século XVII. Além disto, se a escravidão dos índios teve uma evolução lenta e insegura no primeiro século de ocupação, agora podia florescer em toda a sua plenitude, uma vez que se articulava a um projeto coletivo de desenvolvimento, envolvendo colonos e Coroa. De modo geral, tanto os colonos quanto as autoridades portuguesas reconheciam a relação íntima entre o trabalho indígena e a produção de um excedente que, mesmo não orientado para o mercado, poderia ao menos sustentar uma classe não produtiva de colonos, funcionários públicos e eclesiásticos.

Já nos anos finais do século XVI, os colonos começaram a buscar no mercado litorâneo uma fonte de renda em potencial. Inicialmente concentrando seus esforços na criação de gado vacum nos arredores da vila, os colonos supriam o modesto mercado dos engenhos de São Vicente, reativados a partir do encerramento da guerra contra os Tamoio. Ao que parece, boa parte do gado que perambulava pelo planalto pertencia a colonos do litoral, o que não deixava de preocupar a Câmara Municipal de São Paulo. Em 1583, os vereadores denunciavam que, apesar da abundância de animais na região, sentia-se a falta de carne na vila, já que todo o gado estava sendo levado para Santos e São Vicente.[4] Da mesma forma, em várias ocasiões o conselho teve que repreender os produtores que, a caminho da trilha que descia a serra, danificavam áreas plantadas com a passagem dos rebanhos. Igualmente nesses anos, a Câmara registrava inúmeras marcas de gado, ao passo que os dízimos eram saldados em couros e carnes salgadas.[5]

Na mesma década de 1580, os próprios colonos começaram a ocupar as terras além dos rios Tamanduateí e Anhangabaú. Um dos motivos desta expansão foi o esgotamento dos recursos do núcleo inicial: é o que sugere a coibição, nessa época, da pesca utilizando o método do tingui — uma técnica indígena que lançava mão de uma substância peçonhenta que entorpecia os peixes —, dado que este estava levando as espécies à extinção no Tamanduateí.[6] Além disso, ao definir de forma inequívoca a divisão entre a propriedade privada e a coletiva, a demarcação das terras dos aldeamentos em 1580 liberava espaço para a ocupação dos brancos. No entanto, o processo de ocupação em si foi lento. Os colonos que arriscavam distanciar-se muito da vila ainda haviam que enfrentar, pelo menos até o final do século, a perspectiva de aniquilação. Certamente, porém, o maior constrangimento à mobilidade dos colonos decorria da carestia da mão de obra disponível, limitada, nesses anos, à frágil população dos três aldeamentos pertencentes à vila.

Não é de admirar, portanto, que a ocupação inicial de terras novas se limitasse às áreas imediatamente anexas à vila e aos aldeamentos, pelo menos até o início do século XVII, quando as novas formas de recrutamento de índios e as novas relações de trabalho passaram a permitir uma expansão territorial de maior abrangência. Na verdade, grande parte das terras distribuídas entre 1580 e 1600 pertencia, ao menos em teoria, à Câmara Municipal de São Paulo. Apesar de regulamentar e demarcar o rocio apenas em 1598, o conselho municipal havia iniciado, a partir de 1583, a distribuição de terrenos públicos concentrados em três locais.[7] O primeiro deles logo se desenvolveu como o bairro do Ipiranga, situado ao lado do caminho que ligava São Paulo ao mar; o segundo, entre o núcleo primitivo da vila e o rio Tietê, ficou conhecido como Guaré ou Piratininga;[8] e o terceiro surgiu ao longo do rio Pinheiros (Jerubatuba), ligado ao aldeamento de Pinheiros. Neles, os colonos recebiam terrenos públicos variando entre 3 mil e 48 mil metros quadrados.[9] Os primeiros povoadores do Ipiranga, por exemplo, receberam terrenos de 12 100 m^2 cada, o que comportava moradias para as famílias e a escravaria, bem como roças.

Esta primeira onda de expansão territorial achava-se, desde o início, fortemente ligada à economia do litoral. Um dos fundadores do Ipiranga, Antonio de Proença, assentado anteriormente em Santos, deslocou-se, a partir da década de 1580, a fim de criar gado no planalto, com olhos para o mercado do litoral.[10] Mas foi ao longo do Pinheiros que surgiram os sinais mais fortes de uma economia francamente comercial. Em seus inventários, estes povoadores registraram um movimento constante de carnes salgadas e de gêneros de abastecimento das unidades produtoras do rio Pinheiros para o litoral. Do mesmo modo, a presença frequente de comerciantes do litoral nos registros de dívidas, localizados nesses mesmos inventários, acusa o estreitamento de laços entre os produtores do planalto e os interesses mercantis de Santos e Rio de Janeiro.[11]

Complementando a abertura oferecida pelo crescimento do mercado do litoral, um segundo impulso para o desenvolvimento econômico do planalto teve como origem a iniciativa da própria Coroa portuguesa, representada na pessoa de d. Francisco de Sousa. Conforme vimos no capítulo anterior, d. Francisco e seu séquito de mineiros práticos da Europa buscaram implantar um modelo integrado de atividades mineradoras, agrícolas e de manufatura. Apesar dos esforços em explorar as minas de Voturuna e Jaraguá e das experiências com as primeiras fábricas de ferro, foi na esfera agrícola que o projeto de d. Francisco vingou de forma mais elaborada, embora não exatamente do modo esperado. Um dos objetivos explícitos era a transformação de São Paulo no "celeiro do Brasil", onde fazendas de trigo, organizadas no modelo da *hacienda* hispano-americana, abasteceriam as minas e cidades. De fato, alguns de seus colaboradores introduziram os elementos técnicos essenciais para a produção e beneficiamento do trigo, instalando-se o primeiro moinho em 1609. Os primeiros grandes produtores de trigo também iniciaram algumas das grandes famílias paulistas, entre as quais os Taques, Pedroso de Barros e Arzão, todas inicialmente associadas a d. Francisco.

A expansão da força de trabalho, estimulada por d. Francisco de Sousa na década inicial do século XVII, foi um outro elemento decisivo para a lavoura paulista. Contudo, ao defender os princípios da liberdade indígena, o autor do plano buscava ressuscitar o velho projeto dos aldeamentos. Os índios trazidos do sertão seriam colocados num aldeamento pertencente à Coroa, prestando serviços remunerados para os colonos e para o Estado. Foi com este intuito que o mesmo d. Francisco patrocinou o estabelecimento do aldeamento de Barueri, situado a oeste da vila de São Paulo, relativamente próximo às recém-descobertas minas de Jaraguá e Voturuna. Inicialmente, ao que parece, concedeu-se aos jesuítas a incumbência de administrar os sacramentos aos residentes, predominantemente Carijó e Guaianá, reservando-se à Coroa o controle sobre a distribuição da mão de obra. Mas estas estipulações nunca foram claramente delimitadas e, por conseguinte, Barueri tornou-se objeto de conflito permanente entre interesses particulares, municipais, eclesiásticos e da Coroa.[12]

Quando de sua morte súbita em 1611, d. Francisco e seus fiéis seguidores já haviam plantado as sementes para a economia agrária que atingiria seu auge no decorrer do século XVII. Fomentaram a expansão da força de trabalho com a criação do aldeamento de Barueri, estimularam a ocupação de terras além do rio Tietê e a oeste da vila de São Paulo e introduziram um novo gênero alimentício, orientado para o mercado do litoral. Mas o modelo introduzido logo denunciou seus próprios limites, uma vez que a expansão da lavoura fez surgir a clara percepção de que a demanda por mão de obra jamais poderia ser preenchida pelo projeto dos aldeamentos. Com efeito, após a morte de d. Francisco, à medida que a linha de ocupação se estendia mais e mais para o interior, os colonos passaram a apropriar-se diretamente dos índios que traziam do sertão, em vez de entregá-los aos aldeamentos.

Mesmo assim, como a transformação da força de trabalho não constituiu um processo imediato, a ocupação territorial nos anos iniciais do século permaneceu relativamente próxima aos aldeamentos. Se é verdade que d. Francisco e seus sucessores aceleraram a distribuição de terras através das sesmarias, a perspectiva de exploração e valorização do fundo agrário relacionava-se proporcionalmente ao acesso à mão de obra indígena. Realmente, a terra em si, no século XVII, possuía pouco valor intrínseco, fato evidenciado pelos inventários da época: nestes, raramente atribuía-se qualquer valor monetário à terra, ao mesmo tempo que, quando efetivamente negociada, o seu preço era em geral ínfimo.[13] A existência de extensas faixas de terra, aparentemente desocupadas, proporcionou, sem dúvida, um forte estímulo para os colonos, muitas vezes resultando em padrões de assentamento bastante dispersivos. No entanto, é necessário enquadrar esta questão no contexto ideológico e econômico do Brasil colonial, no qual a ocupação de sucessivas frentes agrícolas — pelo menos onde se aspirava a algo mais do que a mera subsistência — dependia, em última instância, da expansão de formas de trabalho forçado.

Esta condição tornava-se visível na São Paulo do final do século XVI, com o aumento no número de expedições de apresamento, que varriam os vastos sertões do Brasil. Por este motivo, a expansão territorial assumiu novas características a partir de 1600, com as modestas doações de terrenos municipais cedendo lugar a vastas sesmarias, como o principal modo de distribuição do solo rural. De forma geral, o colono, desejando título definitivo à terra que muitas vezes já ocupava, enviava petição à autoridade máxima da capitania que, no mais das vezes, autorizava a doação nos termos da petição. Em princípio, o sesmeiro assumia a responsabilidade de executar benfeitorias no terreno em um prazo estipulado (geralmente cinco anos) e pagar o dízimo eclesiástico sobre a produção de frutos da terra. Mas este prazo nem sempre foi observado no Brasil. E, apesar da condição de serem revertidas para a Coroa como terras devolutas, muitas sesmarias permaneceram inexploradas gerações a fio.

Na região de São Paulo, embora os registros permaneçam bastante lacunosos, podem-se tirar algumas conclusões das informações existentes para a primeira metade do século XVII.[14] Entre 1600 e 1644, pelo menos 250 sesmarias foram concedidas, englobando as jurisdições (termos) de São Paulo, Mogi das Cruzes e Santana de Parnaíba (incluindo territórios das futuras vilas de Jundiaí, Itu e Sorocaba). Destas, uma parte significativa possuía extensão de meia légua de frente por meia légua de sertão, o que resultava numa área de aproximadamente 750 hectares. Porém, é difícil calcular com precisão o tamanho de boa parte das doações, uma vez que as próprias petições careciam de maior clareza. Geralmente, só se expressava a medida da frente das propriedades, descrevendo o complemento como "o sertão que se achar". Ainda em outras petições apelava-se para unidades pouco usuais: por exemplo, Pedro da Silva pediu um "pedaço de campo que tem um tiro de flecha pouco mais pouco menos".[15]

A frequência desigual das doações, muitas vezes surgindo em conjuntos concentrados, constituiu outra característica importante do esquema de distribuição de terras. Esta concentração devia-se tanto às sucessivas ondas de ocupação quanto à irregularidade com a qual o capitão-mor, responsável pelas doações, aparecia no planalto. Nota-se, por exemplo, um conjunto de sesmarias, outorgadas nas imediações de Mogi das Cruzes entre 1609 e 1611, associado ao processo de fundação daquela vila. Igualmente, as muitas doações localizadas ao longo do rio Juqueri, após 1617, precederam a expansão da triticultura naquela zona. Já a concentração de datas em 1638-9, passadas pelo capitão-mor Antonio de Aguiar Barriga, revela outra estratégia por parte dos colonos: grande parte das terras distribuídas entre o Juqueri e o rio Atibaia só foram efetivamente ocupadas na década de 1660. Do mesmo modo, nessa época também se distribuíram terras nas proximidades do aldeamento de Conceição dos Guarulhos, área ocupada por brancos a partir dos anos 1650. Pode-se concluir, portanto, que os colonos também adquiriam sesmarias com vistas apenas à ocupação futura.[16]

Contudo, se a instituição das sesmarias pode elucidar o processo de alienação do fundo agrário, na verdade não explica satisfatoriamente os padrões de assentamento e expansão territorial, antes vinculados às práticas agrícolas e à disponibilidade da mão de obra nativa. As técnicas dispersivas de cultivo, seguindo até certo ponto um modelo indígena, levaram à abertura de sucessivas zonas de ocupação. Nos anos iniciais do século XVII, de acordo com os inventários, o único item de valor significativo era a roça de milho ou de mandioca.[17] Por seu turno, a vida produtiva da roça raramente excedia três anos, sendo então necessário abandoná-la a favor de novas faixas de terra virgem (matos maninhos) ou de outro terreno, anteriormente abandonado, já recoberto por matas (capoeiras). Frequentemente, ao pleitear doações de sesmarias, os candidatos alegavam que suas terras não rendiam mais fruto, sendo, portanto, necessário expandir-se pelo terreno contíguo. Francisco de Alvarenga, entre outros, justificava esta necessidade afirmando que suas terras atuais se achavam "cansadas".[18] Tal processo de abandono e reconstituição de roças — tão próximo das práticas indígenas — preocupava autoridades régias durante o período colonial, em São Paulo, que consideravam exagerada a mobilidade constante dos colonos. Em meados do século XVII, o ouvidor Manuel Franco, por seu turno, criticou a técnica da coivara porque obrigava os moradores a "se azingarem" constantemente, o que apresentava problemas evidentes para uma administração pública organizada em função de populações fixas.[19]

Igualmente, a direção e extensão da ocupação territorial achava-se articulada à necessidade contínua do trabalho indígena, refletindo, portanto, diferentes etapas nas estratégias de recrutamento de mão de obra. Foi com a transição do trabalho dos aldeados para o trabalho escravo que os colonos estabeleceram os contornos institucionais e as relações de trabalho que definiriam o papel do índio na sociedade paulista do século XVII (ver, adiante, capítulo 4). Uma vez liberados de sua dependência com relação aos aldeamentos, os colonos passaram a ocupar terras mais distantes. O movimento da ocupação, já na década de 1620 alastrando-se além da serra da Cantareira, inaugurava as principais unidades de produção de trigo e as maiores concentrações de cativos índios na região. Ilustrativas da correlação entre terras e mão de obra são petições da época: Antonio Pedroso de Alvarenga, posteriormente um dos principais produtores da região, constatava em 1639 que "tinha alguns índios e não tinha terra onde lavrar".[20] Outro futuro produtor de trigo, Sebastião Fernandes Camacho, "filho e neto de povoadores e conquistadores da capitania", explicitava esta relação nos seguintes termos: "ele suplicante é casado com mulher e filhos e filhas e tem muito gentio de seu serviço e não tem terras para lavrar e fazer suas criações do que há de resultar muito proveito à Fazenda Real".[21]

Finalmente, além das técnicas agrícolas e da questão da mão de obra, o crescimento demográfico também deve ser considerado enquanto fator de peso, pois este certamente influía nos padrões de assentamento dos colonos portugueses. Contudo, os dados demográficos disponíveis permanecem demasiadamente precários para deles se retirarem conclusões definitivas. De qualquer modo, é certo que a população global da capitania cresceu rapidamente durante a primeira metade do século XVII devido ao grande fluxo de cativos guarani anteriormente a 1640. Do mesmo modo, a população europeia também experimentou, no início do século, a imigração de elementos da Metrópole, bem como de hispano-paraguaios entre 1620 e 1640, sendo que estes últimos integraram-se às famílias Bueno, Camargo e Fernandes.[22] É bastante provável que esta tendência ascendente se tenha invertido nos anos finais do século, resultado tanto do declínio das expedições de apresamento quanto da migração da população branca e indígena para outras regiões.

Mas foi na primeira metade do século que o crescimento populacional começou a pressionar os recursos existentes, estimulando a expansão territorial. Apesar da presença de uma extensão aparentemente infinita de território desocupado, alguns documentos indicam a falta de terras disponíveis para os colonos, sobretudo a partir da década de 1640. De fato, a enxurrada de sesmarias doadas no final da década de 1630 transferiu as melhores terras para as mãos de poucos povoadores. Embora grande parte deste território alienado permanecesse sem exploração efetiva, os donos defendiam energicamente seus direitos à propriedade, inclusive lançando mão de ações litigiosas contra posseiros, vizinhos e outros invasores em potencial. Foi neste sentido que Joana do Prado levou, em 1680, a viúva de Salvador de Oliveira à justiça colonial, pedindo uma indenização de 300 mil-réis por Oliveira ter invadido sua propriedade "forçosamente derrubando matos maninhos de boas terras plantando nelas algodoais, searas, roças de milho...". Joana do Prado justificou este valor, na verdade pouco comum na época, "por serem as melhores terras que há no distrito e perto da vila". Realmente, ela era dona de uma gleba com 2200 metros de frente no bairro do Juqueri, situada entre as prósperas fazendas de Oliveira e da "matrona" Inês Monteiro de Alvarenga.[23]

Uma solução para contornar o problema da distribuição de terras era alcançada parcialmente com a fundação de novas vilas no meio do século. O estabelecimento de novas unidades municipais também ilustra a relação entre a apropriação do fundo agrário e a demanda por mão de obra. As duas primeiras novas vilas do planalto, Mogi das Cruzes e Santana de Parnaíba, fundadas respectivamente em 1611 e 1625, surgiram explicitamente ligadas a aldeamentos próximos. A região de Mogi recebeu seus primeiros povoadores logo após o aniquilamento dos grupos indígenas que habitavam a área, nos últimos anos do século xvi. Na primeira década do novo século, foram distribuídas diversas sesmarias e, finalmente, em 1611 um grupo de vinte colonos redigiu uma petição solicitando a elevação do povoado a vila.[24] Na mesma época, foi estabelecido nas margens do rio Paraíba o aldeamento de Nossa Senhora da Escada. Ao contrário dos outros aldeamentos, Escada não foi fundado nem controlado pelos jesuítas. De acordo com a versão mais comum, foi o próprio Gaspar Vaz, primeiro capitão da vila de Mogi, que criou o aldeamento; porém, segundo um relatório eclesiástico do fim do século, Escada teria sido instituído "pelos índios".[25]

A transformação de Santana de Parnaíba em vila, no entanto, foi mais demorada. Segundo a bibliografia convencional, o português Manuel Fernandes Ramos e sua mulher mamaluca, Suzana Dias, teriam fundado o povoado em 1580, quando da elevação de uma capela com a invocação de santo Antonio. No entanto, isto parece pouco provável, uma vez que a área figurava como "sertão" quando da derrota de uma expedição de apresamento em 1590.[26] De qualquer modo, diversos colonos interessados nas minas da região assentaram-se nas imediações da futura vila em fins desse século e nos anos iniciais do XVII, aí então florescendo um próspero bairro rural de São Paulo. Ao que parece, Suzana Dias, já viúva, juntamente com seus filhos e genros teriam estabelecido a capela rural de Santana por volta de 1609.[27]

A demora entre a ocupação efetiva da zona e sua elevação ao status de vila, ao que tudo indica, devia-se em grande parte à resistência da Câmara Municipal de São Paulo, receosa da eventual perda do controle do aldeamento de Barueri, também estabelecido nessa época. Nota-se que o povoado de Santana se situava a 39 quilômetros de São Paulo e a apenas oito de Barueri. Nessa ocasião, os colonos de São Paulo invocaram a legislação do Reino que coibia a criação de vilas muito próximas a outras já estabelecidas. A verdade, entretanto, é que estes se precaviam contra a perda de índios de Barueri para os povoadores de Parnaíba, denunciando que estes usavam de força no recrutamento dos aldeados. Assim, por exemplo, Antonio Furtado, genro de Suzana Dias e um dos pioneiros na produção de trigo, recebeu ordens da Câmara Municipal de São Paulo para restituir ao aldeamento os índios que ele tinha tomado para servir-lhe. Poucos anos depois, quando da morte de Furtado, sua viúva Benta Dias confessou que a maior parte dos índios de seu serviço pertenciam ao aldeamento e que "em sua consciência os não pode deitar em inventário".[28] Mesmo o principal colono de Parnaíba, André Fernandes, filho de Suzana Dias e coinstituidor da capela original, contava com um sem-número de índios do aldeamento para seu próprio serviço, além dos mais de cem cativos que trabalhavam em sua fazenda em Parnaíba.[29]

Os plantéis mistos de Furtado e Fernandes ilustram de forma nítida o caráter da transição que a economia paulista vivia naquela conjuntura. O surgimento de novos núcleos populacionais, cada vez mais distantes das primeiras vilas, acompanhava o desenvolvimento do apresamento como forma de suprir suas necessidades de trabalho. De fato, a fragmentação das unidades administrativas ganhou força em meados do século, concomitantemente à veloz reprodução das estruturas sociais, econômicas e institucionais básicas implementadas pelos colonos em novos bairros e vilas terra adentro.

Em termos de evolução administrativa, cada nova aglomeração rural seguia uma trajetória comum, acompanhando o processo de transformação do sertão em povoado. Alguns dos bairros rurais mais concorridos logo foram elevados a freguesias, e quase todas as freguesias criadas no século XVII tornaram-se, posteriormente, vilas. Tais mudanças, dependentes do crescimento demográfico que justificasse seu desmembramento de unidades mais antigas, podiam demorar gerações para se concretizar. No âmbito específico de São Paulo seiscentista, no entanto, este processo foi acelerado em diversos casos, com novas vilas surgindo no interior com uma rapidez espantosa.[30]

Em última análise, esta segunda fase de fundação de vilas, que se iniciou na década de 1640, articulava-se à questão do acesso à mão de obra indígena e aos padrões de recrutamento da mesma. Reagindo a uma crise no abastecimento de cativos guarani, a partir de 1640 (a respeito, ver capítulo 2) os colonos de São Paulo, Parnaíba e Mogi das Cruzes passaram a reorientar suas expedições para o vale do Paraíba, onde as vilas de Taubaté (1643), Guaratinguetá (1651) e Jacareí (1653) logo brotaram. Posteriormente, a oeste e noroeste, esta mesma expansão resultou na fundação das vilas de Jundiaí (1655), Itu (1656-8) e Sorocaba (1661). Com uma pequena produção agrícola, baseada no trabalho indígena, estas novas vilas abasteciam as expedições que por ali passavam, servindo também de ponto de partida para novas viagens em busca de índios no sertão.

Contudo, existiam outros motivos para o desmembramento de unidades municipais, uma vez que as vilas proporcionavam uma estrutura administrativa necessária para a organização de cada fase da expansão pioneira. Na verdade, a elevação formal de uma vila nem sempre representava o resultado de um processo cumulativo na evolução demográfica ou econômica da área. Como no caso de São Paulo, muitas vezes a fundação de vilas chegava a anteceder, sobretudo no período colonial, a ocupação efetiva do solo. A importância das vilas residia justamente nas instituições básicas que elas produziam: entre outras, as mais relevantes foram a câmara municipal, o registro de notas e o juizado dos órfãos. Estas, além das instituições eclesiásticas e particulares, desempenharam um papel fundamental na criação, garantia e transmissão dos direitos de propriedade, aí incluídos não apenas terras e bens móveis, como também a força de trabalho indígena.

Até o início do século XVIII, quando a justiça colonial começou a se firmar na região do planalto, o conselho municipal de cada vila — embora sujeito a uma "correção" periódica a cargo de um ouvidor visitante — exercia amplos poderes administrativos e judiciais no termo de sua jurisdição. Enquanto instituição de governo, a câmara funcionava em dois níveis. Primeiro, no contexto do Império português, o órgão dava voz aos interesses coletivos dos colonos junto às autoridades coloniais do Rio de Janeiro, Salvador e Lisboa. Ao mesmo tempo, no contexto local, proporcionava um fórum político para as facções divergentes ou interesses de classe. O controle da câmara podia representar, para estas mesmas facções ou interesses, a consolidação de riqueza e poder, o que dava origem a disputas acirradas nas eleições locais durante todo o período.[31]

De fato, à medida que as funções administrativas das câmaras se tornaram muito abrangentes no século XVII, os conflitos entre facções intensificaram-se, estimulando a criação de novas unidades municipais. Realmente, os conselhos exerceram um papel de relevo em quase todas as esferas da vida econômica: comandavam a distribuição de terras municipais bem como da mão de obra dos aldeamentos. Com a expulsão dos jesuítas em 1640, passaram a acumular, igualmente, a função de administrar as terras dos aldeamentos, muitas vezes aforadas a colonos particulares. Também regulavam o comércio através do tabelamento de preços, da arrematação de contratos de monopólio e da arrecadação de impostos. Finalmente, cabia aos conselhos a tarefa de investigar e punir acusados no cível e criminal, o que oferecia às facções um aparato institucional capaz de servir a seus interesses.

O tabelionato de notas, por sua vez, era de particular importância na garantia dos direitos de propriedade, pois os registros de transações, de procurações e até de perdões por homicídios forneciam a base legal para qualquer ação comercial ou litigiosa. Cada vila possuía pelo menos um tabelião, que transcrevia minuciosamente todos os registros em um livro de notas, o que, às vezes, levava anos para ser realizado. Mesmo o maior povoado, São Paulo, só abriu um segundo ofício de notas em 1737, enquanto nas outras vilas isto ocorreu apenas a partir do século XIX.

Embora pouco estudada pelos historiadores, outra instituição fundamental era o cartório dos órfãos. Responsável pela partilha de bens de colonos falecidos, o juiz dos órfãos (ou, ainda, nos casos de ausência do titular, um juiz ordinário da Câmara Municipal) tinha a árdua tarefa de garantir a observância estrita das leis de herança.[32] Em São Paulo seiscentista, os processos de inventário foram especialmente significativos, pois, através deste mecanismo, a mão de obra indígena era constantemente redistribuída. Além desta função, o juízo dos órfãos acumulava outra, talvez mais importante ainda: emprestar a juros o valor dos bens dos órfãos, tornando-se uma das principais fontes de crédito para os colonos. De fato, em todas as partes do Brasil colonial, sobretudo nas pequenas vilas em regiões remotas onde as instituições religiosas permaneciam pobres e os comerciantes ricos eram escassos, muitos colonos recorriam ao cofre dos órfãos para empréstimos. Em São Paulo, estes pagavam pesados 8% de juros anuais sobre o principal emprestado, o que era justificado pelo "uso e costume da terra".

Dentre os múltiplos serviços oferecidos, desdobrados à medida que a vila crescia, o município tinha como função central, nos primeiros anos após sua fundação, a distribuição da propriedade fundiária entre os povoadores. Como já observamos, as terras municipais da vila de São Paulo foram rapidamente repartidas nos últimos anos do século XVI. Ao longo do século seguinte, a maioria das datas da Câmara Municipal constavam de pequenos lotes de terrenos urbanos, pelo menos até que a Câmara iniciou a distribuição de terras indígenas dos aldeamentos. Esta forma de acesso a terras parece ter sido um dos motivos mais claros para a reivindicação dos colonos com relação à fundação de vilas, já que cada novo município teria um rocio da Câmara que podia ser dividido entre os primeiros colonos. Pelo menos é o que se pode deduzir da representação dos povoadores de Mogi das Cruzes apresentada, em 1611, ao capitão-mor de São Vicente. Para eles, já nessa altura, não existiam terras suficientes em São Paulo para abrigar suas extensas famílias, sendo, portanto, necessária a elevação de uma outra vila.[33]

No meio do século, a fundação de Jundiaí fornece, igualmente, outro exemplo da importância de uma política municipal de terras no desenvolvimento de uma nova comunidade. Esta área havia sido ocupada inicialmente por volta de 1640, por um grupo de colonos capitaneados por Rafael de Oliveira. Ali, logo se desenvolveu um bairro rural em torno da fazenda de Oliveira, reforçado pela migração de povoadores do bairro vizinho do Juqueri, cada qual com seu plantel de cativos índios. Em 1651, Rafael de Oliveira e a viúva Petronilha Antunes, ambos supostamente foragidos da justiça, assentaram a capela rural de Nossa Senhora do Desterro, centro das atividades sociais e religiosas do bairro e base para a futura freguesia e vila. Em 1655 os colonos do bairro enviaram uma petição ao donatário da capitania solicitando a criação de uma unidade municipal com o nome desproporcionado de Vila Formosa da Nossa Senhora do Desterro de Jundiaí, o que foi aprovado no mesmo ano.[34]

Pelo que se pode apreender de um livro municipal que sobreviveu à devastação que abateu a maioria dos documentos, o estabelecimento de Jundiaí atendeu justamente à necessidade de distribuir terras entre os povoadores.[35] Arrolando 85 datas de terras distribuídas entre dezembro de 1656 e abril de 1657, o livro também serviu como registro das atas da Câmara Municipal. Portanto, ao que parece, a função central do conselho nesse período inicial residia na distribuição do rocio da vila. De fato, um outro livro da década de 1660 demonstra que a distribuição de terras já deixara de ser preocupação para a Câmara Municipal, que, por seu turno, passara a se reunir apenas uma vez por mês, pela falta de assuntos importantes a tratar.[36]

As datas de Jundiaí, além de especificar os contornos dos terrenos outorgados, também indicam os motivos declarados nas petições solicitando terras. A maioria dos autores das petições — quase 60% — alegava fazer parte do grupo seleto dos primeiros povoadores ou, no mínimo, ser parente dos mesmos. Tal estatística revela algo do espírito da fundação de vilas, que encontrava sua justificativa nos prêmios, em terras, recebidos pelos colonos envolvidos no povoamento inicial da área. Ao que parece, alguns realmente consideravam as datas um privilégio exclusivo. Assim, dois dos colonos pioneiros, Francisco da Gaia e Manuel Preto Jorge, reclamavam, em suas petições à Câmara Municipal, dos forasteiros que andavam reivindicando terras "com capa de vir povoar".[37] Apesar disto, parte das terras municipais foram ocupadas por colonos recém-chegados, sendo que aproximadamente 36% do total alegou apenas ausência de propriedade como justificativa de seus desejos.

Resumindo, o acesso ampliado a terras e à mão de obra indígena constituiu, ao longo do século XVII, fator de peso no desenvolvimento econômico da região do planalto. Entretanto, faltava um elemento crítico para transformar a agricultura em fonte de renda: sua comercialização. Ao corresponder a um crescente mercado de gêneros de abastecimento no litoral, os colonos de São Paulo envolveram-se numa experiência de lavoura comercial fortemente amarrada a um sistema de exploração do trabalho indígena, experiência que se mostrou significativa para a evolução da sociedade paulista.

CAMINHOS DA AGRICULTURA PAULISTA

A idade de ouro da produção de trigo na região de São Paulo abrangeu os anos 1630-80. Foi justamente nesse período que a concentração de cativos índios atingiu suas proporções mais elevadas (ver Tabela 2, no capítulo 2). Na verdade, esta conexão vital entre a abundância da mão de obra indígena e a agricultura comercial foi a pedra fundamental de uma economia periférica articulada ao mercado do litoral brasileiro, situado, por sua vez, nas fímbrias do mundo atlântico. Por volta de 1640, a Câmara Municipal de São Paulo, em missiva ao papa, expressou esta relação escrevendo que, com a força da mão de obra indígena, os colonos

> grangeam as farinhas, as carnes, e legumes para o seu mantimento ordinário e para socorrerem com ele a muita parte do estado do Brazil, porque desta vila, e povoação vão todos os annos muitos mil

alqueires de farinha de trigo e muita quantidade de Carnes, e legumes para socorrer o dito estado, e ainda para a conquista de Angola, e tudo isto faltava não estando os Indios no dito serviço.[38]

Nos primeiros anos do século xvii, o trigo integrava o repertório diversificado dos agricultores paulistas como produto de pouca expressão. Mesmo assim, destacava-se dos demais gêneros da lavoura por seu valor expressamente comercial. Em momento algum do século xvii foi produzido para sustentar a população do lugar, de feição crescentemente indígena. A produção para consumo local concentrava-se, sem dúvida, na cultura da mandioca, do feijão e, sobretudo, do milho, assim enquadrando-se a população, na frase feliz de Sérgio Buarque de Holanda, na chamada "civilização do milho", predominante no Sul indígena.[39] Já o trigo destinava-se à população europeia das vilas e cidades do litoral e às frotas portuguesas, sendo produto requisitado pelo governo colonial em diversas ocasiões ao longo do século. Nesse sentido, não deixa de ser revelador o incidente ocorrido na fazenda de Valentim de Barros, onde, após sua morte, os índios consumiram boa parte do trigo, para evidente desgosto do inventariante, que esperava enviar a mercadoria para o litoral.[40]

As atas da Câmara Municipal são testemunhas da orientação comercial da triticultura, uma vez que em diversas reuniões os camaristas reclamaram da falta de trigo para o consumo local, a despeito da sua abundância na região.[41] Tal orientação também é evidenciada nos inventários e testamentos da época. Nos primeiros anos do século, os produtos da roça geralmente não eram avaliados em termos monetários, aparecendo muitas vezes separados do inventário, e serviam explicitamente para o sustento dos índios da propriedade. Em contraste, as searas, bem como os grãos colhidos, sempre tiveram um valor comercial declarado. Ao longo do século, créditos em farinha de trigo circulavam como valor de troca, frequentemente fazendo parte de dotes matrimoniais e servindo até de meio na liquidação de dívidas de jogo.[42]

A produção especializada do trigo começou a generalizar-se na década de 1620, logo assumindo uma concentração geográfica. Três áreas tornaram-se centros de triticultura: os bairros rurais de Santana de Parnaíba, a oeste de São Paulo; o bairro de Cotia, ao sul de Parnaíba; e a região denominada Juqueri, banhada pelo rio do mesmo nome, ao norte de São Paulo e de Parnaíba. Já na década de 1640, quase todas as fazendas e sítios inventariados no termo de Parnaíba acusavam a produção, embora muitas vezes modesta, de trigo. Surgiram também, nesta conjuntura, as primeiras fazendas de grande extensão, situadas sobretudo no bairro de Juqueri, tendo evoluído evidentemente das sesmarias ali concedidas entre 1617 e 1639. Este aumento da escala de produção foi devidamente acompanhado pelo desenvolvimento da escravidão indígena, aparecendo, a partir desse período, diversas propriedades rurais que ostentavam plantéis com mais de cem índios.

Se é claro que grande parte do trigo produzido em São Paulo se destinava aos mercados externos à região, devido à imprecisão da documentação do período permanece difícil caracterizar os mecanismos ou a escala deste comércio intracolonial. Por exemplo, o jesuíta Antonio Pinto descreveu a vila de Santos na década de 1650 como "um grande porto para naus, muito frequentado da navegação, pelos abundantes alimentos que dali sai [sic] para todo o Brasil".[43] Embora tal descrição evocasse a imagem de um empório ativo, na realidade Santos do século XVII não passava de uma pequena vila de tráfico marítimo bastante irregular. Mesmo assim, esta servia como a principal saída para as mercadorias de São Paulo, ligando produtores e comerciantes paulistas às outras capitanias e à Metrópole.

Embora existam evidências de contatos comerciais entre paulistas e negociantes da Bahia, de Pernambuco e até de Angola, o maior mercado para o trigo de São Paulo parece ter sido o do Rio de Janeiro, com a sua crescente população branca de senhores de engenho, comerciantes e burocratas.[44] Realmente, a Metrópole, importadora de trigo desde o fim da Idade Média, não conseguia abastecer o mercado colonial deste gênero, ao passo que a produção dos Açores se destinava a Portugal e, posteriormente, ao circuito comercial do Atlântico Norte. Portanto, a população do litoral brasileiro contava com a produção da região de São Paulo para suprir suas necessidades.[45] Sobretudo nos anos entre 1630 e 1654, a Fazenda Real foi outro comprador do trigo de São Paulo, uma vez que coube à Coroa fornecer o necessário para as frotas e tropas envolvidas nos conflitos contra os holandeses no Nordeste e em Angola. Ao longo desses anos, as autoridades coloniais enviaram diversos requerimentos à Câmara Municipal de São Paulo solicitando gêneros para socorrer os combatentes portugueses.[46] Diversos paulistas responderam, sem dúvida, à oportunidade, como ilustra o inventário de João Martins de Sousa, que, em 1652, enviou setenta alqueires de farinha de trigo para Pernambuco, na confiança do comerciante João Rodrigues da Fonseca, também residente em São Paulo.[47]

Contudo, devido à precariedade dos informes coloniais, o volume deste tráfico intracolonial permanece desconhecido. Em dois momentos isolados do século XVII, porém, encontram-se informações suficientemente precisas para permitir uma estimativa da produção global proporcionada pela agricultura paulista. A primeira informação surge na descrição crítica da economia paulista redigida em 1636 pelo comerciante espanhol Manuel Juan Morales, residente em São Paulo. Escreveu ele: "desde 16 anos até agora tem toda esta Capitania abundância de trigo e não apenas em São Paulo...". Tal abundância, segundo ele, foi responsável pelo crescimento dos dízimos na capitania, que evoluíram dos modestos 70 mil maravedis (c. 82$000) de 1603 aos 3600 cruzados (c. 1:440$000) de

1636. "E se nesta terra houvesse justiça, que se obrigasse a pagar os dízimos, poder-se-ia dar por ela 4500 cruzados cada ano..." Em qualquer ano, calculou Morales, os paulistas produziam até 120 mil alqueires de trigo, o que proporcionaria uma renda de dízimo na ordem de 1:920$000, tomando como valor do alqueire o preço médio da época, que era 160 réis.[48]

Estes dados, porém, refletem antes de mais nada a precariedade dos valores do dízimo como fonte estatística. Primeiramente, o dízimo nunca correspondia ao volume real da produção, já que era prefixado por contrato de três anos. Além disto, a evasão no pagamento dos dízimos era muito grande, fato decorrente tanto da ineficiência dos meios de cobrança quanto da inadimplência de muitos produtores rurais. Foi neste sentido que o provedor da Fazenda Real avaliou, em 1661, a situação dos dízimos nas capitanias do Sul: "Estes descaminhos tem sido também a causa de não crescerem os dízimos da Capitania de São Vicente, tendo muitos frutos, e bons, e boa saída deles".[49]

A segunda fonte de informação referente à produção global da capitania provém dos dízimos arrolados para o ano de 1666. Naquela ocasião, Lourenço Castanho Taques, contratador dos dízimos da vila de São Paulo, organizou um protesto de todos os contratadores da capitania pedindo o reescalonamento de suas dívidas em decorrência de um surto de bexigas em Santos, que, tendo obrigado a Câmara Municipal a fechar o Caminho do Mar, prejudicara o comércio. O valor do dízimo daquele ano fora estipulado em 5:200$000, ao passo que o prejuízo provocado pela interrupção do comércio montava a 2:800$000. Para efeito de cálculo, sempre levando em consideração que o principal produto que descia a serra era o trigo, podemos tomar este número como valor aproximado da produção global do gênero em questão. Assim, a produção chegaria a 175 mil alqueires, quase 50% mais do que em 1636.[50]

Semelhante crescimento não estaria fora do alcance dos produtores paulistas, sobretudo se se considera a sensível expansão de sua base produtiva entre 1640 e 1660, quando a concentração dos índios nas propriedades rurais atingiu sua maior expressão. De fato, existiam poucas restrições à triticultura na São Paulo seiscentista, o que explica a produção generalizada do trigo, inclusive por lavradores mais pobres. Embora a formação de uma unidade agrícola requeresse o acesso à terra e à mão de obra, estes dois fatores de produção, ainda que sofrendo uma distribuição bastante desigual, permaneciam abundantes no século XVII. Salvo no caso dos donos de moinho, fazia-se necessário pouco capital para inaugurar uma fazenda. A foice de segar, única ferramenta especializada, sempre avaliada em uma quantia irrisória quando aparecia nos inventários, na realidade representava pouco avanço técnico em relação aos implementos indígenas.[51]

Quando comparados à lavoura canavieira, com sua exigência contínua de trabalho intensivo, o plantio e a colheita do trigo envolviam relativamente pouco trabalho. Mesmo assim, a escala de produção podia ser aumentada proporcionalmente à expansão da força de mão de obra, particularmente em dois momentos do ciclo agrícola: nos meses mais secos, quando da preparação das áreas a serem plantadas, e, mais tarde, na época da colheita, já que a safra toda tinha de ser cortada e posta no moinho de uma só vez. Portanto, uma força pequena de mão de obra limitava a quantidade de trigo plantada e colhida.[52] Ainda assim, ao contrário do exemplo canavieiro, permanece difícil estabelecer qualquer relação claramente plausível entre a produção e a força de trabalho de uma unidade, sobretudo porque dispomos de pouquíssima informação referente à área plantada das lavouras. Expressa em alqueires, não se sabe com certeza a extensão destas áreas; no início do século XVII, o jesuíta Jácome Monteiro avaliava que cada alqueire plantado rendia cem alqueires de grãos. Mas esta razão de cem por um não corresponde às evidências dos inventários, onde unidades de pequena produção podiam ter até quinze alqueires de área cultivada, ao passo que uma fazenda grande raramente produzia mais de mil alqueires anuais.[53]

A organização do trabalho na lavoura de trigo também divergia daquela adotada na lavoura canavieira, mesmo quando esta dependia da mão de obra indígena.[54] Até certo ponto, os paulistas adaptaram a suas lavouras uma organização de trabalho característica das sociedades indígenas assaltadas por eles próprios na sua busca de cativos, porém, ao longo do século, impuseram mudanças significativas a este esquema. A presença preponderante de mulheres nas atividades agrícolas, encontrável nas lavouras paulistas, obedecia à divisão de trabalho na produção de alimentos presente nas sociedades tribais, que vantajosamente liberava os homens para outras funções especializadas, como o transporte e o sertanismo. Assim, por exemplo, no inventário da fazenda de trigo de Pedro de Miranda, a maior parte dos homens na lista dos "serviços obrigatórios" achavam-se no sertão, o que sugere que o trabalho de cultivo e colheita recaía nos ombros das índias que permaneciam na fazenda.[55] Ademais, a presença maciça de crianças nos plantéis também contribuía para esta continuidade na divisão de tarefas, preservando, de certo modo, o papel exercido por jovens no processo de produção nas sociedades guarani.[56]

A análise dos inventários de propriedades produtoras de trigo no termo da vila de Parnaíba oferece uma imagem mais clara da composição da mão de obra indígena (Tabela 5). Ressalta-se, no entanto, que este quadro fornece uma visão apenas parcial do problema da composição sexual da população escrava. As exigências da organização de produção favoreciam, até certo ponto, a continuidade na divisão sexual do trabalho. Mas, ao mesmo tempo, as vicissitudes nas condições de oferta de cativos índios, as quais mudaram radicalmente após 1640, também influenciaram

Tabela 5

DISTRIBUIÇÃO DOS ÍNDIOS NA PRODUÇÃO DE TRIGO POR SEXO, IDADE E TAMANHO DE POSSE, SANTANA DE PARNAÍBA, 1628-82

Tamanho de posse	(N)*	Homens	Mulheres	Crianças	Total
1 a 10	(12)	39	41	12	92
11 a 25	(22)	137	177	60	374
26 a 50	(24)	272	345	285	902
Mais de 51	(18)	688	772	514	1 974
TOTAL	(76)	1 136	1 335	771	3 342

* N: número de inventários na faixa de tamanho de posse.
FONTE: Inventários de Parnaíba. IT, 7-44; AESP-INP, CXS. 1-40; AESP-IPO, diversas caixas; AESP-IE, CXS. 1-6.

profundamente a composição da população trabalhadora (a respeito, ver capítulo 2). De qualquer modo, tendência diferente pode ser apurada na composição das grandes fazendas especializadas, onde, em diversos casos, existiam mais homens do que mulheres no plantel (Tabela 6). Esta característica sugere a tentativa, por parte de alguns paulistas, de criar as estruturas da *plantation*, semelhantes àquelas do litoral açucareiro. Isto significaria uma ruptura com o passado indígena, representando assim um passo importante na formação de uma sociedade escravista bem definida.[57] Nota-se que, nessa altura, alguns produtores de trigo, como, por exemplo, Paulo Proença de Abreu, Domingos da Rocha do Canto e Pedro Fernandes Aragonês, já tinham iniciado a transição para a escravidão negra, transferindo recursos acumulados na exploração do trabalho indígena para a compra de "tapanhunos", ou seja, escravos africanos. Na propriedade de Domingos da Rocha do Canto, em 1661, 24 escravos negros trabalhavam ao lado dos 92 índios da fazenda.[58]

Outro aspecto que separava pequenos produtores dos de grande escala era o acesso a ou a posse de moinhos de trigo. Estes, em São Paulo, podiam variar bastante em termos de escala e valor,

Tabela 6

COMPOSIÇÃO DA POPULAÇÃO INDÍGENA EM ALGUMAS FAZENDAS DE TRIGO, REGIÃO DE SÃO PAULO, 1638-82

Proprietário	Ano	Homens	Mulheres	Crianças	Total
Cornélio de Arzão	1638	34	36	28	98
Francisco Bueno	1638	36	37	8	81
Clemente Alvares	1641	43	42	38	123
João Barreto	1642	57	57	38	152
João de Oliveira	1653	18	22	10	50
Diogo C. de Melo	1654	60	42	n/c	102
Gaspar de G. Moreira	1658	64	38	25	127
Paulo P. de Abreu	1658	37	33	39	109
Domingos da Rocha	1661	49	28	15	92
João Pires Monteiro	1667	47	51	49	147
Francisco de Camargo	1672	25	19	14	58
Garcia R. Velho	1672	41	38	33	112
João R. Bejarano	1672	48	37	7	92
Pedro F. Aragonês	1682	41	47	27	115
TOTAL	—	600	527	331	1 458

FONTE: Inventários de Cornélio de Arzão (bairro de Embu), 1638, IT, 12; Francisco Bueno, 1638, IT, 14; Clemente Alvares, Parnaíba (Jaraguá), 1641, IT, 14; Dona Maria (Juqueri), 1642, IT, 28; João de Oliveira, Parnaíba (Pirapora?), 1653, AESP-INP, CX. 1; Diogo Coutinho de Melo, Parnaíba (Japi), 1654, IT, 15; Gaspar de Godoi Moreira (Carapicuíba), 1658, AESP-INP, CX. 3; Benta Dias, Parnaíba, 1658, AESP-INP, CX. 1; Domingos da Rocha do Canto, Parnaíba, 1661, AESP-IE, CX. 3, doc. 17; João Pires Monteiro (Juqueri), 1667, AESP-INP, CX. 9; Francisco de Camargo e Isabel Ribeiro (Tremembé), 1672, AESP-INP, CX. 10; Garcia Rodrigues Velho (Juqueri), 1672, AESP-IPO, 13 768; João Rodrigues Bejarano, Parnaíba, 1672, AESP-AC, CX. 1, doc. 12; e Pedro Fernandes Aragonês (Juqueri), 1682, AESP-INP, CX. 12.

mas as propriedades com moinho valiam bem mais do que aquelas que não o possuíam. Mesmo assim, o moinho de maior importância na vila de Parnaíba, pertencente a Domingos Fernandes, foi comprado por seu cunhado Paulo Proença de Abreu, juntamente com a fazenda de trigo, por apenas 350$000, ou seja, um décimo do valor de um engenho de médio porte no Rio de Janeiro na mesma época. Porém, é preciso notar que este preço de venda não incluía os índios da fazenda, enquanto o valor dos engenhos geralmente incluía escravos africanos e o capital fixo das instalações.[59]

Apesar do seu valor relativamente pequeno, existiam poucos moinhos na região. A implantação e operação de moinhos dependia da autorização do proprietário da capitania, que geralmente delegava esta tarefa às câmaras municipais. Estas distribuíam, entre os requerentes devidamente qualificados, direitos às terras e águas, e estes, por sua vez, pagavam os direitos na forma de uma pensão anual.[60] A qualificação necessária não está clara na documentação vigente, porém parece ter se limitado a determinadas pessoas. Em 1628, o moleiro Pedro Gonçalves Varejão sofreu uma ação judicial por operar um moinho sem autorização do conde de Monsanto, donatário da capitania de São Vicente.[61]

Se na Europa da época a propriedade de um moinho de trigo não conferia muito status à pessoa do dono, na São Paulo seiscentista correspondia ao poder e prestígio de determinados indivíduos, famílias e instituições religiosas. A família Fernandes, constituída de descendentes dos primeiros povoadores brancos do planalto, controlava os negócios do trigo na vila de Parnaíba, enquanto os Pires, Bueno e Camargo dominavam diferentes bairros rurais situados ao norte da vila de São Paulo. A correlação entre produção de trigo, posse de cativos índios e concentração de riqueza torna-se mais evidente nas listas do donativo real, compostas nos anos de 1679 a 1682, que indicam a riqueza desigual destas famílias no conjunto da população rural. No termo de São Paulo, dentre os 10% de moradores mais ricos, metade pertencia às famílias Bueno e Camargo.[62]

Esta desigualdade refletia-se na relação entre senhores de moinho e lavradores de trigo. No início do século XVII, o proprietário tinha direito a pelo menos um oitavo do trigo processado no seu moinho, sendo que alguns chegaram a cobrar até um quinto. Os eventuais abusos provocaram a intervenção da Câmara Municipal de São Paulo, que em 1619 fixou, apesar dos protestos dos proprietários, que alegavam custos excessivos na operação dos moinhos, a taxa, conhecida como maquia, em um alqueire para cada sete moídos.[63] Em muitos casos, especialmente durante a segunda metade do século, em vez de estabelecerem uma relação de dependência, os produtores preferiam vender seus grãos aos donos dos moinhos, abrindo mão ao mesmo tempo do trabalho, risco e custo de colocar a farinha nos mercados de Santos ou Rio de Janeiro. O efeito maior desta tendência foi concentrar mais ainda poder e riqueza nas mãos de poucas pessoas.

Outro aspecto — talvez o maior obstáculo à produção comercial do trigo — ainda separava os produtores que comandavam vastos plantéis de cativos índios daqueles menos favorecidos: o transporte. Das searas aos moinhos e dos moinhos às vilas, o transporte interno ficava basicamente por conta de carregadores índios e de canoas. Os precários caminhos rurais, na verdade trilhas, ligavam sítios, fazendas, bairros e vilas. A documentação colonial destacava três tipos de caminhos: reais, de bairro e particulares. Os caminhos reais, que incluíam as trilhas entre vilas, como o Caminho do Mar, eram mantidos pelas câmaras municipais. Por seu turno, a manutenção dos caminhos que proporcionavam acesso aos bairros rurais cabia aos moradores, sempre sob a orientação dos capitães dos bairros. Devendo-se à iniciativa privada, os caminhos particulares saíam das principais fazendas da região, tais como as de Guilherme Pompeu de Almeida e Pedro Vaz de Barros, cujas propriedades deram origem a bairros rurais depois da morte destes.[64] Os rios da região também desempenharam um papel importante no transporte de curta e média distância, sobretudo nas vilas situadas ao longo do rio Tietê. A menção ocasional na documentação dos "portos" de Parnaíba ou de Barueri dá testemunha do uso do meio fluvial para o transporte. Em Parnaíba, diversos inventários acusavam a existência de canoas de carga especializadas no transporte do trigo, algumas com capacidade de carregar até 120 alqueires de farinha.[65]

A rota que descia a serra do Mar de São Paulo a Santos, ligando o planalto ao litoral, também combinava transporte terrestre e fluvial. O primeiro e mais dificultoso trecho, de São Paulo a Cubatão, era percorrido a pé, enquanto o resto da viagem até Santos era completado por canoa. Cubatão, situado ao pé da serra, servia como uma espécie de pedágio e, pelo menos na década de 1620, de ponto de armazenagem de farinha.[66] Na segunda metade do século, os jesuítas do Colégio de São Paulo passaram a controlar o contrato da passagem de Cubatão, ali estabelecendo uma grande fazenda para abastecer viajantes. Este contrato, porém, não chegou a proporcionar uma boa fonte de renda para os padres, uma vez que a Câmara Municipal de São Paulo fixava as taxas em um valor baixo, permitindo aos padres uma arrecadação de pouco mais de 1% do valor de cada carga.[67]

O Caminho do Mar constituía, sem dúvida, o trecho que mais pesava no percurso entre São Paulo e Santos. A historiografia paulista tem ressaltado as dificuldades apresentadas pela serra do Mar, mas quase sempre tais observações se apoiam nos comentários de portugueses recém-chegados ao Brasil, que eram obrigados a suportar uma desconfortável viagem de rede, carregada por índios ou escravos africanos. Com certeza, a trilha para o mar permaneceu um "caminho fragoso" — nas palavras de um nobre seiscentista — pelo menos até o final do século seguinte, mas isto não chegou a isolar a economia paulista do resto da Colônia.[68] Na verdade, os carregadores índios superavam este obstáculo com frequência e velocidade, completando o percurso de São Paulo a Cubatão em aproximadamente dois a quatro dias.

Assim, era justamente no transporte que se sentia a necessidade mais aguda de um excedente de cativos índios, única maneira de viabilizar a comercialização do modesto produto do planalto em outras praças. Ao longo do século XVII, quando a mão de obra indígena era abundante, o Caminho do Mar sustentava um tráfico constante de farinhas, carnes e mesmo gado. Nesse período, o fluxo regular do comércio foi interrompido em apenas duas ocasiões: uma por um violento surto de sarampo em Santos e a outra pelo medo provocado nos comerciantes e carregadores índios por uma onça feroz. Vale ressaltar que em ambas as ocasiões tanto produtores quanto comerciantes manifestaram preocupação com as perdas resultantes da interrupção do caminho.[69]

Cabia quase exclusivamente aos carregadores índios o transporte a longa distância, e, por este motivo, o acesso contínuo à mão de obra indígena mostrava-se fundamental para a sobrevivência da agricultura comercial. De fato, uma das ocupações principais da população cativa masculina era o transporte, como indica um paulista no seu inventário: "Tenho em meu poder dois negros velhos do gentio da terra um já incapaz de carga...".[70] No comércio do trigo, os índios transportavam suas cargas em cestos — cada "carga" media dois alqueires com um peso de mais ou menos trinta quilos —, seguindo um modelo guarani.[71] Os carregadores eram homens em quase todos os casos, o que indica, mais uma vez, a tentativa de modificar uma divisão de trabalho característica das sociedades indígenas, pelo menos das sociedades guarani, onde as mulheres é que exerciam a função do transporte. A organização das viagens decalcava, de certa maneira, a das expedições de apresamento: um sertanista experiente conduzindo um grupo de jovens ao litoral. Por exemplo, em uma carta endereçada a um proprietário de moinho de Parnaíba, um comerciante de trigo explicou que mandou um "ladino" com dez moços carregados de farinha a Cubatão.[72]

A utilização de índios de carga, na medida em que diminuía a necessidade do desenvolvimento de uma infraestrutura viária de maior sofisticação, apresentava uma vantagem nítida sobre o uso de animais. A manutenção de uma oferta de mão de obra indígena em níveis relativamente altos constituía a opção mais econômica sob o ponto de vista dos paulistas, justificando sua ocorrência em grande parte do século. Contudo, isto não desautorizou a busca, em determinados momentos, de outras soluções, como a do início do século XVII, quando a oferta de cativos índios permanecia baixa. Naquela altura, o governador Francisco de Sousa planejava a introdução de duzentos "carneiros de carga daqueles que costumam trazer a prata de Potosí", além de "fazer castas deles e nunca faltassem".[73] Igualmente, no último quartel do século, quando o fluxo de índios do sertão começou a diminuir sensivelmente, alguns produtores começaram a criar animais de carga, como comprova seu registro com crescente frequência em inventários a partir de 1670.[74]

Na verdade, os carregadores índios constituíam a modalidade mais barata de transporte, uma vez que eram mais rápidos e eficientes, comiam menos e carregavam pesos consideráveis, proporcionando o mais baixo custo relativo ao valor das cargas. O jesuíta Ruiz de Montoya, em uma de suas numerosas críticas aos paulistas, condenou o uso desumano de índios de carga, declarando que os colonos tratavam os índios "unicamente a maneira de animais". Resumiu da seguinte maneira a principal função "da gente" indígena na economia paulista: "Sobre os ombros punham-lhe cargas enormes, continuamente fazendo-a levar a outras povoações as cousas em que negociavam, cançando-a com o carregamento de suas cousas e de suas fazendas".[75] Antonio Vieira também observou que os paulistas procuravam tirar o máximo de ganho possível através da exploração dos carregadores índios: "Nas cáfilas de São Paulo a Santos não só iam carregados como homens mas sobrecarregados como azémolas, quase todos nus ou cingidos com um trapo e com uma espiga de milho pela ração de cada dia".[76] Curiosamente, conforme notou o padre visitador Luís Mamiani em 1701, mesmo os jesuítas do Colégio de São Paulo praticavam este abuso, não remunerando o serviço de índios nas "idas e vindas com cargas a Santos, e de Santos a São Paulo".[77]

Pelo que se pode apreender da documentação, o custo do transporte, calculado em termos monetários, permaneceu baixo no decorrer do período de maior oferta de cativos índios, o que indica uma relação entre o excedente de mão de obra e a viabilidade da agricultura comercial. Farinha de trigo não era, porém, o único gênero carregado nas costas dos índios, que igualmente levavam produtos de valor inferior ao litoral, confirmando o baixo custo do transporte. Por exemplo, em 1623, Pedro Nunes mandou uma dúzia de índios ao litoral carregados de feijão.[78] E, em 1647, outro paulista despachou 28 cargas de mandioca para Santos, com um valor declarado de apenas cinquenta réis por carga.[79]

Entretanto, a maioria dos paulistas não possuía um excedente de mão de obra indígena que permitisse manter índios de carga, sendo, portanto, necessário alugá-los dos grandes proprietários da região, ou mesmo dos aldeamentos. As taxas de aluguel variaram bastante ao longo do século, mas a tendência geral foi a de um aumento considerável com o decorrer do tempo, o que, por sua vez, correspondia à diminuição da mão de obra disponível. No início do século XVII, quando a concentração de índios ainda era baixa, seu aluguel permaneceu caro. Em 1613, por exemplo, Domingos Luís pagou três pesos (960 réis) pelo aluguel de três índios que levaram alguns produtos para o mar, ou seja, 320 réis por índio.[80] No meio do século, esta taxa montava apenas a metade — 160 réis —, ocasião na qual Gaspar Correia, alugando vinte índios, pagou 3$200.[81] Pouco depois, a taxa subia para 240 réis por carga, permanecendo neste nível até o fim do século, quando a crise da mão de obra, exacerbada pela corrida do ouro, provocou aumentos considerados escandalosos. Em 1700, os jesuítas já estavam cobrando 1$280 por ida e volta, mais o sustento do índio, e em 1730 a taxa atingia 1$600 só por ida.[82]

Porém, o custo do transporte e as taxas de lucros dependiam, fatalmente, da cotação alcançada pela farinha em Santos ou no Rio de Janeiro. Portanto, a manutenção de um balanço precário entre o preço do transporte e as vicissitudes do mercado no litoral viabilizava o comércio. Na década de 1630, tanto jesuítas quanto colonos particulares cobravam de duzentos a 240 réis por carga de São Paulo a Cubatão. Mas em 1633 a Câmara Municipal de Santos fixou o preço da farinha em duzentos réis por alqueire, o que, segundo argumentavam os camaristas de São Paulo, desestimulava o comércio. Em reação, a Câmara de São Paulo exigiu de sua contrapartida santista o aumento do preço da farinha de trigo para 320 réis por alqueire.[83]

Em suma, os índios de carga, de modo geral, proporcionaram aos colonos um meio de transporte econômico e eficiente. No meio do século, até os produtores menos favorecidos em termos de mão de obra indígena podiam colocar farinha de trigo no mercado de Santos. Esta situação começou a mudar nas décadas finais do século, quando o comércio do trigo, sofrendo principalmente a crise no fornecimento de mão de obra indígena, entrou em franco declínio. Da mesma forma, a ocupação e exploração de terras novas, cada vez mais distantes das vilas de São Paulo e Parnaíba, restringiam a produção e transporte do trigo àqueles produtores que possuíam grandes plantéis, ou que, pelo menos, possuíam recursos suficientes para arcar com o crescente custo do transporte. Ao mesmo tempo, o mercado de Santos começava a projetar suas limitações. Em 1672, por exemplo, as contas de um produtor acusavam um prejuízo com um carregamento de "farinhas de trigo que estavam no Porto de Santos, para se embarcarem para o Rio de Janeiro por se não poderem vender no Porto de Santos".[84] Neste sentido, os produtores e comerciantes de trigo achavam-se cada vez mais numa posição delicada de dependência perante o fluxo irregular do comércio intracolonial.

Se, como veremos adiante, uma consequência destas novas condições traduzia-se no aumento da concentração de riqueza na região, outra, mais generalizada, foi o abandono da triticultura pela maioria dos lavradores. A análise dos inventários revela que, a partir de 1670, os produtores rurais passaram a dar maior importância às atividades agropastoris, especialmente nos bairros mais antigos, onde a lavoura de uma ou duas gerações já tinha prejudicado o estado da terra. Este processo sugere uma transferência de recursos produtivos para atividades que requeressem uma exploração menos intensiva da mão de obra indígena. Mesmo assim, apesar de a maioria dos paulistas ter desistido da lavoura comercial, a dependência com relação ao trabalho forçado dos índios permaneceu.

Um exemplo notável da transferência de recursos produtivos — e do processo de declínio da economia paulista do século XVII — provém da trajetória particular de Fernão Dias Pais. Sertanista experiente, Fernão Dias passou a dedicar-se, a partir da década de 1650, à lavoura de trigo, em sua vasta fazenda próxima a Santana de Parnaíba, povoada por vultoso plantel de índios trazidos do sertão por ele. De acordo com um atestado passado pelos vereadores da Câmara Municipal de Parnaíba, no auge da produção ele tinha rendimentos anuais de 2 mil a 3 mil cruzados (800$000 a 1:200$000). Contudo, possivelmente em decorrência das pestes que flagelaram a população indígena do planalto na década de 1660, Fernão Dias transferiu praticamente toda a sua riqueza, a partir de 1674, para a busca de esmeraldas no interior. De fato, com os índios ali capturados, o sertanista pôde estabelecer um populoso arraial na região das futuras Minas Gerais. Porém, quando de sua morte em 1681, ainda segundo o atestado, não restava nem sombra do próspero agricultor. Nessa ocasião, Fernão Dias Pais era devedor da quantia considerável de três contos de réis, montante emprestado de seus primos Fernão Pais de Barros e João Monteiro, bem como de Gonçalo Lopes, o comerciante mais rico de São Paulo daquela época.[85] Este caso, entre tantos outros, ilustra como o comércio do trigo encolheu na segunda metade do século, destinado como estava a desaparecer junto à população — antes numerosa — de cativos índios.

A rápida ascensão e o declínio não menos vertiginoso da produção comercial do trigo em São Paulo constituem, dada a sua pequena expressão em termos de renda gerada, um episódio pouco conhecido da história econômica da Colônia. De fato, apesar de alguns produtores e comerciantes terem conseguido enriquecer com os excedentes gerados pelo trabalho indígena, quase nenhuma fortuna colonial duradoura foi adquirida por este meio. Em termos comparativos, toda a riqueza produzida na capitania de São Vicente a colocava num modesto quarto lugar entre as capitanias, fato constatado pelos valores do donativo real estabelecidos em 1662, onde cabia à Bahia uma obrigação de 32 contos de réis, ao Rio de Janeiro 10,4, a Pernambuco 10 e a São Vicente apenas 1,6.[86]

Contudo, a comparação da riqueza produzida pela economia regional de São Vicente com aquela produzida nas zonas açucareiras, sendo estas plenamente integradas ao circuito comercial do Atlântico, revela apenas um lado da história. Ao mesmo tempo, nos contextos local e regional, a experiência da agricultura comercial teve um papel fundamental na formação das estruturas que definiram São Paulo colonial e o mundo que os paulistas criaram.

4. A administração particular

"No Brasil", observou frei Gaspar da Madre de Deus, "onde a todos se dava de graça mais terra do que lhes era necessário e quanta os moradores pediam, ninguém teria necessidade de lavrar prédios alheios, obrigando-se à solução dos foros anuais." Por esse motivo, segundo o frei, "neste Estado vive [em] suma indigência quem não negocia ou carece de escravos; e o mais é que, para alguém ser rico, não basta possuir muita escravatura, a qual nenhuma conveniência faz a seus senhores, se êstes são pouco laboriosos e não feitorizam pessoalmente aos ditos seus escravos".[1]

Terras em abundância, necessidade de escravos: esta fórmula, sem dúvida, muito tinha a ver com a formação da sociedade colonial brasileira. Contudo, não chega a explicar de modo satisfatório a evolução, dinâmica e viabilidade econômica de uma sociedade escravista. Afinal de contas, é importante lembrar que a gênese da escravidão no Brasil — tanto indígena quanto africana — encontrava-se na articulação de um sistema colonial que buscava criar excedentes agrícolas e extrativistas, transformados em riqueza comercial, e apropriar-se deles. De qualquer modo, não se pode menosprezar o comentário de frei Gaspar, pois, além de configurar uma relação de produção, a escravidão refletia, também, uma mentalidade bastante disseminada, elaborada, em muitos sentidos, à revelia dos ditames da economia do Atlântico. Com certeza, em todos os cantos do Brasil colonial, a escravidão tornou-se o marco principal pelo qual se media a sociedade como um todo.[2]

Ao discutir-se a escravidão na sua versão paulista, contudo, apresenta-se o problema adicional de explicar por que e como a escravidão *indígena* se desenvolveu como a forma de produção predominante. Tal problemática leva, inevitavelmente, a uma comparação pelo menos implícita com a escravidão negra no Brasil, aliás, melhor documentada e estudada pelos especialistas. De maneira geral, têm-se enfocado as profundas diferenças culturais entre índios e africanos, deixando-se de lado seu aspecto comum: a escravidão.[3] A partir desta perspectiva, as estruturas que marcaram a sociedade colonial paulista não parecem tão distantes da sua contrapartida nas zonas açucareiras.

Durante o século XVII em São Paulo, conforme vimos nos capítulos anteriores, a escravidão indígena desenvolveu-se a partir dos mesmos princípios de exploração econômica que a escravidão negra no litoral. Entretanto, em vista das restrições morais e legais ao cativeiro dos índios, os paulistas desde cedo procuraram — com maior insistência que sua contrapartida baiana ou pernambucana — racionalizar e justificar o domínio sobre seus cativos. Fundamentando-se em argumentos bastante elaborados, os paulistas passaram a reivindicar no direito aquilo que já exerciam de fato: o controle absoluto sobre o trabalho e a pessoa indígena. Porém o percurso não foi nada fácil, pois, além de enfrentar a dura oposição dos jesuítas, que acabaram expulsos da capitania, foi também necessário desenvolver sucessivas campanhas diplomáticas junto à Coroa para garantir a preservação de uma forma muito particular de escravidão.

A ELABORAÇÃO DE UMA MENTALIDADE ESCRAVISTA

Desde os primórdios da colonização portuguesa, o desenvolvimento da escravidão indígena enquanto instituição minimamente estável foi limitado por diversos obstáculos. A resistência obstinada dos índios do planalto, a oposição persistente dos jesuítas, a posição ambígua da Coroa quanto à questão indígena: todos fatores que dificultavam o acesso dos colonos à mão de obra indígena. Aos poucos e de forma meticulosa, os colonos enfrentaram e superaram estes empecilhos, articulando paulatinamente um elaborado sistema de produção calcado na servidão indígena. Ainda no século XVI, derrubou-se o primeiro obstáculo, com a dizimação da população tupiniquim e o afastamento dos Guaianá e guarulhos. Já a segunda muralha cairia na primeira metade do século XVII, quando os interesses escravistas acabaram prevalecendo sobre os dos jesuítas, culminando com a tumultuada expulsão dos padres em 1640. Apenas o terceiro obstáculo nunca chegou a ser completamente vencido pelos paulistas, uma vez que a Coroa manteve uma postura de certo modo inconstante na formulação e execução de sua política indigenista. Todavia, mesmo neste campo, através de uma bem construída luta política e jurídica, os paulistas conseguiram esboçar os contornos institucionais capazes de fomentar e sustentar a escravidão indígena.

Todos estes elementos de conflito sempre estiveram presentes na sociedade paulista, ganhando corpo a partir dos últimos anos do século XVI, especialmente à medida que aumentava o fluxo de novas levas de cativos para o planalto. Disputava-se, fundamentalmente, o destino dos índios egressos do sertão. Para os jesuítas, todos os índios "descidos" deveriam ser integrados aos aldeamentos, sendo posteriormente repartidos entre os colonos para serviços periódicos. Por outro lado, os colonos que, afinal de contas, introduziam a vasta maioria dos índios por conta própria, buscavam apropriar-se do direito de administração direta desses índios, lançando mão do poder da Câmara Municipal de São Paulo para atingir seus objetivos.

Inicialmente, contudo, a Câmara permaneceu indecisa sobre o destino dos índios trazidos do interior. Assim, por exemplo, em 1587, quando a expedição de Domingos Luís se apresentou na vila com um número considerável de cativos tupiná, a Câmara achou melhor encaminhar os índios para um aldeamento, apesar dos enérgicos protestos dos colonos. A decisão respaldava-se não nos argumentos dos interessados, mas na questão da defesa da Colônia, uma vez que a vila se encontrava assediada por outros grupos resistentes à conquista e à escravização.[4] Apenas a partir da década de 1590 esta postura mudou, quando o conselho passou a adotar uma posição explicitamente pró-colono na questão indígena, colocando-se em oposição ao projeto dos aldeamentos e, por extensão, aos próprios jesuítas.

Um fator importante na radicalização da questão indígena em São Paulo foi a maior intromissão da Coroa e de seus prepostos na capitania. A chegada, em 1592, de um novo capitão-mor para governar a capitania acirrou os conflitos. A posição assumida pelo capitão Jorge Correia divergiu completamente da de seus antecessores, que, aliás, incentivavam o uso da guerra ofensiva e da escravidão indígena, cabendo aqui lembrar as atividades do capitão-mor Jerônimo Leitão na década de 1580 (ver, a respeito, o capítulo 1). De fato, pouco após colocar os pés no Brasil, Jorge Correia determinou que os índios deveriam ser entregues aos padres da Companhia, o que provocou uma reação imediata e violenta dos moradores, que realizaram um ato público perante a Câmara. Neste, embora reconhecessem que, "por ser novamente vindo do reino e não ter tomado bem o ser da terra e a necessidade dela", os colonos não se furtaram em demonstrar seu desgosto com a postura do capitão-mor. Na mesma ocasião, apesar de admitirem que os jesuítas "doutrinem e ensinem da maneira que sempre o fizeram", os colonos faziam objeção à perspectiva do controle inflexível e exclusivo dos padres sobre a população trabalhadora, "visto ser muito em prejuízo da república e não ser serviço de sua magestade...". De acordo com os colonos, os próprios índios "não são contentes de que seja dada a posse deles aos ditos padres nem outra pessoa alguma se não viverem da maneira que até agora estiveram...". Embora algumas vozes tenham se levantado a favor dos jesuítas, o resultado principal da reunião foi uma clara advertência quanto ao fato de que qualquer intervenção jesuítica nas relações de trabalho encontraria séria oposição.[5]

O alvará régio de 26 de julho de 1596 procurou mediar este conflito, definindo em termos mais lúcidos o papel dos jesuítas. Segundo o mesmo, caberia aos padres a incumbência de trazer grupos não contatados do sertão para as proximidades dos povoados portugueses, onde executariam a tarefa de "domesticar" os índios em aldeias segregadas. O índio, por sua vez, "será senhor da sua fazenda", podendo servir os colonos por períodos não superiores a dois meses contra o recebimento de uma remuneração digna por seu trabalho. Ademais, instaurou-se a figura do juiz dos índios, com foro no criminal e no cível.[6] Neste sentido, o alvará de 1596 apenas formalizava o projeto dos aldeamentos, aliás buscando reforçar um arranjo que já se encontrava em franco declínio, particularmente em São Paulo.

Apesar dos esforços da Coroa em garantir o monopólio dos jesuítas sobre o acesso à mão de obra indígena, foi através da Câmara Municipal que os colonos conseguiram driblar as medidas legislativas. Realmente, os colonos souberam explorar conflitos de autoridade existentes na própria estrutura administrativa da Colônia, manifestos, por um lado, entre a burocracia da Coroa e os privilégios dos donatários e, por outro, entre a autoridade régia e a autonomia municipal. Neste contexto, a Câmara Municipal de

São Paulo, pouco a pouco, conquistou uma posição de maior destaque na disputa pela mão de obra indígena. Em 1600, por exemplo, a Câmara determinara que o juiz dos índios teria jurisdição apenas sobre os índios trazidos do sertão pelos jesuítas, uma vez que uma leitura alternativa do alvará de 1596 permitia uma interpretação que restringia todo o seu efeito aos índios residentes nos aldeamentos de São Miguel, Pinheiros e Guarulhos, já em minoria na população indígena do planalto. Ao mesmo tempo, a Câmara reafirmou a autoridade sobre os índios por parte dos juízes ordinários — portanto, da própria Câmara — e dos capitães nomeados pelo mesmo conselho, reafirmando os privilégios detalhados na carta de doação de Martim Afonso de Sousa, feita em 1534.[7] Apenas duas semanas mais tarde, a mesma Câmara alocava alguns índios para João Fernandes, "por ser homem pobre", assim contestando abertamente o alvará de 1596.[8]

Ao mesmo tempo que os colonos apropriavam-se do controle sobre os índios trazidos do sertão, procuraram legitimar, no plano institucional, as relações de dominação subjacentes à exploração do trabalho indígena. Na verdade, no decorrer do século XVII, os colonos afirmaram, cada vez com mais convicção, a necessidade do cativeiro indígena, reconhecendo explicitamente que, para viabilizar o desenvolvimento econômico, mesmo em escala modesta, seria necessário superar obstáculos mais fortes que a posição jesuítica em prol da liberdade dos índios. Ora, praticamente sem capital e sem maior acesso a créditos, reconheciam a impossibilidade de importar escravos africanos em número considerável. Ademais, esbarravam na serra do Mar, o que tornava o transporte difícil e caro, especialmente para os produtos de valor relativamente baixo que saíam do planalto. Em suma, para os paulistas participarem da economia colonial seria necessário produzir e transportar algum excedente a custo irrisório, a fim de que o preço alcançado no litoral justificasse o empreendimento. A solução, conforme já vimos, residia na exploração impiedosa de milhares de lavradores e carregadores índios, trazidos de outras regiões.

Realidade incontestável, o fato de os índios formarem a base de toda a produção colonial em São Paulo foi sempre ponto pacífico. Em termos práticos, os colonos lutaram por isto ao longo do tempo, consolidando um incontestável triunfo sobre seus adversários e recriando, controlando e sustentando a força de trabalho. Todavia, no plano ideológico e institucional, sua posição permaneceu bem menos estável diante da oposição dos jesuítas e da Coroa. À medida que persistiam oposições morais ou legais ao cativeiro dos índios, a reprodução do sistema enfrentava contínua ameaça da esfera extraeconômica. Daí a importância fundamental da justificação constante por parte dos colonos perante a Coroa quanto à necessidade absoluta e aos benefícios positivos do serviço particular dos índios, atrelando este à própria sobrevivência da Colônia.

Exemplos da visão particular dos paulistas referente à questão indígena transparecem de forma irregular na documentação do século xvii — sobretudo nos testamentos. Porém, para apreender de forma concisa e articulada a postura dos colonos, contamos com o interessante relatório compilado na década de 1690 por Bartolomeu Lopes de Carvalho, representante da Coroa que visitou as capitanias do Sul para tomar informações "especialmente sobre os Indios conquistados e reduzidos a cativeiro pelos moradores de S. Paulo".[9] Apoiando-se em depoimentos colhidos entre os próprios paulistas, Carvalho acabou esboçando aquilo que certamente era a percepção dominante dos colonos de São Paulo com respeito a sua sociedade, economia e história.

Em seu relatório, após lembrar à Coroa que os paulistas tinham executado "muitos grandes serviços a Deus e a Vossa Magestade que Deus guarde, na conquista dos Indios", Carvalho passa a explicar os direitos históricos dos portugueses sobre as terras indígenas no Brasil. Assim, afirmava ele, os índios, na época da viagem de Cabral, eram "os verdadeiros senhores e possuidores" do Estado do Brasil, mas, pouco após o contato, "com eles se pactou paz e amizade na qual nos deram o direito que hoje temos nas suas terras". Este direito, consolidado pelo fato de os europeus possuírem uma "política racional" e uma religião superior, justificava-se pela propagação da fé, considerada retribuição suficiente à apropriação da terra e do trabalho dos índios, noção que, cabe notar, era frequentemente repisada nos testamentos dos colonos. Esta mesma visão da conquista foi igualmente utilizada para a justificação da ocupação portuguesa de São Vicente, onde os primeiros povoadores viviam "com mansidão, amizade e sossego" com os índios "mansos" trazidos pelos jesuítas.

Para os colonos, era precisamente no rompimento desta situação de amizade e sossego por parte de índios hostis que se localizava a necessidade prática e a justificativa moral para a escravidão. Segundo estes, os índios "bravos" haviam passado a atacar os portugueses, tanto pelo ódio que tinham dos índios "mansos" aliados aos primeiros quanto simplesmente "pelo exercício de sua braveza por serem acostumados a contínuas guerras para cativarem gentes e fazerem deles açougue para sua sustentação". Já os brancos, encurralados e sentindo-se incapazes de reduzir estes povos à fé cristã em função de "sua grande braveza e brutalidade", viam-se na necessidade de os dominar pela força das armas, além de "cativarem alguns destes gentios que trouxeram a povoado e deles se serviram nas suas lavouras, instruindo-os como católicos para se batizarem como sempre o fizeram".

Nesse sentido, a escravização era justificada pela prática tradicional de dominação dos infiéis que conscientemente haviam rejeitado a fé católica, fato relevante na medida em que aderia aos princípios da guerra justa, estabelecidos pelos papas e reis católicos. Assim, as "nações bárbaras", infiéis e levantadas em armas contra os cristãos, teriam de ser submetidas à força. Igualmente, porém, mesmo os índios "mansos", os que "por sua livre vontade procurarem o grêmio da Igreja", teriam de trabalhar para os colonos, não como escravos legítimos mas "por seus interesses".

No relato de Carvalho, a justificativa moral e histórica para o surgimento do trabalho forçado dos índios serve apenas de preâmbulo para a apresentação dos motivos mais profundos do cativeiro. Salientando os serviços prestados pelos paulistas para o bem comum da Colônia, o autor observou "que nenhuma destas coisas poderiam conseguir sem o serviço deste gentio pois com eles cursavam os mesmos sertões e com eles abriam os minerais e usavam do lavor com que sustentavam todo o Brasil de farinhas de trigo e de pau, carnes, feijões, algodões e outras muitas mercancias de que pagavam a V. Magde. seus tributos e quintos". Em outras palavras, o autor concluía que, sem o trabalho indígena, a existência de São Paulo teria pouco sentido no contexto colonial. Apresentando uma síntese interessante do ponto nodal da questão indígena em São Paulo, arrematava:

> Senhor o que só digo é que carece muito aquelas Capitanias deste mesmo gentio quer liberto quer cativo porque sem eles nem Vossa Magestade terá minas nem nenhum outro fruto daquelas terras por ser tal a propriedade daquela gente, que o que não tem gentio para o servir vive como gentio sem casa mais que de palha sem cama mais que uma rede, sem ofício nem fábrica mais que canoa, linhas, anzóis e flechas, armas com que vivem para se sustentarem e de tudo o mais são esquecidos, sem apetite de honras para a estimação nem aumento de casas para a conservação dos filhos...

Aqui torna-se claro o nexo entre o trabalho indígena e a produção colonial, tanto na mentalidade dos paulistas quanto aos olhos do observador alheio. Sem os índios para abrir as roças, plantar as searas e carregar os produtos, os portugueses de São Paulo mal conseguiriam manter suas próprias famílias, tamanho era o desdém pelo trabalho manual. Antecipando o comentário de frei Gaspar, Carvalho buscou na estrutura da sociedade colonial uma explicação para esta postura depreciativa do trabalho:

> Se Vossa Magestade mandar povoar aquelas terras com a mais robusta gente e rústica que tem o seu reino, aos quatro dias se reduziam na mesma forma dos Paulistas, porque é certo que daquelas bandas se não tem visto até hoje criado que vá de Portugal com seu amo que não aspire logo a ser mais que ele, e por todas as razões comum a todo o Brasil haver nele muito negro da guiné ou gentio da terra, que sem esta gente se não poderá tirar nenhum fruto do Brasil porque tudo lá é uma mera preguiça como assim o acredita d. Francisco Manuel no livro que compôs Preguiça do Brasil.[10]

Em suma, para o autor destas observações e para muitos de seus contemporâneos, a necessidade absoluta da escravidão arraigava-se na convergência entre a mentalidade colonial referente ao trabalho e o anseio de prosperidade que dava sentido à Colônia. Assim, sustentava Carvalho, os paulistas não podiam abrir mão do gentio, porque isto, além de eliminar os benefícios proporcionados pela capitania, reduziria os próprios colonos a um estado selvagem, no qual se veriam obrigados a viver à moda gentílica, fato que já se observava entre os estratos inferiores da sociedade colonial. Assim, a questão da escravidão indígena era muito mais complexa do que o mero debate moral em torno da legitimidade do cativeiro. De fato, a escravidão tocava no próprio centro nervoso do colonialismo português, onde as políticas públicas e os interesses privados conspiravam para produzir benefícios mútuos às custas dos povos ameríndios e africanos.

O USO E COSTUME DA TERRA

Certamente mais interessada no desenvolvimento da Colônia do que na liberdade dos índios, a Coroa portuguesa acabou consentindo tacitamente com a existência da escravidão indígena em São Paulo. O cativeiro legítimo, contudo, existia apenas num sentido bastante restrito. Afinal de contas, os únicos cativos tidos como legítimos eram aqueles tomados em guerras justas, o que, com a experiência, se mostrou uma forma pouco eficaz de produzir escravos. Mesmo assim, aparecem casos isolados nos inventários. No final do século XVI e início do XVII, escravos tamoio, tupiniquim, biobeba, pé-largo e goiá — escravizados nos conflitos da segunda metade do século XVI — figuravam entre as posses dos paulistas.[11] Na década de 1670, alguns cativos tomados nas campanhas da Bahia aparecem como escravos em inventários, ao passo que, no início do século XVII, aparece uma tal de Ana de Pernambuco, tomada evidentemente na Guerra dos Bárbaros, "a qual ainda que parda é escrava como tal custou 300 e tantas oitavas de ouro".[12] Finalmente, em 1730, um paulista mencionou em seu testamento a presença de alguns escravos goiá e kayapó, frutos das guerras justas contra esses povos durante o povoamento de Goiás.[13] Mas esses poucos casos acabam se perdendo quando confrontados com os números muito mais extensos de cativos ilegítimos arrolados nos mesmos inventários. Tão raros eram os escravos legais que, por exemplo, o inventariante da propriedade de Antonio Pedroso de Barros repetiu obsessivamente o termo quando declarou o valor de um "escravo do gentio da Bahia escravo em cem patacas por ser escravo", para não deixar qualquer dúvida quanto à condição da "peça" em questão.[14]

A presença insignificante de escravos legítimos não impediu que os contornos ideológicos da escravidão indígena em São Paulo ganhassem corpo ao longo do século XVII. De fato, a introdução de milhares de índios demandou a criação de uma estrutura institucional que ordenasse as relações entre senhores e escravos. Apesar da legislação contrária ao trabalho forçado dos povos nativos, os paulistas conseguiram contornar os obstáculos jurídicos e moldar um arranjo institucional que permitiu a manutenção e reprodução de relações escravistas. Assumindo o papel de administradores particulares dos índios — considerados como incapazes de administrar a si mesmos —, os colonos produziram um artifício no qual se apropriaram do direito de exercer pleno controle sobre a pessoa e propriedade dos mesmos sem que isso fosse caracterizado juridicamente como escravidão.[15]

Em São Paulo, o cativeiro da vasta maioria da população indígena assumiu um certo grau de legitimidade através da evolução deste regime paralelo de administração particular. Por seu turno, os paulistas não pouparam palavras na tentativa de justificar o direito de explorar o trabalho dos índios que eles mesmos tinham "descido" do sertão. Para citar um exemplo, Domingos Jorge Velho, na sua conhecida epístola ao rei d. Pedro II, escrita durante sua campanha contra o quilombo dos Palmares, declarou:

> [...] e se ao depois [de reduzir os índios] nos servimos deles para as nossas lavouras; nenhuma injustiça lhes fazemos; pois tanto é para os sustentarmos a eles e a seus filhos como a nos e aos nossos; e isto bem longe de os cativar, antes se lhes faz hum irremunerável serviço em os ensinar a saberem lavrar, plantar, colher e trabalhar para seu sustento, coisa que antes que os brancos lho ensinem, eles não sabem fazer.[16]

Mesmo longe dos ouvidos reais, os paulistas repetidamente reafirmaram tal postura. Diogo Pires, por exemplo, desculpou da seguinte forma o uso de escravos índios: "Declaro que o gentio que tenho da terra os traziam por força se bem é que se fizeram depois cristãos".[17] Já Ana Tenória, enfatizando o aspecto paternalista da administração particular, declarou: "tenho algumas peças do gentio da terra as quais pouco mais ou menos são quatorze ou quinze as quais são forras e como tais as devem meus herdeiros estimar, dando-lhe todo o bom tratamento como tais servindo-se delas como é razão e ensinando-as todos os bons costumes".[18] Cabe ressaltar que, em ambos os casos, os senhores moribundos pediram que estes índios "forros" fossem divididos equitativamente entre os herdeiros, cláusula presente em quase todos os testamentos paulistas.

A relativa ineficácia da autoridade régia neste território remoto do Império português pode explicar, pelo menos em parte, a aparente contradição entre a ilegalidade explícita da escravidão indígena e a prática corriqueira de manter os índios cativos. Contudo, do ponto de vista legal, a questão mostrava-se mais complexa. Se, por um lado, a Coroa elaborava uma legislação um tanto idealizada, por outro, as autoridades delegadas na Colônia— inclusive as câmaras municipais — desenvolviam procedimentos legais e administrativos que refletiam de forma mais coerente tanto as necessidades práticas dos colonos quanto os conflitos emergentes na esfera local. Em muitas ocasiões, tais procedimentos chocavam-se com a legislação em vigor, como no caso da escravidão indígena.[19] Ademais, os próprios colonos reconheciam abertamente o paradoxo. No seu testamento conjunto de 1684, Antonio Domingues e Isabel Fernandes expressaram uma opinião de consenso quando declararam que os dez índios sob seu domínio "são livres pelas leis do Reino e só pelo *uso e costume da terra* são de serviços obrigatórios".[20] Igualmente, outra senhora de escravos, Inês Pedroso, colocou no testamento que "o gentio que temos são livres por lei do Reino e como tais o não posso obrigar à servidão"; mesmo assim, "me servi deles forçosamente como os mais moradores e assim os deixo".[21]

Esses dois exemplos, dentre muitos outros semelhantes, demonstram como os colonos percebiam o direito de manter relações de controle particular sobre os índios. Este direito se fundamentava ideologicamente na justificativa de que os colonos prestavam um inestimável serviço a Deus, ao rei e aos próprios índios ao transferir estes últimos do sertão para o povoado — ou, na linguagem de séculos subsequentes, da barbárie para a civilização — e se firmava juridicamente no apelo ao "uso e costume". Ao longo do século, esta percepção de direito cristalizou-se, tornando-se — por assim dizer — tradicional.

Mesmo assim, a ambiguidade da situação dos índios nunca deixou de transparecer, sobretudo na redação dos testamentos seiscentistas, sendo considerada pelos críticos dos paulistas uma espécie de fraqueza moral destes. Manuel Juan Morales, por exemplo, um dos poucos defensores não jesuíticos da liberdade indígena em São Paulo, observou o seguinte em missiva ao rei de Espanha e Portugal: "Aqui se faz muitos testamentos, e na hora dos desenganos se julgam por verdade o que ensinam os padres da Companhia, declarando o enfermo que seus índios são livres [...] e deixando-os livres no papel, os cativa na justiça, repartindo-os entre os parentes do defunto, para que os sirvam do modo que na hora da morte se julgou injusto".[22] Talvez estivesse se referindo ao testamento de Lourenço de Siqueira, aliás redigido por um jesuíta:

> Declaro que eu tenho algumas peças do gentio do Brasil as quais por lei de Sua Magestade são forras e livres e eu por tais as deixo e declaro, e lhes peço perdão de alguma força ou injustiça que lhes haja feito, e de lhes não ter pago seu serviço como era obrigado e lhes peço por amor de Deus e pelo que lhes tenho queiram todos juntos ficar e servir a minha mulher, a qual lhes pagará seu serviço na maneira que se costuma na terra nem poderá alienar nem vender pessoa alguma destas que digo, e peço às justiças de Sua Ma-

gestade que façam para descargo de minha consciência guardar esta última vontade e disposição.[23]

Não obstante o peso de consciência de alguns colonos, a institucionalização da escravidão indígena desenvolveu-se rapidamente em nível local. Nos inventários da primeira década do século XVII, já aparecem índios "forros" ao lado de escravos legítimos nos arrolamentos de "peças", inclusive entrando nas partilhas. Esta prática foi submetida à prova jurídica em algumas ocasiões ao longo da vigência da escravidão indígena. Em 1609, por exemplo, após a publicação da lei declarando a liberdade incondicional de todos os índios, Hilária Luís enviou uma petição ao governador perguntando-lhe se os índios trazidos por seu recém-falecido marido podiam entrar nas partilhas. O parecer do governador foi curto e direto: os índios não podiam entrar em inventários por serem livres pelas leis do Reino. Instado igualmente a se pronunciar, o juiz dos órfãos de São Paulo, no entanto, afirmou que "é uso e costume darem partilhas de peças forras aos órfãos para seu sustento e serviço e não para se venderem". Inconformado com a resposta, o governador pediu o parecer do procurador dos índios e de um ouvidor, ambos, cabe frisar, donos de cativos índios. O primeiro reafirmou que o caso se enquadrava no "uso e costume" da terra e o segundo acrescentou — em castelhano — que, sem a herança, os órfãos "quedarán miserables pidiendo limosna". No final do processo, o governador acabou por recuar, autorizando a inclusão dos índios no inventário.[24]

O caso dos índios de Hilária Luís certamente não teve grande impacto em termos de jurisprudência, embora demonstrasse a disposição da justiça colonial em confiar a guarda dos índios a particulares, ainda que esta prática adquirisse características de escravidão. Diante da incapacidade da Coroa em definir claramente os direitos dos nativos, os colonos souberam integrar a seu discurso uma manifestação da responsabilidade que deviam exercer na administração dos índios. Assim, Maria do Prado, grande proprietária de índios, ditou em seu testamento: "Declaro que não possuo escravo algum cativo mas somente possuo como é uso noventa almas do gentio da terra as quais tratei sempre como filhos e na mesma formalidade os deixo a meus herdeiros".[25] Um outro exemplo dessa postura está no testamento de Lucrécia Leme:

> Declaro que possuo nove peças do gentio da terra, e uma criança, as quais tratei sempre como livres que são de sua natureza por serem incapazes de se regerem por si, as administrava com aquele cuidado cristão, valendo-me de seu serviço em ordem a alimentá-los e nesta mesma ordem os poderão reger os meus herdeiros não como heranças, senão como a menores necessitados de regência, não lhes faltando com a doutrina, e uso comum até el-rei dispor outra coisa.[26]

Menores necessitados, filhos: foi nesse sentido que o discurso paternalista dos colonos aproximava-se da política indigenista da Coroa, apesar de tantas outras contradições. Se os índios necessitavam de um tutor, por que esse papel não podia ser exercido pelos particulares? Confiantes em que a razão estava a seu lado, os colonos passaram a apropriar-se do papel de modo exclusivo, sobretudo a partir da derrota imposta aos jesuítas.

COLONOS E JESUÍTAS: A BATALHA DECISIVA

Na verdade, a mentalidade escravista dos colonos não se chocava com as perspectivas da Coroa e nem mesmo com as dos jesuítas, no que se referia à questão do trabalho no Brasil. Porém, ao insistir no cativeiro manifestamente ilegal dos índios, provocou, no campo político, a oposição ferrenha dos padres inacianos. Afinal de contas, boa parte do poder e prestígio dos jesuítas no Brasil provinha justamente da sua enérgica defesa da liberdade indígena, o que, no contexto imediato do século XVII, não significava tanto a liberdade plena quanto a oposição específica a situações de escravidão ilegítima.[27] A alternativa apresentada pelos padres propunha a liberdade restrita das missões, que cada vez mais tiravam de circulação os índios disponíveis para o mercado de trabalho colonial. Os jesuítas dispunham de bons motivos para criticar os paulistas, uma vez que estes adquiriam a maior parte de seus índios por vias reconhecidamente ilegais; ao mesmo tempo, porém, os colonos exerciam sua oposição aos jesuítas alegando que os padres retardavam o desenvolvimento de suas atividades econômicas.

O confronto fatal entre as partes foi alimentado em dois níveis distintos. Em nível local, os colonos opunham-se ao controle exercido pelos jesuítas sobre os quatro aldeamentos nas imediações da vila de São Paulo. Já na esfera intercolonial, os paulistas passaram a enfrentar os protestos e litígios dos jesuítas espanhóis decorrentes dos assaltos praticados contra as missões das províncias do Guairá e Tape. As diferenças irreconciliáveis entre as partes ocasionaram demonstrações de força de ambos os lados. Assim, diante das demandas dos jesuítas junto aos governos coloniais e ao Vaticano, que acarretaram novas medidas contra a escravidão indígena, os colonos não tardaram em responder, lançando mão da violência e expulsando os padres da capitania de São Vicente.

É preciso notar que, mesmo antes da expulsão de 1640, a dimensão local do conflito foi marcada pela ameaça de violência em pelo menos duas ocasiões críticas. Em 1612, os colonos ameaçaram expulsar os jesuítas de Barueri, alegando que estes impediam o acesso à mão de obra do aldeamento. Vinte anos mais tarde, os vizinhos mais exaltados do mesmo aldeamento, inclusive Antonio

Raposo Tavares, invadiram Barueri, expulsando os padres. Até certo ponto, este incidente pode ser considerado como uma expressão, em nível local, da busca intensificada pela mão de obra nativa: afinal de contas, se os paulistas podiam destruir as missões do Guairá, por que não repetir esta mesma atividade mais perto de casa? Porém, outros aspectos específicos devem ser levados em conta para o entendimento do fato em questão, pois tratava-se igualmente de um confronto entre os colonos mais prósperos dos bairros ocidentais de São Paulo e os jesuítas, que vinham acumulando um patrimônio e uma força de trabalho cada vez mais expressivos. Ademais, a própria indefinição acerca da condição jurídica do aldeamento de Barueri proporcionava munição para a eclosão do conflito.

Realmente, Barueri situava-se em meio a uma das principais zonas de produção de trigo, próximo aos bairros de Cotia, Quitaúna e Carapicuíba, bem como à vila de Santana de Parnaíba. Por volta de 1630, os jesuítas já se haviam estabelecido enquanto principais proprietários de terras no distrito, controlando uma proporção desmedida da força de trabalho indígena. Além de seu acesso preferencial aos índios dos aldeamentos, que somavam em torno de 1500 apenas em Barueri, o Colégio de São Paulo, tendo recebido como herança duas grandes propriedades na região, contava também com concentrações consideráveis de cativos indígenas. O primeiro legado, datado de 1615, constava da doação, feita por Afonso Sardinha e sua mulher Maria Gonçalves, de sua Fazenda Nossa Senhora da Graça, que contava com um número elevado de índios guarulhos, "como de outras nações". No segundo, de 1624, Fernão Dias e Catarina Camacho legaram sua propriedade Nossa Senhora do Rosário e em torno de seiscentos Carijó capturados no Sul. Estas doações, embora funcionassem como fazendas no século XVII, tornaram-se, posteriormente, os respectivos aldeamentos de Embu e Carapicuíba.[28]

Nesse sentido, os jesuítas representavam muito mais que apenas um obstáculo à mão de obra dos aldeados, o que, de qualquer forma, constava como antiga reivindicação dos paulistas. Aspecto mais grave do ponto de vista dos colonos era o fato de que os padres também configuravam uma força considerável na economia paulista enquanto produtores e proprietários. Além disso, segundo os colonos, os jesuítas abusavam de seu controle sobre os aldeamentos, aproveitando e mesmo aforando terrenos indígenas para o benefício do Colégio. Vale ressaltar que conflitos semelhantes surgiram também em outras capitanias, onde os colonos observaram estarrecidos a tentativa por parte dos jesuítas de monopolizar as melhores terras produtivas e propriedades urbanas, muitas vezes adquiridas através de doações da Coroa.[29]

Diante dos avanços de tão formidável adversário, os colonos de São Paulo apelaram para o único órgão público capaz de tomar o seu partido: a Câmara Municipal. Após o incidente de 1632 em Barueri, os colonos começaram a demandar com insistência a remoção dos jesuítas, lançando acusações que visavam não apenas desmoralizar os padres como também fornecer elementos substantivos para provar os abusos e atos ilegais dos jesuítas de São Paulo. Em 1633, o colono João da Cunha, proprietário no bairro de Cotia, denunciava que os padres teriam roubado os índios que o querelante tinha recebido em dote, levando-os para o aldeamento de Barueri. Aparentemente não satisfeito apenas com a restituição dos índios de seu dote, João da Cunha, referindo-se aos padres, instava a Câmara a que "os mandassem tirar das aldeias e não tivessem de ver com índios mais que com sua igreja...". Durante as semanas que se seguiram, chegaram aos ouvidos do conselho novos protestos contra os padres, nos quais alegava-se que os jesuítas monopolizavam as terras de Cotia e Carapicuíba, não deixando os colonos cultivarem o solo. Finalmente, os principais residentes desses bairros reuniram-se diante da Câmara e estabe-

176

leceram um ultimato: se a Câmara não retirasse os jesuítas de Barueri, os moradores e seus índios expulsariam os padres à força, o que de fato ocorreu.[30]

É preciso lembrar que a adoção de medidas tão radicais neste caso deveu-se justamente à indefinição jurídica do aldeamento de Barueri. Eram semelhantes as condições dos outros três aldeamentos de São Paulo; com certeza, outros 3 mil índios achavam-se sob o controle dos padres em São Miguel, Conceição dos Guarulhos e Pinheiros. Contudo, todos os três haviam sido estabelecidos pelos inacianos no século XVI, e os colonos — na sua maioria, pelo menos — reconheciam os direitos da Companhia de Jesus sobre estes aldeamentos. Barueri, porém, fundado na primeira década do século XVII por d. Francisco de Sousa, tornou-se, posteriormente, o objeto de uma disputa na justiça entre os herdeiros de d. Francisco, os jesuítas e a Câmara Municipal de São Paulo, todos reivindicando o direito de sua administração. Na década de 1630, os jesuítas controlavam o aldeamento. Todavia, no entender dos colonos, os padres estavam ali por determinação do provincial da ordem e não da Coroa, e, portanto, seria justa a sua expulsão e a devolução da administração do aldeamento à Câmara Municipal, uma vez que o próprio d. Francisco ter-lhe-ia outorgado semelhante autoridade. No fim das contas, após a ação violenta dos moradores, a Câmara de fato tomou posse do aldeamento, estabelecendo um precedente para os acontecimentos de 1640, quando, na qualidade de representante legítima e real da Coroa em nível local, a mesma Câmara apropriou-se da administração dos demais aldeamentos, denominando-os "aldeias reais".[31]

Com as tensões em alta, o conflito caminhou para seu desfecho final quando os jesuítas espanhóis instauraram demandas contra os paulistas, buscando pôr fim às expedições de apresamento que assolavam as missões. Contando com o apoio de seus colegas inacianos do Rio de Janeiro e de Salvador, os jesuítas Maceta, Mansilla e Díaz Taño levaram seu pleito inicialmente ao governador do Brasil — que atendeu as reivindicações mediante uma proibição do sertanismo — e, posteriormente, ao rei e ao papa. Conduziram então uma campanha impressionante contra os paulistas, divulgando a imagem destes — nem sempre exagerada— como de um temível bando de desordeiros e foras da lei. O bispo do Rio da Prata também tomou o partido dos jesuítas e, utilizando-se de distorções próprias desta campanha, em 1637 escreveu para o papa, afirmando: "No Brasil há uma cidade (sujeita a um prelado que não é bispo) que se chama São Paulo, e nesta se há juntado um grande número de homens de diferentes nações, ingleses, holandeses, e judeus que em liga com os da terra como lobos raivosos fazem grande estrago no novo rebanho de V.S.".[32] Também lançando mão de uma retórica religiosa, os jesuítas buscavam garantir o seu acesso exclusivo aos índios do sertão, lamentando "que esteja o sertão que chamam dos Patos aberto para todo o mouro, judeu, negro e branco, alto e baixo, que ali quer ir a saltear e conquistar e cativar os índios para depois os vender onde e para quem lhe parece...". Para os jesuítas, não se podiam deixar os índios "na boca do demônio e nas unhas do Brancos".[33] A Coroa, certamente distraída por força dos iminentes conflitos que se iriam desencadear em torno da Restauração de 1640, respondeu de forma apenas lacônica aos apelos dos jesuítas. O Vaticano, por sua vez, foi mais decisivo, pressionando os colonos com a publicação do breve de 3 de dezembro de 1639, o qual basicamente reforçava a bula de 1537 proclamando a liberdade dos índios das Américas. Em meados de 1640, os jesuítas passaram a divulgar o conteúdo do breve, provocando tumultos em São Paulo, Santos e Rio de Janeiro. Ainda em junho desse mesmo ano, os representantes das câmaras municipais da capitania de São Vicente reuniram-se para discutir o assunto e, sob forte pressão dos principais moradores da vila de São Paulo, determinaram a expulsão incondicional dos padres, o confisco de suas propriedades e a transferência da administração dos aldeamentos para o poder público.[34]

Ao justificar a expulsão, os colonos desenvolveram elaborados argumentos para legitimar essa ação tão radical. Neste sentido, escrevendo ao recém-restaurado João IV, a Câmara Municipal de São Paulo afirmava que, com a publicação do breve papal, os jesuítas buscavam "tirar, privar e esbulhar aos ditos moradores da posse imemorial, e antiquíssima, em que estão desde a fundação deste Estado até o presente...".[35] A defesa de tais direitos históricos assentava-se, evidentemente, em opiniões antijesuíticas que formavam um consenso entre os colonos. Em Santos, por exemplo, circulava, na mesma época, um boato entre os colonos de que era admissível invadir os aldeamentos e propriedades jesuíticas porque os padres de Pernambuco supostamente haviam incentivado os índios a tomarem o partido dos holandeses. Também à boca pequena dava-se como certa a notícia de que o breve era uma farsa dos jesuítas e de que, pelo contrário, agora se podiam escravizar índios de qualquer "nação".[36]

Além da Câmara Municipal, as ordens religiosas que permaneceram em São Paulo — sobretudo os franciscanos — também explicitaram os motivos que justificavam a expulsão dos inacianos. Assim, em 1649, em meio a um acirrado litígio entre os franciscanos e os jesuítas, a justiça colonial recebeu uma relação de oito "causas" da expulsão, detalhadas pelos próprios colonos: 1) Os jesuítas estavam ficando ricos e poderosos demais; 2) Os jesuítas forçaram os herdeiros de Afonso Sardinha, Gonçalo Pires e Francisco de Proença a fazer enormes concessões, provavelmente em terras e índios; 3) Arrancaram terras dos lavradores pobres através de litígios; 4) Perseguiram, também por meio da justiça, Antonio Raposo Tavares e Paulo do Amaral, provavelmente por causa das atividades sertanistas destes; 5) Ganhavam todas as suas causas litigiosas em decorrência de sua enorme base material; 6) "Que se servem dos Indios melhor que os moradores em suas searas, engenhos, moinhos, e até os carregam nas costas..."; 7) "Que se aproveitam das terras e datas dos Indios trocando-as e vendendo-as; e trazendo nelas seus gados"; 8) Os índios por eles doutrinados mostraram-se rebeldes e sediciosos em Cabo Frio, Espírito Santo, Rio de Janeiro e, sobretudo, Pernambuco.[37]

Apesar dos ódios e recriminações desencadeados pelo incidente da expulsão, os jesuítas acabaram sendo readmitidos na capitania treze anos depois. No acordo negociado entre as principais facções dos colonos e um representante da justiça colonial, os primeiros tratavam de deixar claras as condições sob as quais os padres poderiam voltar. Em primeiro lugar, os jesuítas teriam de abandonar o litígio contra a expulsão e desistir de qualquer indenização pelos danos sofridos. No tratamento da questão indígena, os jesuítas deveriam abdicar do breve de 1639 ou de qualquer outro instrumento de defesa da liberdade indígena. Ademais, os padres deveriam negar assistência aos índios que fugissem de seus donos. Finalmente, adotando um tom mais conciliador, os colonos ofereciam como contrapartida a ajuda aos jesuítas na reconstrução do Colégio, o que de fato fizeram em 1671.[38]

A expulsão, bem como as condições estabelecidas para a volta dos padres, desmontaram de forma decisiva o obstáculo jesuítico colocado entre os colonos e seus índios. Os jesuítas, por sua vez, continuaram como poderosos proprietários de terras, uma vez que foi mantida a posse de Embu e Carapicuíba, acrescentando-se posteriormente as doações da Fazenda Santana e da extensa propriedade de Araçariguama. Todavia, apesar das aparências, os jesuítas tinham perdido o controle dos aldeamentos, e sua voz de oposição ao cativeiro indígena fora praticamente emudecida. De acordo com um padre, escrevendo no final do século, tal era a situação que os jesuítas jamais poderiam tocar no assunto da escravidão indígena em sermões ou em qualquer outra manifestação pública. Mesmo assim, observou ele com certo orgulho, sempre buscavam — em conversas particulares e lançando mão de "industrioso disfarce" — mostrar aos colonos seus erros. Contudo, "estavam tão firmes os moradores daquela vila em que os Indios eram captivos que ainda que o Padre Eterno viesse do céu com um Christo crucificado nas mãos a pregarlhes que eram livres os Indios, o não haviam de creer".[39]

ESCRAVOS OU ADMINISTRADOS?

Na segunda metade do século XVII, no entanto, a disputa em torno da condição jurídica dos cativos índios passou para outra etapa. Apesar de suas convicções, os colonos ainda enfrentavam o paradoxo legal representado pelo sistema de administração particular. O serviço particular dos índios era pouco diferente da escravidão, fato que não deixou de escapar à atenção da Coroa ou de jesuítas que não residiam em São Paulo. De acordo com um relato histórico do início do século XIX, tratava-se apenas de uma questão de terminologia: "Os Paulistas, posto que não davam aos índios domesticados o nome de *cativos*, ou escravos, mas só o de *administrados*, contudo dispunham deles como tais, dando-os em dotes de casamentos, e a seus credores em pagamento de dívidas".[40] De fato, virtualmente todos os dotes concedidos durante o século XVII incluíam pelo menos um "negro da terra". Quanto à alienação de índios, cabe ressaltar que as "peças do gentio da terra" figuravam entre as garantias para empréstimos e hipotecas, além de serem vendidas em diversas ocasiões para liquidar dívidas ou por outros motivos. Em 1664, por exemplo, o inventariante dos bens de Antonio de Quadros vendeu uma moça indígena por dezoito mil-réis, colocando o valor recebido na praça a juros, "como é uso e costume".[41]

Duas práticas corriqueiras revelam mais claramente a real condição dos índios nesse regime tão ambíguo. Primeiramente, a venda de índios, embora ultrapassasse os limites legais da administração particular, foi bastante frequente durante o século XVII. Todavia, quando documentada, a alienação da posse do índio sempre foi acompanhada por algum tipo de justificativa. Assim, João Leite sentia-se na obrigação de vender Paula por causa das "ameaças e desinquietações que dela tinha".[42] Em outras ocasiões, no entanto, a venda de índios podia provocar sérias batalhas judiciais, sempre trazendo à luz a contradição fundamental deste regime de escravidão disfarçada. Em 1666, por exemplo, João Pires Rodrigues denunciava a venda ilegal de um cativo por João Rodrigues da Fonseca, venda aliás lançada em escritura no cartório. Em defesa de Fonseca, seu procurador desenvolveu o raciocínio de que o contrato de venda de propriedade se sobrepunha a qualquer discussão sobre a liberdade dos índios.[43] Mais para o fim do século, quando uma viúva procurou vender os índios deixados para herdeiros menores, o inventariante embargou a venda, alegando que "venderam-se peças o que não deviam vender, razão que nenhum homem de posse e honrado morreu nesta terra que se lhe vendesse peças e por tão limitado preço como consta haver-se vendidas as que couberam aos ditos seus curados...".[44]

A segunda prática que denuncia o caráter nitidamente escravista do regime da administração refere-se à alforria. De fato, a principal maneira de se livrar das obrigações do serviço particular era através de uma carta de liberdade devidamente lançada no cartório ou, ainda, mediante um capítulo específico no testamento do senhor. Conforme veremos em maiores detalhes no último capítulo, a condição incerta dos cativos apresentava um problema ao mesmo tempo teórico e prático na jurisprudência colonial, sobretudo a partir do momento em que alguns índios passaram a reivindicar a própria liberdade, apoiando-se na legislação colonial.[45]

Já no último quartel do século XVII, a controvérsia em torno da liberdade indígena recomeçava a se intensificar. A pressão inicial veio do Rio de Janeiro, na década de 1670, quando o primeiro bispo (nomeado em 1676) tentou impor uma taxa eclesiástica de 160 réis por peça de "gentio descido" do sertão. Pouco depois, o governador do Rio de Janeiro determinava a liberdade incondicional de todos os índios. Tais medidas afetaram imediatamente os paulistas, que, afinal de contas, permaneciam subordinados à autoridade eclesiástica e civil do Rio de Janeiro e, portanto, se sentiram ameaçados. Seu maior receio era a possível fuga em massa dos cativos para a liberdade. Inseguros mais uma vez, os paulistas buscaram reafirmar os seus direitos sobre a força de trabalho, primeiro através do já tradicional alvoroço diante da Câmara Municipal e, posteriormente, por meio da negociação.[46]

Mais uma vez, o centro do conflito situava-se na discussão acerca do direito de trazer índios do sertão, aliás o principal móvel da questão indígena desde o século XVI na capitania de São Vicente. Porém, desta feita os colonos mostraram-se mais flexíveis que em 1640, embora ensaiassem, em 1685, uma nova expulsão. Com os ânimos menos exaltados, iniciaram um longo processo de negociação com as autoridades régias, mediado pelo provincial dos jesuítas, Alexandre de Gusmão, em busca de uma solução que satisfizesse todas as partes interessadas — menos a dos índios, é claro. Como era de se esperar, a questão acabou dividindo-os em posições polarizadas: os colonos, reiterando a necessidade absoluta da mão de obra cativa, buscavam reafirmar seu direito sobre os índios por eles deslocados do sertão, "com o pretexto de os trazer ao grêmio da Igreja..."; já os jesuítas propuseram revitalizar o esquema de aldeamentos e da "repartição" do trabalho livre dos índios, semelhante ao arranjo que estava sendo negociado no estado do Maranhão na mesma época.[47]

Mas os colonos jamais poderiam aceitar as propostas dos jesuítas, pois, além de levantar questões referentes ao controle social

183

da população trabalhadora, também ameaçavam toda a base material da sociedade paulista. Em 1692, os colonos redigiram uma relação de dezesseis "dúvidas" que teriam de ser solucionadas para se chegar a um acordo satisfatório.[48] Suas preocupações giravam em torno de quatro problemas básicos, todos eles, de uma forma ou de outra, concernentes à definição dos índios enquanto propriedade. Seriam estas as questões relativas às fugas de índios, à remuneração do trabalho indígena, à herança e à alienação. Primeiro, os colonos queriam se certificar de que os índios de sua administração não poderiam fugir para a liberdade, questão levantada pela perspectiva de uma fuga em massa para o Rio de Janeiro. O segundo problema mostrava-se o mais controvertido, uma vez que a questão da liberdade dos índios estava intimamente ligada à dos salários. Para os colonos, comida, roupa, atendimento médico e doutrinação espiritual apresentavam-se como compensação justa e suficiente pelo serviço dos índios. O terceiro problema, o da herança, atingia o centro nervoso do sistema, pois, de um lado, proporcionava o principal mecanismo de transferência da administração dos índios e, de outro, definia os mesmos enquanto propriedade. Com o último problema, os colonos levantavam a questão da transferência de administrados entre colonos. Finalmente, ainda quanto ao problema da propriedade, questionava-se se os credores podiam reclamar os serviços de índios penhorados na cobrança de dívidas.[49]

As dúvidas dos colonos, em certo sentido, sintetizavam a postura dos paulistas a favor da escravidão indígena. Antonio Vieira, respondendo à solicitação de seu parecer sobre o assunto, dirigiu talvez a sua última grande invectiva contra a escravidão indígena.[50] Em estilo retórico bastante marcante, perguntava-se o que eram os índios de São Paulo:

> São pois os ditos índios aqueles que vivendo livres e senhores naturais das suas terras, foram arrancados delas com suma violência e

tirania, e trazidos em ferros com as crueldades que o mundo sabe, morrendo natural e violentamente muitos nos caminhos de muitas léguas até chegarem as terras de S. Paulo onde os moradores serviam e servem deles como de escravos. Esta é a injustiça, esta a miséria, isto o estado presente, e isto o que são os índios de São Paulo.

Assim, de acordo com Vieira, os índios não podiam ser escravos, pois não haviam sido tomados em guerras justas. Ademais, argumentando contra o raciocínio dos paulistas, Vieira reafirmava a ilegalidade explícita da administração através das seguintes características: os índios fugidos eram restituídos mediante o uso da força; a administração era transferida nos inventários e nos dotes; finalmente, o que constava como valores dos serviços prestados não correspondia à remuneração do trabalhador indígena, sendo equivalente aos preços de escravos quando transferidos para outro dono.[51]

Esta última questão permanecia no centro da controvérsia na formulação da política indigenista. Vieira, por seu turno, não aceitava a proposta dos colonos na qual admitia-se o "pagamento" dos serviços apenas em comida, alojamento, agasalho e conversão; pelo contrário, estes deviam pagar um salário justo. Ora, em suas "dúvidas", os paulistas justificavam o não pagamento dos índios por serem estes preguiçosos. A essa alegação, Vieira respondia irônico: "Mas as pessoas muito práticas e fidedignas daquela terra afirmam que os Paulistas geralmente se servem dos ditos índios de pela manhã até a noite, como o fazem os Negros do Brasil...". Em resumo, os índios de São Paulo sofriam a mais completa expropriação da liberdade, "de sorte que de si e do seu não lhes fica coisa alguma que por toda sua vida não esteja sujeita aos administradores; e não só enquanto estes viverem, senão ainda depois de mortos".

Apesar das opiniões de um adversário tão formidável, os paulistas conseguiram levar a melhor na concordata firmada em 1694.

Enfurecido, Vieira passou a criticar os próprios jesuítas que participaram da negociação e assinaram o acordo, afirmando que esses mesmos padres não tinham experiência entre os índios e nem dominavam a língua geral. Ele se referia especialmente aos padres "estrangeiros" Jacob Roland e Jorge Benci, sendo este último "um italiano que nunca viu índio e só ouviu aos paulistas". Já Roland foi autor da "Apologia pro paulistis", que, de acordo com Vieira, estava tão repleta de hipocrisia que o general da Companhia de Jesus mandou incinerá-la.[52] De fato, a apologia sustentava algumas das posturas fundamentais dos paulistas, sobretudo no que dizia respeito à missão cristã que exerciam ao trazer os índios do sertão à civilização. O que mais irritou Vieira, no entanto, foi a manipulação de suas próprias ideias e palavras, distorcidas para apoiar a posição dos colonos: "As fábulas fingiram que os lobos fizeram pazes com os rafeiros, e agora quer a sagrada apologia que os mesmos lobos sejam os pastores das ovelhas".[53]

Com certeza, o conflito fundamental que marcava o trabalho indígena em São Paulo apresentava-se igualmente como problema para os jesuítas. É o que sugere o notável relatório do padre visitador Luís Mamiani sobre as atividades econômicas do Colégio de São Paulo.[54] No relatório, Mamiani demonstrava que, apesar de professarem princípios mais elevados, os próprios jesuítas, de fato, tratavam seus índios de maneira pouco diferente desses mesmos colonos que tanto criticavam. Redigida no final do século XVII, a análise perspicaz de Mamiani captava diversas questões fundamentais, carentes de uma reavaliação no contexto da controvérsia. A renda do Colégio, começava Mamiani, provinha da produção dos trabalhadores agrícolas e dos artesãos, "o mais grangeado com suor e trabalho dos índios da nossa administração". Da mesma forma, nas fazendas jesuíticas, não se fazia distinção, na divisão das tarefas, entre os cerca de trezentos índios e as dezenas de cativos africanos. Nos dias de trabalho, os padres distribuíam as tarefas entre índios e africanos: os homens seguiam para a lavoura, as tendas de ferreiros e os currais; as mulheres, por sua vez, recebiam a incumbência da tecelagem. Tanto os escravos quanto os índios se sustentavam com as suas próprias roças, das quais cuidavam aos sábados e feriados. Finalmente, escravos e administrados recebiam "remuneração" igual em pano de algodão. A única diferença percebida pelo padre Mamiani residia no fato de que, ao contrário dos africanos, os índios *deviam* ser livres e, assim, compensados por seu trabalho.

Esta última questão — da justa compensação pelo trabalho livre — situava-se no centro da controvérsia. Embora reconhecesse que um certo grau de trabalho não remunerado era legal, Mamiani sustentava sua imoralidade. Legítimas ou não, as condições sob as quais o serviço pessoal dos índios seria permitido eram bastante específicas: "alguns tenham por lícito o serviço personal coacto dos índios, ou a título de administradores ou parocos, por serem obrigados os índios a pagar ou alguns tributos ou a côngrua sustentação de seu paroco, e senão tem com que pagar isso, podem ser obrigados a pagá-los com o serviço personal". Cumpria enfatizar, porém, que "o serviço não pode ser maior que a obrigação...".[55]

Para Mamiani, o abuso do trabalho não remunerado constituía o defeito básico do sistema de administração particular. Tratava-se, contudo, de um problema estritamente econômico, pois, ao calcular a poupança representada pelo "serviço personal" não obrigatório, Mamiani revelou que cerca de 80% da renda do Colégio era gerada pelo trabalho dos índios. Mesmo pagando aos mesmos um jornal excepcionalmente baixo e descontando os dias de trabalho obrigatório, o Colégio mais que dobraria suas despesas. Em suma, se pagasse a compensação devida, o Colégio simplesmente não conseguiria sustentar suas atividades e seus residentes.

Sem, evidentemente, resolver estas contradições, o desfecho do processo de negociação entre colonos, jesuítas e Coroa foi a carta régia de 1696. Em flagrante desacordo com uma lei de cinco anos antes que proclamava a liberdade absoluta dos índios, esta reconhecia formalmente os direitos dos colonos à administração particular dos mesmos, assim consolidando outra forma de serviço obrigatório que não a escravidão.[56] Distinção meramente formal, como bem lembrava o presidente da província de Amazonas, Francisco José Furtado, em meados do século xix: "A história dos índios é o opróbrio da nossa civilização. Apesar de tantas leis proclamando a sua liberdade e prescrevendo a escravidão deles, esta subsiste quasi de facto!".[57]

5. Senhores e índios

A partir do século XVII, os colonos de São Paulo passaram a impor uma distância — geográfica e social — entre os índios que aprisionavam e as sociedades das quais estes escravos se originavam. De fato, conforme vimos no capítulo anterior, a introdução de milhares de cativos suscitou a elaboração de uma estrutura ideológica e institucional capaz de ordenar as relações entre colonos e índios. Por outro lado, porém, a vivência dos cativos na sociedade colonial também contribuiu de forma significativa para a construção histórica da escravidão indígena. Nesse sentido, é importante lembrar que a estrutura de dominação que caracterizou a sociedade paulista do século XVII foi marcada pela presença ativa dos índios, que, por seu turno, enfrentaram a subordinação colonial e o cativeiro de formas múltiplas — mesmo contraditórias —, constituindo uma dimensão pouco explorada da história indígena.

Sem dúvida, o choque do contato, agravado pelos surtos de doenças infecciosas, enfraqueceu e desarticulou as sociedades indígenas. Porém, os muitos índios que sobreviveram a este impacto inicial e que ficaram sujeitos a uma das diversas modalidades de dominação colonial não desapareceram. Antes sofreram uma transformação, na qual os membros de vigorosas sociedades tribais passaram a integrar a camada mais miserável e explorada da sociedade colonial. Do sertão ao povoado, de índio a escravo, foi este o caminho percorrido pela maioria. Todavia, não se tratava de um caminho simples, pois envolvia a evolução de uma relação complexa entre senhores e índios, relação marcada tanto pelos laços estreitos que uniam estes àqueles quanto pelas atividades propriamente autônomas dos índios.

DA SOBREVIVÊNCIA À VIVÊNCIA

"É sabido", declarou um colono no decorrer de um litígio sobre a perda de um índio, "que vale mais uma peça do povoado do que quatro do sertão vindas de novo."[1] Constatação simples e direta: assim se expressava a diferença entre escravos recém-introduzidos e aqueles nascidos ou já presentes há algum tempo na sociedade escravista, diferença também manifesta, ao longo do século XVII, nos preços de cativos.[2] De certo modo, a valorização maior do índio "crioulo" devia-se à expectativa dos colonos no que dizia respeito à longevidade e, especialmente, à produtividade. Mas o significado maior desta escala diferenciada residia no processo de transformação aí implícito, pelo qual passavam os índios.[3] O próprio termo *índio* — redefinido no decorrer do século — figura como testemunho deste processo: na documentação da época o termo referia-se tão somente aos integrantes dos aldeamentos da região, reservando-se para a vasta maioria da população indígena a sugestiva denominação de "negros da terra".

Na tentativa de transformar índios do sertão em trabalhadores coloniais, os colonos de São Paulo esbarraram numa série de obstáculos que dificultaram a formação de uma sociedade escravista claramente constituída. As expedições de apresamento produziam uma vasta gama de tipos étnicos, e cada índio recém-introduzido teria de atravessar um período de adaptação ao regime de trabalho forçado. Neste sentido, os colonos sempre se mostraram sensíveis à diversidade étnica no interior da população cativa, assinalando valores diferenciados para tipos diversos. É o caso de Maria Pacheco, que, ao pedir a restituição do valor de um índio de sua posse, assassinado no sítio de Bento de Alvarenga, exigia em juízo que a vítima fosse substituída por um "negro da mesma nação do morto".[4] Em outro litígio, Cornélio Rodrigues de Arzão concordava em ceder a Antonio Lopes Benavides quatro índios fugidos que se encontravam na propriedade deste desde que Benavides lhe retribuísse com "quatro peças iguais".[5] Maria da Cunha, de Mogi das Cruzes, observava em testamento que a bastarda Domingas podia ser trocada, mas apenas "se a quiserem resgatar dando outra do seu toque".[6] Contudo, nem todos ficavam satisfeitos com trocas ostensivamente iguais. Quando João Barreto obteve sentença favorável num contencioso com Pedro Porrate Penedo, recebendo 22 índios como acerto de uma dívida, Barreto requereu que os mesmos fossem leiloados e a dívida liquidada em dinheiro, "por quanto as peças não são bens permanentes se não mortais e podem ir de cada vez a menos e causar perda aos órfãos".[7]

Apesar da precariedade dos dados referentes a preços de cativos, pode-se destacar uma variação relacionada à diversidade étnica e à especialização ocupacional. A distinção fundamental situava-se entre os índios recém-introduzidos e aqueles nascidos no povoado (crioulos) ou plenamente adaptados ao regime (ladinos). Ao que parece, o valor do cativo crioulo ou ladino permaneceu, ao longo do tempo, quatro ou cinco vezes superior ao do neófito; na segunda metade do século XVII, o preço de um índio já adaptado variava entre 20$000 e 25$000, ao passo que os índios recém-egressos do sertão eram vendidos ou leiloados por 4$000 ou 5$000.[8] Num caso específico, Antonio Rodrigues Velho trocava com seu cunhado vinte índios do sertão por doze do povoado. Acreditando ter feito um negócio excepcional, o mesmo negociante se decepcionou posteriormente quando o seu cunhado entregou apenas cinco adultos e um rapazinho como pagamento dos vinte recebidos do sertão, o que provavelmente correspondeu mais fielmente ao valor real destes.[9]

Exemplos diversos indicam, igualmente, que índios especializados comandavam valores mais altos. "Um negro da terra carpinteiro por nome Tomás" foi arrolado separadamente dos 61 índios no inventário de Antonio Correia da Silva e avaliado em 50$000, o equivalente de um escravo africano. Em outro inventário, um tecelão índio entrou na lista dos escravos africanos e mulatos, com avaliação em dinheiro.[10] Da mesma forma, índios crioulos e mestiços podiam receber avaliações elevadas, às vezes igualando e até excedendo o preço de um escravo africano. Em 1653, uma bastarda da posse de Simão de Araújo foi avaliada em 80$000, o dobro do valor de um escravo africano.[11] Semelhante valorização verificava-se entre mulatos — a prole das uniões afro-indígenas — que, mesmo sendo filhos de mães índias, frequentemente entraram nos inventários na condição de escravos legítimos.[12]

Sem dúvida, a preferência por crioulos, em vez de índios recém-capturados, e por mestiços, em vez de etnias tribais, tinha muito a ver com as vicissitudes do apresamento, o que, fundamentalmente, condicionava a formação da sociedade escravista. Assim, se no início do século XVII os colonos acreditavam que o sertão proporcionaria uma fonte inexaurível de mão de obra indígena, posteriormente descobriram a precariedade do apresamento como forma única de reproduzir os plantéis. Afinal de contas, neste regime de exploração intensiva, onde o índio era considerado descartável na medida em que sua substituição permanecesse fácil e barata, a mortalidade certamente manifestava-se em altos índices.

Apesar de a documentação oferecer uma visão bastante restrita do problema da mortalidade no regime da administração particular dos índios, pode-se afirmar que a questão da longevidade foi fundamental na determinação da viabilidade da escravidão indígena. Ao que parece, a taxa de sobrevivência dos cativos permaneceu sempre muito baixa no período imediatamente posterior ao apresamento. As longas marchas a que os índios cativos eram submetidos, desde as aldeias de origem até São Paulo, nas quais os suprimentos eram sempre reduzidos, surgem logo como um dos motivos da alta mortalidade. Aqueles que conseguiam superar as tribulações da viagem inicial enfrentavam, sobretudo durante seus primeiros anos em São Paulo, outras provações: doenças, fome e maus-tratos dizimaram esta população. Nos documentos, embora de forma fragmentária, esta realidade foi fartamente registrada em inúmeras ocasiões, demonstrando tanto a fragilidade da população indígena cativa quanto a rápida diminuição dos plantéis não reabastecidos por novos cativos.[13]

Este caráter negativo do balanço demográfico também era realçado por calamidades periódicas. De fato, a população indígena, sobretudo aquela recém-trazida do sertão, mostrou-se sempre extremamente vulnerável às doenças de origem externa, que impunham, por seu turno, a recomposição dos plantéis através de novas expedições de apresamento. Por exemplo, a epidemia de varíola que grassou na capitania em 1665-6 precipitou um declínio forte na população local, justificando a organização da grande expedição de 1666. Outras epidemias foram registradas em 1624, 1630 e 1635, relacionando-se com a chegada de grandes contingentes de cativos guarani, da mesma forma que, na década de 1690, a introdução de escravos africanos implicou a ocorrência de novos surtos.[14] Não se sabe, evidentemente, quantos índios pereceram, mas, sugestivamente, todas essas epidemias foram logo seguidas pela intensificação do apresamento, que visava recompor rapidamente os plantéis.[15]

Em outras ocasiões, os contágios atingiram unidades de produção isoladamente, porém com resultados igualmente devastadores. Senhor de prodigioso plantel, Domingos Leite de Carvalho observou em seu testamento: "o gentio da terra não declara por estarem doentes e irem morrendo".[16] No fim da década de 1680, o rico casal Pedro Vaz de Barros e Maria Leite de Mesquita ostentava mais de quinhentos índios em suas posses no bairro de Quitaúna; uma epidemia de sarampo, todavia, dizimou os quadros, deixando meros 47 índios quando da morte de Vaz de Barros em 1697.[17]

A fome foi também outro fator a contribuir para a alta mortalidade dos cativos. Aumentando a população colonial em surtos irregulares, o fluxo de cativos novos também pressionava os estoques de gêneros alimentícios, uma vez que a vasta maioria dos trabalhadores indígenas destinava-se a atividades ligadas à produção comercial. Em 1652, a Câmara Municipal de São Paulo discutiu, em diversas ocasiões, a fome que assolava a população indígena, a despeito do envio regular de quantidades expressivas de carnes e trigo para o litoral.[18]

Ao que tudo indica, os colonos estavam bem conscientes da alta taxa de mortalidade de seus escravos; assim, não era sem razão que estes defendiam tão energicamente o direito de "descer" índios do sertão. Fato corriqueiro, a morte de índios figurava como uma das preocupações básicas dos colonos. Martim Rodrigues Tenório, por exemplo, registrava minuciosamente em seu livro de contas óbitos indígenas: "Silvestre faleceu a 29 de março de 1601 anos em uma quinta feira ao meio dia pouco mais ou menos. Apolonia faleceu a 22 de maio...".[19] Já Manuel Temudo e Gaspar de Oliveira, em seus respectivos testamentos, tiveram o cuidado de destinar pequenas quantias a missas para o "gentio de meu serviço que na minha casa morreram".[20] Em 1660, quando entrou com petição para instituir a capela de Conceição de Taiassupeva (em Mogi das Cruzes), Baltasar de Godoi Moreira também solicitou autorização para estabelecer um cemitério para os "serviços" e demais pessoas pobres do distrito, visto que era inviável trazê-los até a vila para um enterro cristão.[21]

Em certo sentido, a preocupação com a assistência aos índios na hora da morte inseria-se num movimento mais amplo, através do qual se constituíam relações pessoais capazes de sustentar a escravidão indígena. Diante das vicissitudes do apresamento, procurava-se forjar estruturas no interior da própria sociedade colonial, fomentando a preservação do sistema. Não muito distante do modelo jesuítico, os paulistas desejavam produzir uma espécie de índio cristão idealizado, dócil e disciplinado. A longo prazo, contudo, o resultado ficou aquém das expectativas, com a construção de estruturas frágeis, incapazes de compensar a forte tendência de declínio demográfico.

CAMINHOS PARA A INTEGRAÇÃO

Se a transformação de índio em escravo exigiu ajustamentos por parte da camada senhorial, também pressupunha um processo de mudança por parte dos índios. Este processo desenrolou-se ao longo do século XVII, contribuindo para a evolução das bases precárias sobre as quais se assentava o regime de administração particular. Um dos elementos centrais deste processo foi a religião, que, em certo sentido, servia de meio para se impor uma distância definitiva entre escravos índios e a sociedade primitiva da qual foram bruscamente separados. Portanto, para os senhores, o sentido da conversão ia muito além das justificativas insistentes que empregavam na defesa da escravidão.

É difícil estabelecer com muita clareza até que ponto os paulistas procuravam doutrinar os índios na fé católica. Com certeza, porém, a religião dos senhores reafirmava as relações de dominação e servia como arma para a manipulação dos mesmos. É o que demonstra, por exemplo, um inquérito judicial onde um informante índio — ironicamente chamado Inocêncio — foi lembrado pelo intérprete "que dissesse a verdade e não mentisse porque jurava pelos santos evangelhos e levaria o diabo se verdade não dissesse".[22]

Contudo, para que tais ameaças ganhassem sentido, foi antes necessário introduzir os índios no mundo católico através do batismo e da adoção de nomes cristãos. Segundo atestam os registros paroquiais da época, muitos senhores contentavam-se com o batismo sumário e em massa dos índios recém-chegados do sertão. Mas outros se preocupavam com a sua doutrinação, fato evidenciado pelo intervalo de tempo entre a chegada de alguns índios e o batismo dos mesmos. Do mesmo modo, muitos inventários contêm listas de índios sem nomes cristãos, cujos apelidos nativos foram transcritos para um português no mais das vezes indecifrável. Assim, por exemplo, o inventário de Maria Moreira incluía "Jacó e sua mulher com duas crias e por serem tapuias e não serem batizados não tem nome", enquanto o de Catarina Tavares continha nomes incompreensíveis para o pesquisador moderno, provavelmente nomes pessoais ou mesmo de grupos locais de índios oriundos das imediações do rio Tocantins.[23] Ao que parece, os índios que constam nos documentos sem nomes cristãos passaram por alguma instrução religiosa antes de serem batizados. Por exemplo, quando foi batizada a recém-nascida Albana, filha de Pantaleão e sua mulher "pagã", o vigário anotou que a mãe "se há de chamar Luzia quando se bautizar", o que aconteceu um ano mais tarde.[24]

Além de dotar os índios com nomes cristãos, o rito do batismo também os introduzia no compadrio, um elemento fundamental no mundo luso-cristão do Brasil colonial. A análise dos registros paroquiais do século XVII revela padrões de relacionamento entre senhores e índios, o que permite entender melhor a estrutura da sociedade escravista. As evidências mais ricas vêm da freguesia de Sorocaba, onde ocorreram diversos batismos coletivos de índios recém-trazidos do sertão na década de 1680. A análise dos registros paroquiais revela dois aspectos interessantes com respeito ao batismo de escravos novos. Primeiro, quase todos os batizados eram crianças — registrados como "filhos de pagãos" —, o que sugere um intervalo entre o apresamento e o batismo de adultos. Segundo, na maior parte das vezes, índios já convertidos, geralmente da mesma propriedade dos batizados, serviram de padrinhos. Por exemplo, dos 53 índios pertencentes a André de Zúñega, batizados no mesmo dia em 1685, 46 tiveram padrinhos índios. No batismo dos 31 índios pertencentes a Diogo Domingues de Faria, feito no dia seguinte, todos os padrinhos também foram índios.[25] A partir de tais dados, é possível concluir que os índios já cativos, ao criar os primeiros laços entre os novos cativos e a sociedade escravista, na qualidade de padrinhos, exerceram uma importante função no processo de transformação dos índios recém-escravizados.

Além dessa relação entre ladinos e neófitos, alguns indícios sugerem uma complexidade maior no parentesco ritual representado pelo compadrio. Por exemplo, Martinho Garcia participou ativamente do batismo de 36 índios escravizados por ele na expedição de Zúñega, servindo ele próprio de padrinho a todos os adultos batizados e a sete das crianças. Seu irmão Miguel Garcia assumiu o papel de padrinho de onze crianças, enquanto as onze restantes, todas meninas, tiveram como padrinhos o escravo africano Simão e a índia Laura, ambos da propriedade vizinha de Diogo Domingues de Faria.[26]

Tal proximidade entre senhores e os filhos de seus escravos constava, no entanto, como fato raro. Nos livros de Sorocaba, senhores aparecem como padrinhos dos seus próprios escravos apenas 25 vezes em quase setecentos batismos. Significativamente, o senhor-padrinho surgia somente quando o pai da criança batizada era desconhecido, quando o batizado era adulto ou ainda quando o próprio senhor era o pai da criança — fato verificável também nos livros das freguesias de Santo Amaro, Itu e Guarulhos, da mesma época. Assim, os senhores evitavam criar laços de igualdade ou de solidariedade com seus escravos adultos: podiam até cumprir o papel de padrinho — o que de certa forma reforçava uma relação paternalista —, porém jamais o de compadre.

Os dados das paróquias de Sorocaba e de Santo Amaro relativos a batismos de crianças durante os últimos anos do século XVII apontam outras características interessantes do compadrio na São Paulo seiscentista (ver Tabelas 7 e 8). Notam-se divergências nos resultados entre as duas paróquias, decorrentes, basicamente, de suas respectivas estruturas demográficas. Sorocaba apresentava uma con-

Tabela 7

PROCEDÊNCIA ÉTNICA DE PAIS E PADRINHOS
DE CRIANÇAS BATIZADAS EM SOROCABA, 1684-92*

	Padrinhos					
Pais	BR/BR	I/I	BR/I	I/BR	ESC/I	I/ESC
I + I	127	238	44	6	13	2
INC + I	35	17	8	1	–	–
BR + I	15	–	–	–	–	–
BR + BR	184	–	–	–	–	–
TOTAL	361	255	52	7	13	2

* I: índio; INC: pai incógnito; BR: branco; ESC: escravo africano. Homens precedem mulheres na ordem de casais de pais e padrinhos.
FONTE: Batizados de Sorocaba, servos, 1684-94 (inserido em Batizados, Livro 1), Arquivo da Cúria Diocesana de Sorocaba.

centração muito maior de índios na população global, sendo que 62% dos batismos aí registrados eram de crianças indígenas, enquanto os de Santo Amaro chegavam a apenas 24%. Ao mesmo tempo, destaca-se um maior percentual de filhos de pais incógnitos em Santo Amaro (22%) do que em Sorocaba (9%). Esta característica alcança proporções significativas se limitarmos a análise exclusivamente a batizados indígenas, pois dos filhos de mães índias em Santo Amaro, 49% foram registrados com pais incógnitos, sendo que esta categoria em Sorocaba beirava apenas os 12%. Portanto, os resultados numéricos precisam ser relacionados aos respectivos estágios de desenvolvimento das duas paróquias. Santo Amaro incluía bairros rurais estáveis, já ocupados durante três gerações, enquanto os bairros de Sorocaba haviam sido ocupados recentemente. Ademais, a população indígena de Sorocaba recebeu fluxos significativos de cativos novos durante esse período.

Tabela 8

PROCEDÊNCIA ÉTNICA DE PAIS E PADRINHOS DE CRIANÇAS
BATIZADAS EM SANTO AMARO, 1686-1710*

| | Padrinhos | | | | | |
Pais	*BR/BR*	*I/I*	*BR/I*	*I/BR*	*ESC/I*	*I/ESC*
I + I	138	70	18	7	1	1
INC + I	169	31	20	5	–	1
BR + I	10	–	–	–	–	–
ESC + ESC	4	3	4	–	–	–
INC + ESC	7	2	2	–	–	1
I + ESC	2	–	1	–	1	–
ESC + I	1					
BR + BR	508	–	–	–	–	–
TOTAL	839	106	45	12	2	3

* I: índio; INC: pai incógnito; BR: branco; ESC: escravo africano. Homens precedem mulheres na ordem de casais de pais e padrinhos.
FONTE: Batizados de Santo Amaro, Livro 1 (1686-1725), Arquivo da Cúria Metropolitana de São Paulo, 04-02-23.

Destacam-se igualmente diferenças na composição dos padrinhos nas respectivas paróquias. Em Sorocaba, 55% dos filhos de pais índios tiveram como padrinhos dois índios, 30% padrinhos brancos e 11% padrinhos mistos, sendo geralmente o par formado de padrinho branco e madrinha índia. Já em Santo Amaro, estas porcentagens são praticamente invertidas, pois apenas 30% dos batizados contavam com um casal indígena na função de padrinhos, ao passo que 59% tiveram um casal de brancos.[27] A preferência por padrinhos brancos em Santo Amaro manifestava-se de forma ainda mais aguda no caso de batizados "naturais", ou seja, de filhos cujo pai constava no registro como "incógnito". Aproximadamente 75% dos filhos de mãe solteira tiveram dois brancos como padrinhos contra apenas 14% com padrinhos índios. Em todos os casos em que um colono assumiu a paternidade de um filho "natural", os padrinhos foram brancos. Os resultados de Sorocaba mostram uma concentração menor de padrinhos brancos, mantendo-se, porém, uma preferência por eles: 57% dos filhos de mãe solteira tiveram dois brancos como padrinhos, 28% padrinhos índios e 15% padrinhos mistos.[28]

Neste sentido, os registros de batismos, ao sugerir a existência de um padrão hierarquizado, podem expressar estratégias de socialização. Porém, pouco revelam sobre o significado do compadrio para os índios. Quaisquer conclusões tiradas desses dados devem, portanto, ser encaradas com certa cautela. Muitas vezes, a escolha de padrinhos não era voluntária, sendo estes designados pelo senhor. Em outras ocasiões, os padrinhos assumiam o papel apenas porque se achavam presentes no local, fato testemunhado pela repetição de padrinhos em determinadas datas. Em alguns casos, na falta de candidatas, as índias do vigário serviam de madrinha, ou ainda a própria mãe. Mesmo quando a escolha dos padrinhos era mais livre, esta podia seguir uma lógica própria. Tal seria o caso dos gêmeos Amaro e Sebastião, filhos de uma índia solteira e de pai desconhecido, o primeiro tendo como padrinhos dois brancos e o segundo dois índios.[29]

Em todo caso, mesmo tendo sentidos diversos, o compadrio representava um passo significativo na integração dos índios à sociedade paulista. De um lado, sobretudo na relação entre padrinhos e pais — ambos sendo indígenas —, produzia laços de solidariedade, que se definiam pela condição de ser escravo. De outro, sobretudo na relação entre padrinhos brancos e pais índios, os laços de compadrio fortaleciam a relação de dominação entre senhores e escravos.

Assim como o compadrio às vezes representava para os índios pouco mais do que uma formalidade, a adoção de nomes cristãos tampouco aparecia, necessariamente, como indício de aculturação. Frequentemente, os nomes eram escolhidos — ou dados — de acordo com o calendário dos santos, o que parecia servir mais para ajudar os senhores na identificação de seus índios. Assim, quando do inventário dos bens da defunta Maria Tenória, três crianças foram arroladas sem nome, "por estarem na roça e não estarem lembrados dos nomes".[30] Outros índios, que foram trazidos do sertão, aparecem na documentação com dois nomes, um cristão e outro pagão.

A questão da língua, embora pouco estudada, oferece outra pista para apurar os complexos processos sociais de São Paulo seiscentista. Muitos historiadores têm afirmado que o tupi era falado em São Paulo pelo menos até meados do século XVIII, quando cedeu lugar ao português e, nas áreas rurais, ao dialeto caipira.[31] Cita-se, frequentemente, o comentário do bispo de Pernambuco em referência a Domingos Jorge Velho: "Este homem é um dos maiores selvagens com que tenho topado: quando se avistou comigo trouxe consigo língua, porque nem falar sabe, nem se diferença do mais bárbaro Tapuya mais que em dizer que é Cristão".[32] Na verdade, Domingos Jorge não apenas falava como também escrevia em português, algo inusitado para um Tapuia qualquer. Apesar de alguns tropeços na língua, o rude sertanista redigiu uma interessante carta ao rei, e sua firma mais que reconhecível aparece com alguma frequência nos registros do cartório de Santana de Parnaíba.[33] Acontece que o bispo — como tantos outros observadores portugueses da época colonial — facilmente confundia-se com o português colonial, corrompido pela presença de barbarismos africanos e indígenas, classificando-o como uma língua à parte. Cabe ressaltar que, mesmo em São Paulo, o domínio da língua geral ou qualquer outra língua indígena era considerado uma respeitável especialização, e a fluência numa dessas línguas limitava-se apenas aos maiores sertanistas. Assim, na década de 1690, quando um mercenário paulista da Guerra dos Bárbaros enviou uma petição ao bispo do Rio de Janeiro solicitando autorização para catequizar um grupo tupi recém-contatado no Rio Grande do Norte, as autoridades eclesiásticas colheram depoimentos em São Paulo a fim de verificar a perícia deste na língua geral.[34]

Parece provável que, acompanhando a evolução do regime de escravidão indígena ao longo do século XVII, tenha se desenvolvido uma forma ancestral do dialeto caipira, aliás fortemente marcado pela presença de palavras de origem guarani.[35] A população escrava, de fato predominantemente guarani porém crescentemente heterogênea a partir da segunda metade do século, era basicamente bilíngue, apesar de muitos índios sentirem dificuldades de expressar-se em português. Assim, quando chamados a prestar depoimentos judiciários, alguns índios manifestaram-se através de intérpretes, enquanto outros, os "crioulos", testemunhavam em português. A rigor, a divisão linguística de São Paulo refletia a estrutura bipolar da sociedade colonial: na sua base, os escravos provenientes de diversos grupos étnicos e linguísticos comunicavam-se na versão paulista da língua geral, baseada num padrão guarani; no topo, a comunidade luso-brasileira diferenciava-se da massa cativa por meio do uso da língua colonial, embora, inevitavelmente, entrasse em contato diário com o guarani do lugar.

Esta estrutura bipolar também se manifestava na terminologia empregada na descrição da população indígena e africana de São Paulo.[36] Ao longo do século XVII, a escravidão indígena produziu uma terminologia rica e variada, que é testemunha não apenas da diversidade étnica, racial e ocupacional da população local, como também do complexo processo histórico envolvido na formação desta.[37] De modo geral, devido às restrições legais para o cativeiro indígena, os colonos procuravam evitar termos como *escravo* ou *cativo*, embora ambos apareçam tanto em correspondência particular quanto em documentação pública. Até os últimos anos do século XVII, o termo preferido em alusão a índios era *negro*, sendo que este cedeu lugar a outros termos em decorrência de uma crescente presença de africanos nos plantéis paulistas. Assim, surgiram expressões como: gentio do cabelo corredio, administrados (em deferência à carta régia de 1696), servos, pardos e, finalmente, carijós. Este último termo, de certo modo, sintetiza a experiência indígena no local, explicando muito sobre o processo de transformação desta população.[38]

Originalmente, desde meados do século XVI, o etnônimo *carijó* referia-se aos Guarani em geral, objeto principal tanto dos paulistas apresadores de escravos quanto dos missionários franciscanos e jesuítas da América espanhola e portuguesa. Até 1640, a sociedade paulista foi marcada profundamente pela chegada de um fluxo constante de cativos guarani, provenientes sobretudo do sertão dos Patos e do Guairá. A partir dessa data, no entanto, o fornecimento de cativos guarani sofreu um declínio abrupto devido à resistência indígena e jesuítica. Como solução para esta crise no abastecimento de mão de obra, os paulistas passaram a reorientar suas expedições de apresamento, introduzindo em São Paulo cativos das mais diversas origens.

É curiosa, portanto, a adoção do termo *carijó* para designar a população cativa neste contexto de heterogeneidade étnica, bem posterior à diminuição do fluxo de cativos guarani. Contudo, faz sentido. Em primeiro lugar, a quantidade elevada de cativos guarani introduzidos antes de 1640 — atingindo, talvez, 50 mil indivíduos — deixou marcas indeléveis na composição social da capitania. Mais importante, porém, foi o fato de que a diversidade étnica da camada subalterna no período pós-1640 desestabilizou o sistema de administração particular. Mudanças bruscas nas estruturas etária, sexual e étnica repercutiram na organização da produção e na esfera do controle social. Conforme veremos, registrou-se, na década de 1650, um surto de revoltas violentíssimas, que colocavam em questão a viabilidade da escravidão indígena. Nesse sentido, a introdução do termo *carijó* também pode refletir uma estratégia dos colonos na tentativa de padronizar esta população tão diferenciada utilizando o modelo do cativo guarani.

Em todo caso, fica claro que, no início do século XVIII, o termo já deixara de ter uma conotação guarani, passando a exprimir o conceito de índio subordinado. Assim, na carta de liberdade passada a favor de Maria Carijó, de Sorocaba, em 1722, Maria aparece como "Carijó da nação das Vargis".[39] Portanto, *carijó* passava a adquirir um sentido genérico, associado diretamente à escravidão indígena. Um outro exemplo: no seu testamento de 1726, Pedro Dias Pais, de Parnaíba, constatava "que possuo alguns carijós do cabelo corredio os quais todos deixo forros e livres de todo gênero de escravidão e se podem ir para donde muito quizerem".[40] Igualmente, no testamento de Margarida da Silva, foi concedida a liberdade a Catarina, enquanto o marido e filhos dela "correrão o foro dos mais carijós".[41] Em suma, o enquadramento da população cativa numa categoria étnica padronizada representava muito mais do que uma política expressa da camada senhorial ou um simples exercício semântico; tratava-se, antes, de todo um processo histórico envolvendo a transformação de índios em escravos.

Nota-se preocupação semelhante na terminologia referente à população de origem mista. Dois termos, frequentemente tidos como sinônimos, na verdade expressavam uma diferença crítica na época: mamaluco e bastardo.[42] Tanto um quanto o outro descreviam a prole de pai branco e mãe indígena; no entanto, no caso dos mamalucos, os pais reconheciam publicamente a paternidade. Por conseguinte, os mamalucos gozavam da liberdade plena e aproximavam-se à identidade portuguesa, ao passo que os bastardos permaneciam vinculados ao segmento indígena da população, seguindo a condição materna. Já no século XVIII, o termo *mamaluco* caiu em desuso, enquanto *bastardo* passava a designar, genericamente, qualquer um de descendência indígena. Assim, no censo de 1765, o bairro do Pari foi descrito como um reduto de bastardos.[43]

Se a terminologia apontava para uma desintegração — ou, no caso do conceito carijó, reconstituição — da identidade indígena, as práticas matrimoniais e a composição de famílias entre a população cativa realçavam esta tendência geral. Alguns senhores manifestavam certa preocupação com a manutenção da família escrava nas suas propriedades, tendo em vista, talvez, a expectativa de uma reprodução natural dos plantéis. Estêvão Furquim, por exemplo, exigiu em seu testamento que as famílias indígenas não fossem, em quaisquer circunstâncias, separadas quando da partilha de suas posses.[44] Em outro caso de partilha, um herdeiro teve que se contentar com um índio diferente do legado no testamento de seu pai, porque este achava-se casado e, portanto, "não se podem apartar".[45] Francisco Cabral de Távora, residente em Jundiaí, manifestou o seguinte desejo no seu testamento: "Declaro que as peças que possuimos do gentio da terra mando que se não vendam e que fiquem inlotados como estão para que minha mulher e meu filho Francisco as administram e lhes dêem bom trato como eu lhes dava".[46]

Em geral, contudo, a estabilidade familiar constava como fato excepcional entre os plantéis paulistas do século XVII. Poucos casais indígenas arrolados nos inventários casaram-se diante da igreja, fato confirmado pela ausência quase total destes nos registros paroquiais. Porém, as autoridades eclesiásticas não deixaram de apontar, em numerosas ocasiões, a informalidade dos casamentos entre índios em São Paulo, atribuindo-a ao desleixo dos padres ou à sua falta. Quando da sua visita, em 1700, aos sítios e vilas do interior da capitania, o jesuíta Antonio Rodrigues celebrou 97 casamentos sob a "Lei da Graça" e "revalidou" outros noventa.[47] Em certos casos, tal informalidade favorecia a separação de famílias quando da dissolução de uma propriedade. Por exemplo, no inventário de Antonio Ribeiro Roxo, os índios Pedro e Branca figuravam como casal no arrolamento preliminar, mas, nas partilhas, foram classificados como "soltos" e repartidos entre herdeiros diferentes.[48] Em outros casos, indicava a persistência de arranjos indígenas, como no exemplo do guarani Cristóvão, que entrou no inventário "com duas mulheres uma Hilária outra Luzia", situação conflitante com o conceito cristão da monogamia.[49]

No decorrer do século XVII, a presença de casais no conjunto da população indígena acusou uma tendência ligeiramente declinante. Este declínio é ilustrado na Tabela 9, onde se nota a queda mais brusca na década de 1650. Os dados confirmam o quadro de instabilidade nesses anos em que a mudança geral nas formas de apresamento resultou na alteração da composição étnica e sexual da população escrava. Se forem enfocados os plantéis de grande porte, isto é, com mais de cem cativos, percebe-se tendência similar. Nesses plantéis, antes de 1640, mais de 50% dos homens e 40% das mulheres tinham cônjuges mais ou menos permanentes. Nos

Tabela 9

PROPORÇÃO DE ÍNDIOS CASADOS ENTRE A POPULAÇÃO ADULTA, SÃO PAULO E SANTANA DE PARNAÍBA, 1600-89

Década	%M*	%F**
1600-19	40,2	33,3
1620-9	49,6	43,6
1630-9	45,3	40,6
1640-9	49,7	42,9
1650-9	30,8	29,7
1660-9	33,9	33,1
1670-9	29,2	30,6
1680-9	30,5	29,8

* %M: proporção da população masculina adulta arrolada com cônjuges.
** %F: proporção da população feminina adulta arrolada com cônjuges.
FONTE: Inventários de São Paulo e Parnaíba. II, 1-44; AESP-INP, CXS. 1-40; AESP-IPO, diversas caixas; AESP-IE, CXS. 1-6.

anos subsequentes, estes percentuais diminuíram um pouco, mantendo-se, porém, maiores que a média apurada na Tabela 9.[50]

A inconsistência da família indígena na São Paulo seiscentista revela-se também na composição etária da população cativa. O número de crianças arroladas como dependentes nas listas de "peças" dos inventários sofreu modificações ao longo do século devido tanto às vicissitudes do apresamento quanto às uniões entre cativos.[51] Conforme já destacamos, nos ataques às aldeias e missões guarani, os paulistas aprisionaram predominantemente mulheres e crianças, o que explica o percentual maior de crianças nas primeiras décadas do século. Do mesmo modo, nas décadas de 1640-50, quando os paulistas aprisionaram sobretudo homens adultos entre os Guaianá e guarulhos, esse percentual diminuiu. A relativa estabilidade no percentual de crianças, atingida a partir da década de 1660, devia-se — em parte, pelo menos — à maior incidência de nascimentos entre a população cativa. Contudo, é importante constatar que, nesses anos, houve um aumento no número relativo de filhos de mães solteiras, contribuindo, sem dúvida, para a desestabilização das estruturas familiares na população indígena. Esta tendência manifesta-se claramente nos registros paroquiais de Santo Amaro, entre 1686 e 1726, quando mais da metade dos batizados indígenas era constituída de filhos de mães solteiras e pais "incógnitos".[52]

A frequência de casamentos mistos — entre grupos étnicos distintos, entre índios dos aldeamentos e cativos, entre africanos e índios — também parece ter aumentado nos últimos anos do século. A carta régia de 1696, a mesma que regulamentava o regime da administração particular, também proibia expressamente o casamento entre administrados e índios dos aldeamentos, bem como entre administrados e escravos africanos. De fato, ao longo do século XVII, as autoridades mostraram-se bastante preocupadas com a transferência de índios dos aldeamentos para o serviço particular através do casamento. Os colonos, igualmente, tinham consciência da distinção e, apesar de abusos ocasionais, tenderam a excluir índios pertencentes aos aldeamentos ou índios livres das partilhas em inventários, mesmo quando casados com cativos. Em 1632, Antonia de Oliveira, cujo marido, André Fernandes, comandava prodigiosa força de trabalho entre cativos e aldeados, estabeleceu no seu testamento que os muitos índios do aldeamento de Barueri não entrassem nas partilhas devido a sua condição.[53] Meio século mais tarde, Maria Diniz referiu-se a "um rapagão por nome Custódio, o qual é forro e livre, e o não poderão obrigar a nenhum servidumbre salvo por sua livre vontade quiser assistir na companhia de sua mulher".[54]

O casamento entre escravos africanos e índios no século XVII parece ter sido bem menos frequente. Além do mais — se é que os senhores achavam que assim aumentariam o número de cativos —, tais uniões mostraram-se pouco férteis, pois apenas um número irrisório de crianças frutos destas uniões mistas aparece entre os batizados de Santo Amaro, Sorocaba e Itu. No século XVIII, entretanto, este quadro começou a mudar, em decorrência tanto do aumento sensível da população de origem africana em São Paulo quanto do acirramento na competição pela mão de obra disponível. É nesse contexto que surgem as primeiras evidências de casamentos forçados. Quando interpelado pelas autoridades sobre sua participação numa série de crimes, o escravo-alfaiate Pedro Mulato Papudo afirmou que havia sido sequestrado por Bartolomeu Fernandes de Faria e forçado a casar-se com a índia Teresa. Consta ainda, nos autos desse mesmo processo, que a bastarda livre Isabel havia sido obrigada a casar-se com o escravo Luciano.[55]

A BUSCA DE UM ESPAÇO PRÓPRIO

Sem dúvida, as diversas formas de integração do índio na sociedade escravista correspondiam a mudanças básicas pelas quais passava a população indígena. Durante o século XVI e nos anos preliminares do século XVII, quando o regime de administração particular ainda estava em processo de formação, os colonos apoiavam-se em formas pré-coloniais de organização social para ter acesso à mão de obra indígena (a respeito, ver capítulo 1). Assim, no início da colonização, as relações de troca e as alianças mediaram a exploração do trabalho nativo. Porém, uma vez firmadas as relações escravistas, no decorrer do século XVII reverteu-se este quadro, inserindo-se a população indígena numa nova realidade social. Os índios, por seu turno, sem condições de reproduzir plenamente as formas pré-coloniais de organização, procuravam forjar espaços próprios no interior da sociedade colonial. Esta busca, embora produzisse resultados no mais das vezes ambíguos, manifestava-se tanto na luta cotidiana pela sobrevivência quanto nas múltiplas formas de resistência.

A própria organização espacial das vilas e fazendas pode ilustrar o processo de transformação de índio em escravo. Ao longo do século XVII, as habitações indígenas figuravam com certo destaque nas paisagens urbana e rural, sendo explicitamente ligadas às esferas de trabalho nos dois ambientes. Nas vilas, os alojamentos dos índios se achavam invariavelmente nos fundos das propriedades, próximos das cozinhas e separados da casa principal por uma horta. Já no campo, as casas dos trabalhadores índios localizavam-se perto das roças.

Em certo sentido, a evolução das habitações indígenas durante o século XVII acompanhou a transformação das relações luso-indígenas em São Paulo. No início do século, os índios vinculados às fazendas compartilhavam casas extensas, denominadas *tijupares*, que, possivelmente, se assemelhavam às habitações pré-coloniais das sociedades guarani. Com o passar do tempo, porém, estas construções começaram a assumir características da arquitetura colonial paulista. Passaram a ser cobertas de telha em vez de palha e organizadas em lances de casas unifamiliares, a exemplo das habitações rurais e urbanas das camadas dominantes.[56] Finalmente, no início do século XVIII, quando a presença africana começou a se firmar na região, estas unidades habitacionais passaram a ser chamadas de senzalas.[57]

A par disso, a organização do trabalho colonial, ao impor mudanças radicais à divisão tradicional de trabalho indígena, também contribuiu para o processo de transformação da população nativa. Nas unidades coloniais, os índios mantinham roças para seu próprio sustento, o que podia possibilitar a manutenção de um elo entre formas pré-coloniais e coloniais de organização da produção. Mas as exigências da economia colonial muitas vezes alteraram a divisão de trabalho a ponto de romper definitivamente os padrões tradicionais da agricultura de subsistência. Embora a maioria das índias permanecesse no setor agrícola — já que os paulistas usavam muitos homens no transporte e no sertanismo —, parece ter existido entre alguns colonos a preferência por mulheres no serviço doméstico. Por exemplo, no inventário de Antonia de Chaves, onze das quinze índias aparecem como serviços domésticos.[58] No inventário de José Preto de Mogi das Cruzes, proprietário de 106 índios, 22 índias são arroladas sob a rubrica "negros de casa de serviço".[59]

Ora, a presença de um número crescente de homens nas atividades agrícolas distanciava os índios escravos do seu passado indígena, no qual a plantação e colheita dos frutos da horticultura permanecia como domínio praticamente exclusivo das mulheres. Mais ainda, a utilização de ferramentas europeias aprofundava esta ruptura. O testamento de Jerônimo de Brito, senhor de um prodigioso plantel de escravos índios, é sugestivo desta trajetória. Determinando a liberdade para todos os índios, este doou a cada homem uma foice, uma enxada e um machado "para fazerem suas roças para se sustentarem".[60] Pedro Morais Dantas, ao redigir seu testamento, deixou seus índios para o filho, o jesuíta Antonio Ribeiro, que na época se achava em Portugal, completando seus estudos. Dantas esclareceu que "enquanto o dito meu filho Antonio Ribeiro não vier [os índios] estarão em suas roças que ao presente andam plantando para seu comer e sustento".[61] Em alguns casos, os índios estabeleceram unidades de produção independentes, conforme atestam algumas escrituras de terras acusando vizinhos indígenas.[62]

O exercício de outras atividades na economia colonial também separava os índios das tradições tribais. No século XVII, quase toda a produção artesanal era executada por oficiais e aprendizes índios. Muitos senhores, sobretudo os residentes nas vilas, viviam apenas da renda dos serviços de seus índios artesãos. Outros concentravam números maiores de oficiais nas suas fazendas, como no caso de José Ortiz de Camargo, que contava com cinco sapateiros, dois ferreiros e dois carpinteiros entre seus escravos. O capitão Guilherme Pompeu de Almeida, que comandava centenas de escravos índios e africanos na sua enorme fazenda de Voturuna, dominava o mercado de produção artesanal na vila de Parnaíba com seus inúmeros oficiais, tradição seguida por seu filho homônimo.[63] Igualmente, Lourenço Castanho Taques, o moço, de acordo com Pedro Taques de Almeida, tinha "numerosa escravatura, com lugar destinado para o lavor das oficinas, em que trabalhavam os mestres e oficiais de vários ofícios, seus escravos, de que percebia os lucros dos salários que ganhavam".[64]

O modesto mercado proporcionado pelas vilas abria oportunidades para produtores, artesãos e comerciantes indígenas, alguns que agiam de forma independente do mando senhorial. Na década de 1650, a competição dos quitandeiros indígenas chegava a ameaçar as atividades de mascates portugueses na vila de São Paulo, sobretudo no comércio de produtos locais, tais como farinha e couros. Os testamentos e inventários fornecem numerosos exemplos destas atividades, pois muitos colonos registravam dívidas a índios que prestavam serviços a eles. Manuel Alves Pimentel, por exemplo, devia mais de um mil-réis a um índio chamado Pedro pela aquisição de uma certa quantidade de doces. Já Antonio Vieira Tavares, antes de morrer, liquidou uma dívida que tinha com "um negro ferreiro por nome Salomão pelo feitio de uma foice".[65]

Diversas vezes ao longo do século XVII, as autoridades da Colônia lançaram ofensivas contra esta economia informal movimentada pelos índios. A Câmara Municipal de São Paulo estabeleceu pesadas multas para os colonos que comprassem certas mercadorias dos índios. Em 1647, o conselho registrou uma queixa referente aos "roubos e outras desordens e excessos" decorrentes do comércio com os "negros da terra serviços obrigatórios". Em seguida, recomendou aos colonos que negociassem apenas com os índios munidos da autorização de seus senhores para vender produtos da terra. Em 1660, a Câmara endureceu de vez, proibindo qualquer comércio com os índios, "sob pena de se lhe ser demandado de furto". Pouco depois, entretanto, qualificou a interdição ao restringir o comércio com os "negros da terra" a valores inferiores a duzentos réis, o que excluía quase tudo, menos pequenas quantidades da produção local.[66]

Apesar da insistência das autoridades, a Câmara Municipal foi incapaz de coibir as atividades informais e independentes dos índios. A consternação permanente do conselho manifestava-se, basicamente, por dois motivos. Em primeiro lugar, o desenvolvimento de um mercado paralelo de couros e de carnes violava os privilégios monopolistas de comerciantes portugueses, cujos contratos municipais lhes proporcionavam direitos exclusivos sobre a comercialização da carne verde. Em segundo, grande parte da carne e dos couros vendidos pelos índios nas vilas provinha do furto de gado, o que apresentava sérios problemas no que diz respeito à ordem pública.

Na segunda metade do século, tais atividades tornaram-se corriqueiras, chegando a ocupar a pauta da justiça colonial com regularidade. Por exemplo, Grácia de Abreu referiu-se em seu testamento a uma ação movida por Salvador Bicudo contra ela porque sua "gente" tinha furtado duas cargas de farinha de trigo e matado diversos porcos pertencentes a Bicudo.[67] Parece provável que estes dois itens, com valor significativo no contexto da economia local, chegaram a ser vendidos no mercado. Em caso semelhante, porém com enredo mais violento, Francisco Cubas abriu uma ação contra os herdeiros de José Ortiz de Camargo sustentando que os índios do falecido Camargo tinham invadido repetidamente sua fazenda de gado no bairro de Nossa Senhora do Ó, matando gado e saqueando a lavoura. Nestes episódios, os índios teriam atacado o filho de Cubas, que administrava a fazenda, "com armas ofensivas e defensivas [...] com vozes dizendo mata, mata a João Cubas", que escapou "milagrosamente em uma camarinha" da fúria dos invasores, embora o índio Agostinho tenha perecido "com muitas frechadas que lhe deram e lhe quebraram a cabeça e despiram e roubaram a casa e sítio".[68]

De certo modo, esta onda de atividades "criminosas" refletia os padrões de ajustamento do índio à sociedade escravista. De fato, o furto do gado, da produção agrícola e mesmo do dinheiro era bastante comum no século XVII em São Paulo. Contudo, a criminalidade escrava representava muito mais do que uma simples reação aos desajustamentos inerentes à transformação de índio em escravo, embora em alguns casos a fome e o desespero levassem a atos semelhantes. Em muitos sentidos, os crimes perpetrados pelos índios se assemelhavam àqueles praticados por escravos africanos e crioulos em outras partes.[69] Com valores evidentemente conflitantes com os da sociedade dominante que os escravizava, os índios não consideravam indevida a apropriação de um porco ou um bezerro da fazenda vizinha, sobretudo quando seu próprio bem-estar dependia de semelhante ato. Ademais, os próprios senhores aceitavam tacitamente tais atividades, assumindo a responsabilidade — inclusive judicial — pelos furtos, roubos e destruição patrimonial perpetrados por seus índios.[70]

Nesse sentido, é importante frisar a diferença entre o caçador tribal — que mata o gado do branco ou como caça ou como reação contra as ameaças que esta atividade gerava na sociedade indígena — e o índio escravo que massacrava gado para depois vender carne e couro no mercado interno. Ambos foram tachados como criminosos pela sociedade colonial; no entanto, o caçador sofreu a repressão e até o extermínio, enquanto o escravo raramente foi punido. Antes de mais nada, embora ameaçasse a estabilidade do regime escravista, a maior parte dos "crimes" atestava um determinado nível de integração — aquilo que outros têm chamado de "adaptação resistente" —,[71] onde o índio forjava espaços de sobrevivência no interior de sua nova realidade social.

O CONFLITO INEVITÁVEL

As autoridades municipais enfrentaram esses comportamentos dos índios utilizando uma legislação crescentemente repressiva, o que tendia a acirrar o conflito inerente entre os colonos e seus cativos. O controle efetivo do conselho raramente ultrapassava os limites das vilas, mas foi justamente nestes que eclodiram os conflitos mais frequentes. Já em 1623, a Câmara Municipal de São Paulo dedicou uma sessão para discutir "o gentio que nesta vila fazem bailes de noite e de dia porquanto nos ditos bailes sucedia muitos pecados mortais e insolências contra o serviço de Deus e do bem comum em cometerem fugidas e levantamentos e outras cousas que não declaravam por não serem decentes".[72] Em 1685, a Câmara afixou uma ordem proibindo a venda de aguardente aos índios na Semana Santa "para evitar alguns danos e desaforos que os tais obram nos tais dias".[73] Finalmente, mais para o fim do período da escravidão indígena, os camaristas editaram uma postura que infligia castigos corporais aos "rapazes carijós e negros" que tumultuavam as procissões religiosas com um comportamento travesso.[74]

Medidas mais pesadas foram tomadas em resposta ao roubo de gado e aos assaltos armados praticados pelos índios, como a construção de uma forca já na década de 1620 parece comprovar, embora não existam notícias de seu uso. Mesmo assim, sua dimensão simbólica foi apreendida pelas vítimas em potencial, pois, na década de 1640, um grupo rebelde a incendiou.[75] Nas vilas do interior — conhecidas, ao longo do Período Colonial, pela ausência de ordem pública —, foram adotadas medidas similares. Os conselhos de Parnaíba e Sorocaba proibiram, em várias ocasiões, o porte de facas, paus agudos ou espingardas por índios nos limites da cidade, ao passo que as autoridades de Guaratinguetá construíram uma cadeia para "os gentios que tanta confusão a esta vila trazem".[76] Os registros da Câmara Municipal de Sorocaba, embora fragmentários para o século XVII, acusam repetidas arruaças, geralmente envolvendo os índios do convento de São Bento. Em 1672, por exemplo, o casamento de Pedro Leme da Silva, um dos principais colonos da vila, foi bruscamente interrompido por uma briga de rua entre os índios do convento e os "negros" do capitão Jacinto Moreira Cabral.[77] Três anos mais tarde, os herdeiros do fundador Baltasar Fernandes queixaram-se dos índios do convento por causa dos estragos que faziam nas plantações e gado deixados por Fernandes.[78]

Mas, se os senhores podiam contar, até certo ponto, com as câmaras municipais para o controle da população indígena nas áreas urbanas, tiveram de lançar mão de recursos próprios para seu controle nas propriedades rurais. É evidente que a transformação da população indígena não se limitava a mecanismos pacíficos. Assim como outros sistemas escravistas, a versão paulista também incorporava uma boa dose de coação e violência nos esforços de impor disciplina aos subordinados. Sem dúvida, a mentalidade paternalista tinha seu lado violento, de certo modo paralelo à pedagogia autoritária dos pais portugueses posta em prática na criação de seus filhos. Pedro Taques menciona um paulista, Francisco de Almeida Lara, "bem conhecido pelo ardor do gênio em castigar os seus escravos e doutrinar os filhos, por cujo rigor foi tratado com a alcunha caga-fogo".[79] Outro, Fernão Pais de Barros, de Sorocaba, brutalizava seus escravos índios e africanos de tal modo que as queixas contra seus maus-tratos chegaram a Lisboa.[80] Antonio Bororo, da administração de João Lopes Fernandes, reivindicou sua liberdade perante a justiça colonial alegando que seu senhor o mantinha em "tormentoso cativeiro pois não cessam pancadas e violências notáveis".[81] Em caso semelhante, Grimaneza e os outros índios legados por Manuel Moreira alegavam que seu finado amo estipulara em testamento que haviam de servir os herdeiros enquanto libertos, ao passo que estes os tratavam como verdadeiros escravos, ministrando frequentes castigos corporais para lembrá-los de sua posição social.[82] Ao que parece, o segundo dos três pês do ditado popular — pão, pau e pano — figurava com destaque no léxico dos senhores paulistas.

Muitas das posturas e medidas repressivas, tanto das câmaras quanto dos colonos particulares, refletiram uma preocupação real com a possibilidade de revoltas. Com certeza, os colonos tinham razões de sobra para fundamentar seu receio, particularmente na década de 1650 — foi nesse período que eclodiu uma série de revoltas sangrentas —, quando a concentração da população indígena atingiu proporções alarmantes, chegando a oito índios para cada branco na maior parte das zonas rurais.[83] Esta situação era agravada pelo fato de a composição étnica da população indígena encontrar-se em fase de transição, com a chegada de muitos cativos guarulhos e guaianá. Período, portanto, de reajustes, pois os colonos tinham dificuldades em regimentar os cativos não tupi, não apenas por falta de hábito como também porque estes mostraram-se mais propensos à rebeldia. Outra agravante advinha de uma aparente crise no abastecimento de gêneros alimentícios, o que deve ter afetado a população indígena com maior seriedade. Afora as queixas registradas na Câmara Municipal nesses anos, pode-se medir a carestia, por exemplo, pelo valor excessivo atribuído, em 1653, à plantação de milho de João de Oliveira. Neste inventário, os avaliadores estimaram os três alqueires de semeadura em 15$000, quantia elevadíssima quando comparada ao valor irrisório normalmente dado ao milho nos demais inventários ao longo do século. Também pode ser comparada aos cinco alqueires do inventário de Manuel Alves Pimentel que, em 1666, foram avaliados em 5$000.[84]

Finalmente, os anos 1650 também foram marcados pela ruptura na camada dominante, concretizada no conflito entre os Pires e os Camargo, o que criou um clima de instabilidade social. Ambas as facções mobilizaram seus índios, que travaram verdadeiras batalhas campais na vila de São Paulo. Quando da sua visita de correção, em 1653, o ouvidor observou: "há grande escândalo de os índios andarem nesta vila com paus, arcos e frechas de que sucedem brigas e desastres", situação que persistiu ao longo da década.[85] Como agravante, circulavam boatos pregando que Salvador de Sá, como parte de seus projetos de mineração, estava prestes a declarar a liberdade dos índios. Para os colonos, estas notícias podiam incitar os índios a um levante geral.[86]

Mas as previsões mais negras começaram a se confirmar em 1652, quando explodiu a primeira grande revolta de cativos índios na propriedade de Antonio Pedroso de Barros, no bairro de Juqueri. Pedroso de Barros, um dos principais produtores de trigo, possuía entre quinhentos e seiscentos índios, divididos entre carijó e guaianá, a maior parte recém-chegada do sertão. Permanece difícil avaliar as causas da revolta, mas, pelos indícios existentes, tudo indica que os índios visaram atingir o próprio sistema de dominação. Além de trucidarem Pedroso de Barros e outros brancos que se achavam na fazenda, destruíram as plantações e as criações. Coube a Pedro Vaz de Barros, irmão da vítima, descrever a devastação: "Foi tanto o número de gentio que naquela ocasião acudiu à morte do seu amo e outros alheios que não deixaram coisa viva que não destruíssem, matassem e comessem por serem de seu natural daninhos como é notório em toda esta capitania".[87] As autoridades encontraram dificuldades em apaziguar os índios rebelados, o que foi conseguido apenas quando um grupo deles fugiu.

O processo de avaliação e divisão do espólio de Antonio

Pedroso de Barros revela detalhes interessantes a respeito da estrutura da população cativa nesta grande propriedade e sugere as condições subjacentes à revolta. No início, as autoridades não conseguiram se aproximar da fazenda, "por se não levantarem e fugirem por ser gente indômita e não ter nomes do nosso vulgar português por não estarem batizados". Esta seria uma referência aos Guaianá, já que "somente se nomeiam por seus nomes os carijós". Mesmo assim, os Carijó eram tantos que se achavam organizados em "lotes" dirigidos por caciques, os quais acabaram mediando uma solução pacífica. Somente em 1670 foi composta uma lista de 318 cativos, divididos então entre os herdeiros de Antonio Pedroso de Barros. Entre a revolta e a data do inventário — dezoito anos, portanto —, muitos índios fugiram e integraram-se a outras fazendas da região, ao passo que um grupo considerável de Guaianá se estabeleceu nas imediações do rio Atibaia. Excepcional por sua dimensão, a revolta dos índios de Antonio Pedroso de Barros deu o tom dos incidentes subsequentes.[88]

Outra revolta, embora de menor porte, ocorreu no mesmo ano, próximo ao aldeamento de Conceição dos Guarulhos. Na ocasião, alguns guarulhos rebelaram-se, matando João Sutil de Oliveira e sua mulher Maria Ribeiro, que, pouco antes, haviam estabelecido uma propriedade rural com 59 trabalhadores indígenas. Também neste caso, as causas da rebelião permanecem obscuras, porém o inventário do casal morto na revolta oferece algumas pistas. Tendo ocorrido justamente na época em que os colonos começavam a espoliar as terras do aldeamento, transferindo seus residentes para a força de trabalho das propriedades coloniais, o que certamente acarretou conflitos, a revolta em questão se apresentaria como resposta a esta situação. Contudo, nem todos os índios da fazenda de Sutil de Oliveira vieram do aldeamento. Ao que tudo indica, muitos dos índios participantes haviam sido trazidos do sertão recentemente. É o que parece comprovar o arrolamento dos índios no inventário, onde os nomes de diversos casais são curiosamente semelhantes: Ascenso e sua mulher Ascensa, Ambrósio e Ambrósia, Simão e Simoa, Luís e Luísa, padrão sugestivo de um batismo recente e pro forma. Outras duas mulheres que fugiram após o assassinato tinham nomes estranhos, evidentemente por não serem batizadas: Sefaroza e Perina. Ainda outro indício significativo surge do depoimento do sogro de Sutil de Oliveira, que declarou: "os guarulhos matadores levaram alguns moços os quais até agora se não sabia deles e que os mais eram mortos...". Seria admissível, portanto, o fato de que o grupo de rebeldes incluísse guarulhos de fora da propriedade, talvez do aldeamento ou, mais provavelmente, do grupo de origem dos cativos recentes, possivelmente resgatando parentes escravizados. Em todo caso, especulações à parte, é de se notar que a maioria dos índios permaneceu na fazenda após o delito, sendo que apenas dois homens e nove mulheres fugiram.[89]

Outra onda de inquietação eclodiu em 1660, quando diversas rebeliões vitimaram vários senhores de escravos. Em Mogi das Cruzes, os Guaianá de Bartolomeu Nunes do Passo rebelaram-se, matando o senhor e destruindo sua propriedade. Quando o juiz de órfãos compareceu para arrolar os bens do defunto, a viúva Maria Diniz de Mendonça, desconsolada, relatou que o inventário teria pouco sentido, "como é pouco cabedal que ficara da destruição que o gentio fizera em seus bens na ocasião da morte que fizeram ao dito defunto...". Acrescentou ainda que "o mais que possuía levaram todos os ditos negros e com eles se acolheram para os matos". Dos 28 índios que o casal possuía, apenas nove permaneciam na propriedade quando do inventário. As demais "peças" fugiram logo após o assassinato, "as quais todas nomeadas lhe pertenciam e a seus filhos e que umas e outras aparecessem algum dia daria conta a justiça para dispor o que conviesse e fosse bem". É de se notar que, ao contrário dos outros exemplos, a maioria dos envolvidos não era recém-cativa. De fato, alguns dos culpados constavam da herança que Maria Diniz recebera, nove anos antes, de seu primeiro marido.[90]

Na mesma época, outras revoltas ocorreram no bairro do Juqueri, área de grandes propriedades triticultoras e da maior concentração de escravos indígenas. Assim houve levantamentos nas fazendas de trigo de Manuel de Morais, Ascenso de Morais Dantas, Fernão Bicudo Tavares e Francisco Coelho da Cruz. Embora existam informações mais completas apenas acerca de Coelho da Cruz, tanto ele quanto Bicudo Tavares foram trucidados na época. Como no incidente em Guarulhos, Francisco Coelho da Cruz e sua mulher Maria Leme haviam se estabelecido pouco antes da revolta. Fugindo à regra, contudo, possuíam relativamente poucos índios, e a composição do plantel parecia anormal. Entre dez cativos, havia cinco de cada sexo, sendo quatro casais, um solteiro e uma solteira. Porém não havia crianças. Todos, menos o solteiro, participaram do delito, fugindo em seguida.[91]

A ocorrência de cinco rebeliões num só ano, sem dúvida, balançou profundamente as bases da escravidão indígena, com os colonos entrando praticamente em pânico. Como é usual em situações semelhantes, o primeiro impulso dos colonos foi elaborar a tese de um complô, atribuindo as rebeliões à agitação provocada por Salvador de Sá. Mais ainda, neste caso — diziam os boatos —, podia-se esperar o pior para o fim do ano, "pelo grande risco que há em se alevantar o gentio o qual publica vir o dito General [Salvador de Sá] a libertá-los com a qual voz anda alvoroçado e atualmente se levantou parte dele no Bairro de Juquerí". Segundo os colonos, foi esta a inspiração que moveu os índios a matarem Francisco Coelho da Cruz, Bartolomeu Nunes do Passo e Fernão Bicudo Tavares.[92]

Contudo, por mais que os colonos buscassem uma motivação externa para a inquietação dos índios, tornava-se cada vez mais claro que o problema tinha suas raízes no próprio planalto. A simples preponderância de cativos no conjunto da população representava uma ameaça constante, sobretudo nas décadas do meio do século, nas quais os índios contavam com uma esmagadora vantagem numérica. Pela primeira vez desde os conflitos do século XVI, a dominação absoluta exercida pelos colonos foi questionada pelos índios de maneira frontal. Diante da nova conjuntura de instabilidade social, apenas os senhores capazes de disciplinar seus plantéis teriam as condições de possuir grandes números de índios. Evidentemente sensibilizada pela situação, Leonor de Siqueira, cujo marido Luís Pedroso de Barros havia desaparecido numa ambiciosa expedição rumo à cordilheira dos Andes, vendeu apressadamente, em 1662, sessenta cativos de sua fazenda no Juqueri a 20$000 cada para seu cunhado Fernão Pais de Barros, "porquanto estavam amutinados e pelo risco que podiam correr". Pais de Barros, dono de uma vasta propriedade nas imediações de São Roque, certamente dispunha de meios para controlar as centenas de índios sob sua administração, partindo da lição penosamente digerida com a morte de seu irmão mais velho, Antonio Pedroso de Barros.[93]

O SENTIDO AMBÍGUO DAS FUGAS

Se os casos de revoltas coletivas foram relativamente raros, a fuga e o absenteísmo dos cativos manifestaram-se com grande frequência ao longo do período em que vigorava a escravidão indígena. Para muitos especialistas, a fuga representa uma forma bem caracterizada de resistência ao sistema escravista; paradoxalmente, porém, ela também indicava um grau de integração bastante avançado. Esta declaração choca-se com a visão convencional da historiografia brasileira que, desde há muito, sustenta a hipótese

1. Índios carijó, ou guarani, o principal objeto das frequentes investidas dos paulistas ao sertão (gravura acompanhando o relato *Vera historia*, de Ulrich Schmidl, edição de 1599).

2. A dimensão espacial da dicotomia Tupi-Tapuia no sul da América portuguesa: mapa de João Albernaz I, 1631, mostrando Carijó e Guaianá no sul do Brasil (Arquivo do Itamaraty).

3. Índia tupi no nordeste seiscentista, mais identificada com a cultura portuguesa (óleo de Albert Eckhout, The National Museum of Denmark).

4. Índia tapuia no nordeste seiscentista, mais identificada com a cultura do sertão (óleo de Albert Eckhout, The National Museum of Denmark).

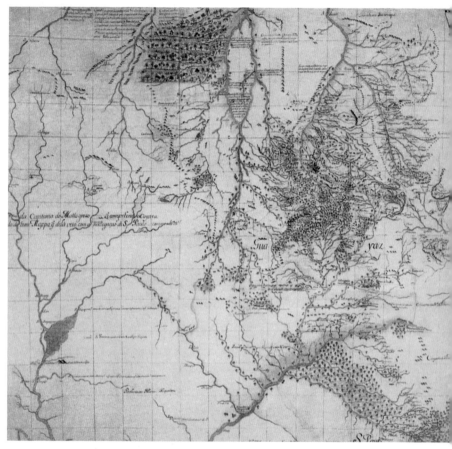

5. Aquarela da segunda metade do século XVIII mostrando o sertão de acordo com "tradições antiquíssimas dos antigos paulistas sertanistas (já fenecidos)" (acervo do Instituto de Estudos Brasileiros/USP).

6 e 7. O encontro com índios no sertão: carga da cavalaria guaykurú, início do século XIX, e *ao lado*, índios guaianá (litogravuras de J. B. Debret, em *Voyage pittoresque au Brésil*, acervo do Instituto de Estudos Brasileiros/USP).

8. Soldados de Mogi das Cruzes, início do século XIX, evocando as escaramuças entre paulistas e índios na luta por escravos (litogravura de J. B. Debret, em *Voyage pittoresque au Brésil*, acervo do Instituto de Estudos Brasileiros/USP).

9. Índios soldados escoltando selvagens, início do século XIX, imagem que também evoca a transferência de cativos do sertão para o povoado colonial (litogravura de J. B. Debret, em *Voyage pittoresque au Brésil*, acervo do Instituto de Estudos Brasileiros/USP).

10. Inventário manuscrito (inédito) de Catarina Tavares, falecida em 1671, com listagem dos índios trazidos do rio Tocantins por seu marido Sebastião Pais de Barros (acervo do Arquivo do Estado de São Paulo).

11. A transformação do índio: Guarani civilizada em trajes domingueiros (litogravura de J. B. Debret, em *Voyage pittoresque au Brésil*, acervo do Instituto de Estudos Brasileiros/USP).

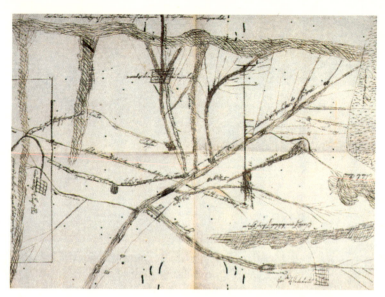

12. Tomando posse: esboço rude (inédito) de uma zona recém-ocupada, mostrando a demarcação de terras por posseiros e a existência de taperas (Minas do Paranapanema), c. 1732 (acervo do Arquivo do Estado de São Paulo).

13. Desenho aquarelado de uma propriedade rural em Minas Gerais, que ilustra a transformação do sertão (acervo do Instituto de Estudos Brasileiros/USP).

de que os índios eram muito mais propensos a fugir das fazendas do que sua contrapartida africana, já que eram nativos do Brasil e sua cultura "atrasada" impedia a adaptação dos mesmos aos rigores do trabalho forçado. Mas a análise das fugas de índios em São Paulo mostra que, pelo contrário, existia uma semelhança marcante entre São Paulo e outros locais onde floresceram sociedades escravistas.

A exemplo das rebeliões — possivelmente por motivos semelhantes —, a frequência das fugas aumentou após 1640.[94] Este aumento, indicado pelo conjunto dos inventários, pode ser atribuído, em parte, ao fluxo de cativos guaianá e guarulhos. Ao mesmo tempo, coincidiu com o período de maior concentração de índios na população como um todo. De modo previsível, com o declínio da população indígena, a taxa de fugas também recuou.

Diversos motivos podiam estimular a fuga de um escravo. Maus-tratos, o desejo de se reunir a parentes que viviam numa outra fazenda ou mesmo o anseio de ser livre, todos surgiam como motivos para o abandono do senhor. Por exemplo, a carijó Tetecola declarou ter fugido porque não queria servir os herdeiros da sua finada senhora.[95] Em caso semelhante, Manuel Ruivo, um bastardo da administração de Bartolomeu Fernandes de Faria, forneceu detalhes durante uma devassa criminal sobre como ele foi parar no serviço de Faria. Dizia ele que, após a morte de seu senhor, Miguel da Costa, em cuja fazenda havia nascido, rejeitou a administração do herdeiro Tomás Correia, fugindo em seguida para a fazenda de Bartolomeu Fernandes.[96] Cristóvão Diniz registrou em seu testamento que anos antes havia possuído um escravo kayapó que havia fugido para uma fazenda dos jesuítas, onde se casou e criou numerosos filhos.[97]

Como este último caso sugere, a maior parte dos índios identificados nos documentos como fugidos achava-se, de fato, em outras propriedades da região. Permanece difícil, no entanto, distinguir entre coação e proteção, já que surgiram casos em que índios buscavam refúgio em fazendas alheias, ao passo que outros foram nitidamente coagidos a servir outros senhores. De qualquer modo, a recuperação de um cativo podia ocasionar uma complicada disputa judicial, uma vez que a condição incerta dos cativos índios e a relativa imunidade das propriedades rurais à justiça colonial obstaculizavam a recuperação dos fugidos. Isto pode ser ilustrado por um processo movido por Catarina do Prado, em 1682, sobre a posse de uma índia, revelando a ambiguidade na definição do fugitivo, bem como o papel dos próprios índios nesses casos. No processo, Catarina contou como quatro dos "negros da terra" que pertenciam a Bartolomeu Bueno Cacunda tinham invadido sua fazenda e raptado Úrsula, uma índia do seu plantel. Esta — sustentava a autora — pertencia a ela porque seu marido, Estevão Ribeiro de Alvarenga, a havia trazido do sertão dezesseis anos antes do ocorrido. A justiça, não convencida da veracidade da denúncia, resolveu inquirir a própria Úrsula. Por meio de um intérprete, a interrogada, chamada Bahehu "na sua terra", detalhou a sua história. Em resposta à interpelação "de quem era?", o escrivão registrou o seguinte:

> Somente do Capitão Bartolomeu Bueno Cacunda pelo haver trazido da sua terra até as suas plantas de Sapucaí, adonde a deixara [...] e quando das ditas plantas a buscava sua vida ou o seu folguedo a encontrara o dito defunto Estévão Ribeiro de Alvarenga e a trouxera para povoado para sua casa com todos os seus filhos que em sua companhia andava.

Dando sequência ao interrogatório, o juiz perguntou: "Porque ficou tanto tempo sem vir para a casa do dito seu senhor?". "Respondeu porque a tinham presa com ferros o não havia feito e que logo vendo-se solta se viera buscar a casa do seu dono sem qualquer pessoa a induzisse nem lhe desse conselho para isso mas que ela fez tudo o sobredito de seu moto próprio."

A justiça determinou sentença a favor de Bartolomeu Bueno, ficando a "fugitiva" Úrsula com seu amo original. O caso não deixa de suscitar interesse, não somente como exemplo da questão da fuga, como também porque demonstra o processo de separação do índio escravo de seu passado indígena.[98]

No entanto, apesar da frequência com que se davam as fugas individuais, a fuga em massa e a rejeição da sociedade escravista como um todo raramente aconteceram na São Paulo do século XVII. Os escravos que fugiram desta maneira invariavelmente pertenciam a grupos locais da circunvizinhança de São Paulo, como os Guaianá e guarulhos recém-introduzidos nos assentamentos portugueses.[99] Realmente, teria pouco sentido a fuga para o sertão de cativos não só oriundos de terras longínquas, como também testemunhos da destruição de suas sociedades pelos paulistas. Afora os casos excepcionais, onde grupos inteiros fugiram — como o fizeram os Guaianá de Antonio Pedroso de Barros após a já citada rebelião de 1652 —, tornava-se praticamente impossível recuperar o passado tribal.

Aparecem, no entanto, inúmeros exemplos de fugas individuais para o sertão. Parece certo que estes casos se referiam apenas à integração, voluntária ou coagida, do fugitivo a uma expedição de apresamento. Assim, Pedro Vaz de Barros anotou no seu testamento de 1676: "Declaro que tenho muitas peças fugidas em particular com a gente do Capitão Fernão Dias Pais", que se achava em Minas Gerais.[100] Outro senhor, desconsolado com a fuga de dois índios que tinha emprestado para servir de intérpretes numa expedição de apresamento do capitão Braz Moreira Cabral, lamentava que os dois atuavam como criminosos na Vacaria de Mato Grosso "contra seu amo".[101]

Era, porém, no circuito da sociedade local que a vasta maioria dos índios fugidos permanecia. Fato este comprovável pelas frequentes referências a índios fugidos, as quais incluíam o local onde estes se achavam, ou seja, os senhores sabiam precisamente onde procurar os fujões. Por exemplo, Antonia Chaves registrou no seu testamento que a índia Isabel "andara fugida" e que "dizem estar de certeza em casa de Antonio Ribeiro de Morais, morador na vila de São Paulo".[102] Outro colono, Manuel de Góis, declarou "que tenho um rapagão do gentio carijó que comprei por meu dinheiro por nome Tomás que esta em casa de Salvador de Miranda fugido o qual mando a meus herdeiros o arrecadem".[103] Neste sentido, pode-se destacar ainda o litígio da viúva de Estevão Furquim, que procurava recuperar um índio fugido que estava trabalhando, já havia sete a oito anos, na fazenda de Inês Rodrigues de Morais em Taubaté, "a vista de todo o mundo". Para garantir a permanência do fugitivo, Inês Rodrigues obrigou-o a casar com uma índia sua, estratégia cada vez mais comum à medida que a mão de obra indígena escasseava.[104]

Estes casos deixam claro o fato de que muitos senhores integravam escravos fugidos a suas posses, o que possibilitava a expansão da sua força de trabalho, em detrimento de outros senhores menos fortes. Ana Machado de Lima, proprietária de dez índios, esclareceu em seu testamento que seis destes pertenciam a outros senhores, "como meu marido bem sabe".[105] João Missel Gigante, importante senhor de escravos em Parnaíba, incluiu entre seus últimos desejos que os índios de sua fazenda pertencentes a outros colonos fossem devolvidos aos seus legítimos senhores.[106] Ainda, igualmente, Pedro Vidal declarou que "na minha fazenda estão três negras e um negro velho fugidos do gentio goianá e não se sabe de quem são aparecendo seus donos mando se lhe entreguem".[107]

Assim os senhores de escravos índios souberam assimilar em seu benefício uma forma potencial de resistência ao sistema de trabalho forçado, pois, no contexto da economia local, a fuga redundava basicamente na redistribuição de mão de obra. Para os índios, a situação permitia, em certa medida, embora bastante restrita, a mobilidade. Pode-se supor que a circulação de cativos servisse para diminuir as tensões inerentes à relação entre senhor e escravo; em última análise, porém, a reforçava, pois a situação favorecia os colonos mais ricos e poderosos, capazes de resistir às tentativas de recuperação dos fugidos mediante o uso da força ou ainda dos incertos mecanismos da justiça. De qualquer modo, a partir dos anos derradeiros do século XVII, diante da crescente escassez e consequente valorização da mão de obra indígena, os colonos mostraram-se mais propensos a mover litígios.

Desde 1649, a posição das autoridades perante o problema já se explicitara, quando o ouvidor definiu multas e penas para colonos que acoitassem fugitivos. Curiosamente, estas multas correspondiam ao valor dos cativos. No entanto, com o correr do tempo, as posturas legais ficaram mais exigentes. Em 1675, quando da sua visita em correção, o ouvidor Castelo Branco estabeleceu que os senhores prejudicados pela fuga de seus índios receberiam uma compensação de 20$000 mais o valor do índio, a ser paga pelo colono que usufruísse do trabalho alheio. Assim, o índio permaneceria na força de trabalho deste último, que, efetivamente, ao acoitar um fujão, na verdade teria comprado um escravo. Como alternativa, o senhor prejudicado poderia recolher o fugitivo e cobrar do senhor que o recebera uma indenização pelos serviços perdidos correspondente a uma taxa diária de aluguel. Em 1687, este valor foi determinado de acordo com a distância: um índio fugido no mesmo bairro valia oitenta réis diários; nas redondezas da vila, duzentos réis; no mesmo termo, porém a uma distância razoável, 640 réis; no termo vizinho, mil; e no sertão, o valor considerável de 4 mil.[108] Em suma, se esta determinação das autoridades coibia o uso forçado de índios alheios nas expedições de apresamento e no transporte de mercadorias para o litoral, pouco onerava os colonos que usavam os serviços em um mesmo bairro, pois a penalidade permanecia abaixo do valor do aluguel de índios. Portanto, antes de mais nada, fica patente a conivência das autoridades em regularizar — sem regulamentar formalmente — o uso e abuso dos escravos índios, aspecto destacado por Vieira em sua polêmica com os colonos (a respeito, ver capítulo 4).

Diversos colonos lançaram mão da justiça para recuperar eventuais perdas provocadas pelo absenteísmo ou sequestro de seus índios. Contudo, semelhante atitude acarretava litígios tanto demorados quanto caros, atendidos pelo juiz de órfãos (em casos ligados a herança), pelo juiz ordinário da Câmara Municipal ou, ainda, pelo ouvidor em suas visitas periódicas de correção. Onofre Jorge, por exemplo, gastou nove anos na tentativa de recuperar um índio que sabia estar na propriedade de João Barreto, tendo mesmo passado a incumbência a seus herdeiros.[109] João Vaz Madeira, de Mogi das Cruzes, figurava entre os poucos colonos que conseguiram recuperar um índio fugido, porém fora do âmbito da justiça colonial, tendo sido necessário para isto gastar 6$000 com os serviços de um homem que recapturou o fugitivo. Salienta-se que esta quantia representava cerca de 20% do valor do cativo.[110] Em litígios, os autores muitas vezes tiveram de se contentar com a simples restituição do índio fugido ou, quando muito, a devolução do seu valor. Tal foi o caso do capitão João de Moura, que moveu ação contra os herdeiros de João Pires Monteiro, pedindo o pagamento do valor de sete índios (a 20$000 cada), mais o equivalente do aluguel dos mesmos durante 750 dias. No entanto, mesmo recebendo sentença favorável, conseguiu recuperar apenas os 20$000 referentes a cada índio perdido.[111]

Em última análise, conforme veremos em mais detalhes no capítulo final, o aumento do número de contenciosos entre colonos refletia a crise que o regime de administração particular atravessava. Enfeixando todas estas tensões, podemos citar o exemplo do conhecido fora da lei Bartolomeu Fernandes de Faria, que, ainda no início do século XVIII, comandava mais de duzentos escravos, entre índios e africanos. Quando a justiça colonial prendeu Faria, acusado de ser o mandante de um duplo homicídio, em 1718, as autoridades confiscaram 98 índios das suas fazendas de Jacareí e Iguape. A lista dos cativos revela que quase todos os índios no serviço de Faria eram fugitivos de outras fazendas. Grande parte estava vinculada à capela rural deixada por Brígida Sobrinha em 1694, cujo testamento, que legava os índios à capela, igualmente se achava no poder de Bartolomeu Fernandes. A lista também incluía algumas bastardas, consideradas livres mesmo pelo costume local, alguns índios das aldeias e até uma menina branca, que teria sido uma enjeitada, todos "apanhados pelo velho para servirem".[112]

Não foram muitos os colonos que chegaram ao extremo do capitão Bartolomeu Fernandes na tentativa de garantir o trabalho indígena em face da grave crise no abastecimento de trabalhadores na época, mas, para todos, tornava-se cada vez mais óbvia a necessidade de novas estratégias de recrutamento — e de preservação — de mão de obra.

DE ÍNDIO A ESCRAVO: COMENTÁRIOS FINAIS

Enfocado por outro ângulo, este mesmo processo contra o capitão Bartolomeu Fernandes de Faria fornece um exemplo contundente da trajetória percorrida na transformação de índio em escravo. Assim, se o termo *carijó* sintetizava semelhante experiência histórica, a imposição deste modelo por parte dos senhores pode ser ilustrada pelo caso de Joana de Siqueira, uma bastarda livre de 28 anos, involuntariamente sujeita à escravidão. Em 1718, assediada por apaniguados de Bartolomeu Fernandes — juntamente com seu companheiro e um amigo, logo brutalmente assassinados —, Joana foi conduzida à força à fazenda do poderoso senhor, onde foi apresentada a Bartolomeu Fernandes,

> que disse a ela testemunha, venha você cá, que a quero levar para me servir e lhe mandou levantar a saia e meter lhe um pau entre as pernas e a mandou açoitar por seu filho João Fernandes e por Antonio Fernandes [...] que lhe fizeram ate lhe correr quantidade de sangue dizendo o dito Bartolomeu Fernandes que lhe fazia aquilo para dai por diante o conhecer por seu senhor [...] e depois a levou o dito Bartolomeu Fernandes para sua roça e lhe vestiu uma tipóia e dela se esteve servindo até agora como sua cativa.[113]

De modo sintético, o caso de Joana de Siqueira demonstra como a violência e submissão surgiam como dois elementos integrativos da estrutura de dominação que vigorava na São Paulo do período da escravidão indígena. Sua humilhação perante o senhor representava uma afirmação das relações de dominação, o que deve ter provocado forte ressentimento nela, já que vivera anteriormente na condição de livre. Açoitada publicamente como cativa, obrigada a vestir a tipoia, traje típico das mulheres guarani, assim Joana foi reduzida e identificada como parte da comunidade escrava.[114]

Mas a violência em si representava apenas um aspecto da complexa relação entre senhores e escravos. Sem ela — não há dúvida —, o controle da população indígena tornar-se-ia praticamente inviável. Porém, com certeza, se os colonos se interessavam prioritariamente pelos frutos do trabalho indígena, ao mesmo tempo todo senhor reconhecia a necessidade de criar outros mecanismos para suavizar a convivência entre opressores e oprimidos. Tais mecanismos fatalmente estavam assentados no discurso paternalista dos colonos, o qual visava sempre justificar o direito de domínio sobre os índios. Mais do que um simples discurso, todavia, esta postura mostrava-se presente na prática, na medida em que os senhores procuravam estabelecer laços extraeconômicos com seus escravos, com a finalidade de impor alguma estabilidade às frágeis estruturas do sistema escravista.[115] Contudo, as posturas protetoras adotadas, longe de serem incompatíveis com a exploração econômica, antes reforçavam a relação desigual que movia o sistema de produção.

6. As origens da pobreza rural

Entre 1679 e 1682, os moradores da vila e dos bairros rurais de São Paulo foram devidamente arrolados num livro da Câmara Municipal que registrava a contribuição de cada um para o donativo real.[1] O donativo, na verdade um imposto a ser levantado pelas câmaras do Império português, existia desde o início da década de 1660, mas, pelo menos na capitania de São Vicente, os critérios de sua cobrança foram estabelecidos apenas em 1679, quando da correção judiciária do ouvidor João da Rocha Pita.[2] Em todo caso, a confecção do livro do donativo real deixou um documento valioso — na verdade indispensável — para o estudo da sociedade paulista no século XVII que, até agora ao menos, não tem provocado maior interesse entre os historiadores.

O livro do donativo contém, basicamente, listas de moradores e os valores de suas contribuições anuais. Permanecem desconhecidos os critérios específicos empregados na avaliação das contribuições, mas a orientação geral foi que todos os moradores, ricos e pobres, contribuíssem "conforme seu cabedal".[3] Parece provável que a posse de índios tenha servido como base para a avaliação por dois motivos. Primeiro, existe uma forte relação entre o número de índios e o valor da contribuição, entre os proprietários cujos inventários foram executados em torno da data da cobrança do donativo; e, segundo, porque numa lista semelhante composta em Itu em 1728 o número de escravos negros e de índios administrados determinava a quantia a ser paga.[4] Assim, considerando que a posse de mão de obra cativa aparecia como o principal elemento na configuração de riqueza, as listas devem refletir diferenças de riqueza de modo razoavelmente representativo.

A partir da análise das listas de 1679-82, o que se pretende aqui é examinar a estrutura interna dos bairros rurais que circundavam a vila de São Paulo no século XVII. Estas listas proporcionam uma visão parcial da distribuição de riqueza e das relações de parentesco que definiram cada bairro, visão que procuramos completar com outros documentos coetâneos, sobretudo os inventários e testamentos. As listas, em suma, fornecem alguns elementos estatísticos que ilustram como os processos de desenvolvimento econômico — ainda que modesto em termos de escala — e de expansão territorial determinaram, em larga medida, os contornos básicos dessa sociedade.

As conclusões que surgem de tal visão evidentemente opõem-se a certas noções básicas sobre as quais a historiografia paulista está assentada. Por um lado, as listas do donativo real confirmam que a sociedade paulista do "século dos bandeirantes", longe de ser igualitária, foi antes marcada por profundas desigualdades na composição de riqueza. Por outro, as listas sugerem que a difusão da pobreza rural, frequentemente atribuída à baixa intensidade da agricultura paulista e ao isolamento geográfico, foi fruto de um processo no qual a agricultura comercial e a expansão da escravatura indígena desempenharam papéis de relevo.

SÃO PAULO RURAL, 1679: DISTRIBUIÇÃO DA RIQUEZA

A formação da sociedade paulista no Período Colonial estava estreitamente ligada ao processo de transformação de um sertão inculto em núcleos populacionais razoavelmente estáveis, processo acompanhado pela evolução da escravidão indígena. Ao longo do século XVII, novos grupos de colonos progressivamente ampliaram os limites do povoamento europeu, organizando novas comunidades sobre uma ampla base de mão de obra indígena. A expansão territorial na capitania, portanto, deu-se em função do acesso pleno a terras e mão de obra abundantes.

Na segunda metade do século XVII, o acesso tanto a terras economicamente viáveis quanto a cativos índios tornou-se bem mais difícil. De fato, na primeira metade do século, a aquisição de terras virgens através de sesmarias ou de datas municipais mostrava-se relativamente fácil. Ao mesmo tempo, a organização coletiva de expedições de apresamento em grande escala, aliada à proximidade das numerosas aldeias guarani, possibilitou o fornecimento de mão de obra suficiente para toda uma geração. Mas esse quadro começou a mudar na década de 1640. Entre 1638 e 1641, uma boa parte das melhores terras entre a vila de São Paulo e o rio Atibaia, além de grandes parcelas ao longo do rio Tietê, a oeste de Santana de Parnaíba, foi distribuída. Nesses mesmos anos, os jesuítas e os Guarani começaram a rechaçar as expedições paulistas, limitando seriamente o recrutamento de mão de obra indígena e obrigando os colonos a reorganizar o seu esquema de apresamento. Finalmente, a riqueza da região, baseada na produção e transporte de alguns gêneros comerciais — sobretudo o trigo —, ficou mais e mais concentrada nas mãos de umas poucas famílias privilegiadas e poderosas que, a partir da década de 1650, passaram a disputar entre si o controle absoluto das rédeas do poder.

Se, de uma parte, a organização da produção agrícola deu origem a uma clara divisão entre classes de exploradores e explorados, de outra, ao mesmo tempo, o acesso desigual às forças de produção — sobretudo ao trabalho indígena — determinou profundas diferenças nos níveis da riqueza entre a própria população não cativa. Em poucas palavras, ao passo que a expansão da produção e a formação de novas comunidades proporcionaram a perspectiva da riqueza, o principal resultado desses processos foi, paradoxalmente, a difusão da pobreza rural.[5]

Grande parte da riqueza, poder e prestígio das principais famílias da São Paulo rural estava assentada nos bairros rurais que surgiram com a expansão da produção colonial. Em termos administrativos, o bairro representava pouco mais que um mero apêndice rural da vila, com a finalidade de proporcionar uma estrutura organizativa capaz de atender algumas das necessidades coletivas de seus moradores. Assim, cada bairro tinha sua própria estrutura interna, sobretudo durante o Período Colonial, quando o mercado urbano permanecia pequeno e a dominação da cidade sobre o campo inexpressiva.[6]

Constelações de sítios rurais mais ou menos articulados entre si, os bairros comportavam unidades de produção que variavam bastante em termos de tamanho. Embora aparecesse na documentação, com pouca frequência, o termo *fazenda*, mesmo as maiores unidades de produção comercial eram chamadas de sítios, apresentando um certo problema para a historiografia. O problema reside em que esse termo passou, com o tempo, a denotar pequena propriedade.[7] No entanto, quase todos os bairros rurais seiscentistas originaram-se e cresceram em torno de grandes unidades de produção, comandadas pelos moradores mais ricos e prestigiados. A estes principais residentes reservava-se a função de capitão do bairro, autoridade que também refletia as relações econômicas que predominaram na formação dos bairros.

Em diversos casos, os maiores proprietários de terras instituíram nas suas propriedades capelas rurais, as quais serviam como polos para as atividades religiosas e recreativas do bairro. A fundação de uma capela constituía evento importante, pois, de modo geral, reforçava o prestígio social e a autoridade econômica de seu fundador. Historicamente, o papel do instituidor era assumir os custos materiais da organização do culto, na verdade a única maneira de a Igreja estender-se para a população rural na Colônia. Na São Paulo seiscentista, com poucas exceções, a fundação de uma capela estava associada à presença de um número considerável de índios. A própria organização espacial das capelas espelhava a divisão social, com as áreas centrais e laterais reservadas para os livres, destacando-se uma ampla área em torno da porta de entrada para os escravos e índios que desejassem "espiar os santos".[8] Dependendo do subsequente desenvolvimento econômico e demográfico do bairro, diversas destas primeiras capelas tornaram-se capelas com padre fixo e, em alguns casos, viraram sede de freguesia.

Cada vila possuía diversos bairros, embora permaneça difícil recuperar os nomes e locais de todos com muita exatidão devido ao fato de a documentação ser imprecisa. Grande parte possuía denominações indígenas, algumas das quais se mantêm até hoje. Outros, sobretudo aqueles de formação recente, adotaram simplesmente o nome do fundador. Por exemplo, numa lista composta dos contribuintes de Itu para o ano de 1728, três dos nove bairros rurais carregavam o nome do seu morador mais rico[9], e em São Paulo, na lista de 1679, um dos bairros recém-formados denominava-se bairro de Antonio Bueno.

A Tabela 10 apresenta a distribuição do donativo real de 1679 pelas zonas rurais do termo de São Paulo. Ressalta-se, contudo, que os bairros constantes das listas podem suscitar algumas dúvidas, pois as denominações refletem divisões que, posteriormente, transformaram-se em freguesias, ainda que com outros

Tabela 10

DISTRIBUIÇÃO DO DONATIVO REAL (EM RÉIS)
POR BAIRROS E CONTRIBUINTES, SÃO PAULO RURAL, 1679

Bairro	Contribuintes	Total avaliado	Contribuição média
Antonio Bueno	72	62 640	870
Atibaia	100	101 640	1 016
Barueri	56	46 440	829
Caaguaçu	118	40 080	340
Caucaia	116	56 820	490
Cotia	53	33 220	627
Forte	32	22 960	718
Juqueri	35	28 340	810
Santo Amaro	146	40 970	281
São Miguel	46	25 540	555
Tremembé	55	30 280	551
TOTAL	829	489 210	590

FONTE: "Livro do rol das pessoas para o pedido real", AMSP, CM-1-19.

nomes. Assim, por exemplo, o Juqueri das listas não era o mesmo da freguesia homônima que iria surgir no século XVIII. Este segundo Juqueri, origem da atual cidade de Mairiporã, aparece nas listas de 1679 como parte de Atibaia-Votorantim. Barueri apresenta outro problema, porquanto incorpora, na lista, diversos proprietários da jurisdição do termo de Santana de Parnaíba, tais como Pedro Vaz de Barros, Fernão Pais de Barros, Fernão Dias Pais e Sebastião Pais de Barros. A situação de Caaguaçu era semelhante, já que diversos contribuintes da lista moravam, de fato, no termo de Mogi das Cruzes.[10] Mesmo assim, as divisões das listas representam redes de relações reais e, portanto, serão consideradas aqui como se fossem realmente bairros.

O número de contribuintes em cada lista refletia, grosso modo, o número de unidades produtivas da zona rural. Deste modo, a contribuição média demonstra a riqueza relativa dos bairros. Todos os bairros mais ricos — Atibaia, Antonio Bueno, Barueri e

Juqueri — incluíam áreas de ocupação recente, configurando-se os principais centros de agricultura comercial na época. Em contraste, os bairros de Santo Amaro, Caucaia e Caaguaçu, mais densamente povoados e próximos à vila de São Paulo, eram redutos de pequenos lavradores e criadores marginais.[11]

Este quadro é sugestivo de um processo de expansão e declínio, em que os distritos mais antigos já sentiam a presença de uma pobreza generalizada, enquanto os bairros de ocupação recente eram mais dinâmicos, oferecendo maiores oportunidades para a acumulação de riqueza. Assim, no contexto do século XVII, quando a expansão territorial surgia como uma constante na reprodução da riqueza, os colonos de posses consideráveis sempre lideravam a formação de novas zonas de exploração fundiária.

Mas isso representa uma visão apenas parcial da história. Se é claro que o crescimento demográfico e a exaustão do solo contribuíram para a difusão da pobreza rural, provocando, ao mesmo tempo, a expansão territorial, as origens da pobreza rural localizavam-se não apenas na decadência dos bairros, como também na própria estrutura de povoamento de novas frentes de expansão. Nas listas do donativo, mesmo os bairros mais abastados e recentes incluíam concentrações consideráveis de contribuintes nos níveis de riqueza mais baixos (a Tabela 11 mostra a distribuição dos contribuintes de acordo com o valor das suas contribuições). Os dados sugerem que uma estrutura de desigualdade acompanhava a expansão para as terras novas e, possivelmente, essa desigualdade tenderia a diminuir à medida que os colonos de mais recursos avançassem para novas frentes de expansão.

Tal afirmação pode ser confirmada através de duas medidas estatísticas, o Coeficiente Gini de Desigualdade e a proporção controlada pelos 10% mais ricos.[12] A Tabela 12 apresenta estas medidas com base nas listas do donativo. Todos os distritos tiveram concentrações de riqueza relativamente altas nas mãos dos 10% mais

Tabela 11

DISTRIBUIÇÃO DE CONTRIBUINTES E DE CONTRIBUIÇÕES SEGUNDO FAIXAS DE AVALIAÇÃO, SÃO PAULO RURAL, 1679

Bairro		Até 400	400-639	640-999	1000-1999	2000 ou mais
		Valor das contribuições (em réis)				
Antonio Bueno	%N*	37,5	15,3	16,7	19,4	11,1
	%R**	9,9	8,1	15,0	26,3	40,7
Atibaia	%N	58,0	10,0	8,0	11,0	13,0
	%R	12,5	5,2	6,1	15,6	60,6
Barueri	%N	55,4	12,5	12,5	8,9	10,7
	%R	9,6	7,6	11,2	13,5	58,1
Caaguaçu	%N	76,3	9,3	5,9	6,8	1,7
	%R	41,5	13,2	12,8	22,4	10,0
Caucaia	%N	67,2	6,9	6,9	13,8	5,2
	%R	23,7	6,9	11,2	33,5	24,7
Cotia	%N	52,8	15,1	17,0	9,4	5,6
	%R	18,2	11,8	21,1	18,3	30,6
Forte	%N	53,1	9,4	12,5	15,6	9,4
	%R	17,9	6,2	12,7	32,0	31,2
Juqueri	%N	62,8	8,6	8,6	11,4	8,6
	%R	11,3	5,8	7,0	15,2	60,7
Santo Amaro	%N	82,9	5,5	8,2	2,0	1,4
	%R	48,9	9,3	21,8	9,0	11,0
São Miguel	%N	56,5	15,2	17,4	2,2	8,7
	%R	15,9	14,6	23,5	3,9	42,1
Tremembé	%N	63,6	9,1	10,9	9,1	7,3
	%R	24,1	7,1	16,4	20,3	32,1

* %N: Porcentagem do número total de residentes do bairro.
** %R: Porcentagem da contribuição total do bairro.
FONTE: "Livro do rol das pessoas para o pedido real", AMSP, CM-1-9.

ricos, sendo que os bairros mais abastados, sobretudo Juqueri, Atibaia e Barueri, exibiam concentrações mais intensas. O índice Gini é mais revelador, demonstrando novamente níveis significativos de desigualdade, particularmente nos distritos mais abastados. A única grande exceção, Santo Amaro, com o valor excepcionalmente baixo de .16, não chega a surpreender, já que representava o bairro mais antigo, com relativamente poucos índios cativos e diminuta riqueza global.

Tabela 12

INDICADORES DA CONCENTRAÇÃO DE RIQUEZA, SÃO PAULO RURAL, 1679

Bairro	Gini*	DPMR (%)**
Antonio Bueno	.48	38
Atibaia	.61	54
Barueri	.64	49
Caaguaçu	.41	37
Caucaia	.50	40
Cotia	.49	39
Forte	.47	31
Juqueri	.65	35
Santo Amaro	.16	37
São Miguel	.53	46
Tremembé	.52	37

* Gini: Coeficiente Gini de Desigualdade, onde 1.00 = total desigualdade e 0.00 = total igualdade.

** DPMR: Proporção da riqueza global do bairro controlada pelos 10% mais ricos.

FONTE: "Livro do rol das pessoas para o pedido real", AMSP, CM-1-19.

Podem-se comparar estes resultados àqueles calculados por Alice Canabrava para São Paulo no século XVIII.[13] Utilizando os censos de 1765 e 1767, Canabrava computou valores Gini variando de .60 a .75 para a zona rural, porém destacando concentrações de colonos miseráveis muito maiores do que as presentes nas listas de 1679-82. Isso sugere que as oportunidades comerciais oferecidas pela economia da época de ouro privilegiaram apenas um segmento restrito da população rural, servindo, aliás, para aumentar a desigualdade.

As listas do donativo real, ainda que de forma preliminar e precária, oferecem alguma noção da distribuição de riqueza na São Paulo rural do século XVII. Outros dados relevantes podem ser acrescentados a partir da análise de inventários e testamentos, os quais mostram concentrações na posse de índios que espelham a distribuição de riqueza nos bairros.[14] De fato, a análise estatística da posse de índios revela que a sua distribuição foi bastante desigual ao longo do século.[15] Mais uma vez, isto indica que

240

o processo de expansão incorporou um forte elemento de desigualdade desde o início, o que favoreceu alguns colonos com mais recursos em detrimento de um número sempre crescente de lavradores pobres.

A CONCENTRAÇÃO E A CONSOLIDAÇÃO DA RIQUEZA

Para esclarecer melhor estes processos, faz-se necessário examinar a trajetória percorrida por alguns bairros, fornecendo exemplos da concentração de riqueza e da consolidação de famílias. Todos os bairros compartilhavam certas características na sua formação inicial, porém nem sempre tiveram o mesmo desenvolvimento. Os bairros mais abastados surgiram das sesmarias concedidas durante a primeira metade do século e desenvolveram-se em torno de prósperas unidades de produção de trigo. As propriedades originais eram subdivididas entre herdeiros preferenciais, muitas vezes mediante o instituto do dote, sendo, nestes casos, bem servidas de terras e de índios. Cada um desses bairros continuava, em 1679, a ser completamente dominado por uma família.

A formação da riqueza dos Pires oferece um bom exemplo da ascensão, consolidação e declínio de uma das principais famílias de São Paulo seiscentista. Na primeira metade do século, os irmãos Salvador Pires de Medeiros e João Pires surgiram como os maiores produtores de trigo em São Paulo, ocupando a área que, posteriormente, seria conhecida como Juqueri. Com o avanço do povoamento, esta referência geográfica passou a indicar a zona entre a serra da Cantareira e o rio Juqueri, ao norte da vila de São Paulo, acessível pela trilha que cortava pelo obstáculo alpino da Cantareira.[16] Na década de 1620, Salvador Pires e sua mulher Inês Monteiro de Alvarenga estabeleceram uma fazenda com centenas de cativos guarani nessa região. Ali construíram a capela de Nossa Senhora do Desterro, para atender às necessidades religiosas do bairro.

A riqueza dessa propriedade, medida em terras e índios, foi transferida para a geração subsequente nos moldes usuais de reprodução da riqueza rural no Brasil colonial. Os dez filhos de Salvador Pires e Inês Monteiro não receberam parcelas iguais na repartição da propriedade, apesar da existência de leis de herança essencialmente igualitárias.[17] O filho mais velho, Alberto Pires, casou-se com uma jovem Camargo, numa tentativa malsucedida de conciliação entre famílias, e provavelmente permaneceu no bairro. Das cinco filhas, três casaram-se com dotes consideráveis, estabelecendo assim a base para grandes propriedades com amplos plantéis de cativos índios. Outros dois filhos foram favorecidos com terras e índios, deixando eles próprios posses acima de 150 cativos quando de suas mortes na década de 1660. O mais jovem, João Pires Monteiro, seguindo o exemplo do pai, exerceu o posto de capitão do bairro na década de 1660.[18]

Ainda em 1679, vestígios das imponentes figuras de Salvador Pires e Inês Monteiro continuavam a dominar a estrutura do bairro. Neste, os residentes mais ricos — uma filha de Salvador Pires e o filho desta — colaboravam com quase 54% da contribuição total do bairro para o donativo real. Isabel Pires de Medeiros (registrada como Isabel Gonçalves), viúva de Domingos Jorge Velho (não o mesmo que chefiou as campanhas contra Palmares), pagou a contribuição significativa de 6$720, enquanto seu filho, o capitão Salvador Jorge Velho, contribuiu com 8$500. Ao que parece, este Salvador Jorge ficou ainda mais rico poucos anos depois, quando, morrendo sua sogra-madrinha, herdou 560 índios.[19]

O bairro vizinho de Antonio Bueno, também denominado Juqueri, teve um desenvolvimento semelhante ao Juqueri de Salvador Pires. As origens do bairro remontam a 1627, quando da concessão de uma sesmaria a Amador Bueno da Ribeira, que pediu duas léguas de terras no Campo de Juqueri para acomodar sua grande família.[20] A doação partia das margens do rio Juqueri e se estendia até o Atibaia, incorporando inclusive uma aldeia indígena sob a chefia do índio Maracanã.[21] Parece pouco provável que o próprio Amador Bueno tenha ocupado a sesmaria, já que ele deve ter permanecido em sua extensa fazenda de trigo em Mandaqui, onde, com o trabalho das centenas de cativos guarani trazidos do Guairá por seus filhos nas expedições de 1628-32, "tinha todos os anos abundantes colheitas de trigo, milho, feijão e algodão".[22] O fato de o bairro ter o nome do segundo filho de Amador Bueno, Antonio, parece também confirmar que o dono original nunca ocupou suas terras. Provavelmente, conforme se constatou na petição da sesmaria, havia adquirido a terra para a exploração futura, especificamente por seus filhos e genros. De fato, dos nove filhos de Amador Bueno, sete estabeleceram unidades de produção no citado bairro. A primeira ocupação maciça da área começou apenas na década de 1650, sendo beneficiada pelas expedições de apresamento que naquela altura varreram a região. Sem dúvida, a consolidação do bairro deu-se a partir da grande expedição de apresamento de 1666, integrada por Amador Bueno, o moço, Antonio Bueno, Baltasar da Costa Veiga (genro de Amador moço) e Mateus de Siqueira, todos senhores de vastas posses de cativos índios e residentes proeminentes do bairro em 1679.[23]

Igualmente, o bairro de Antonio Bueno exemplifica, melhor do que qualquer outro, o papel primordial do dote nas estratégias de reprodução da riqueza na esfera rural que, na São Paulo seiscentista, frequentemente serviam aos interesses de consolidar ou manter a hegemonia de uma família ou parentela. Por exemplo, Francisco Arruda de Sá promoveu o casamento de seus três filhos com três irmãs Quadros e, num caso de quatro noivas para quatro irmãos, Luzia Leme e Francisco de Alvarenga ofereceram suas filhas aos Bicudo de Brito, assim estabelecendo um controle incontestado sobre um dos bairros rurais de Santana de Parnaíba.[24]

No século XVII, os dotes paulistas geralmente incluíam enxovais, índios e propriedade fundiária (sobretudo na forma de terras virgens) e, com menor frequência, créditos comerciais, gado e capitais fixos. André Fernandes, por exemplo, dotou sua sobrinha Suzana Dias com quarenta "serviços do gentio da terra", oitocentos alqueires de farinha de trigo "postos em Santos" e uma parcela de terras virgens medindo em torno de três quilômetros em quadra.[25] Estes itens eram essenciais no estabelecimento de novas unidades de produção, considerando-se as possibilidades limitadas que o contexto econômico da sociedade rural oferecia. Na verdade, a estratégia predileta de jovens em busca de uma vida estável era juntar um casamento favorável ao negócio do sertão, isto é, à aquisição de mão de obra indígena através de expedições de apresamento, fornecendo assim a base material para o princípio de uma nova unidade.

A julgar pela configuração dos residentes mais ricos do bairro de Antonio Bueno, o dote figurava como o modo preferencial na transmissão de riqueza. O homem mais rico do bairro, Baltasar da Costa Veiga, era genro de Amador Bueno, o moço, enquanto o segundo e o terceiro, o capitão Antonio Ribeiro de Morais e o capitão Domingos da Silva Guimarães, eram genros de Amador Bueno da Ribeira. Suas contribuições para o donativo foram 5$700, 4$100 e 3$500, respectivamente. Isso os colocava muito adiante dos próprios filhos de Amador Bueno da Ribeira, que também moravam no bairro. O capitão Diogo Bueno, o mais novo, contribuiu com 1$200, o capitão Antonio Bueno pagou 1$000, e o mais velho, Amador Bueno, o moço, pagou oitocentos réis. A capela rural do bairro também passou para uma filha, uma vez que a capela de Belém, instituída por Antonio Bueno na Fazenda Canduguá (hoje a cidade de Francisco Morato), achava-se sob a administração de seu genro, Gervásio da Mota de Vitória.[26]

Semelhantes relações de parentesco também entrelaçavam os principais residentes do bairro de Atibaia — núcleo de povoamento mais novo e mais rico de São Paulo quando da composição das listas do donativo real. Diversas sesmarias haviam sido concedidas entre 1639-41, mas, ao que parece, não havia uma ligação direta entre todos os donatários originais e os residentes de 1679, como no caso do bairro de Antonio Bueno. Apenas as sesmarias de Paulo Pereira de Avelar, cujos filhos figuravam como residentes proeminentes, e de Fernão de Camargo, cuja família dominava a região, haviam sido exploradas pelos sesmeiros originais. A ocupação efetiva da região por colonos iniciara-se apenas na década de 1660, e a constituição do bairro em si havia se concretizado com a bandeira de 1666. Antes dessa data, o rio Atibaia proporcionava um dos últimos refúgios dos índios guarulhos, os quais foram contatados em 1665 pelo padre Mateus Nunes de Siqueira, que estabeleceu um aldeamento no local à própria custa. No período de um ano, os colonos dos bairros vizinhos, interessados nessa nova reserva potencial de mão de obra indígena, aproximaram-se das margens do Atibaia. Naquela altura, a Câmara Municipal de São Paulo procurou afastar o padre Siqueira do aldeamento e transferir os índios para Conceição dos Guarulhos.[27]

Sobre este primeiro aldeamento, nada mais consta, embora se note que diversos sítios permaneceram no local. Em 1669, a Câmara Municipal acusava um certo frei Gabriel, capuchinho, de aliciar índios do aldeamento de Conceição e das propriedades circunvizinhas para uma espécie de comunidade utópica por ele comandada no rio Atibaia. A Câmara expulsou frei Gabriel e, supostamente, restituiu os índios ao aldeamento de Conceição. Todavia, ao que parece, a maior parte desses índios foi incorporada às posses dos novos residentes do bairro.[28]

Foi por essa ocasião que Jerônimo de Camargo aí estabeleceu a sua unidade de produção de trigo, pois havia regressado do sertão em 1666 à frente de uns quinhentos índios recém-capturados.[29] Logo fundou a capela de São João, a qual já dispunha de um cura a partir da década de 1680. Conforme a sua contribuição ao donativo real, Camargo era o mais rico proprietário de São Paulo na época, pagando 12$000. Três de seus irmãos, junto com a maior parte de seus respectivos genros, também residiam no bairro, figurando todos na faixa dos 15% mais ricos. Mesmo assim, a dominação desses Camargo não parecia ser tão completa quanto a atingida por outras parentelas em diferentes bairros, porque no caso dividiam a riqueza com outras famílias, sobretudo os Cardoso de Almeida e Pereira de Avelar. Mas isso deve-se ao fato de que outros bairros estavam agregados a Atibaia nas listas. Pelo menos no caso dos Cardoso de Almeida, sua esfera de dominação localizava-se na área que, posteriormente, veio a ser Bom Jesus dos Perdões, assim distanciado do núcleo original sob o comando dos Camargo. É de se notar que na lista também aparece o bairro que formava a base para a freguesia de Juqueri (atual Mairiporã), pois, entre os residentes proeminentes, aparecem Pedro Fernandes Aragonês e Antonio de Sousa Dormundo, fundador da capela de Nossa Senhora do Desterro, núcleo do povoamento original.[30]

Em todo caso, a despeito da imprecisão das listas, fica claro que os Camargo e os Bueno tornaram-se as famílias dominantes de São Paulo na segunda metade do século XVII. A comprovar, registre-se o fato de que quase metade (48%) da décima parte mais rica entre todos os contribuintes pertencia a estas duas famílias, sendo que seus membros controlavam as instituições básicas da vila de São Paulo. A irmandade da Misericórdia, por exemplo, foi completamente dominada pelos Camargo, que se tornaram seus principais benfeitores.[31] No final do século, o juizado dos órfãos, órgão fundamental no fornecimento de crédito, pertencia a um

246

Bueno. Embora tivessem de compartilhar a dominação da Câmara Municipal com os Pires, conforme foi estipulado na concordata de 1655, foram seus interesses os mais beneficiados por esta instituição.[32] Porém, talvez mais importante, eram os Camargo que controlavam a vasta maioria da população indígena no termo da vila de São Paulo, o que, em última análise, garantia sua riqueza, poder e prestígio.

A ascensão dos Camargo para uma posição hegemônica foi certamente um dos eventos de maior significado na São Paulo seiscentista. A luta contra os Pires trouxe à luz uma série de conflitos e pontos de pressão que afligiam o planalto em meados do século, entre os quais predominaram a questão da mão de obra indígena, a expulsão dos jesuítas e o problema do controle social sobre uma vasta população cativa.[33] De fato, a produção comercial de trigo e o crescimento de grandes posses de índios cativos haviam concentrado parte desproporcional da riqueza nas mãos de poucas famílias, sobretudo os Pires e os Camargo, que se digladiaram por boa parte do século XVII.

Uma das principais fontes da luta entre as famílias havia sido a formação do bairro de Tremembé, onde os interesses dominantes defrontaram-se na década de 1640. A trajetória deste bairro ilumina o declínio dos Pires e a ascensão dos Camargo. Antes um dos principais centros de produção de trigo, o bairro estava reduzido, em 1679, a uma produção marginal de gado, com a maioria dos colonos vivendo à sombra da fazenda jesuítica de Santana. Os principais responsáveis pelo desenvolvimento de Tremembé foram, de um lado, João Pires, cuja distribuição de dotes estabeleceu uma base firme para o povoamento efetivo do bairro e, de outro, Amador Bueno da Ribeira, cuja fazenda e moinho de trigo em Mandaqui foi uma das principais unidades agrícolas de São Paulo. Na época do donativo real, no entanto, os herdeiros de João Pires tinham pouca expressão em Tremembé, sendo que os Camargo controlavam boa parte da riqueza do bairro. Estes, por meio de alianças com Amador Bueno, tinham como seu principal representante no bairro o capitão Marcelino de Camargo. Inicialmente, o irmão de Marcelino, Francisco de Camargo, havia se casado com uma irmã de Amador Bueno, estabelecendo uma valiosa propriedade de trigo e chegando a ser um dos mais ricos senhores de moinho da capitania. Quando Francisco faleceu sem deixar herdeiros diretos, em 1672, a fazenda passou para Marcelino, que a conservou até sua própria morte, em 1684.[34]

A competição entre as duas famílias chegou a um clímax na década de 1650, quando as facções e seus respectivos seguidores indígenas travaram lutas armadas em plena vila de São Paulo. Diante de uma situação praticamente anárquica, agravada pelo problema da inquietação geral da população indígena, o governador geral sancionou uma concordata em 1655 propondo a alternância das duas famílias no controle da Câmara Municipal, o que resolveu o problema pelo menos no nível da política local. Mas, se o resultado principal do conflito entre famílias foi a vitória dos Camargo e a conciliação dos Pires, para a maioria dos colonos redundou numa maior alienação do poder, excluindo de vez o acesso dos elementos não alinhados com as principais facções às instituições municipais.

Esses desdobramentos resultaram, por sua vez, na migração de várias famílias e, consequentemente, na fundação de novas vilas mais para o interior. Os conselhos de São Paulo e de Parnaíba reagiram imediatamente à nova situação, uma vez que isto ameaçava o controle dessas instituições sobre a população rural. A situação também causou preocupação nas autoridades coloniais porque particularmente Itu e Jundiaí foram elevadas ao status de vila de modo suspeito ou mesmo irregular.[35] A maior parte dos colonos, no entanto, permanecia nos bairros de São Paulo, relegada a uma realidade de exclusão política, de pouco acesso a recursos econômicos e, em última análise, de pobreza rural.

A DIFUSÃO DA POBREZA RURAL

Uma das primeiras consequências da crescente restrição a recursos econômicos foi a predação renovada nos aldeamentos da região, eles próprios já ocupando uma posição marginal na economia da Colônia. De fato, alguns dos bairros mais pobres surgiram da ocupação de terras indígenas, processo que se intensificou a partir de 1640. Com a expulsão dos jesuítas, os aldeamentos de Pinheiros, Barueri, Conceição dos Guarulhos e São Miguel ficaram inteiramente expostos aos colonos, que de imediato tentaram transformar os aldeados remanescentes em "serviços obrigatórios" e, ao mesmo tempo, repartir as seis léguas de terras pertencentes a cada aldeamento. Diversos colonos já ocupavam terras indígenas mesmo antes dessa data, muitas vezes adquirindo-as devido à conivência dos responsáveis em proteger a propriedade territorial dos indígenas. Gonçalo Ferreira, por exemplo, quando do inventário da sua falecida esposa, declarou ao juiz dos órfãos que ele "possuía duzentas e cinquenta braças de testada nas terras dos índios onde está situado com sua fazenda [...] nas quais terras estão por autoridade dos procuradores dos ditos índios".[36] Outros colonos ocupando terras indígenas recebiam a autorização do donatário da capitania sob a alegação de que existiam jazidas de metais preciosos nas referidas terras, condição que permitia a alienação do inalienável. E, finalmente, a própria Câmara Municipal de São Paulo, na qualidade de administradora dos aldeamentos após a primeira expulsão dos jesuítas, passou a autorizar a espoliação em grande escala de terras indígenas a partir de 1660.[37]

Os colonos que ocupavam terras indígenas frequentemente justificavam a posse sustentando que se tratava de terras devolutas, pois, segundo eles, os índios não as ocupavam efetivamente. O autor de uma petição pedindo uma ilha no rio Tietê, pertencente ao aldeamento de Conceição, observou que o antigo governador Diogo Luís de Oliveira havia autorizado que "as terras dos índios fossem repartidas pelos moradores, não prejudicando os índios".[38] Na legislação portuguesa, as sesmarias que permanecessem desocupadas poderiam reverter à Coroa depois de um determinado período, mas, de modo geral, as doações feitas aos aldeamentos permaneciam isentas de tal cláusula. Embora esse problema, de natureza jurídica, não fosse questionado em São Paulo até o século XVIII, há motivos para pôr em dúvida a alegação dos colonos quanto à ociosidade das terras indígenas. De fato, quando possível, os índios dos aldeamentos mantinham roças para seu próprio sustento, até produzindo eventuais excedentes de milho e mandioca para os mercados das vilas. Em 1623, por exemplo, a Câmara Municipal mandou os criadores de gado tirarem os seus animais das terras indígenas por causa dos danos irreparáveis feitos às "sementeiras" dos índios.[39] Poucos anos após a expulsão dos jesuítas, um ouvidor insinuou em seu relatório que os índios não semeavam as suas terras porque os colonos não permitiam, preferindo submetê-los ao serviço particular. Os índios que conseguiram escapar das garras dos colonos, acrescentou ele, "se alongaram e meteram pelos matos [das aldeias] pelos ditos moradores tomarem suas terras e lhes não deixarem lavrar nelas".[40] Revelando o lado indígena da história, os índios do aldeamento de São Miguel reclamaram que certos colonos "estavam roçando nas terras dos índios e botando-os fora delas fazendo-lhes grandes danos com suas criações assim gado vacum e cavalgaduras e danificando suas lavouras e plantas por cuja causa estava todo o gentio dividido e fora da aldeia".[41]

A questão da terra indígena, portanto, permanecia estreitamente vinculada à disputa pela mão de obra. No auge do fluxo de cativos guarani, provenientes das grandes expedições de apresamento ocorridas entre 1628 e 1641, os aldeamentos constituíam uma reserva suplementar de mão de obra para a economia colonial. A partir de 1640, no entanto, com o aprofundamento da crise no fornecimento de cativos, a população aldeada passou novamente a ser visada para o serviço particular. Com a expulsão dos jesuítas, nesse mesmo ano, os colonos contaram com a autoridade da Câmara Municipal para lançar mão dos índios dos aldeamentos. Em 1664, uma autoridade régia comentou que as aldeias "estão hoje muito danificadas e quase destinguidas [isto é, extintas], pelos ditos oficiais [da Câmara Municipal] ordinariamente proverem nelas por capitães seus parentes que uns e outros tiram delas os índios e índias que lhes parecem para serviço de suas casas e fazendas".[42] Pouco depois, outra autoridade observou, em referência às aldeias: "Ora se achavam muito defraudadas, pelo excesso com que vários moradores levavam delas os índios para seu serviço, jornadas do sertão, tratando-os como escravos seus, e ocasionando não só muito detrimento ao serviço de Sua Alteza, mas a ruína das mesmas aldeias".[43] Alguns anos depois, os índios de Pinheiros apresentaram uma petição requerendo que os postos de capitão leigo e administrador fossem extintos, porque ambos estavam apenas "afim de se servirem deles".[44]

Nessas condições, a população dos aldeamentos passou a sofrer um declínio vertiginoso a partir de 1640. Num parecer apresentado ao Conselho Ultramarino, Salvador Correia de Sá expressou tal declínio em termos numéricos, relatando que em 1640 havia 2800 "casais" nos aldeamentos, uma cifra que havia diminuído para 290 em 1679, data do parecer. Barueri, o maior aldeamento, havia declinado de mil casais a 120; São Miguel, de setecentos a oitenta; Conceição, de oitocentos a setenta; e em Pinheiros permaneceram apenas vinte casais dos trezentos que antes habitavam o aldeamento.[45] Fontes mais próximas aos aldeamentos declaravam cifras menores ainda. Por exemplo, no mesmo ano do parecer acima citado, representantes da Câmara Municipal de São Paulo encontraram 58 índios no aldeamento de São Miguel e, um ano mais tarde, apenas dezessete em Barueri. Quanto a Conceição, já em

1660, os camaristas encarregados de inspecionar o aldeamento tiveram uma surpresa ao encontrar apenas o capitão branco Estevão Ribeiro e o "índio principal" Diogo Martins Guarulho. Em todos os casos, os índios ausentes achavam-se espalhados pelas propriedades rurais da região.[46]

As terras pertencentes aos aldeamentos de Conceição e São Miguel abrangiam pelo menos três dos bairros arrolados nas listas do donativo real. O bairro de Caucaia, que se tornou, posteriormente, a freguesia de Guarulhos, incorporava as terras de Conceição e a área ao longo do rio Jaguari, inclusive o local onde Matias Lopes de Medeiros instituiu a capela de Nazaré em 1676. O povoamento inicial de colonos na região margeava as terras indígenas, violando, sem dúvida, seus limites em diversas ocasiões. Mas as origens do bairro, propriamente constituído, provavelmente remetem às atividades de Miguel de Almeida Miranda e de seu sobrinho Jerônimo da Veiga, ambos estabelecendo prósperas unidades de produção de trigo na região por volta de 1650, sendo que Miguel de Almeida já possuía nesta área sesmarias desde 1625 e 1639.[47] Assim como nos outros bairros, a maioria dos moradores mais ricos que apareceram nas listas do donativo podia traçar sua linhagem diretamente destes fundadores. Três genros de Miguel de Almeida residiam no bairro, enquanto outros dois constavam entre os moradores mais proeminentes de Votorantim, ocupando terras ao longo do Juqueri-mirim. Ainda dentre os três genros em Caucaia, Henrique da Cunha Gago exercia o posto de capitão do bairro, chegando a representar uma das "parcialidades" conclamadas pelas autoridades na tentativa de resolver divergências entre facções.[48] O genro de Cunha Gago — o sargento-mor Antonio Soares Ferreira —, por sua vez, surgia como o morador mais abastado do bairro.

Uma segunda fase de povoamento concentrava-se expressamente no território indígena, surgindo inicialmente com a sesmaria de Geraldo Correia Soares, situada na área posteriormente denominada Minas de Geraldo Correia ou Minas Velhas. Alegando a existência de jazidas auríferas ao longo do rio Baquirivu, nas terras do aldeamento de Conceição, Correia abriu precedente para a ocupação branca. Na década de 1660, a Câmara Municipal começou a atender aos pedidos dos colonos interessados em explorar as terras indígenas, transferindo numerosos lotes a proprietários particulares. Em termos formais, estas doações constavam como aforamentos, embora nenhum foro fosse arrecadado antes de 1679, quando da correção judiciária do ouvidor Rocha Pita. Contudo, assim como as terras do rocio da Câmara, estas glebas eram tidas como propriedades particulares dos colonos. A expropriação das áreas indígenas completava-se com a tomada do aldeamento de Conceição, já que o próprio Geraldo Correia Soares foi nomeado, com a conivência do capitão índio dos guarulhos, capitão branco do aldeamento.[49]

O bairro de São Miguel também surgiu do processo de expropriação das terras e da mão de obra do aldeamento. A sesmaria original de Ururaí, concedida em 1580, abrangia terras situadas em ambos os lados do rio Tietê mas, ao que parece, o bairro dos colonos localizava-se na margem setentrional. O aldeamento em si ficava na margem sul, circundado, porém, de terras consideradas parte do bairro de Caaguaçu. O que aparece na lista do donativo como o bairro de São Miguel incluía, basicamente, as pequenas propriedades ao redor da capela de Bonsucesso, a qual pertencia à fazenda de Francisco Cubas. Este, genro do grande sertanista Manuel Preto, havia herdado uma posse considerável de índios do seu sogro, agregando muitos outros através das atividades de apresamento de seu filho Francisco Cubas Preto, por sua vez um sertanista experimentado, participante da bandeira de 1666 e possuidor de cerca de duzentos índios quando da sua morte em 1673.[50] Assim, o exemplo de Francisco Cubas demonstra, mais uma vez, a relação entre a fundação de capelas — e, por consequência, de bairros rurais — e a chegada de grandes levas de cativos, relação nitidamente presente nos casos de Manuel Preto, Fernão Dias Pais, Afonso Sardinha, Jerônimo de Camargo, Fernão Pais de Barros e Pedro Vaz de Barros, entre outros.[51]

Embora diversos parentes de Francisco Cubas figurassem entre os principais residentes do bairro em 1679 — a viúva de Cubas Preto, por exemplo, constava como a maior contribuinte, com 4$000 —, ele rompe com alguns padrões na distribuição e transmissão de riqueza observadas em outros bairros. De fato, Cubas, diferentemente de outras parentelas que se pulverizavam por meio do dote, procurou manter a propriedade e a família intactas. Chegando ao fim de sua vida, Cubas vinculou grande parte de sua riqueza e de seus índios à capela de Bonsucesso. No seu testamento, instituiu suas quatro filhas solteiras como administradoras da capela, o que, naturalmente, proporcionou-lhes pleno acesso a terras e mão de obra em grande escala. Impôs ainda a condição de celibato, pois qualquer filha que casasse perderia o direito à administração e, portanto, teria de mudar-se do local. Assim, por algum motivo que permanece oculto, Francisco Cubas se negou a transmitir a sua riqueza para um genro cuidadosamente escolhido, procedimento que aparecia como um dos fundamentos da reprodução da sociedade rural.[52] Em poucos anos, a família Cubas sofreu um declínio vertiginoso de riqueza e prestígio, e a capela, em meados do século XVIII, achava-se em um lamentável estado de decadência.[53]

Ainda no século XVII, porém, os poucos produtores de trigo e criadores de gado mais abastados já tinham que compartilhar o bairro de São Miguel com um número sempre crescente de lavradores pobres, os quais buscavam tirar seu sustento das pequenas parcelas de terra indígena concedidas pela Câmara Municipal. Em 1678, a Câmara mediu os limites do aldeamento de São Miguel e, como em Conceição, começou a distribuir parcelas entre os requerentes. Neste caso, porém, a mesma Câmara passara a cobrar um foro anual em dinheiro, variando de modestos cem réis aos ainda modestos 640 réis. Além disso, diversos foros foram cobrados antecipadamente, com alguns colonos pagando até onze anos de uma vez.[54]

Embora à primeira vista isto pudesse ser interpretado como uma estratégia da Câmara para aumentar a sua receita a curto prazo, na verdade era uma forma de dificultar o acesso a essas terras, muitas vezes adequadas apenas para a criação de gado em pequena escala. Além disto, colocava os colonos mais pobres numa posição de dependência para com a Câmara Municipal. Com a cobrança do foro, as chances de o ocupante alienar a terra de modo definitivo permaneceram reduzidas e a segurança da posse incerta. De fato, este problema surgiu de forma mais clara no século XVIII, quando os habitantes mais ricos, inclusive as ordens religiosas que passaram a administrar os aldeamentos a partir de 1698, começaram a expulsar foreiros e posseiros pobres. Tal foi o caso, por exemplo, de um certo Antonio Ribeiro Maciel, que entrou com uma petição pleiteando a posse das terras que ocupava havia 23 anos, próximas ao aldeamento de São Miguel, "pagando delas foro à dita aldeia". Junto com outros roceiros pobres da área, Maciel havia sofrido tentativas de despejo por parte dos jesuítas do Colégio de São Paulo, que alegavam posse legal das terras, "com força de gente armada". Apesar de ouvido o depoimento de vários vizinhos, todos pobres, a justiça não pôde garantir a posse definitiva, uma vez que estas terras eram indígenas.[55]

Enfim, a julgar pelas listas do donativo real de 1679-82, grande parte da população rural da região de São Paulo caracterizava-se pela pobreza, desfrutando de condições materiais pouco superiores às da massa de escravos índios. De certo modo, o padrão de distribuição de riqueza nos bairros de Santo Amaro e Caaguaçu prenunciava aquilo que viria a ser uma condição geral da área rural de São Paulo em meados do século XVIII. Sem acesso a grandes números de trabalhadores indígenas para cultivarem terras virgens ou, ainda, herdando unidades de produção decadentes e terras exauridas dos primeiros ocupantes portugueses, a grande maioria dos homens livres paulistas, junto com um número sempre menor de índios subalternos, trazidos com grande sacrifício de sertões longínquos, cultivava roças primitivas para sustentar a família, a parentela e os índios de serviço, produzindo apenas eventualmente um pequeno excedente para vender nos mercados ínfimos das vilas. Em suma, a expansão do povoamento e o desenvolvimento da agricultura em São Paulo no século XVII, ao introduzir uma perspectiva de riqueza comercial, estabeleceu, ao mesmo tempo, a medida da pobreza rural.

7. Os anos finais da escravidão indígena

Ao longo do século XVII, as atividades econômicas dos colonos da região de São Paulo assentaram-se numa ampla e sólida base de escravos índios, aprisionados nas frequentes expedições dos paulistas ao sertão. Um fluxo constante de novos índios, que atingiu o seu auge no meio do século, abasteceu as fazendas e sítios da região planáltica, ao mesmo tempo proporcionando mão de obra excedente, que se empregava sobretudo no transporte de produtos locais destinados ao mercado litorâneo. Essa relação essencial entre mão de obra abundante e agricultura comercial definiu os contornos da sociedade paulista no século XVII e, concomitantemente, integrou São Paulo aos quadros da economia colonial.

A partir da segunda metade do século, a aquisição da mão de obra indígena através do apresamento tornou-se crescentemente difícil, pois as expedições passaram a enfrentar sertões pouco conhecidos, distâncias maiores e crescente resistência indígena. O declínio na rentabilidade das expedições provocou uma séria crise na economia paulista. A maioria dos produtores rurais, dispondo de apenas alguns cativos índios, afastou-se da produção comercial, enquanto outros — aqueles que conseguiram manter uma força de trabalho considerável — começaram a dirigir recursos a outras atividades. Alguns introduziram escravos africanos em suas fazendas, procurando de forma consciente substituir a população cativa, que declinava. Outros lançaram mão da criação de animais de carga numa tentativa de substituir as reservas de carregadores índios. Havia outros, ainda, como no já relatado caso de Fernão Dias Pais, que enterravam seus recursos e esperanças na busca de metais preciosos.

No entanto, apesar de sinais evidentes preconizando o declínio da escravidão indígena, ela permanecia fortemente enraizada em São Paulo na época em que foi descoberto o ouro, na década de 1690. Nesse período, diversos proprietários continuavam a comandar posses superiores a cem escravos. Ainda no plano institucional, a viabilidade da escravidão indígena parecia ganhar novo fôlego com o acordo alcançado em 1696, envolvendo colonos, jesuítas e a Coroa, que aos primeiros garantia direitos sobre o serviço particular dos índios.

Mesmo assim, a corrida para as minas aprofundou a crise da escravidão indígena em diversos sentidos. Muitos paulistas, sobretudo aqueles que tinham poucos escravos, migraram para as Gerais, redundando num êxodo considerável da mão de obra local, o que se tornou assunto tanto nas reuniões das câmaras municipais quanto na correspondência de funcionários da Coroa. De fato, o que se percebe na documentação local, sobretudo nos inventários de bens, é um declínio vertiginoso na concentração de mão de obra indígena na região (ver Tabela 2, p. 98).

Como agravante, ao fixar a atenção nas oportunidades econômicas proporcionadas pela abertura das minas, os paulistas praticamente suspenderam as suas atividades de apresamento, fundamentais para a reprodução da escravidão indígena.[1] Alguns cativos originários das minas foram transferidos para São Paulo no início do século XVIII, mas somavam poucos, pois grande parte das populações dessa região já havia sido deslocada devido à presença constante de expedições de apresamento desde os anos 1660.[2] As demais sociedades remanescentes nas imediações das minas desapareceram rapidamente, dizimadas por doenças infecciosas ou deslocadas para áreas ainda não ocupadas pelos brancos.[3]

Assim, no início do século XVIII, o processo de dominação que havia caracterizado as relações luso-indígenas na região desde os fins do século XVI manifestava-se em pelo menos dois sentidos fundamentais, deixando marcas profundas na sociedade paulista. Em primeiro lugar, as relações forjadas entre senhores e índios definiram os extremos da estrutura de dominação, estabelecendo os fundamentos de uma sociedade escravista bem caracterizada. E, em segundo, a distribuição desigual dos cativos, situação que se agravara com a crise do apresamento, determinou diferenças marcantes entre alguns poucos colonos ricos e a grande maioria, a qual se achava cada vez mais submersa num estado de pobreza rural.

CAMINHOS DA LIBERDADE: ALFORRIAS

À medida que a distância entre os grandes proprietários de terras e escravos se alargava, a proximidade entre homens livres pobres e escravos índios tornava-se mais evidente. Em certo sentido, a distância social entre índios e brancos em São Paulo sempre fora pequena, pois mesmo os maiores proprietários, aqueles que inclusive se consideravam a nobreza da terra, enfrentavam dificuldades em esconder traços de ascendência indígena nas suas genealogias.[4] A realidade de uma sociedade fortemente miscigenada, na qual a bastardia sempre ocorreu em grande escala, entrelaçava senhores e índios numa relação social fugidia, sempre encoberta pelas malhas da dominação. Neste sentido, com a evolução da escravidão, a proximidade étnica cedia lugar a distinções baseadas em posição social e nas relações de produção, que permaneciam importantes para a maioria dos senhores de escravos índios. Para citar um exemplo, Amador Bueno da Veiga, senhor de mais de cem índios e algumas dezenas de escravos africanos, demonstrou profundo desgosto com a sua irmã de criação, uma mamaluca filha de índia, quando esta se dispôs a casar com um índio escravo do seu irmão.[5]

Portanto, a escravidão produziu constantemente situações que demonstravam a proximidade entre brancos e índios, diluída pela existência de uma larga camada de pessoas de condição incerta. O testamento de Antonio Nunes revela um detalhe bastante interessante nesse sentido: "Declaro que tenho um moço do gentio da terra da minha obrigação que é meu tio, irmão de minha mãe, casado com uma india da aldeia e assim por bons serviços que me tem feito [...] o deixo forro e livre".[6] Outra senhora observou no seu testamento que um dos índios de sua posse não devia entrar nas partilhas, visto que seu filho Antonio Varejão "resgatou ao mulato Polinário com o seu dinheiro por ser seu irmão".[7] Numa situação igualmente bizarra, também envolvendo irmãos, uma tal de Domingas Mamaluca reivindicou sua liberdade perante a justiça afirmando que foi seu próprio irmão — que a herdou do pai de ambos — que a vendeu a um terceiro. Este, por sua vez, réu no litígio, achou-se injustiçado, porque "é uso e costume destas capitanias desde que se começaram a povoar comprar e vender gente de sua administração".[8] O caso mais dramático surgiu em Sorocaba: a 17 de abril de 1722, Antonio Moreira trocou uma rapariga "do gentio da terra" por Maria, de propriedade do capitão Gabriel Antunes Maciel. Consta da escritura que Maria era nada mais nada menos que mãe de Antonio Moreira! Alguns meses depois, a 30 de setembro, Moreira passou uma carta de liberdade a favor de Maria.[9]

Se a integração de ex-escravos na sociedade livre tornou-se mais usual pelo fim do século XVII, seus principais efeitos foram acelerar o processo de declínio da escravidão indígena e, por outro lado, aumentar a população pobre das vilas e das áreas rurais.[10] Os registros paroquiais de Santo Amaro, para citar um exemplo, acusavam, entre 1686 e 1725, uma alta incidência de filhos ilegítimos de mães índias ou bastardas e de pais incógnitos.[11] Nos casos em que a paternidade vem reconhecida, as crianças sempre foram consideradas livres, a despeito do dispositivo legal que rezava, no latim de um ouvidor da época, *partus sequibus ventrum*, ou seja, o filho segue o foro da mãe. Alguns destes pais provenientes das camadas mais proeminentes, para tirar dúvidas, concediam a liberdade às mães, às vezes doando-lhes terras e escravos. Exemplo notável foi o de Pedro Vaz de Barros, fundador da grande fazenda de Carambeí e da capela de São Roque, que teve catorze filhos bastardos com seis escravas diferentes, sendo que alforriou todas e as dotou de generosas concessões de terras e de índios quando da sua morte.[12]

A partir dos últimos anos do século XVII, os índios alforriados contribuíram para a expansão de uma população de condição incerta, entre a escravidão e a liberdade.[13] Praticava-se a alforria ao longo do período escravista, mas, com o declínio da agricultura comercial e o consequente empobrecimento de muitos colonos, os senhores pareciam mais dispostos a conceder cartas de liberdade a seus índios. Nesse sentido, é importante distinguir entre os testamentos que declaravam a liberdade dos índios como princípio geral e aqueles que deram um passo a mais, isto é, deixaram os índios livres de verdade. No mais das vezes, senhores moribundos, num derradeiro suspiro paternalista, admitiam ter dúvidas quanto à legitimidade do cativeiro indígena, garantindo porém, no mesmo suspiro, que estes índios "livres" fossem repartidos entre seus herdeiros. Assim, a diferença crucial residia na estipulação adicional que isentava os índios de qualquer serviço posterior à morte do senhor, o que era muito menos frequente.

De fato, a liberdade concedida em testamento, às vezes reiterada numa carta de alforria depositada em cartório, era considerada irreversível, a despeito de eventuais litígios movidos por herdeiros inconformados. Inês Pedroso, por exemplo, ao alforriar Generosa e Custódia "por boas obras", enfatizou que as duas "ficarão forras e livres em obrigação de servidumbre alguma nem o filho nem a filha e se poderão ir para a aldeia ou para onde lhe parecer".[14] Para citar outro caso com desfecho diferente, Madalena, uma índia libertada em circunstâncias semelhantes por sua senhora Luzia Leme, teve de recorrer à justiça comum para garantir a dádiva, já que um herdeiro a mantinha no cativeiro. Na sentença, o juiz estabeleceu uma multa de vinte mil-réis, valor provável da moça, para "quem a estorvasse".[15] Talvez não confiando muito na justiça, outro senhor protegeu uma alforriada diferentemente, proibindo a sua exploração pelos herdeiros "debaixo de minha maldição".[16]

Em São Paulo, a alforria condicional constava como a forma mais comum da passagem de escravo a livre. Os senhores muitas vezes estipularam que os índios teriam de servir herdeiros, sendo que, apenas com a morte destes, consumar-se-ia a alforria. Do ponto de vista senhorial, este tipo de ação tinha a dupla vantagem de aliviar a consciência na hora da morte e, ao mesmo tempo, oferecer alguma garantia de mão de obra ou renda para os herdeiros. Para os índios, a liberdade condicional seria vantajosa apenas no caso do senhor que condicionasse a liberdade à morte do cônjuge sobrevivente, igualmente idoso. Para a maioria, contudo, resignada a servir os filhos do seu senhor "benevolente", a liberdade mantinha-se distante, salvo na rara ocasião em que os herdeiros que dispunham de índios condicionalmente alforriados completaram o desejo dos pais, passando carta de alforria definitiva. Por exemplo, o capitão Guilherme Pompeu de Almeida registrou uma carta de alforria no cartório de Parnaíba, concedendo liberdade ao casal de bastardos João e Isabel, junto com os filhos destes, realizando assim a verba do testamento da sua mãe, que havia deixado a família livre sob a condição de servirem os herdeiros.[17]

Outras alforrias condicionais estipulavam tarefas específicas ou outros termos de serviço. Por exemplo, José Ortiz de Camargo esboçou um arranjo complicado na carta de alforria de seu escravo especializado, Paulo. Segundo a mesma, Paulo gozaria de uma semana livre cada mês para passar com sua mulher, que morava em outra propriedade, e, durante as outras semanas, ensinaria a oito índios escravos os segredos do seu ofício. No término de seis anos, ficaria livre incondicionalmente.[18]

Mas este tipo de condição poderia, eventualmente, causar certa confusão, como no caso das bastardas Mônica e Felipa. Margarida Gonçalves, a senhora das duas, achou necessária e justa a revogação da alforria que lhes tinha sido concedida, visto que as moças foram direto para a vila de São Paulo, pensando que já estivessem livres, em vez de aguardar o falecimento da senhora, conforme condicionava a carta de alforria. Gonçalves justificou esta ação ao observar que as duas "eram ingratas e eram suas escravas, sendo filhas de sua negra".[19] Sorte semelhante teve José Mamaluco, filho de homem branco com uma índia tememinó. Seu senhor, o padre Antonio Rodrigues Velho de Jundiaí, tinha passado sua carta de alforria em 1672, revogando-a, porém, nove anos depois "por ingratidão".[20]

Alforrias incondicionais eram bem mais raras. Em um caso, a "negra da terra" Maria conseguiu sua liberdade imediata ao depositar 32 mil-réis, seu valor de mercado, nas mãos dos herdeiros de Luzia Leme.[21] Em caso semelhante, Sebastiana de Oliveira concedeu liberdade a sua índia Páscoa ao receber duzentos mil-réis, "que me deu por agradecida de a deixar por forra e livre".[22]

De modo geral, os senhores procuravam manter os libertos nas propriedades, mesmo quando a alforria fosse incondicional. Muitas vezes, certos membros de uma família recebiam a alforria, enquanto seus cônjuges e filhos permaneciam na condição de "serviços obrigatórios". Por exemplo, Gaspar Favacho concedeu alforria a diversos índios no seu testamento, sendo que todos teriam de permanecer na fazenda para se manter unidos às famílias.[23] De fato, ao longo do período escravista, era comum encontrar libertos na composição da força de trabalho nas fazendas, ora para se manterem junto às famílias, ora simplesmente coagidos.

Em todo caso, a opção entre ficar ou deixar a unidade do seu ex-senhor dependia, em última análise, das perspectivas de sobrevivência no contexto econômico e social de São Paulo colonial. Assim, por exemplo, talvez por falta de alternativa, os dez ex-escravos de Maria de Lima Barbosa optaram por permanecer junto ao filho da defunta.[24] Mas alguns senhores mostraram certa preocupação com a sorte dos ex-cativos, dando-lhes ferramentas, terras e mesmo dinheiro para ampará-los nas suas novas vidas. Ângela de Siqueira, para citar outro exemplo, deu vinte mil-réis a uma bastarda "que assiste na minha casa [...] por bons serviços".[25] Ambrósio Mendes, por sua vez, ao libertar todos os cativos índios, concedeu a cada casal duas enxadas, uma foice e um machado, "para que tenham com que remediar suas vidas". Esta concessão, segundo o ex-senhor, seria recompensa aos índios "de me haverem servido".[26]

CAMINHOS DA LIBERDADE: A JUSTIÇA

Contudo, nem todos os índios podiam contar com a boa vontade de seus senhores para garantir a sua liberdade e sobrevivência. Se os problemas econômicos amaciaram os temperamentos de alguns senhores, endureceram os de outros, que aumentavam as suas exigências em face de uma crise comercial. Como resultado, muitos índios acharam necessário lutar por sua autonomia e liberdade, lançando mão de meios tanto ilegais quanto legais. Assim, à medida que aumentavam as fugas individuais, também aumentavam os litígios movidos por índios em prol da liberdade.

De fato, no alvorecer do século XVIII, a despeito da regularização da relação senhor-administrado através de uma carta régia de 1696, os índios começavam a conscientizar-se das vantagens do acesso à justiça colonial, sobretudo com respeito à questão da liberdade. Isso foi possível, em larga medida, devido às reformas administrativas que foram implantadas a partir da década de 1690, que, embora tenham alcançado êxito apenas parcial, visavam subordinar a região à autoridade da Coroa, processo entrelaçado com a descoberta de ouro nas Gerais. A maneira mais direta de efetivar tal subordinação seria a intromissão da Coroa nas relações entre colonos e índios. Apesar de não abolir efetivamente a escravidão indígena — a "abolição" já tinha sido feita inúmeras vezes —, a presença da administração real na questão indígena em São Paulo, nesse período, acelerou o processo de desagregação.[27]

Realmente, ao apontar um encarregado especial para assuntos indígenas em 1698, o novo governador do Rio de Janeiro passou a agir de forma enérgica, sobretudo com respeito à questão dos aldeamentos. O novo procurador dos índios, Isidoro Tinoco de Sá, produziu resultados surpreendentes — se é que podemos confiar nos seus relatórios —, restituindo aos aldeamentos muitos índios que se achavam no serviço particular dos colonos. Ao chegar em 1698, contabilizou apenas noventa índios nos quatro aldeamentos, mas, apenas dois anos mais tarde, relatou orgulhosamente que os mesmos agora contavam com 1224 residentes indígenas. Segundo ele, os colonos teriam reagido rapidamente à ameaça de multas pesadas, devolvendo voluntariamente os índios aos aldeamentos.[28]

Tais medidas, sem dúvida, traziam mais problemas do que soluções. De um lado, sem roças e sem uma organização econômica interna, os aldeamentos não tinham condições de sustentar essa população. Do outro, a delicada questão do trabalho e da liberdade indígena, que se julgava resolvida pela carta régia de 1696, foi reaberta com nova intensidade, com os colonos achando-se numa posição incômoda, divididos entre suas necessidades materiais e sua lealdade em relação à Coroa. Prevaleceu, no entanto, o ressentimento dos paulistas para com a interferência da autoridade externa em assuntos considerados internos, o que valeu para São Paulo a fama de ser a "Rochela do Sul". Com certeza, diversos movimentos dos colonos nesse período — a revolta da moeda, o assalto aos armazéns de sal, a tentativa de assassinato do ouvidor, entre outros — reforçaram semelhante reputação, agredindo a autoridade régia frontalmente.[29] No caso específico dos aldeamentos, os colonos receavam um complô entre a Coroa e os jesuítas visando privá-los de seus índios.[30]

Um dos resultados diretos desse movimento de penetração da autoridade régia foi a maior disponibilidade da justiça colonial nas disputas em torno da questão indígena. Pela primeira vez, surgia um canal por meio do qual a legislação referente à liberdade dos índios poderia ser invocada para a defesa da mesma liberdade. Durante o século XVII, tentativas de adequar as relações de trabalho vigentes ao corpo legislativo indigenista fracassaram, justamente pelas contradições ali suscitadas. Os colonos, amparados pela justiça ordinária, sediada, aliás, nas câmaras municipais, forjaram os contornos institucionais do serviço obrigatório a título de direitos adquiridos, ou seja, provenientes do "uso e costume". Assim, quando surgiu um questionamento em torno do direito de transmissão dos índios a herdeiros, prevaleceu o "uso e costume". Em caso notável de 1666 — um litígio sobre a posse de alguns cativos —, apesar de exaustiva citação da legislação indigenista, o direito da propriedade ganhou precedência sobre o direito da liberdade.[31]

Estas tendências começaram a mudar com a intromissão da justiça régia na região, sobretudo quando da chegada do primeiro ouvidor permanente em São Paulo nos anos finais do século XVII. Desde então, os próprios índios passaram a ser autores frequentes de petições e litígios, buscando a liberdade a partir de argumentos fundamentados num conhecimento da legislação em vigor. Afinal, pela letra da lei, o cativeiro dos índios era notoriamente ilegal.

Um caso ilustrativo deste processo ocorreu em 1721 na vila de Itu. Neste, Micaela Bastarda, que havia sido alforriada em 1703 por Gonçalo de Pedrosa, deixando-a "livre de toda a servidão e administração para poder viver como pessoa livre com quem quiser", denunciava o prior do Carmo, que a forçava a trabalhar no convento de São Luís, posto que a viúva do mesmo senhor legara seus índios ao convento em escritura posterior ao testamento. Em defesa dos interesses do convento, o prior argumentava ser "uso e costume há mais de 150 anos servir de gentio, mamalucos e bastardos" e, ademais, "passar a administração de uns para outros, de pais para filhos". Por seu turno, o procurador representando Micaela argumentou que "uso e costume não pode ter lugar onde há lei em contrário e também contra as liberdades não há nem pode haver prescrição ainda imemorial". Depois de muitas audiências, o juiz ordinário Claudio Furquim de Abreu pronunciou sentença a favor de Micaela, garantindo a sua liberdade e obrigando os padres a pagar serviços referentes aos doze anos e sete meses durante os quais Micaela foi "injusta e violentamente" explorada. Os padres não chegaram a pagar a indenização à "pobre miserável", mas, depois de quase vinte anos de incerteza, Micaela ganhou sua liberdade, abrindo, aliás, precedente para os demais índios do convento.[32]

Nesse contexto de decisões favoráveis, Rosa Dias Moreira moveu processo contra seu senhor, Francisco Xavier de Almeida, de Jundiaí, alegando que, por ser descendente de "carijós", seu cativeiro era ilícito. Em caso semelhante, dois "descendentes de carijós" abriram litígio contra José Pais, de Araritaguaba (Porto Feliz), pelo mesmo motivo.[33] Assim, ao constatar sua ascendência indígena — consubstanciada pela identidade carijó —, o índio litigioso buscava garantir sua condição de livre, juridicamente determinada pelas leis do Reino. Em alguns casos, procurava reforçar o pleito — alegando maus-tratos ou cativeiro injusto — na tentativa de caracterizar sua condição como equivalente à do escravo.

Como estratégia alternativa, alguns cativos buscavam refúgio nos aldeamentos da região, dispondo-se a lutar na justiça pelo direito de permanecer nessas comunidades. Por exemplo, em 1723, a viúva Maria Leme do Prado procurou justificar, perante o juiz, seu direito de administração sobre a "mulata" Marta. A mãe de Marta, escravizada numa expedição de João da Cunha ao sertão dos guarulhos quarenta anos antes, havia sido vendida, posteriormente, para Pedro Fernandes Aragonês, pai de Maria Leme. Na época do litígio, Marta encontrava-se "fugida" na aldeia de Conceição dos Guarulhos, alegando pertencer a este aldeamento em virtude de sua ascendência guarulha. No entanto, após ouvir testemunhas, o juiz restituiu Marta ao poder de Maria Leme do Prado.[34]

Em outro caso, com desfecho distinto, os índios Vicente, José, Inácio, Joaquim, sua mãe Romana e sua mulher Marcela de Oliveira apresentaram uma petição acusando o colono Antonio Pedroso de mantê-los "com rigoroso trato de escravos". Alegando serem descendentes "dos antigos povoadores das aldeias", estes índios alcançaram uma sentença favorável, sendo restituídos à aldeia dos

Pinheiros. A despeito da sentença, entretanto, um dos homens foi alistado para combater os Paiaguá, e a velha Romana foi devolvida a Antonio Pedroso contra o pagamento de uma fiança.[35]

A partir do conjunto das ações litigiosas movidas por "descendentes de carijós", delineava-se o processo de desagregação da escravidão indígena com importantes implicações para a questão da identidade étnica da população local. De fato, a maior parte dos litigantes que alcançava sentenças favoráveis passava a integrar a camada mais numerosa da sociedade paulista, composta de lavradores pobres e agregados livres, os precursores da "sociedade caipira" tão fartamente estudada no presente século. Da mesma forma, apenas uma minoria de índios alforriados "reintegrava-se" aos aldeamentos da região, seguindo uma estipulação da política indigenista do início do século XVIII. Portanto, neste processo, a tendência principal era o afastamento do passado e da identidade indígenas.

Ao mesmo tempo, a classe senhorial mostrou-se bastante arraigada em seus privilégios, procurando manter, a todo custo, seus escravos índios. Por exemplo, Francisco Dias e sua mulher Úrsula, índios da aldeia de Escada (hoje Guararema), "livres de nascimento", entraram com uma ação na justiça alegando que sua filha estava em poder de um certo Marcos da Fonseca de Mogi das Cruzes, que tratava a menina como se fosse escrava. Pediram ao juiz que restituísse a menina à aldeia, para gozar da liberdade a que tinha direito. No entanto, tendo sido o caso investigado pelo capitão da vila, concluiu-se que Fonseca tratava bem a menina e recomendou-se a suspensão do litígio.[36] Assim, a justiça também podia servir os interesses dos senhores perante litigantes indígenas.

De fato, os próprios senhores recorriam mais e mais à justiça para resolver questões referentes à mão de obra indígena. Os autos relativos a um processo em torno da posse de uma capela rural fornecem dados importantes para a compreensão dos problemas da propriedade de escravos índios e da liberdade dos mesmos nesse período de transição em que a escravidão indígena sofria um declínio rápido. À primeira vista um conflito em torno da administração da capela de Bonsucesso — instituída e legada de forma confusa por Francisco Cubas na década de 1670 —, o que se disputava, no fundo, era o controle dos 34 índios a ela vinculados, uma força de mão de obra considerável na época, sobretudo naquele bairro pobre de São Miguel.[37] Quando da morte, em 1710, de Brígida Sobrinha, última filha de Francisco Cubas, o controle da capela e de seus índios achava-se nas mãos de Amador Bueno da Veiga. Pelo que se pode apreender dos autos, Amador Bueno, um vizinho já bastante rico em terras e índios, tinha em mira os índios da capela, uma vez que estes se encontravam ociosos devido à má administração da propriedade pela última herdeira direta. Embora o desenrolar do caso permaneça um tanto obscuro, ao que parece Amador Bueno assumiu, com o consentimento de Brígida Sobrinha, o comando da propriedade, reconstruindo a capela e reorganizando a sua base produtiva.

Com a morte de Brígida, contudo, a administração de Bonsucesso passou para uma sobrinha desta, casada com João dos Reis Cabral, que imediatamente instaurou uma ação de despejo contra Amador Bueno da Veiga. Não satisfeito apenas com o despejo, Cabral também procurou ganhar uma indenização pelo uso do serviço dos índios, calculada em duzentos réis por dia por índio, pelos dezoito meses que Amador Bueno havia usufruído do trabalho destes.

Evidentemente chocado com a perspectiva de pagar mais de quatro contos de réis pelo trabalho indígena — até ali gozado gratuitamente —, a primeira reação de Amador Bueno foi recalcular a conta, determinando que 160 réis por dia seria uma compensação mais justa, visto "umas peças serem de menos serviços que outras e de menos préstimo". Do cálculo anterior descontava ainda quarenta dias por ano "por respeito das águas", além de mais 83 domingos e dias de festa religiosa, durante os quais os índios não trabalhavam. Enfim, chegou a um cálculo que atingia apenas a metade do original, mas ainda parecia exorbitante. Em vista disso, o procurador de Amador Bueno recorreu a um argumento complexo visando demonstrar que os índios não trabalharam para Amador Bueno, mas apenas para a capela, ao que eles estavam de fato obrigados. Além disso, argumentou o procurador, Amador Bueno tivera prejuízo com os índios, fornecendo-lhes comida enquanto restauravam a capela, reconstruíam uma ponte e abriam roças para seu próprio sustento. Citando a carta régia de 1696, o advogado de defesa acrescentava que "o serviço dos índios pertence aos próprios índios e que os seus administradores lhe paguem". Ao sustentar que Amador Bueno nunca fora administrador desses índios, o advogado demonstrava que o réu nada devia. Arrematando, alegava que "os trabalhos que fizeram os ditos índios não foram de proveito algum" para Amador Bueno e sim em benefício da capela.[38]

Em todo caso, mesmo que o trabalho fosse de algum proveito, Amador Bueno da Veiga, apesar de homem rico, jamais poderia pagar uma conta tão alta, uma vez que isso esvaziaria o sentido da administração particular. De fato, para os paulistas, o trabalho indígena não era compatível com a liberdade dos índios. Pois, ao contrário, os colonos teriam de procurar fontes alternativas de mão de obra ou, na pior das hipóteses, lavrar a terra com as próprias mãos.

TRANSIÇÃO PARA A ESCRAVIDÃO NEGRA?

À primeira vista, uma solução para a crise da escravidão indígena seria a sua substituição por escravos negros, solução, aliás, adotada por todos os paulistas mais abastados no início do século

xviii. Para alguns, no contexto do declínio da população indígena, a presença crescente de cativos africanos em São Paulo parecia indicar uma incipiente transição para a escravidão africana. É claro que alguns cativos negros, claramente diferenciados dos índios como "gentio da guiné", "peças da Angola" ou, mais frequentemente, "tapanhunos" — termo tupi designativo de escravo negro —, estiveram presentes na capitania desde os seus primórdios, porém representando uma parcela ínfima da força de trabalho global, ocupada pela massa de trabalhadores indígenas. Apenas a partir do último quartel do século xvii e sobretudo após 1700 é que escravos africanos começaram a transformar os tijupares em senzalas.

Mas falar em transição, pelo menos no sentido da substituição dos cativos índios na execução de tarefas na agricultura, seria precipitado: manteve-se, nesse período, como um processo incompleto, a ser consumado apenas no final do século xviii, quando a expansão açucareira revitalizaria a economia paulista.[39] O que descaracterizou o processo de transição no início do século foi a alta demanda por mão de obra escrava nas Gerais, elevando precipitadamente os preços de cativos no Brasil inteiro. Em São Paulo, entre 1695 e 1700, o preço de um escravo adulto pulou de 45$000 a 180$000, chegando, em 1710, a 250$000.[40] Na verdade, poucos paulistas dispunham de recursos suficientes ou de acesso a fontes de crédito que permitissem a importação de escravos numa escala maior. Portanto, o emprego de africanos na agricultura paulista limitou-se às últimas unidades de produção comercial que conseguiram superar as dificuldades impostas pelo declínio da escravidão indígena, sobretudo aquelas localizadas nos bairros rurais a oeste de Santana de Parnaíba e ao norte de São Paulo.

Nesse sentido, antes de mais nada, a expansão da escravidão africana em São Paulo nos anos iniciais do século xviii refletia mudanças importantes na organização econômica do planalto, as quais estavam intrinsecamente ligadas à emergente economia mineira das Gerais. Basicamente, a escravidão africana assumiu dois aspectos nitidamente diferentes, embora complementares. De um lado, enquanto mercadoria a ser fornecida para as minas, o comércio do escravo africano colaborou para a transformação de São Paulo em entreposto comercial. Do outro, alguns escravos negros foram integrados às grandes propriedades rurais da região.

A dupla face da escravidão africana manifestava-se na composição das posses de cativos durante esse período. A preferência por adultos do sexo masculino, na sua maioria de origem africana, e a ausência quase total de crianças traçavam o perfil demográfico da propriedade em escravos dos comerciantes com trato nas minas. Já nas grandes unidades agrícolas, a composição era bem diferente. Nas fazendas, a presença de cativos africanos correspondia ao padrão da escravidão indígena, estabelecido ao longo do século XVII, com maior equilíbrio entre os sexos, números consideráveis de menores, uma preferência por crioulos e mestiços e um grau significativo de casamentos (formais e informais) mistos (ver Tabelas 13 e 14).

Resumindo, estas duas faces da escravidão refletiam importantes inovações na economia paulista, envolvendo alguns poucos comerciantes e produtores rurais privilegiados. O primeiro grupo incluía sobretudo imigrantes do Reino, dos quais alguns conseguiram contrair matrimônios favoráveis na elite local, de certo modo amenizando conflitos potenciais.[41] Ao introduzir um volume aumentado de capital comercial e ao aproximar a região mais estreitamente à economia do Atlântico, as atividades econômicas desses comerciantes representaram um rompimento com o período anterior ao descobrimento do ouro. Foi através do tráfico de escravos africanos, uma das mercadorias mais cobiçadas nas minas, que as bases da sociedade paulista transformaram-se de modo significativo.[42]

Tabela 13

COMPOSIÇÃO DA POPULAÇÃO AFRICANA EM PROPRIEDADES AGRÍCOLAS, SÃO PAULO E SANTANA DE PARNAÍBA*

Prop. (nº de índios)	M	F	Cr	T	Data/Fonte
Domingos da Rocha (92)	13	10	1	24	1661 IE CX. 6
Francisco de Camargo (58)	5	3	8	16	1672 INP CX. 10
Marcelino de Camargo (124)	3	7	4	14	1684 IT 21
Jerônimo Bueno (55)	1	10	0	11	1693 IT 21
Pedro Vaz de Barros (47)	10	12	2	24	1697 IT 24
Maria de Mendonça (muitos)	24	15	13	52	1700 IPO 14 563
Salvador Jorge Velho (81)	15	5	0	20	1708 IPO 14 518
Maria Bueno (54)	6	7	12	25	1710 IPO 13 909
João Pereira de Avelar (27)	14	7	3	24	1713 IPO 14 151
Gaspar de Godoi Colaço (57)	12	4	5	21	1714 IPO 14 091
Baltasar de Godoi Bicudo (52)	18	12	23	53	1719 IPO 14 676
Amador Bueno da Veiga (92)	11	11	23	45	1720 IPO 14 962
TOTAL	132	103	94	329	

* M: escravos adultos; F: escravas adultas; Cr: crianças dependentes; T: total dos escravos de origem africana.

Tabela 14

COMPOSIÇÃO DA POPULAÇÃO AFRICANA EM PROPRIEDADES ENVOLVIDAS NO COMÉRCIO OU NA MINERAÇÃO, SÃO PAULO E SANTANA DE PARNAÍBA

Prop. (nº de índios)	M	F	Cr	T	Data/Fonte
Antonio da Rocha Pimentel (28)	19	5	0	24	1709 IPO 13 919
Potencia Leite do Prado (poucos)	29	15	3	47	1710 IPO 14 853
Luzia Bueno (15)	17	1	0	18	1711 INP CX. 24
Martinho Cordeiro (2)	10	3	0	13	1711 IPO 14 900
Francisco B. de Brito (19)	22	4	5	31	1712 IPO 14 448
Ana Proença (0)	11	1	1	13	1713 IPO 14 217
Maria Lima do Prado (20)	15	3	3	21	1715 INP CX. 26
João de Almeida Naves (15)	27	9	8	44	1715 IPO 14 758
Pascoa do Rego (9)	12	2	1	15	1716 INP CX. 26
João Francisco Duarte (11)	13	1	1	15	1716 IPO 15 927
Isabel Barbosa da Silva (0)	24	7	2	33	1717 IPO 14 068
Miguel Gonçalves Medeiros (poucos)	17	4	11	32	1717 IPO 14 340
Bento Amaral da Silva (21)	25	10	11	46	1719 IPO 14 308
Domingos Dias da Silva (12)	30	16	8	54	1725 IPO 15 086
TOTAL	271	81	54	406	

FONTE: As seguintes abreviaturas são utilizadas: IE: AESP, Inventários Estragados; INP: AESP, Inventários Não Publicados; IPO: AESP, Inventários do Primeiro Ofício; IT: *Inventários e testamentos*, 44 vols.

O segundo grupo — o dos produtores rurais — remontava aos colonos bem-sucedidos na exploração da mão de obra indígena, aqueles que possuíam recursos suficientes que possibilitavam a compra ou importação de escravos negros. À primeira vista, pode parecer que esta transição se restringisse a simplesmente sobrepor o elemento africano à estrutura existente da escravidão indígena, representando assim uma continuidade, não apenas em termos da organização da produção como também no contexto do circuito comercial interno que prevalecera ao longo do século anterior. No entanto, uma análise mais completa indica um profundo deslocamento da sociedade e economia do planalto. Devido a sua relação particular com o mercado das minas, as grandes propriedades paulistas assumiram características nitidamente novas no alvorecer do século XVIII.

Realmente, nesse período as grandes fazendas começaram a especializar-se em alguns produtos que atendiam às necessidades do crescente mercado mineiro. Mas, se no século XVII as maiores unidades paulistas produziam basicamente gêneros alimentícios — sobretudo o trigo — para o mercado litorâneo, na época do ouro a agricultura paulista contribuiu pouco para o mercado mineiro, apesar dos preços inflacionados que atingiam o milho e o feijão.[43] A julgar pelos documentos comerciais da época, a maioria das transações com as minas envolvia aguardente, escravos e, sobretudo, gado.[44] Mas isso faz sentido quando se considera o custo do transporte, o que constituía o maior obstáculo entre os produtores paulistas e o mercado das Gerais. Já elucidamos como os colonos resolveram o problema no século XVII, mobilizando levas de índios carregados de mercadorias na descida da serra do Mar. As minas de ouro, contudo, exigiam uma longa viagem de até dois meses "com cavalgaduras e negros carregados", conforme resmungou um paulista em 1700.[45] Uma coisa era enviar para Santos um índio com seu fardo de trinta quilos de farinha ou feijão, numa viagem de dois a quatro dias; para a maioria dos índios de carga, porém, a caminhada de dois meses representaria morte certa.

Aos paulistas restavam, portanto, duas opções. A primeira, como já observamos, residia na reorientação da produção para mercadorias cujo valor compensava o custo de transporte. A segunda envolvia a organização de unidades agrícolas nas imediações das próprias minas. Provavelmente tendo se tornado a segunda opção a solução preferida dos paulistas, a dimensão desta manifestava-se no valor dos dízimos arrendados na primeira metade do século XVIII, que aumentou sensivelmente nas Minas Gerais, tendo uma evolução mais modesta em São Paulo. Quando do desmembramento do distrito das minas, separado da capitania de São Paulo em 1710, o valor do contrato dos dízimos da capitania caiu de 15:210$000 para meros 3:934$000.[46] Em meados do século, ao passo que o contrato para São Paulo, tendo aumentado três vezes, atingia 10:600$000, o contrato mineiro havia saltado para 92:038$000.[47] É claro que tais cifras refletem o enorme crescimento demográfico da capitania de Minas Gerais, mas, ao mesmo tempo, demonstram a reação débil da agricultura paulista perante este enorme mercado proporcionado pelas minas.

Na verdade, ao entrar no século XVIII, a agricultura paulista havia sofrido uma dura reversão. Embora antes São Paulo tivesse sido o principal foco de produção de trigo no Brasil, em 1724 o governador Rodrigo César de Meneses achava-se na obrigação de solicitar remessas de farinha de outras capitanias devido à carestia na capitania.[48] Já seu sucessor foi bem mais explícito quanto ao fracasso da lavoura paulista, atribuindo-o à diminuição no tamanho das sesmarias doadas, medida adotada pela Coroa para tentar evitar a concentração de propriedades nas Minas Gerais. Para o governador, as novas sesmarias não comportavam nem a triticultura, uma vez que as técnicas primitivas dos colonos — queimando e abandonando terrenos cultivados com grande frequência

— exigiam sempre maiores extensões de terras, situação agravada pela tendência de plantar pequenos partidos de cana para a produção de aguardente e pela expansão do gado.[49]

No fim das contas, a abertura das minas repercutiu na organização agrária do planalto em pelo menos dois sentidos importantes. Primeiro, devido ao custo proibitivo do transporte e a crescente escassez de mão de obra indígena, os principais produtores que permaneceram no planalto reorientaram sua produção comercial, transformando as searas em pastos e montando alambiques. Segundo, a migração intensa de boa parte da mão de obra indígena para as zonas auríferas e a concentração do restante nas unidades maiores confinaram a vasta maioria dos colonos rurais a uma existência marginal e pauperizada. Muitos homens abandonaram seus modestos sítios em prol da fortuna, alguns poucos tornando-se ricos nas distantes minas das Gerais, Mato Grosso e Goiás. Mas, para as famílias que ficaram, a idade de ouro significou o aprofundamento da pobreza rural, processo já em marcha desde a segunda metade do século XVII com o vertiginoso declínio da escravidão indígena.[50]

Enfim, conforme bem observaram frei Gaspar e outros paulistas preocupados com a problemática da decadência, o agricultor paulista do século XVIII foi apenas uma sombra do grande senhor de escravos que dominava a paisagem rural do século anterior. Respondendo às oportunidades oferecidas pela presença abundante de terras e índios, nenhum colono português se deslocou para o interior para ser camponês; repetindo as palavras do perspicaz observador Bartolomeu Lopes de Carvalho, "é certo que daquelas bandas se não tem visto até hoje criado que vá de Portugal com seu amo que não aspire logo a ser mais que ele...".[51] Contudo, de modo paradoxal, o que restou após a rápida destruição de tantas terras e de tantos índios foi justamente um campesinato empobrecido.

Notas

ABREVIATURAS

ACDS — Arquivo da Cúria Diocesana, Sorocaba.

ACMRJ — Arquivo da Cúria Metropolitana, Rio de Janeiro.

AESP — Arquivo do Estado de São Paulo.

AESP-Notas — AESP, Livros de Notas de Tabelião.

AESP-AC — AESP, Autos Cíveis.

AESP-IE — AESP, Inventários Estragados.

AESP-INP — AESP, Inventários Não Publicados.

AESP-IPO — AESP, Inventários do Primeiro Ofício.

AESP-Mogi — AESP, Inventários do Segundo Ofício de Mogi das Cruzes.

AHMSP — Arquivo Histórico Municipal "Washington Luís", São Paulo.

AHU — Arquivo Histórico Ultramarino, Lisboa.

AHU-SP — AHU, Catalogados de São Paulo.

Ajuda — Biblioteca do Palácio da Ajuda, Lisboa.

AMDDLS — Arquivo Metropolitano Dom Duarte Leopoldo e Silva, Cúria Metropolitana, São Paulo.

AMP — *Anais do Museu Paulista*. 1922-.

ARSI — Archivum Romanum Societatis Iesu, Roma.

ARSI Brasilia — Arsi Códices *Brasilia.*

ARSI-FG — ARSI Fondo Gesuìtico.

BNL — Biblioteca Nacional de Lisboa.

BNRJ — Biblioteca Nacional, Rio de Janeiro.

BNRJ-DH — *Documentos históricos da Biblioteca Nacional do Rio de Janeiro*. 1928--55. 110 vols.

BNVE-FG — Biblioteca Nazionale Centrale "Vittorio Emanuele", Roma, Fondo Gesuìtico.

CMSP-Atas — *Atas da Câmara Municipal da vila de São Paulo*. São Paulo, Prefeitura Municipal, 1914-.

CMSP-Registro — *Registro geral da Câmara Municipal de São Paulo*. São Paulo, Prefeitura Municipal, 1917-23. 20 vols.

DHA — *Documentos para a história do açúcar*. Rio de Janeiro, Biblioteca Nacional, 1954-63. 3 vols.

DI — Publicação oficial de documentos interessantes para a história e costumes de São Paulo. 1894-1991. 96 vols.

IEB — Instituto de Estudos Brasileiros, Universidade de São Paulo.

IHGB — Instituto Histórico e Geográfico Brasileiro, Rio de Janeiro.

IT — *Inventários e testamentos*. São Paulo, Imprensa Oficial, 1920-77. 44 vols.

MB — LEITE, Serafim, S. J., org. *Monumenta brasiliae*. Roma, Archivum Romanum Societatis Iesu, 1956-60. 5 vols.

Mss. de Angelis — CORTESÃO, Jaime, e VIANA, Hélio, orgs. *Manuscritos da coleção de Angelis*. Rio de Janeiro, Biblioteca Nacional, 1951-70. 7 vols.

RIHGB — *Revista do Instituto Histórico e Geográfico Brasileiro*. 1838-.

RIHGSP — *Revista do Instituto Histórico e Geográfico de São Paulo*. 1894-.

NOTAS

1. A TRANSFORMAÇÃO DE SÃO PAULO INDÍGENA, SÉCULO XVI (PP. 19-69)

1. G. Soares de Sousa, *Tratado descritivo do Brasil em 1587*, São Paulo, 1971, p. 88.

2. Ver C. Nimuendajú, *Mapa etno-histórico do Brasil*, Rio de Janeiro, 1981. Ao cruzar dados etnológicos, linguísticos e históricos, o mapa de Nimuendajú fornece um resumo bastante útil das línguas e sociedades nativas através do tempo e do espaço.

3. Soares de Sousa, *Tratado*, p. 338. P. de Magalhães Gandavo, *Tratado da terra do Brasil*, São Paulo, 1980, p. 141, também demonstrou cautela ao falar sobre os Tapuia, para evitar a divulgação de "falsas informações pela pouca notícia que ainda temos da mais gentilidade que habita terra dentro".

4. F. Cardim, S. J., *Tratados da terra e gente do Brasil*, São Paulo, 1978, pp. 123-7.

5. Soares de Sousa, *Tratado*, pp. 299-300, realiza uma longa digressão, baseada em "informações que se têm tomado dos índios muito antigos", elucidando a percepção indígena da sucessão histórica de povos nas imediações do recôncavo baiano.

6. Manuel da Nóbrega ao dr. Martín de Azpilcueta Navarro, 10/8/1549 (MB, 1:138).

7. Soares de Sousa, *Tratado*, p. 115.

8. H. Staden, *Duas viagens ao Brasil*, São Paulo, 1974, p. 153. Para uma discussão mais detalhada da controvérsia em torno dos Guaianá de Piratininga, ver J. Monteiro, "Tupis, Tapuias e a história de São Paulo", *Novos Estudos Cebrap*, 34, 1992.

9. Deve-se salientar que existiam outros grupos tupi na capitania durante o século XVI. Para uma breve tentativa de identificação desses grupos, ver J. Monteiro, "Vida e morte do índio", in *Índios no estado de São Paulo*, São Paulo, 1984.

10. Staden, *Duas viagens*, p. 72.

11. Ao expressar as dificuldades envolvidas na identificação da dinâmica tribal, o resumo hábil de Florestan Fernandes é útil aqui: "Pouco se sabe a respeito da composição e do funcionamento dessa unidade inclusiva. A única coisa evidente é que ela abrangia certo número de unidades menores, as aldeias (ou grupos locais), distanciadas no espaço mas unidas entre si por laços de parentesco e pelos interesses comuns que eles pressupunham, nas relações com a natureza, na preservação da integração tribal e na comunicação com o sagrado". Fernandes, "Os Tupi e a reação tribal à conquista", in *Investigação etnológica no Brasil*, Petrópolis, 1975, pp. 12-3. Para uma sólida análise recente dessas "redes" entre os Tupi da costa, ver C. Fausto, "Fragmentos de história e cultura tupinambá", in *História dos índios no Brasil*, org. M. Carneiro da Cunha, São Paulo, 1992.

12. Apesar da existência de outras aldeias, apenas quatro são claramente identificadas nos meados do século XVI. F. Fernandes, em "Aspectos do povoamento de São Paulo no século XVI", in *Mudanças sociais no Brasil*, São Paulo, 1979, p. 234, sustenta com base em carta de Anchieta que eles teriam doze aldeias, "não muito grandes". Possivelmente ele confunde um trecho ambíguo que pode se referir a doze léguas, a suposta distância entre São Vicente e o planalto. Já Nóbrega (MB, 2:284) refere-se a "muitas povoações de índios" em torno de Santo André em 1556.

13. O termo *Piratininga* tem suscitado alguma controvérsia na historiografia paulista. Pelo contexto dos relatos jesuíticos, Piratininga referir-se-ia ao rio

Tamanduateí, bem como à aldeia tupiniquim ali situada. Para uma discussão iluminada deste e outros temas de São Paulo quinhentista, ver M. Neme, *Notas de revisão da história de São Paulo*, São Paulo, 1959.

14. U. Schmidl, *Relato de la conquista del Río de la Plata y Paraguay*, Madri, 1986, p. 105.

15. Diogo Jácome ao Colégio de Coimbra, 6/1551 (MB, 1:242).

16. José de Anchieta a Inácio Loyola, 1/9/1554 (MB, 2:114); Staden, *Duas viagens*, p. 87, onde se refere à aldeia tupinambá de Ubatuba.

17. Para uma avaliação do tamanho das aldeias no século XVI, ver Fernandes, *Organização social dos Tupinambá*, São Paulo, 1963, pp. 62-3; e P. Clastres, *A sociedade contra o Estado*, Rio de Janeiro, 1978, pp. 38 e 56-69.

18. Luís da Grã a Loyola, 7/4/1557 (MB, 2:360-1). Ver também Anchieta aos padres e irmãos de Portugal, 4/1557 (MB, 2:366). Para Anchieta, os índios usavam o deslocamento como forma de resistência à conversão.

19. Para análises interessantes da relação histórica entre a chefia e o fracionamento de unidades locais entre grupos tupi, ver D. Gallois, *Migração, guerra e comércio*, São Paulo, 1986, pp. 60-2; e W. Kracke, *Force and persuasion*, Chicago, 1978, sobretudo pp. 50-69.

20. Soares de Sousa, *Tratado*, p. 303.

21. A respeito, ver P. Clastres, *Sociedade contra o Estado*, pp. 30-1.

22. Staden, *Duas viagens*, p. 164.

23. Pedro Correia a Simão Rodrigues, 20/6/1551 (MB, 1:231).

24. Para uma discussão da relação entre níveis de liderança política distintos, ver P. Clastres, *Sociedade contra o Estado*, pp. 52-3. Em outro contexto, a estreita relação entre chefia e guerra é tratada em detalhe por D. Price, "Nambiquara leadership", *American Ethnologist*, 8, 1981.

25. Anchieta a Loyola, 3/1555 (MB, 2:205).

26. Cardim, *Tratados*, 105.

27. Nóbrega a Luís Gonçalves da Câmara, 15/6/1553 (MB, 1:505).

28. C. d'Abbeville, *História da missão dos padres capuchinhos na ilha do Maranhão*, São Paulo, 1975, p. 234.

29. Sobre o xamanismo, ver H. Clastres, *Terra sem mal*, São Paulo, 1978, esp. cap. 2; A. Métraux, *A religião dos Tupinambás*, São Paulo, 1979, cap. 7; e P. Clastres, *Arqueologia da violência*, São Paulo, 1982, pp. 75-7.

30. Yves d'Évreux, *Viagem ao Norte do Brasil, feita nos anos de 1613 e 1614*, apud H. Clastres, *Terra sem mal*, p. 35.

31. Nóbrega a Simão Rodrigues, 11/8/1551 (MB, 1:267-8).

32. Vicente Rodrigues ao Colégio de Coimbra, 17/5/1551 (MB, 1:304). Esta associação com o fornecimento dos mantimentos está ligada aos mitos de criação que enfatizam o conhecimento da agricultura. A. Métraux, *A religião*, pp. 148-9.

33. Nóbrega ao Colégio de Coimbra, 8/1549 (MB, 1:150).

34. Idem (MB, 1:150-1).

35. Sobre estes movimentos, ver H. Clastres, *Terra sem mal*; A. Métraux, *A religião*, pp. 175-94; P. Clastres, *A sociedade contra o Estado*, pp. 110-7, e barão E. Nordenskiöld, "The Guarani invasion of the Inca empire in the sixteenth century", *Geographical Review*, 4, 1917.

36. Fausto, "Fragmentos de história e cultura tupinambá".

37. Soares de Sousa, *Tratado*, p. 320.

38. Gandavo, *Tratado*, p. 54.

39. Anchieta a Diego Laynes, 8/1/1565, in Anchieta, *Cartas*, São Paulo, 1984, pp. 216-7.

40. J. de Léry, *Viagem à terra do Brasil*, São Paulo, 1980, p. 191.

41. Nóbrega ao dr. Martín de Azpilcueta Navarro, 10/8/1549 (MB, 1:137).

42. Staden, *Duas viagens*, p. 176.

43. Léry, *Viagem*, p. 184.

44. Em estimulante artigo sobre a vingança entre os Tupinambá, M. Carneiro da Cunha e E. Viveiros de Castro apresentam uma nova versão da guerra tupinambá. Enfocando o sentido da vingança, os autores procuram mostrar que a guerra funcionava como uma espécie de "técnica de memória", produzindo e garantindo a memória coletiva dos grupos tupi, e ligando o passado ao futuro através das ações do presente. Neste sentido, as sociedades primitivas da etnologia convencional — estagnadas, sem dimensão temporal e sem história — adquirem uma nova dimensão histórica. "Vingança e temporalidade: os Tupinambá", *Journal de la Société des Américanistes*, 79, 1987.

45. Viveiros de Castro e Carneiro da Cunha, "Vingança", pp. 192-4. Ver, também, C. Fausto, "O ritual antropofágico", *Ciência Hoje*, nº 86, 1992, pp. 88-9.

46. Nóbrega ao Colégio de Coimbra, 8/1549 (MB, 1:152).

47. Pedro Correia a Brás Lourenço, 18/7/1554 (MB, 2:67).

48. Ver, por exemplo, Anchieta a Loyola, 1/9/1554 (MB, 2:108).

49. Nóbrega a Luís Gonçalves da Câmara, 15/6/1553 (MB, 1:498). Nóbrega amenizou esta opinião logo depois, quando conheceu Ramalho pessoalmente, afirmando que todos os filhos de Ramalho tinham a mesma mãe, Mbcy ou Bartira. Quanto à acusação de bigamia, permaneceu uma sombra de dúvida, pois Ramalho não soube dizer se a mulher que deixou em Portugal ainda vivia ou não. Nóbrega a Câmara, 31/8/1553 (MB, 1:524). Sobre Ramalho e outros protagonistas da "colonização acidental" do Brasil por náufragos, degredados e fugitivos, ver a interessante análise de G. Giucci, "A colonização acidental", *Ciência Hoje*, nº 86, 1992, pp. 19-23.

50. Nóbrega a Luís Gonçalves da Câmara, 31/8/1555 (MB, 1:524).

51. Luís de Góis à Coroa, 12/5/1548 (DI, 48:9-12). Sobre o engenho dos Schetz, ver J. P. Leite Cordeiro, *O Engenho de São Jorge dos Erasmos*, São Paulo, 1945, e C. Laga, "O Engenho dos Erasmos em São Vicente", *Estudos Históricos*, 1, 1963, pp. 113-43.

52. Pedro Correia a Simão Rodrigues, 10/3/1553 (MB, 1:445).

53. Leonardo Nunes a Nóbrega, 29/6/1552 (MB, 1:339).

54. O debate em torno do significado do escambo não é recente: já na década de 1940, A. Marchant desenvolveu interessante hipótese referente à reação dos índios aos estímulos do mercado. Para Marchant, os portugueses tiveram que trocar mercadorias cada vez mais valiosas para garantir os níveis da oferta de mão de obra e gêneros indígenas. Nesse sentido, os pentes, tesouras e anzóis começaram a ceder lugar para aguardente, ferramentas maiores e armas de fogo. Marchant, *From barter to slavery*, Baltimore, 1942 (trad. brasileira: *Do escambo à escravidão*, São Paulo, 1943). A Coroa também mostrava preocupação com este processo, pois em 1559 proibiu a troca de qualquer mercadoria a não ser pequenas ferramentas e bugigangas. Alvará de 3/8/1559 (DHA, 1:153-7). No entanto, conforme Stuart Schwartz aponta em importante artigo sobre o trabalho indígena na Bahia, Marchant colocou os índios num contexto teórico equivocado, pressupondo um comportamento ocidental por parte dos aparentemente irracionais índios brasileiros diante das condições objetivas do mercado. Schwartz, "Indian labor and New World plantations", *American Historical Review*, 83, 1978, esp. pp. 48-50.

55. Ver notas 52 e 53 acima.

56. Ver, por exemplo, a lei de 24/2/1587, que permite a escravização de índios "se fizesse ou for comprado por não ser comido dos outros índios". O texto da lei pode ser consultado em G. Thomas, *Política indigenista dos portugueses no Brasil*, São Paulo, 1982.

57. João de Azpilcueta Navarro ao Colégio de Coimbra, 8/1551 (MB, 1:279).

58. Anchieta a Loyola, 1/9/1554 (MB, 2:110).

59. Schmidl, *Relato*, p. 106.

60. Nóbrega a Simão Rodrigues, 9/8/1549 (MB, 1:119). Anchieta desenvolveu posteriormente este tema em sua "Informação dos casamentos dos índios do Brasil", RIHGB, 8, 1845.

61. Pedro Correia a Simão Rodrigues, 10/3/1553 (MB, 1:438).

62. As relações promíscuas entre portugueses e índias têm sido objeto de alguns dos mais pitorescos relatos da vida social da Colônia, sendo interpretadas como fator de relevo na formação da cultura brasileira. Vale lembrar que o casamento interétnico mostrou-se importante enquanto forma de consolidar o controle colonial, pelo menos aos olhos da política da Coroa, em todos os cantos do Império português. Em Goa, durante o século XVI, a Coroa portuguesa e

as autoridades locais promoveram o casamento de soldados, embarcadiços e artesãos com mulheres da elite local em troca de prêmios em dinheiro ou cargos públicos. C. R. Boxer, *Race relations in the Portuguese colonial empire*, Oxford, 1963, cap. 2.

63. Anchieta a Loyola, 3/1555 (MB, 2:206-7).

64. Léry, *Viagem*, pp. 190-1.

65. Para um estudo minucioso da legislação, consultar B. Perrone-Moisés, "Legislação indígena colonial", dissertação de mestrado, Unicamp, 1990. Ver, da mesma autora, a síntese apresentada no livro *História dos índios no Brasil*, junto com o valioso anexo arrolando as principais peças de legislação.

66. Regimento de 1548 (DHA, 1). A relação explícita entre a escravidão e a guerra também foi manifestada por Pedro Borges a João III, 7/2/1550 (MB, 1:175).

67. Nóbrega a Miguel de Torres, 2/9/1557 (MB, 2:416).

68. CMSP-Atas, 1:42, 12/5/1564. O povoamento do litoral sul da capitania, com a fundação das vilas de Itanhaém e Cananeia, também se enquadra nesta lógica.

69. J. F. de Almeida Prado, *São Vicente e as capitanias do Sul*, São Paulo, 1961, pp. 403 ss. A existência de um entreposto para o tráfico de escravos em 1527 e seu desenvolvimento posterior enquanto feitoria, hipótese levantada por Ayres do Casal no século XIX, é refutada por Neme, *Notas de revisão*, pp. 23-32. Sobre a presença de escravos carijó no meio do século, ver Leonardo Nunes ao Colégio de Coimbra, 11/1550 (MB, 1:210); Staden, *Duas viagens*, também menciona a presença de cativos carijó entre os Tupinambá e os portugueses.

70. A maioria dos historiadores tem sustentado que o "campo" se referia ao Campo de Piratininga. Neme, *Notas de revisão*, demonstra que antes designava as terras ao sul e oeste. O estabelecimento oficial de Santo André foi precedido pela elevação de uma capelinha em 1550, mediante a sugestão do padre Leonardo Nunes, já que os portugueses do local recusavam-se a reintegrar as vilas do litoral. Leonardo Nunes ao Colégio de Coimbra, 11/1550 (MB, 1:208).

71. F. A. Carvalho Franco, *Dicionário de bandeirantes e sertanistas do Brasil*, São Paulo, 1954, verbete "Francisco Vidal".

72. Nóbrega a Luís Gonçalves da Câmara, 15/6/1553 (MB, 1:504).

73. Nóbrega a João III, 10/1553 (MB, 2:15).

74. Ver, por exemplo, *Actas da Câmara Municipal da vila de Santo André da Borda do Campo*, São Paulo, 1914, p. 65.

75. Luís da Grã a Loyola, 1/4/1557 (MB, 2:360-1). Também, Anchieta aos padres e irmãos de Portugal, 4/1557 (MB, 2:366). Anchieta julgava que o motivo da fragmentação residia na resistência à conversão.

76. Anchieta a Diego Laynes, 16/4/1563 (MB, 3:547-65); A. B. Amaral, *Di-*

cionário da história de São Paulo, São Paulo, 1980, verbetes "Jaguaranho" e "Piquerobi".

77. Pedro Correia a Brás Lourenço, 18/7/1554 (MB, 2:70-1).

78. Antonio de Sá ao Colégio da Bahia, 2/1559 (MB, 3:18-9).

79. O maior contágio foi a epidemia de varíola que assolou o planalto em 1563-4 (CMSP-Atas, 1:40, 29/4/1564). Esta peste estava relacionada ao surto que se espalhava pelo litoral inteiro. Schwartz, "Indian labor", p. 58, e Anchieta, *Cartas*, p. 257, nota de Hélio A. Viotti, S. J.

80. Anchieta a Diego Laynes, 8/1/1565, *Cartas*, pp. 212-3.

81. Sobre os conflitos entre colonos e jesuítas no Brasil colonial, ver D. Alden, "Black Robes versus White Settlers", in *Attitudes of colonial powers toward the American Indian*, org. H. Peckam e C. Gibson, Salt Lake City, 1969, pp. 19-46; S. Schwartz, *Sovereignty and society in colonial Brazil*, Berkeley, 1973, cap. 6.

82. Nóbrega a João III (MB, 1:291); e Nóbrega ao ex-governador Tomé de Sousa, 5/7/1559 (MB, 3:72).

83. Nóbrega a Miguel de Torres, 5/1558 (MB, 2:448).

84. Anchieta a Loyola, 3/1555 (MB, 2:207). Faz-se necessário comentar, a despeito do conteúdo da carta aqui citada, que os historiadores jesuíticos, notadamente Serafim Leite e Hélio A. Viotti, negam com todas as letras que Nóbrega ou Anchieta admitissem a escravização dos índios. Ver, por exemplo, a enfática nota de Viotti em Anchieta, *Cartas*, p. 108. Deve-se salientar, ainda, que havia uma discussão paralela em torno do cativeiro africano, nem sempre objeto de um consenso. Para uma discussão da posição dos jesuítas perante a escravidão africana, ver D. Sweet, "Black robes and 'black destiny'", *Revista de Historia de América*, 86, 1978, pp. 87-133.

85. O texto da lei de 1570, junto a uma discussão ampla da política portuguesa, encontra-se em Thomas, *Política indigenista*.

86. Sobre os contornos institucionais da guerra justa, ver B. Perrone-Moisés, "A guerra justa em Portugal no século XVI", *Revista do SBPH*, 5, 1989-90, pp. 5-10. É interessante observar que a Junta de 1566 também contava com a presença do bispo Leitão e de Mem de Sá.

87. Ver Perrone-Moisés, "Índios livres e índios escravos", in *História dos índios no Brasil*.

88. Anchieta a Loyola, 1/9/1554 (MB, 2:106).

89. J. J. Machado de Oliveira, "Notícia raciocinada sobre as aldeias de índios da província de São Paulo", RIHGB, 8, 1846, pp. 204-54.

90. Cristóvão de Gouveia, "Información de la provincia del Brasil", ARSI Brasilia 15, fls. 338-9.

91. Manuel Viegas ao provincial Acquaviva, 21/3/1585, in S. Leite S. J., *História da Companhia de Jesus no Brasil*, Lisboa, 1938-50, 9:385.

92. Anchieta, "Annua Brasiliae anno 1583", ARSI Brasilia 8, f. 5*v*.

93. "Algumas advertências para a província do Brasil", BNVE-FG 1255/38 (3384).

94. Bispo Antonio Barreiro ao papa, 26/3/1582, ARSI Brasilia 15, fls. 330-*v*.

95. A terra que não prestava mais, segundo a petição, referia-se a uma doação prévia para os jesuítas e não para os índios que foi requisitada em 1560. Sesmaria de Geraibatiba, 26/5/1560 (MB, 3:197-201).

96. Sesmaria de 12/10/1580 (CMSP-Registro, 1:354-5). Vale lembrar que as sesmarias para aldeamentos tinham características específicas, no que diz respeito a sua inalienabilidade. A provisão de 8/7/1604 (CMSP-Registro, 1:357-9) regulamentou a questão da terra indígena, proibindo os colonos de residirem nas terras dos aldeamentos ou de cultivarem-nas. A posição dos jesuítas, reforçando a proibição pela Coroa, é detalhada nas "Ordenações do visitador padre Manuel de Lima [1607]", BNVE-FG 1255/14, f. 9*v*. Para uma discussão mais abrangente, com pertinentes comentários éticos e jurídicos, ver M. Carneiro da Cunha, "Terra indígena: história da doutrina e da legislação", in *Os direitos do índio*, São Paulo, 1987, pp. 53-101.

97. Pedro Rodrigues a Acquaviva, 10/10/1598, ARSI Brasilia 15, f. 167*v*.

98. CMSP-Atas, 2:49, 13/12/1598.

99. CMSP-Atas, 3:313-6, 10/6/1612.

100. Baltasar Fernandes ao Colégio de Coimbra, 5/12/1567 (MB, 4:426-7). Para uma discussão mais geral do impacto das doenças sobre a demografia e cultura indígenas, ver J. Hemming, *Red gold*, Cambridge, 1978, esp. pp. 139-46.

101. Sobre o impacto e as estratégias sobretudo pedagógicas dos jesuítas no século XVI, ver L. F. Baêta Neves, *O combate dos soldados de Cristo na Terra dos Papagaios*, Rio de Janeiro, 1978, e R. Gambini, *O espelho índio*, Rio de Janeiro, 1988.

102. Nóbrega a Simão Rodrigues, 10/4/1549 (MB, 1:112-3).

103. A educação de jovens na sociedade tupi pré-colonial é tratada de forma exemplar por F. Fernandes, "Notas sobre a educação na sociedade tupinambá", in *A investigação etnológica no Brasil*, pp. 33-83.

104. Nóbrega a Miguel de Torres, 5/7/1559 (MB, 3:51-2).

105. Anchieta a Diego Laynes, 1/6/1560 (MB, 3:262).

106. Anchieta ao Colégio de Coimbra, 4/1557 (MB, 2:366-7). Ver também Nóbrega a Miguel Torres, 5/7/1559 (MB, 3:53-4).

107. Nóbrega ao dr. Azpilcueta Navarro, 10/8/1549 (MB, 1:143). Ver também Luís da Grã a Loyola, 27/12/1554 (MB, 2:134).

108. Antonio de Sá ao Colégio da Bahia, 2/1559 (MB, 3:20).

109. Afonso Brás ao Colégio de Coimbra, 24/8/1551 (MB, 1:274).

110. Anchieta a Diego Laynes, 8/1/1565, *Cartas*, p. 212. Sobre uma situação

paralela entre os Guarani do Paraguai, ver L. Necker, *Indiens guarani et chamanes franciscains*, Paris, 1979, esp. pp. 88-91, e M. Haubert, *Índios e jesuítas no tempo das missões*, São Paulo, 1990, esp. cap. 5, no qual ele descreve a luta de "messias contra messias".

111. Pedro Correia a Brás Lourenço, 18/7/1554 (MB, 2:67).

112. Anchieta a Diego Laynes, 1/6/1560 (MB, 3:259-62).

113. CMSP-Atas, 2:186.

114. Anchieta a Loyola, 1/9/1554 (MB, 2:115) e 3/1555 (MB, 2:194-5).

115. CMSP-Atas, 2:292-5, 312.

116. CMSP-Registro, 1:22-3.

117. Soares de Sousa, *Tratado*, p. 115.

118. Governador Câmara Coutinho à Coroa, 19/7/1693 (BNRJ-DH, 34:85-6).

119. CMSP-Atas, 1:275-9.

120. CMSP-Atas, 1:280. Grifo meu.

121. É de se notar que os Tupiná foram mencionados no documento, não tanto pelas ofensas cometidas, como pelo fato de habitarem uma região por onde a expedição passaria.

122. CMSP-Atas, 1:211, 329. A observação "falar mal" é referência à língua não tupi.

123. CMSP-Atas, 1:403.

124. CMSP-Atas, 1:423. A segunda expedição foi conduzida por outro Macedo e um índio chamado Maracujá. Carvalho Franco, *Dicionário de bandeirantes*, parece confundir as duas expedições, citando-as como se fossem uma só.

125. CMSP-Atas, 1:404.

2. O SERTANISMO E A CRIAÇÃO DE UMA FORÇA DE TRABALHO (PP. 70-121)

1. Para um resumo bem feito do esquema tradicional, ver Myriam Ellis, "O bandeirantismo na expansão geográfica do Brasil", *História geral da civilização brasileira*, coord. Sérgio Buarque de Holanda, São Paulo, 1960, 1:273-96.

2. Carvalho Franco, *Dicionário de bandeirantes*, verbete "Sousa, Francisco de". Sobre estas primeiras experiências práticas, ver Pedro Taques A. P. Leme, *Informações sobre as minas de São Paulo*, São Paulo, 1946; M. Ellis, "Pesquisas sobre a existência do ouro e da prata no planalto paulista", *Revista de História*, 1, 1950, pp. 51-72; e L. Maffei e A. Nogueira, "O ouro na capitania de São Vicente", *Anais do Museu Paulista*, 20, 1966, pp. 7-136.

3. Sobre Santo Amaro, ver Sérgio Buarque de Holanda, "A fábrica de ferro

de Santo Amaro", *Digesto Econômico* (jan.-fev. 1948). A hipótese, no mínimo duvidosa, em torno da fundação de uma vila chamada São Felipe, é discutida em A. Almeida, "A fundação de Sorocaba", *Revista do Arquivo Municipal*, 57, 1939, pp. 197-202, e M. Neme, *Notas de revisão*, pp. 341-50.

4. Carvalho Franco, *Dicionário de bandeirantes*, pp. 393-6; O. Derby, "As bandeiras paulistas de 1601 a 1604", RIHGSP, 8, 1903, pp. 399-423. É interessante notar que a expedição estava no rumo certo, uma vez que setenta léguas corresponderiam justamente à distância do local onde foram descobertas minas de esmeraldas e ouro nas décadas de 1670 e 1690; contudo, o lugar fica muito aquém das cabeceiras do São Francisco.

5. Estes Tememinó não devem ser confundidos com os Tememinó da baía de Guanabara, aliados dos portugueses no século XVI. Aliás, este nome repetia-se em diversos momentos e lugares do contato euro-indígena. Queria dizer algo como "neto" ou "descendente", oferecendo um interessante contraponto ao termo tamoio, que significava "avô" ou "ascendente".

6. Carvalho Franco, *Dicionário de bandeirantes*, proporciona o melhor compêndio das expedições, não deixando de ser útil também a caótica *História geral das bandeiras paulistas*, de Taunay (São Paulo, 1924-50). Para uma listagem sumária das expedições seiscentistas e uma nota sobre as fontes, ver J. Monteiro, "São Paulo in the seventeenth century", tese de doutorado, 1985, Apêndice.

7. Ata de 14/11/1598, CMSP-Atas, 2:46-7.

8. Ata de 24/11/1604, CMSP-Atas, 2:112-5.

9. H. A. Viotti, S. J., "A aldeia de Maniçoba e a fundação de Itu", RIHGSP, pp. 389-401. Sobre o caminho para o Paraguai, chamado Peabiru (entre outros), ver Neme, *Notas de revisão*. Esta trilha possivelmente seguiu a rota dos migrantes guarani dos tempos pré-coloniais.

10. Ata de 7/1/1607, CMSP-Atas, 2:184-5.

11. Pedro Taques A. P. Leme, *Nobiliarquia paulistana, histórica e genealógica*, São Paulo, 1980, 1:79.

12. Governador Diego Negrón ao rei, 8/1/1612 (AMP, 1, pt. 2:156-7). Tais intermediários, às vezes, foram chamados *mus*. Uma discussão interessante acha-se em J. Cortesão, *Raposo Tavares e a formação territorial do Brasil*, Rio de Janeiro, 1958, esp. cap. III; ver, também, C. H. Davidoff, *Bandeirantismo: verso e reverso*, São Paulo, 1982.

13. Relato de 9/12/1594, ARSI Brasilia 3(2), f. 358.

14. Inventário de Francisco Ribeiro, 1615 (IT, 4:13).

15. Testamento de Manuel Pinto Suniga, 1627 (IT, 7:336). As contas mencionadas no testamento, chamadas *avelórios*, provavelmente de vidro, também eram usadas no tráfico africano. Mais detalhes referentes às mercadorias trocadas nesse comércio no Sul do Brasil encontram-se no "Processo das

despesas feitas por Martim de Sá no Rio de Janeiro, 1628-1633" (BNRJ-Anais, 59:5-186).

16. Miguel Ayres Maldonado, "Descrição... dos trabalhos e fadigas", RIHGB, 56, 1893, p. 352.

17. Jácome Monteiro, "Relação da província do Brasil, 1610", in Leite, *História*, 8:396.

18. Os primeiros relatos apresentaram igualmente uma opinião favorável acerca dos Kayapó, também chamados Ibirajara. Ver, entre outros, Anchieta a Loyola, 1/9/1554 (MB, 2:117-8). Para um tratamento sensato das transformações nas relações luso-kayapó, ver M. Neme, "Dados para a história dos índios Caiapó", AMP, 23:101-48.

19. O chamado "porto dos Patos", frequentemente confundido com a lagoa dos Patos do Rio Grande do Sul, na verdade se referia ao local posteriormente ocupado pela vila da Laguna (Santa Catarina). Ver "Informação do mestre de campo Diogo Pinto do Rego", 16/9/1745 (IT, 27:317), onde Laguna é claramente identificada como a lagoa dos Patos dos documentos da época colonial. Também, H. von Ihering, "Os índios patos e o nome da lagoa dos Patos", *Revista do Museu Paulista*, 7, 1907, pp. 31-45.

20. Pedro Rodrigues a João Álvares, 15/6/1597, ARSI Brasilia 15, f. 425.

21. Anôn., "Relação certa do modo com que no Brasil se conquistam e cativam os índios", s. d., ARSI-FG, Missiones 721/I. Pelo contexto, é provável que este documento seja da autoria do padre João de Almeida, S. J.

22. Jerônimo Rodrigues, S. J., "Relação sobre a missão dos Carijós, 1605--1607", in S. Leite, *Novas cartas jesuíticas*, São Paulo, 1940, pp. 196-246. Semelhante queixa foi feita alguns anos depois pelo cacique Parapopi, ao que tudo indica na mesma região. Carta de Francisco Ximenes, 4/2/1635 (*Mss. de Angelis*, 4). Os efeitos demográficos e culturais do tráfico de escravos indígenas têm sido objeto de uma interessante literatura etno-histórica: ver, entre outros, L. Newson, *The cost of conquest*, Boulder, 1986; D. Radell, "The Indian slave trade and population of Nicaragua", in *The native population of the Americas in 1492*, org. W. Denevan, Madison, 1976; M. W. Helms, "Miskito slaving and culture contact", *Journal of Anthropological Research*, 39, nº 2, 1983; N. Farage, *As muralhas dos sertões*, Rio de Janeiro, 1991; D. Sweet, "A rich realm of nature destroyed", tese de doutorado, Wisconsin, 1974. Ver, também, meu artigo comparando São Paulo ao Maranhão: "Escravidão indígena e despovoamento", in *Brasil nas vésperas do mundo moderno*, org. Jiel Dias, Lisboa, 1992.

23. Simão Pinheiro, S. J., "Informação das ocupações dos padres e irmãos do Rio de Janeiro", c. 1619, ARSI Brasilia 3 (1), fls. 199-201v. Vale ressaltar que queixas similares, referentes à conivência de autoridades venais no tráfico ilícito

de cativos indígenas, também surgiram no Maranhão colonial. A respeito, ver Sweet, "A rich realm", e Monteiro, "Escravidão indígena e despovoamento".

24. Pedro Rodrigues a Simão Álvares, 15/6/1597, ARSI Brasilia 15, f. 424v.

25. "Devassa tirada sobre a morte de um índio principal, Timacaúna, por uns pombeiros dos brancos", 5/6/1623, AHU-SP, doc. 3.

26. Sobre pombeiros, no contexto do colonialismo português, ver Cortesão, *Raposo Tavares*, p. 194, e E. Zenha, *Mamelucos*, São Paulo, 1970, pp. 52-3.

27. "Matrícula da gente carijó", 1615 (CMSP-Registro, 7:115-57).

28. De acordo com Sérgio Buarque de Holanda, semelhante característica teria se manifestado já no século XVI, a exemplo da estrutura de trabalho feminino — o *cuñadazgo* — do Paraguai espanhol. Holanda, "Expansão paulista em fins do século XVI e princípios do XVII", *Boletim do Instituto de Administração*, nº 29, 1948, pp. 14-5. O jesuíta Francisco de Oliveira, ao avaliar o caráter dos paulistas numa inquirição pública, explicou assim o desequilíbrio na razão dos sexos: "[Os Paulistas] andam amancebados com as gentias, das quais trazem filhos ao povoado, e para fazer isso mais a sua vontade lhes matam os maridos". Depoimento de Francisco de Oliveira, 5/6/1630, ARSI-FG, Collegia 203/1588/12, doc. 2.

29. Lourenço de Mendonça, "Súplica a Sua Majestade", 1637, IHGB, lata 219, doc. 17. Trata-se de uma cópia feita no século XIX, possivelmente de um original arquivado na Espanha. Sobre o autor da "Súplica", figura controvertida no Rio de Janeiro de sua época, ver Cortesão, *Raposo Tavares*, p. 253. O impacto imediato desta queixa em São Paulo pode ser apreciado pela ata de 4/3/1635 (CMSP-Atas, 4:245). O autor referia-se, sem dúvida, à expedição de Luís Dias Leme, que foi de fato bastante grande. Com a autorização do capitão-mor, Dias Leme conduziu cerca de duzentos portugueses e seus índios para os Patos em 1635. Ali, com o apoio do cacique Aracambi, os portugueses tomaram muitos cativos carijó e araxá. Dias Leme, tio de Fernão Dias Pais, construía embarcações em Santos para o comércio regional. Sobre a expedição, ver ata de 12/5/1635 (CMSP-Atas, 4:252-3); Carvalho Franco, *Dicionário de bandeirantes*, p. 212; Paes Leme, *Nobiliarquia paulistana*, capítulo "Lemes", vol. 3; L. G. Jaeger, *As invasões bandeirantes no Rio Grande do Sul*, Porto Alegre, 1940; e A. Porto, *História das missões orientais do Uruguai*, Rio de Janeiro, 1943.

30. CMSP-Atas, 2:138-9, 1603. Ou, nas palavras de Richard Morse: "Fora as ilhas dos missionários jesuítas, pode-se dizer que a região paulista-paraguaia comportava uma sociedade e cultura basicamente homogêneas nos tempos coloniais". Morse, "Introduction", *The bandeirantes*, Nova York, 1965, p. 25. Para uma análise econômica abrangente das relações comerciais do período, ver Canabrava, *O comércio português no Rio da Prata*, São Paulo, 1984.

31. O termo *reducciones* estava vinculado à noção de que os grupos não

cristãos teriam de ser "reduzidos" à obediência das leis civis e eclesiásticas, dignas de uma sociedade cristã — ou seja, *ad ecclesiam et vitam civilem reducti*. C. Lugon, *A República "Comunista Cristã" dos Guaranis*, Rio de Janeiro, 1968, p. 30.

32. Sobre a região do Guairá em geral, ver o estudo superficial de R. Cardozo, *El Guairá*, Assunção, 1970. Discussões interessantes sobre a economia paraguaia nessa época podem ser encontradas em E. Service, *Spanish-Guarani relations in early colonial Paraguay*, Ann Arbor, 1954; R. F. Gadelha, *As missões jesuíticas do Itatim*, Rio de Janeiro, 1980; J. C. Garavaglia, "Um modo de produção subsidiária", in *Conceito de modo de produção*, org. Philomena Gebran, Rio de Janeiro, 1978; B. Melià, *El Guaraní conquistado y reducido*, Assunção, 1988; e J. Monteiro, "Os Guarani e a história do Brasil meridional", in *História dos índios no Brasil*. Sobre os conflitos entre os jesuítas e as autoridades paraguaias (civis e eclesiásticas), consultar ARSI Paraquaria 11.

33. Anôn., "Daños que han hecho los portugueses de la villa de San Pablo del Brasil a los índios de la provincia del Paraguay y su remedio", c. 1632, in P. Pastells, *Historia de la Compañía de Jesus en la provincia del Paraguay*, Madri, 1912-49, 1:471-2.

34. Uma boa discussão deste tema encontra-se em Davidoff, *Bandeirantismo*, pp. 55 ss.

35. Catalogus rerum, ARSI Paraquaria 4 (1), fls. 109-*v*. Talvez este relatório possa ser considerado tendencioso, na medida em que buscava demonstrar a insuficiência do estipêndio e porque outros relatos da época esboçavam um quadro mais otimista.

36. Antonio Ruiz de Montoya, S. J., "Carta ânua", 1628, in *Mss. de Angelis*, 1:259-98.

37. Diego de Salazar, S. J., "Carta ânua", 1626-7 (AMP, 1, pt. 2:213); F. X. de Charlevoix, *Histoire du Paraguay*, Paris, 1756, 2:309-10.

38. Charlevoix, *Histoire*, 2:221.

39. Certidão de Pedro Homem Albernaz, 18/4/1630, ARSI-FG, Collegia 203/ 1588/12, doc. 2. É de se notar que também nesse período, em função da invasão holandesa, diversas companhias foram organizadas em São Paulo, embora poucas entrassem em ação no Nordeste, preferindo orientar seus esforços para o apresamento. Sobre a organização de quatro companhias sob o comando do sertanista Antonio Pedroso de Alvarenga, ver CMSP-Registro, 2:6, 23/3/1638. Para um estudo geral da organização militar da capitania, ver N. Leonzo, "As companhias de ordenanças na capitania de São Paulo", *Coleção Museu Paulista. Série de História*, n° 6, 1977.

40. Justo Mansilla e Simón Maceta, "Relación de los agravios" (AMP, 1, pt. 2:247-70). Este constitui, sem dúvida, o melhor relato da expedição de Raposo

Tavares. Davidoff, *Bandeirantismo*, fornece uma rica discussão do papel da violência nesta e em outras expedições.

41. D. Luís Céspedes y Xería, "Testimonio de una relación de los sucesos ocurridos durante un viaje desde que salió del río Paranapane", c. 1628 (AMP, 1, pt. 2:211).

42. Ata de 2/10/1627 (CMSP-Atas, 3:282). Esta postura mais agressiva da Câmara fornece subsídio para Cortesão (*Raposo Tavares*), entre outros, na sua tese sobre os reais motivos geopolíticos que sustentaram o movimento; na verdade, refletia mais especificamente o medo coletivo de perder a principal fonte de mão de obra.

43. Ata de 13/1/1624 (CMSP-Atas, 3:76).

44. CMSP-Registro, 1:446-7, 27/10/1624. De fato, o século XVII foi pontuado por surtos periódicos de contágios, sobretudo sarampo e varíola. Epidemias significativas foram registradas em 1611, 1624, 1654, 1666, 1676, 1695 e 1700. Ver S. Buarque de Holanda, *Caminhos e fronteiras*, Rio de Janeiro, 1957; Hemming, *Red gold*, pp. 139-46; e D. Alden e J. C. Miller, "Out of Africa: the slave trade and the transmission of smallpox to Brazil", *Journal of Interdisciplinary History*, 18, 1987, pp. 195-224.

45. Anôn., "Relação certa", ARSI-FG, Missiones 721/I.

46. Nicolas Durán a Francisco Crespo, 24/9/1627 (AMP, 2, pt. 1:169-71).

47. Real cédula, 16/9/1639, in Pastells, *Historia*, 2:32-4. Para uma discussão destas cifras e seu significado econômico, ver R. Simonsen, *História econômica do Brasil*, São Paulo, 1978, pp. 245-6.

48. A. Ruiz de Montoya, "Primeira catequese dos índios selvagens", BNRJ--Anais, 6:235-6.

49. Manuel Juan Morales, "Informe de las cosas de San Pablo y maldades de sus moradores" (*Mss. de Angelis*, 1:182-93).

50. Mendonça, "Súplica", IHGB, lata 219, doc. 17, f. 8.

51. Governador Avila à Coroa, 10/12/1637 (Pastells, *Historia*, 1:547).

52. N. del Techo, *Historia provinciae paraquariae Societatis Iesu*, Liège, 1673, p. 41.

53. "Relación de los portugueses que en compañía de Antonio Raposo Tavares deshicieron tres reducciones de índios carios", s. d. (AMP, 2, pt. 1:245-6).

54. Na correspondência jesuítica, André Fernandes e Manuel Preto ficaram conhecidos como os principais e piores assaltantes. O depoimento de um cacique guarani, feito em Buenos Aires quase trinta anos mais tarde, atribuiu a Manuel Preto a destruição de sua gente. "Auto del gobernador del Río de la Plata", 28/4/1657 (*Mss. de Angelis*, 4). Sobre a vida e aventuras de Manuel Preto, ver V. de Azevedo, *Manuel Preto, "O Herói de Guairá"*, São Paulo, 1983. O mapa apresentado em Hemming, *Red gold* (xx-xxi), fornece informações sobre os locais e datas de fundação e destruição das missões.

55. Carta de Diego de Boroa, S. J., 4/3/1637; relato de Pedro Mola, S. J., 24/3/1637 (*Mss. de Angelis*, 3:143-4, 149-52).

56. O texto do breve encontra-se em Thomas, *Política indigenista*, Anexos.

57. Para uma excelente discussão da militarização das missões, ver A. Kern, *Missões: uma utopia política*, Porto Alegre, 1982, pp. 149-207.

58. Relatório do cabido eclesiástico de Assunção, 18/4/1639 (*Mss. de Angelis*, 3).

59. C. Ruyer, "Relación de la guerra y victoria alcanzada contra los portugueses del Brasil, ano 1641", RIHGSP, 10, 1905, pp. 529-53. A partir dos documentos, chega-se à conclusão de que os defensores de Mbororé não foram Guarani e sim Iratim, grupo descrito pelos jesuítas como Tememinó. Ver, por exemplo, Diego Ferrer, S. J., Carta ânua (*Mss. de Angelis*, 2:29-49).

60. Lupercio Zurbano, S. J., Carta ânua, 1642 (Pastells, *Historia*, 2:324).

61. Francisco Ferreira, S. J., "La causa del Brasil estar en el triste estado en que está son las injusticias notables que en él se hacen contra los índios", s. d., ARSI-FG, Missiones 721/1.

62. "Información sobre los excessos que cometieron en las reducciones", 17/9/1629 (AMP, 1, pt. 2:239-46).

63. O melhor trabalho tratando dos acontecimentos no plano internacional e seu impacto nas sociedades locais permanece sendo C. R. Boxer, *Salvador de Sá and the struggle for Brazil and Angola*, Londres, 1952.

64. Inacio de Tolosa ao general Acquaviva, 19/8/1597, ARSI Brasilia 15, fls. 433-v. Sobre o emprego do trabalho indígena na economia açucareira, ver Schwartz, "Indian labor and New World plantations", esp. pp. 72-8.

65. Carvalho Franco, *Dicionário de bandeirantes*, p. 9.

66. Adriaen van der Dussen, "Relatório sobre as capitanias conquistadas no Brasil", in *Fontes para a história do Brasil holandês*, org. J. A. Gonsalves de Mello, Recife, 1981, p. 186. Antes da invasão holandesa, um jesuíta afirmou que a principal atividade dos colonos do Maranhão consistia em fornecer escravos índios para Pernambuco. Ferreira, "La causa", ARSI-FG, Missiones 721/1.

67. "Assentos de batismos, casamentos e óbitos feitos pelos padres jesuítas na igreja de São Francisco Xavier [Engenho Velho]", 1641-1759, ACMRJ, não catalogado.

68. Ao que parece, o custo de transporte de escravos era bastante alto se comparado ao valor do cativo. Em 1701, por exemplo, o padre Guilherme Pompeu de Almeida anotou no seu livro de contas que havia gasto 11$000 para trazer um escravo africano da Bahia; no entanto, no auge do tráfico de escravos indígenas, na década de 1630, vendiam-se índios a partir de 4$800 no Rio de Janeiro. Mesmo descontados o tempo e a distância entre estes dois relatos, parece evidente que o tráfico de índios não poderia funcionar na escala sugerida

por Simonsen, entre outros. Sobre os preços no Rio de Janeiro, ver Ruiz de Montoya a Juan de Ornós, 25/1/1638 (*Mss. de Angelis*, 3:291-3). Sobre o escravo negro, J. P. Leite Cordeiro, "Documentação sobre o capitão-mor Guilherme Pompeu de Almeida", RIHGSP, 58, 1960, p. 510. Deve-se notar que Cordeiro atribui de forma equivocada este documento ao capitão-mor, pois, na verdade, trata-se do livro contábil do filho homônimo deste, o padre Guilherme Pompeu de Almeida, um dos comerciantes mais ricos do Sul do Brasil na época.

69. Inventário de Beatriz Bicudo, 1632 (IT, 7).

70. Para uma relação destas expedições, ver Monteiro, "São Paulo in the seventeenth century", Apêndice.

71. Antonio de Araújo, S. J., "Informação da entrada que se pode fazer da vila de São Paulo ao grande rio Pará", in S. Leite, *Páginas de história do Brasil*, São Paulo, 1937, pp. 103-10. Uma discussão detalhada e sensata das expedições para o Paraupava encontra-se em M. R. Ferreira, *As bandeiras do Paraupava*, São Paulo, 1979.

72. Inventário de Catarina Tavares, Parnaíba, 1671, AESP-INP, CX. 12.

73. O melhor relato da época é a carta de Antonio Vieira ao provincial do Brasil, s. d. [1654], em *Cartas*, Coimbra, 1925-8, 1:383-416. Ver, também, J. Cortesão, "A maior bandeira do maior bandeirante", *Revista de História*, 22, 1961, e M. Ellis, "A presença de Raposo Tavares na expansão paulista", *Revista do Instituto de Estudos Brasileiros*, 9, 1970.

74. As primeiras expedições para Minas Gerais são relacionadas em O. José, *Indígenas de Minas Gerais*, Belo Horizonte, 1965. A. B. de Sampaio e Sousa, "Notícia da conquista e descobrimento dos sertões do Tibagi", BNRJ-Anais, 76, 1956, apresenta um relato interessante acerca de uma expedição de 1644 para Sabarabuçu, escrito por Luís de Góis Sanches, demonstrando tanto a nova orientação geográfica quanto a reprodução da violência em novas frentes. Sobre os movimentos para o Oeste, ver a publicação póstuma de Sérgio Buarque de Holanda, *O Extremo Oeste*, São Paulo, 1986, e, com particular referência a Sorocaba, L. C. de Almeida, "Bandeirantes no Ocidente", RIHGSP, 40, 1941. Antonio Pires de Campos, um dos descobridores das minas de Cuiabá, deixou uma descrição dos índios que habitavam essas áreas, enumerando diversos grupos hoje de difícil identificação: "Breve notícia... do gentio bárbaro que há na derrota da viagem das Minas do Cuiabá", RIHGB, 25, 1862.

75. Paes Leme, *Nobiliarquia paulistana*, 3:223.

76. Apesar de seu tamanho, essa expedição permanece pouco conhecida, considerada por alguns um simples exagero de Alfredo Ellis Júnior, que se baseou na ligeira menção do conselho municipal na qual se afirma que "iam muitos índios para o sertão em companhia de alguns moradores" (CMSP-Atas, 6 bis:496, 3/7/1666); Ellis, *O bandeirismo paulista e o recuo do meridiano*, São Paulo, 1936,

258). Contudo, a descoberta de nova documentação, aqui exposta, indica que Ellis estava, de fato, no caminho certo.

77. Catarina do Prado vs. Bartolomeu Bueno Cacunda, 1682, AESP-AC, CX. 1, doc. 14.

78. Testamento e inventário de Manuel Lopes, 1666-8, AESP-INP, CX. 9.

79. Estes homens figuram entre os principais contribuintes nas listas do Donativo Real de 1679-82 (ver discussão no capítulo 6). "Livro do rol das pessoas para o pedido real do ano de 1679", AHMSP, CM-1-19. Outras informações biográficas podem ser apuradas em Franco, *Dicionário de bandeirantes*; Paes Leme, *Nobiliarquia paulistana*, e L. G. da Silva Leme, *Genealogia paulistana*, São Paulo, 1903-5.

80. Testamento de José Ortiz de Camargo, 1658, AESP-INP, CX. 7. Apesar de ter redigido seu testamento em 1658, nas vésperas de uma viagem para o sertão, Camargo veio a falecer apenas em 1663.

81. Domingos de Góis vs. Antonio da Cunha de Abreu, no inventário de João Furtado, 1653, AESP-INP, CX. 1.

82. Antonio Raposo Barreto a Pedro João Malio, s. s. d., no inventário de Antonio Raposo Barreto, Taubaté, 1684, Museu de Taubaté, Inventários, CX. 1, doc. 10.

83. CMSP-Atas, 7:92.

84. Carta de Antonio Pais de Sande, 1692, apud J. G. Salvador, *Os cristãos novos e o comércio do Atlântico meridional*, São Paulo, 1978, p. 99.

85. Testamento de Antonio de Oliveira Cordeiro, Jundiaí, 1711, AESP-INP, CX. 24. Esta relação entre armador e sertanista assemelhava-se, em certa medida, à dos armadores com os capitães de barcos no trato português de escravos no Atlântico Sul, com a importante diferença no destino dos cativos. Para uma interessante discussão dos aspectos organizativos do tráfico de escravos africanos nesse mesmo período, ver J. C. Miller, "Capitalism and slaving", *International Journal of African Historical Studies*, 17, nº 1, 1984.

86. IT, 36:122-3.

87. Cordeiro, "Documentação sobre o capitão-mor", pp. 528-9.

88. Testamento de Francisco Borges, 1649 (IT, 39:89).

89. Testamento de Domingos da Rocha, 1683, AESP-INP, CX. 17. O grifo é meu.

90. Inventário de Jerônimo de Lemos, 1679, AESP-IPO 13 839; testamento de Luís Eanes Gil, 1681 (IT, 21:143).

91. Inventário de Manuel Correia de Andrade, Taubaté, 1673, Museu de Taubaté, Inventários, CX. 1, doc. 6.

92. Taunay, *História geral das bandeiras paulistas*, 4:271-4; e M. E. de Azevedo Marques, *Apontamentos históricos, geográficos, biográficos, estatísticos e*

noticiosos da província de São Paulo, São Paulo, 1980, 2:341-3. Ambos colocam 1695 como a data do último documento, embora o contexto deixe claro que se refere à bandeira de 1666; Azevedo Marques foi o último a transcrever o documento a partir do original.

93. Testamento e inventário de Maria Bicudo, Parnaíba, 1660 (IT, 16:72, 83-4).

94. Testamento de Manuel Correia de Sá, Parnaíba, 1677, AESP-INP, CX. 15.

95. Ver, entre outros, Domingos de Góis vs. Antonio da Cunha de Abreu, no inventário de João Furtado, 1653, AESP-INP, CX. 1; João Rodrigues da Fonseca vs. João Pires Rodrigues, AESP-AC, CX. 6033-1; e "Termo de Concerto" entre Manuel Varoja e sua sogra Mariana Rodrigues, AESP-Notas São Paulo, 27/1/1685.

96. Testamento de Manuel Correia de Sá, Parnaíba, 1677, AESP-INP, CX. 15.

97. Inventários de Manuel Cardoso e Catarina Rodrigues, 1674 e 1675, AESP-INP, CX. 14.

98. Testamento de Francisco Cubas Preto, 1672 (IT, 18:324).

99. Sérgio Buarque de Holanda, *Caminhos e fronteiras*, pp. 13-148, oferece um tratamento aprofundado e estimulante deste assunto.

100. Catarina do Prado vs. Bartolomeu Bueno Cacunda, 1682, AESP-AC, CX. 1, doc. 14; Sebastião Rodrigues vs. herdeiros de Antonio Pedroso Leite, 1678, AESP--AC, CX. 6034-2.

101. Paes Leme, *Nobiliarquia paulistana*, 1:103.

102. Francisco Bueno de Camargo vs. herdeiros de Manuel Pinto Guedes, 1683, AESP-AC, CX. 6033-1. Ver, também, Carvalho Franco, *Dicionário de bandeirantes*, pp. 124 e 433 para detalhes da expedição de 1663 ao arraial dos Batatais.

103. Embora Capistrano de Abreu identificasse a importância do tema para a história colonial, existem poucos trabalhos de valor sobre as guerras indígenas do final do século XVII. Um bom estudo introdutório ao assunto encontra-se na Introdução de S. Schwartz em *A governor and his image in baroque Brazil*, Minneapolis, 1979, ao passo que Ivan Alves Filho, *Memorial dos Palmares*, Rio de Janeiro, 1988, expõe novos documentos e ideias interessantes, apesar de enfocar mais particularmente os episódios ligados à destruição do quilombo. O lado paulista — como não podia deixar de ser — acha-se relatado em Taunay, "A Guerra dos Bárbaros", *Revista do Arquivo Municipal*, 22, 1936, sendo que a ótica indígena é capturada por Hemming, *Red gold*, cap. 16, e, de forma mais sintética, por B. G. Dantas et alii, "Os povos indígenas no Nordeste brasileiro", in *História dos índios no Brasil*, pp. 431-56. Já um excelente estudo dos efeitos da expansão da pecuária sobre as populações indígenas encontra-se em L. Mott, "Os índios e a pecuária nas fazendas de gado do Piauí colonial", *Revista de Antropologia*, 22, 1979.

104. Paes Leme, *Nobiliarquia paulistana*, 1:235-6; Carvalho Franco, *Dicio-*

nário de bandeirantes, pp. 44-5; e Cortesão, *Raposo Tavares*, cap. "A bandeira em marcha".

105. Governador Barreto ao capitão-mor de São Vicente, 21/9/1657 (BNRJ--DH, 3:395-8).

106. CMSP-Atas, 6 bis:81-2, 17/3/1658.

107. CMSP-Atas, 6:206, 26/5/1670.

108. Governador Sousa Freire a Pedro Vaz de Barros, 15/11/1669 (BNRJ-DH, 6:135).

109. Cartas patentes a Antonio (sic) Ribeiro Baião (aldeia de São Miguel), Manuel Rodrigues de Arzão (Barueri), Henrique da Cunha Machado (Conceição) e Pascoal Rodrigues da Costa (Pinheiros), 5/10/1671, BNRJ, 1.2.9, docs. 140-3; e "Portaria para o provedor-mor fretar embarcação para os prisioneiros que tomaram na conquista", 19/1/1673, BNRJ 7.1.30, doc. 815.

110. Testamento de Feliciano Cardoso, 1673, AESP-INP, CX. 7.

111. Governador Mendonça à Câmara Municipal de São Paulo, 11/2/1673, e à Coroa, 10/7/1673 (BNRJ-DH, 6:239-1, 252).

112. "Papel feito a Sua Alteza contra Estevão Ribeiro Baião sobre as insolências que com outros de São Paulo fazia ao gentio para os cativar e vender", s. d., Ajuda, cód. 50-v-37, doc. 80.

113. Governador (na verdade, junta interina) a diversos paulistas, 20/2/1677 (BNRJ-DH, 11:71-4).

114. Frei Ressurreição à Coroa, 30/11/1688 (BNRJ-DH, 11:142-5); e governador Matias da Cunha à Câmara Municipal de São Paulo (BNRJ-DH, 11:139).

115. Hemming, *Red gold*, pp. 351-76.

116. Governador Lencastre à Coroa, 10/7/1699, Ajuda, cód. 49-x-32, f. 487*v*.

117. Relatório de José Lopes de Ulhoa, 22/3/1688, AHU, Rio Grande do Norte, cx. 1, doc. 18.

118. Coroa ao governador Lencastre, 10/3/1695 (AMP, 3:307).

119. Mais para o fim do século, as autoridades da Coroa começaram a oferecer terras em vez de cativos aos mercenários. Governador Lencastre à Câmara Municipal de São Paulo, 19/10/1697 (BNRJ-DH, 11:254). As sesmarias para fazendas de gado tinham extensões muito grandes. Por exemplo, Francisco Dias de Siqueira recebeu uma medindo uma por cinco léguas em Canindeí, próximo ao rio São Francisco no interior da Bahia (AESP-Notas São Paulo, 1686).

120. Governador Câmara Coutinho à Coroa, 1692, Ajuda, cód. 51-v-42.

121. Data de terras da Câmara Municipal para Pedro de la Guarda, 25/6/1684, *Cartas de datas de terras*, 3:167-8.

122. Ao passo que a Coroa gastou somas enormes com as campanhas do Nordeste, as expedições para o Sul receberam relativamente parcos recursos. Por exemplo, os custos da expedição de Jorge Soares de Macedo ficaram em três

298

contos de réis, enquanto quase 29 contos foram despendidos na manutenção do terço de paulistas ativo no Rio Grande do Norte (CMSP-Atas, 6:495, 31/12/1678); e "Relação das despesas do terço paulista", 19/8/1702, IEB, ms. 4 a 25.

123. É bastante provável que esta expedição tenha descoberto ouro, o que explica em parte o assassinato de d. Rodrigo Castelo Branco pela mão do genro de Fernão Dias Pais, Manuel da Borba Gato. Após o crime, Borba Gato passou vinte anos refugiado na serra da Mantiqueira, onde se tornou líder de um grupo indígena, mantendo-se a uma distância segura da justiça colonial. Quando da descoberta das principais jazidas, a Coroa — necessitada dos conhecimentos de Borba Gato — concedeu perdão, sendo que este logo se tornou um dos homens mais ricos das novas minas de ouro. A saga de Borba Gato é relatada no códice Costa Matoso, Biblioteca Municipal de São Paulo. Para detalhes sobre a expedição de Dias Pais, ver M. Cardozo, "Dom Rodrigo de Castel-Branco and the Brazilian El Dorado", *The Americas*, 1, nº 2, 1944; e E. C. Barreiros, *Roteiro das esmeraldas*, Rio de Janeiro, 1979, enfocando sobretudo seu aspecto geográfico.

3. O CELEIRO DO BRASIL (PP. 122-57)

1. Carta inédita do frei Gaspar ao governador Lorena, 6/3/1792, BNL-Pombalina, cód. 643.

2. Frei Gaspar da Madre de Deus, *Memórias para a história da capitania de São Vicente*, São Paulo, 1975, p. 83.

3. Sobre a expansão e desenvolvimento da lavoura canavieira no Brasil colonial, ver o excelente estudo de Stuart B. Schwartz, *Sugar plantations in the formation of Brazilian society*, Cambridge, 1985, esp. partes I e II (trad. brasileira: *Segredos internos*, São Paulo, 1989).

4. Ata de 15/6/1583 (CMSP-Atas, 1:211-2).

5. Ata de 30/9/1576 (CMSP-Atas, 1:99-100, 106-7 e passim).

6. Ata de 15/6/1591 (CMSP-Atas, 1:421-2). Para uma discussão da técnica do tingui, ver Holanda, *Caminhos e fronteiras*, pp. 81-2. Conflito semelhante surgiu em Sorocaba no início do século XVIII, quando o conselho municipal daquela vila investigou a contaminação dos rios do distrito devido ao tingui. "Auto de inquirição", AESP-AC, CX. 26, nº 440.

7. Estas doações encontram-se reproduzidas em *Cartas de data de terras* (vol. 1, passim).

8. A capela de Nossa Senhora da Luz foi transferida em 1603 do Ipiranga para o local atual, na época denominado Guaré. "Auto de tombo", 4/9/1603,

AMDDLS, Livro de tombo da paróquia da Sé, 1747. O mesmo documento identifica claramente Guaré com Piratininga, embora historiadores tenham questionado a localização exata deste último. Para Wilson Maia Fina, por exemplo, em seu meticuloso trabalho *O chão de Piratininga* (São Paulo, 1965), Piratininga estaria situado ao norte do rio Tietê, próximo ao atual bairro de Tremembé.

9. Os terrenos municipais foram medidos em braças, o que converti na razão de 2,2 metros por braça. Ver *Dicionário de história portuguesa*, Joel Serrão, coord. verbete "Pesos e Medidas".

10. Paes Leme, na *Nobiliarquia paulistana*, 1:113, assinala que Proença se casou em Santos.

11. Bons exemplos da primeira década do século XVII encontram-se nos inventários de Fernão Dias (1605), Francisco Barreto (1607) e Isabel Fernandes (1607) em IT, 1, 2 e 5. Barreto também exerceu a função de dizimeiro da capitania, o que pode indicar uma mudança do foco de produção do litoral para o planalto. Já a extensão da influência de Fernão Dias nas áreas próximas ao rio Pinheiros pode ser apreciada a partir dos belos mapas desenhados por Nicolau Alekhine em seu exaustivo trabalho inédito e praticamente desconhecido sobre as terras da União no município de São Paulo, arquivado na delegacia paulista do SPHAN/Pró-Memória.

12. Este conflito recebe um tratamento mais detalhado no cap. 4.

13. Transferências de propriedades foram registradas nos Livros de notas, dos quais poucos sobreviveram (em péssimas condições de consulta), do século XVII. As séries mais completas consultadas para este estudo foram as de Parnaíba (AESP-Notas Parnaíba) e de Jundiaí (Cartório do Primeiro Ofício, Jundiaí).

14. Para uma lista mais ou menos abrangente das sesmarias outorgadas na primeira metade do século, ver Monteiro, "São Paulo in the seventeenth century", pp. 398-415. Ver, também, a listagem incompleta de J. B. de Campos Aguirre, "Relação das sesmarias concedidas na comarca da capital", RIHGSP, 25, 1925.

15. CMSP-Registro, 1:364. Com o passar do tempo, estas medições ganharam maior precisão, sendo necessário, já na década de 1630, a Câmara Municipal de São Paulo indicar Pedro Rodrigues Guerreiro "arrumador de todas as terras visto ser homem do mar e entender do rumo da agulha por ser ofício necessário ao bem comum deste povo". Ata de 19/7/1636 (CMSP-Atas, 4:306).

16. Aprofundamos esta discussão no capítulo 6.

17. IT, sobretudo vols. 1-7.

18. Sesmaria de 19/2/1617 (*Sesmarias*, 1).

19. Ata de 16/3/1649 (CMSP-Atas, 5:365-6).

20. Sesmaria de 8/8/1639 (*Sesmarias*, 1).

21. Sesmaria de 10/10/1641 (*Sesmarias*, 1:471).

22. Paes Leme, *Nobiliarquia paulistana*, 1:269.

23. Joana do Prado vs. Antonia Pais de Queiroz, Auto cível de 1680, AESP, CX. 357, nº 107.

24. "Petição dos moradores e povoadores para a formação da vila", Registro do Foral da vila de Mogi das Cruzes, Arquivo da Prefeitura de Mogi das Cruzes. Este códice contém cópias de diversos documentos referentes à fundação de Mogi, transcritos em 1748 dos originais que já se perderam. Ver, também, I. Grinberg, *Gaspar Vaz, fundador de Mogi das Cruzes*, São Paulo, 1980.

25. Censo eclesiástico do bispado do Rio de Janeiro, s. d. (c. 1690-1705). ACMRJ, não catalogado. Agradeço a Wanderley dos Santos, ex-diretor do Arquivo da Cúria Metropolitana de São Paulo, por ter me fornecido um resumo deste importante documento.

26. CMSP-Atas, 1:423.

27. Praticamente a única obra sobre a história dos anos iniciais da vila, apesar de manchada por erros significativos, permanece P. F. da Silveira Camargo, *História de Santana de Parnaíba*, São Paulo, 1971. Ver, também, A. Metcalf, *Family and frontier in colonial Brazil*, Berkeley, 1992, que, na verdade, enfoca muito mais o século XVIII.

28. Ata de 15/10/1622 (CMSP-Atas, 2:486); inventário de Antonio Furtado de Vasconcelos, Parnaíba, 1628 (IT, 7:23).

29. Testamento e inventário de Antonia de Oliveira, Parnaíba, 1632 (IT, 8).

30. Ao procurar explicações para a rápida ascensão de vilas na capitania durante o século XVII, os historiadores têm citado diversos motivos. A versão convencional da historiografia paulista caracteriza as fundações como "bandeiras de colonização", dando sequência lógica aos empreendimentos coletivos que, antes de 1640, canalizaram suas energias para o apresamento. Ver, por exemplo, M. Ellis, "O bandeirantismo na expansão geográfica do Brasil". Sem romper completamente com esta tradição, Sérgio Buarque de Holanda buscou nos fatores demográficos uma explicação para os movimentos seiscentistas no seu magistral (porém de título equivocado) ensaio "Movimentos da população em São Paulo no século XVIII", *Revista do Instituto de Estudos Brasileiros*, 1, 1966. Mais recentemente, Elizabeth Kuznesof, em *Household economy and urban development*, Boulder, 1986, associa de forma interessante estas migrações ao quadro de povoamento instável e às disputas entre facções que pontuaram a história colonial de São Paulo, embora cometendo o engano de atrelar a fundação de Parnaíba à luta entre os Pires e Camargo. Ver, também, a interessante abordagem de Metcalf, *Family and frontier*, que defende a importância das estratégias familiares na ocupação do território.

31. Sobre as câmaras municipais, tema ainda carente de estudos inovadores, ver os ensaios exploratórios de C. R. Boxer, *Portuguese society in the tropics*,

Madison, 1965; A. J. R. Russell-Wood, "Local government in Portuguese America", *Comparative Studies in Society and History*, 16, 1974; e E. Zenha, *O município no Brasil, 1552-1700*, São Paulo, 1948.

32. Sobre heranças e partilhas em São Paulo colonial, mais especificamente Parnaíba, ver o excelente estudo de A. Metcalf, "Fathers and sons", *Hispanic American Historical Review*, 66, nº 3, 1986; ver, também, A. J. R. Russell-Wood, "Women and society in colonial Brazil", *Journal of Latin American Studies*, 9, nº 1, 1977.

33. "Petição dos moradores", 1611 (cópia de 1748), Arquivo da Prefeitura de Mogi das Cruzes.

34. As circunstâncias relativas à fundação de Jundiaí têm ocasionado bastante controvérsia entre historiadores paulistas. No século XIX, quando o memorialista Azevedo Marques reproduziu uma informação do livro de tombo da paróquia que atribui a fundação da capela original em 1651 aos foragidos Rafael de Oliveira e Petronilha Antunes, um erro de impressão inverteu a data para 1615, engano que até hoje enfeita o emblema oficial da cidade. Quanto ao "crime" que teria provocado a fuga dos fundadores, os estudiosos sustentam que seria apenas uma referência à caça de índios, crime do qual quase todos os paulistas eram culpados. Cabe ressaltar, contudo, que Jundiaí de fato constituiu refúgio para diversos criminosos foragidos, inclusive Pedro Leme do Prado e Fernão "o Tigre" Camargo, os assassinos de Pedro Taques, e ficou assim conhecido até meados do século XVIII. Ademais, parece provável que Pedro Leme do Prado — contraparente de Rafael de Oliveira — tenha participado da fundação da capela, já que consta na *Nobiliarquia paulistana* (3:13) como instituidor de uma capela sob a invocação Nossa Senhora da Estrela (possível transcrição errada de Desterro) por volta de 1645. De todo modo, reforçando a hipótese geral de Kuznesof (ver n. 30, acima), a origem da vila sem dúvida estava ligada aos conflitos entre facções que marcaram São Paulo nos anos 1650. Azevedo Marques, *Apontamentos históricos*, verbete "Jundiahy"; M. Mazzuia, *Jundiaí e sua história*, Jundiaí, 1979; e "Documentos sobre a fundação de Jundiaí", manuscritos do Instituto Histórico e Geográfico de São Paulo.

35. "Cartas de datas de terras", 1656-7, Museu Histórico e Cultural de Jundiaí, não catalogado.

36. "Atas da Câmara Municipal de Jundiaí", 1663-9, Museu Histórico e Cultural de Jundiaí, não catalogado.

37. "Cartas de datas", Jundiaí, fls. 43v-4.

38. Câmara Municipal de São Paulo ao papa, s. d., ARSI-FG, Missiones 721/I. De forma geral, a questão da triticultura tem merecido poucos estudos até agora. Ver, por exemplo, Taunay, *Trigais paulistanos dos séculos XVI e XVII*, São Paulo, 1929; S. Milliet, "Trigais de São Paulo", in *Roteiro do café e outros ensaios*,

São Paulo, 1982, pp. 147-51; e Holanda, *Caminhos e fronteiras*, pp. 205-14. Em versão reelaborada de *Monções* (São Paulo, 1990), este último autor reavalia suas posturas referentes à agricultura paulista, porém mantendo a conclusão de que "o trigo [...] não se revela aqui o elemento dinamizador que irão ser depois o açúcar e, muito depois, o café" (p. 177).

39. Holanda, *Caminhos e fronteiras*, pp. 215-25.

40. Inventário de Valentim de Barros, Parnaiba, 1651 (IT, 15:226). Outras fontes sugerem que os índios, em particular os Guarani, se recusavam a comer pão de trigo, preferindo o milho. Nas missões do Guairá, por exemplo, os jesuítas introduziram o trigo como base do sustento das populações reduzidas, mas, ao defrontar com a resistência dos índios, acabaram produzindo o grão para fins comerciais, enviando modestas quantias para os povoados europeus da região platina. M. Mörner, *The political and economic activities of the jesuits in the La Plata region*, Estocolmo, 1953. Esta opinião é ecoada por Holanda, na versão reelaborada de *Monções*, p. 172.

41. Ver, por exemplo, CMSP-Atas, 3:63 (ata de 2/12/1623); 4:336-7 (22/2/1637); e 6 bis:127 (12/3/1654).

42. Entre outros, ver o dote de André Fernandes para sua sobrinha Suzana Dias, 27/1/1641, AESP-Notas Parnaíba, 1641; e as dívidas de jogo no inventário de Pascoal Neto, 1637 (IT, 11:139).

43. Antonio Pinto, S. J., citado em Leite, *História*, 6:282.

44. O inventário de Maria Bicudo, 1660 (IT, 16), acusa créditos de vendas de trigo na Bahia. Embora seja pouco provável o envio de trigo para Angola, os paulistas exportaram outros produtos locais, tais como carnes salgadas e aguardente. Por exemplo, cerca de um terço dos bens de Manuel de Oliveira constituía cargas com destino a Angola. Inventário de Isabel Borges, 1655, AESP-IE, cx. 3, doc. 7.

45. O problema do abastecimento do trigo permaneceu ao longo do período colonial no Brasil. Após o esvaziamento da produção paulista, já no século XVIII, a Coroa buscou solucionar o problema com o esquema colonizador envolvendo casais açorianos, que de Santa Catarina abasteceriam o resto da Colônia. Para maiores detalhes, ver C. R. Boxer, *The golden age of Brazil*, Berkeley, 1962, pp. 246-54. Sobre a produção do trigo no Rio Grande do Sul durante o século XVIII, ver o interessante estudo de C. M. dos Santos, *Economia e sociedade no Rio Grande do Sul*, São Paulo, 1983.

46. Exemplos destas requisições acham-se em Salvador, *Os cristãos novos e o comércio do Atlântico meridional*, pp. 88-9; ver, também, Antonio de Couros Carneiro (capitão-mor de Ilhéus) ao Conselho Ultramarino, 11/3/1647, AHU-Bahia, doc. 1266; Pedro Vilhasanti à Coroa, 14/11/1638, AHU-Bahia, doc. 810; Câmara Municipal do Rio de Janeiro à Câmara Municipal de São Paulo, 12/6/1648, AHMSP,

Avulsos, cx. 4; provisão do general Salvador de Sá (cmsp-Registro, 2:70-1); provisão da Câmara Municipal de São Vicente, 20/11/1654 (bnrj-dh, 4:33-34); e bnrj--dh, 3, passim.

47. Inventário de João Martins de Sousa, Parnaíba, aesp-inp, cx. 9, 1666.

48. Manuel Juan Morales, "Informe de las cosas de San Pablo" (*Mss. de Angelis*, 1:182-93).

49. João de Góis e Araújo, "Informação sobre o rendimento dos dízimos do Brasil", 19/8/1661, bnl, cx. 208, doc. 16.

50. cmsp-Atas, 6 bis:485-7, ata de 23/3/1666. De acordo com M. L. Viana Lyra, "Os dízimos reais na capitania de São Paulo" (Dissertação de mestrado, 1971), Lourenço Castanho Taques arrematou o contrato em 1665 por 2:400$000, correspondente ao termo de São Paulo.

51. Nos inventários, as foices de segar foram avaliadas em vinte a 120 réis cada, embora o valor mais frequente fosse quarenta. Os aspectos técnicos da agricultura paulista colonial são esmiuçados por Holanda, *Caminhos e fronteiras*, pp. 183-250, e *Monções*, pp. 163-206.

52. Para observações semelhantes, referentes à América inglesa, ver J. Henretta, *The evolution of American society, 1700-1815*, Boston, 1973, pp. 15-8.

53. Jácome Monteiro, "Relação da província do Brasil, 1610", in Leite, *História*, 8:396. Uma técnica para calcular a produtividade do trigo através de inventários de bens encontra-se em M. Overton, "Estimating crop yields from probate inventories", *Journal of Economic History*, 39, n° 2, 1979. Infelizmente, a qualidade dos dados de São Paulo é muito inferior à da Inglaterra da mesma época.

54. Schwartz, *Sugar plantations*, caps. 2 e 3.

55. Inventário de Isabel de Proença, 1648 (it, 37:103-4). Outra indicação desta divisão de trabalho adotada pelos proprietários paulistas vem de um inventário setecentista onde, num sítio médio com trabalhadores africanos, os escravos masculinos achavam-se nas minas enquanto as mulheres permaneciam na roça. Inventário de Pascoal Leite Penteado, 1712, aesp-ipo, 14 020.

56. E. Schaden, *Aspectos fundamentais da cultura guarani*, São Paulo, 1974, p. 74.

57. Ao analisar a composição dos plantéis de índios na Bahia do final do século xvi, Schwartz demonstra a semelhança desta com a sua contrapartida africana do século seguinte, marcada pela predominância de escravos masculinos jovens. Schwartz, *Sugar plantations*, cap. 3.

58. Inventário de Domingos da Rocha do Canto, Parnaíba, 1661, aesp-ie, cx. 3, doc. 17. Processo semelhante ocorreu na Venezuela colonial, onde os produtores de trigo substituíram os índios da *encomienda* por escravos africanos no decorrer do século xviii. R. J. Ferry, "Encomienda, African slavery, and agricul-

ture in seventeenth-century Caracas", *Hispanic American Historical Review*, 61, nº 4, 1981. Deve-se salientar, no entanto, que a expansão da agricultura comercial em São Paulo foi acompanhada pelo rápido crescimento na oferta de mão de obra indígena devido às estratégias peculiares de recrutamento, ao passo que na Venezuela houve um movimento inverso da população indígena, que diminuiu com o crescimento econômico, tornando-se mais interessante a proposta da escravidão negra.

59. "Escritura de venda de um sítio com moinho", de Baltasar Fernandes para Paulo Proença de Abreu, 1658, AESP-Notas Parnaíba, cx. 6076-28. Nessa mesma época, o valor dos engenhos cariocas geralmente variava entre dois e dez contos de réis. Arquivo Nacional do Rio de Janeiro, Notas Rio de Janeiro, cx. 1-2. Na década de 1630, o Engenho Sergipe do Conde da Bahia, um dos maiores da Colônia, foi avaliado em quarenta contos, ao passo que diversos engenhos pernambucanos valiam quantias semelhantes. Ver Estevão Pereira, S. J., "Descrição da fazenda que o Colegio de Santo Antão tem no Brasil e de seus rendimentos [1635]", AMP, 4, 1931, e J. A. Gonsalves de Mello, *Fontes para a história do Brasil holandês.*

60. Exemplos de autorizações (para João Fernandes Saiavedra, Cornélio de Arzão, Manuel João Branco e Amador Bueno da Ribeira) encontram-se em CMSP-Atas, 2:363, 374-8. Os carmelitas de São Paulo, Parnaíba e Mogi das Cruzes também receberam autorizações para moer trigo no século XVII.

61. "Sentença sobre um moinho", in *Pauliceae lusitana monumenta historica*, org. J. Cortesão, Rio de Janeiro, 1958, 2:25-7, doc. 5.

62. Sobre a distribuição da riqueza, ver cap. 6.

63. CMSP-Atas, 2:369 (ata de 26/12/1615); e 2:404-5 (9 e 23/2/1619).

64. Para uma descrição dos caminhos dentro dos limites do termo de Parnaíba, ver "Auto de medição do rocio de Parnaíba", AESP-AC, cx. 14, doc. 212.

65. O inventário de Páscoa da Penha inclui duas canoas, com as respectivas capacidades de quarenta e sessenta cargas (uma carga equivale a dois alqueires); Paulo Proença de Abreu, quando da morte de sua esposa, declarou possuir três canoas de cinquenta, quarenta e trinta cargas. Inventário de Páscoa da Penha, Parnaíba, 1656, AESP-INP, cx. 3; e Benta Dias, Parnaíba, 1658, AESP-INP, cx. 1.

66. Salvador (*Os cristãos novos e o comércio do Atlântico meridional*, p. 95) afirma que Cornélio de Arzão (o flamengo a quem se atribui a introdução do trigo na capitania) recebeu uma sesmaria em Cubatão nos anos 1620 com a finalidade de armazenar grãos e outros gêneros que saíam do planalto. Também nessa década, o inventário de Domingos de Abreu acusa quantias expressivas de carnes salgadas "postas em Cubatão" (IT, 6).

67. Ata de 7/3/1664 (CMSP-Atas, 6 bis:361).

68. Antonio Raposo Silveira à Coroa, 12/1656, AHU-SP, doc. 12. Sobre a re-

construção do caminho no final do século XVIII, ver E. Kuznesof, "The role of the merchants in the economic development of São Paulo, 1765-1836", *Hispanic American Historical Review*, 60, nº 4, 1980.

69. CMSP-Atas, 6 bis:485-7 (ata de 23/3/1666); CMSP-Atas, 6:13 (19/2/1655). Além de seu importante papel nas crenças indígenas, as onças constituíam uma ameaça real para os índios e sertanistas, tanto no sertão quanto próximo aos povoados; de fato, um dos mais temíveis apresadores de índios, Manuel Preto, escapando de todas as flechas e maldições que os Guarani e jesuítas lançavam contra ele, encerrou sua carreira nas garras de uma onça. Ver a interessante discussão em Holanda, *Caminhos e fronteiras*, pp. 108 ss.

70. Testamento de Francisco Pinto Guedes, 1701, AESP-IPO, 13 998.

71. Sobre o tamanho da carga, que possivelmente variou ao longo do século, ver IT, 37:107. Em 1730, o governador de São Paulo observou que os jesuítas sobrecarregavam os índios alugados com cargas de duas arrobas, cobrando ao mesmo tempo taxas excessivas. Governador Pimentel ao Conselho Ultramarino, 1/5/1730, AHU-SP, doc. 712.

72. Antonio Pompeu a Paulo Proença de Abreu, 20/2/1639, no inventário de Antonio Furtado, Parnaíba, 1627 (IT, 7:25). Um exemplo ilustrado dos cestos de carga guarani encontra-se em Schaden, *Aspectos fundamentais*, fotografia.

73. CMSP-Registro, 1:202; e Holanda, *Caminhos e fronteiras*, pp. 150-1.

74. Por exemplo, inventários de João de Camargo Ortiz, 1672, AESP-INP, CX. 12; Domingos Leme, 1673 (IT, 18); Felipa de Almeida, AESP-INP, CX. 15; e Inês Pedrosa, 1677, AESP-INP, CX. 22.

75. Ruiz de Montoya, "Primeira catechese", pp. 235-6.

76. "Voto do padre Antonio Vieira sobre as dúvidas dos moradores da cidade [sic] de São Paulo", 12/7/1692, IEB, Coleção Lamego 42.3.

77. Luís Mamiani, "Memorial sobre o Colégio de São Paulo", ARSI-FG Collegia 203/1588/12, doc. 6, fl. 1.

78. Inventário de Pedro Nunes, 1623 (IT, 6:55-8).

79. Inventário de Isabel Fernandes, Parnaíba, 1647 (IT, 35:107-8).

80. Inventário de Domingos Luis, 1613 (IT, 3:87).

81. Inventário de Gaspar Correia, 1647 (IT, 35:38).

82. CMSP-Atas, 7:545-6, ata de 3/8/1700; governador Pimentel ao Conselho Ultramarino, 1/5/1730, AHU-SP, doc. 712; ver, também, AHU-SP, doc. 751.

83. CMSP-Atas, 4:153-4, ata de 24/1/1633. Existe, contudo, uma falha na argumentação dos camaristas, uma vez que eles não consideraram que cada índio carregava dois alqueires por uma carga e que, geralmente, regressava com outra mercadoria, cujo custo de transporte seria absorvido pelos comerciantes de Santos.

84. Partilha amigável dos bens de João Rodrigues Bejarano, 1672, AESP-AC, CX. 1.

85. "Atestado da Câmara Municipal de Parnaíba sobre Fernão Dias Pais", 20/12/1681, Azevedo Marques, *Apontamentos históricos*, 1:267-9. Pedro Taques de Almeida, *Nobiliarquia paulistana*, 3:64-5, descreve a próspera fazenda de Fernão Dias.

86. Provisão de 28/3/1662 (BNRJ-DH, 5:346).

4. A ADMINISTRAÇÃO PARTICULAR (PP. 158-88)

1. Frei Gaspar, *Memórias*, pp. 82-3.

2. O papel do tráfico e da escravidão africana na formação da Colônia tem proporcionado um dos mais vivos debates historiográficos das últimas gerações no Brasil, alimentado sobretudo por duas obras seminais: Fernando A. Novais, *Estrutura e dinâmica do antigo sistema colonial*, 2ª ed., São Paulo, 1986, e Jacob Gorender, *O escravismo colonial*, ed. rev., São Paulo, 1985. Novas perspectivas sobre o tema vêm sendo acrescentadas pela obra de Luiz Felipe de Alencastro; ver, por exemplo, seu importante ensaio "O aprendizado da colonização". *Economia e Sociedade*, 1, agosto, 1992, pp. 135-62.

3. Uma exceção digna de nota é J. Gorender, *O escravismo colonial*, pp. 468-86, onde o autor incorpora uma discussão da escravidão indígena — embora considerando-a como instituição "incompleta" — no contexto geral de seu argumento a favor de um modo de produção escravista colonial.

4. Ata de 18/11/1587 (CMSP-Atas, 1:333-4).

5. Ata de 20/9/1592 (CMSP-Atas, 1:446-7).

6. Alvará de 26/7/1596, em Leite, *História*, 2:623-4, e Thomas, *Política indigenista*, Apêndice.

7. Ata de 16/1/1600 (CMSP-Atas, 2:70-1).

8. Ata de 6/2/1600 (CMSP-Atas, 2:75-6).

9. Bartolomeu Lopes de Carvalho, "Manifesto a Sua Magestade", s. d., Ajuda, cód. 51-IX-33, fls. 370-3v.

10. Ao citar d. Francisco Manuel de Melo, autor bastante conhecido nos círculos intelectuais ibéricos do século XVII, Carvalho provavelmente refere-se ao opúsculo *Descrição do Brasil*, que figura entre as obras perdidas do autor. O subtítulo da obra — *Paraíso dos mulatos, purgatório dos brancos e inferno dos negros* — virou ditado popular na segunda metade do século, mas foi Antonil que lhe deu registro permanente em seu *Cultura e opulência* de 1711. Sobre a vida e obra de d. Francisco, ver o ótimo livro de E. Prestage, *D. Francisco Manuel de Mello, esboço biographico*, Coimbra, 1914.

11. Ver IT, esp. vols. 1-3.

12. Inventário de Manuel de Lemos, 1673, AESP-INP, CX. 13; Feliciano Cardoso, 1674, CX. 7; Antonio Pedroso de Barros, Parnaíba, 1677, CX. 14; João de Almeida Naves, Parnaíba, 1715, AESP-IPO 14 758.

13. Inventário de João Leite da Silva Ortiz, 1730 (IT, 25).

14. Inventário de Antonio Pedroso de Barros, Parnaíba, 1677, AESP-INP, CX. 14.

15. Para discussões da legalidade e legitimidade da escravidão indígena no Brasil colonial, ver J. V. César, "Situação legal do índio durante o Período Colonial", *América Indígena*, 45, 1985; M. Carneiro da Cunha, "Sobre a escravidão voluntária", in *Antropologia do Brasil*, São Paulo, 1986, pp. 145-58; E. M. Siqueira, "O segmento indígena", *Leopoldianum*, 12, nº 33, 1985; e B. Perrone-Moisés, "Índios livres e índios escravos".

16. Carta de Domingos Jorge Velho à Coroa, 15/7/1694, in E. Ennes, *As guerras nos Palmares*, São Paulo, 1938, p. 67.

17. Testamento de Diogo Pires, 1642 (IT, 28:264).

18. Testamento de Ana Tenória, 1659 (IT, 12:449).

19. Vale ressaltar que a escravidão indígena não foi o único assunto polêmico no campo jurídico de São Paulo seiscentista. A questão dos juros, geralmente mantendo-se em robustos 8% anuais, também se chocou com os 6,75% que eram usuais. Quando se questionou esta prática no início do século XVIII, a Câmara Municipal defendeu a alta taxa alegando ser do "uso e costume da terra".

20. Testamento de Antonio Domingues e Isabel Fernandes, Parnaíba, 1684, AESP-INP, CX. 18, grifo meu.

21. Testamento de Inês Pedroso, 1663, AESP-INP, CX. 11.

22. Manuel Juan Morales, "Informe a Su Magestad" (*Mss. de Angelis*, 1: 189-90).

23. Testamento de Lourenço de Siqueira, 1633 (IT, 13:9).

24. Petição de Hilária Luís, 3/11/1609, no inventário de Belchior Dias Carneiro, 1607 (IT, 2:163-5). Para uma fascinante discussão da convivência entre a lei Positiva e o direito costumeiro, com referência à alforria de escravos, ver Carneiro da Cunha, "Sobre os silêncios da lei", in *Antropologia do Brasil*, pp. 123-44.

25. Testamento de Maria do Prado, 1663, AESP-INP, CX. 7.

26. Testamento de Lucrécia Leme, Itu, 1706 (IT, 25:215).

27. Leite, *História*, 2:cap. 4.

28. Cópias das doações são transcritas de DI, 44:360-70.

29. Para o exemplo de um conflito semelhante no Rio de Janeiro, ver carta de Pedro Rodrigues, 16/9/1600, ARSI Brasilia 3(1), f. 193.

30. Atas de 12/3, 18/6 e 20/8/1633 (CMSP-Atas, 4:160, 171-3). Ver também ata de 22/5/1632 (CMSP-Atas, 4:121-2) e Francisco Ferreira, S. J., "La causa del

Brasil estar en el triste estado en que está son las injusticias notables que en él se hacen contra los indios", s. d., ARSI-FG, Missiones 721/I.

31. CMSP-Atas, 4:173-4. Num inquérito de 1657, testemunhas afirmaram que Barueri realmente havia sido fundado por d. Francisco e que os jesuítas não dispunham de qualquer direito legítimo à administração do aldeamento. "Inquirição de testemunhas", 28/8/1657, Biblioteca Pública de Évora, cód. CXVI 2-13, doc. 17. A maioria dos historiadores, apoiando-se na versão suspeita de Simão de Vasconcelos, S. J. (*Vida do padre João de Almeida da Companhia de Jesus na província do Brasil*, Lisboa, 1658), escrita na época do contencioso, assevera que o aldeamento fora fundado por Anchieta ou João de Almeida. Ver, também, d. Duarte Leopoldo e Silva, *Notas de história ecclesiástica, III: Baruery--Parnahyba*, São Paulo, 1916, pp. 25 ss., e Camargo, *História de Parnaíba*, p. 87.

32. Bispo do Rio da Prata ao papa, 30/9/1637 (*Mss. de Angelis*, 3:28/-2).

33. Anôn., "Resposta a uns capítulos". ARSI-FG, Collegia 202/3, doc. 2, f. 11; anôn., "Razões por onde não convém nem é lícito largarmos as aldeias dos índios no Brasil", 1640, ARSI Brasilia, 8, f. 512*v*. J. G. Salvador, *Os cristãos novos*, entre outros, toma estas acusações ao pé da letra em seu esforço de mostrar a forte presença de judeus e cristãos-novos nas capitanias do Sul.

34. A versão básica da expulsão, supostamente escrita no final do século XVII por Pedro de Moraes Madureira, é: "Expulsão dos jesuítas e causas que tiveram para ela os paulistas desde o anno de 1611 até o de 1640", RIHGSP, 3, 1898. Este documento, que aliás serviu de base para a interpretação de Pedro Taques de Almeida Paes Leme, inclui a instigante sugestão de um vínculo entre a expulsão dos padres e a Restauração dos Bragança. Colonos de ambas as principais facções apoiaram o despejo dos padres, embora os Pires se mostrassem menos entusiastas e mais dispostos a negociar a readmissão dos jesuítas. Permanece curiosa a acusação alegando que os jesuítas apoiavam o sebastianismo em Portugal e que estariam espalhando este movimento atávico entre os índios dos sertões do Brasil. Portanto, não é inteiramente implausível a ligação entre a expulsão, a Restauração e a suposta aclamação de Amador Bueno, a despeito dos esforços de Taunay e Aureliano Leite em afastar qualquer hipótese nesse sentido. De qualquer modo, fica claro que o motivo básico sustentando as ações dos colonos foi a questão indígena. Para uma boa discussão do contexto global da expulsão, ver Boxer, *Salvador de Sá*, cap. 4. Cabe lembrar que o confronto em São Paulo não foi isolado, pois conflitos semelhantes surgiram em Salvador e Rio de Janeiro, ao passo que, no Maranhão, os colonos expulsaram os padres em duas ocasiões, em 1661 e 1684 (Monteiro, "Escravidão indígena e despovoamento"). É interessante notar, ainda, que os colonos espanhóis do Paraguai também expulsaram os padres em diversas ocasiões (Melià, "Las siete expulsiones", in *El Guaraní conquistado y reducido*, pp. 220-34).

35. Representação da Câmara Municipal de São Paulo à Coroa, s. d., RIHGSP, 3:98-104.

36. Anôn., "Relação do que se sucedeu nesta vila de Santos sobre a publicação das bulas", ARSI Brasilia 8, f. 558v. Ver também "Representação da Câmara Municipal", 15/4/1648, AHU-SP, doc. 14.

37. "Causas que os moradores de São Paulo apontam da expulsão dos padres da Companhia de Jesus", 1649, BNRJ II 35.21.53, doc. 2.

38. Ata de 12/5/1653 (CMSP-Atas, 6:24-6).

39. Visita do padre Antonio Rodrigues, 25/1/1700, ARSI Brasilia 10, f. 2v.

40. Ayres do Casal, *Corografia brasílica*, Rio de Janeiro, 1945, p. 55. Também observou: "Os paulistas de hoje passam por uma boa gente; mas seus avoengos não o foram certamente".

41. Inventário de Antonio de Quadros, 1664, AESP-INP-IE, CX. 4. Esta prática foi contestada judicialmente no litígio entre José de Sousa Araújo e Catarina da Cunha, 1721, AESP-AC, CX. 9, doc. 136. Para uma análise da questão das dívidas, ver M. Nazzari, "Transition towards slavery", *The Americas*, 49, nº 2, 1992.

42. Testamento de Isabel Rodrigues, 1661, AESP-INP, CX. 6.

43. João Pires Rodrigues vs. João Rodrigues da Fonseca, 1666, AESP-AC, CX. 1.

44. Inventário de Miguel Leite de Carvalho (IT, 22:88-9).

45. A questão do caráter jurídico dos índios e dos escravos surgiu com frequência no Brasil colonial. Ver, por exemplo, "Carta dos desembargadores da relação da Bahia ao Conselho Ultramarino", 10/5/1673, AHU-Bahia, doc. 2531. Em São Paulo, os índios geralmente foram considerados equivalentes aos escravos africanos nos processos cíveis e criminais. Ver AESP-AC, casos diversos; CMSP-Atas, 6a:253, ata de 26/11/1661, onde os senhores são considerados responsáveis pelas infrações das posturas municipais cometidas por seus índios. Ver também "Dúvidas que se oferecem pelos moradores da vila de São Paulo à Sua Magestade, e ao senhor governador de estado, sobre o modo de guardar o ajustamento da administração na matéria pertencente ao uso do gentio da terra, cuja resolução se espera", s. d., em Leite, *História*, 6:328-30.

46. Ata de 22/6/1677 (CMSP-Atas, 6:447-8).

47. Ata de 8/3/1685 (CMSP-Atas, 7:275-6). Ver também ata de 18/9/1686 (CMSP-Atas, 7:309-10). Sobre o Maranhão, consultar Alden, "Indian versus black slavery", José Oscar Beozzo, *Leis e regimentos das missões*, São Paulo, 1983, e Monteiro, "Escravidão indígena e despovoamento".

48. "Dúvidas que se oferecem pelos moradores", Leite, *História*, 6:328-30.

49. Para uma outra abordagem desta questão, ver Nazzari, "Transition towards slavery".

50. "Voto do reverendo padre Antonio Vieira sobre as dúvidas dos morado-

res da cidade [sic] de São Paulo acerca da administração dos índios", 12/7/1692, IEB, Coleção Lamego 42.3 (cópia manuscrita do século XIX).

51. Na segunda metade do século XVII, os inventários passaram a discriminar os valores da "alvidração" dos serviços do "gentio da terra", em princípio para facilitar as partilhas, mas também para liquidar dívidas. Isto redundava, frequentemente, na alienação ilegal de "peças", sob pretexto de vender os "serviços" alvidrados.

52. Contudo, a apologia não foi queimada, pois ainda existe na Biblioteca Nazionale Centrale Vittorio Emanuele, em Roma. Jacob Roland, "Apologia pro paulistis", s. d., BNVE 1249/3(2278). Ver, também, Leite, *História*, 6:344.

53. Vieira a Manuel Luís, S. J., 21/7/1695, *Cartas*, 3:666-9.

54. Luís Mamiani, S. J., "Memorial sobre o governo temporal do Colégio de São Paulo", 1701, ARSI-FG, Collegia 203/1588/12. Uma discussão semelhante surgiu entre os jesuítas da região platina na mesma época, e é analisada em N. Cushner, *Jesuit ranches and the agrarian development of colonial Argentina*, Albany, 1983.

55. Quando do confisco das fazendas jesuíticas em 1759, os novos administradores dessas propriedades buscaram manter certas práticas de trabalho, as quais são reveladoras desse conceito de obrigações recíprocas. Os índios "tinham obrigação de darem três dias de serviço na semana à fazenda, e em recompensação lhes davam os padres senzalas para viverem e terras para fazerem suas roças". Ver "Relações dos bens apreendidos e confiscados aos jesuítas da capitania de São Paulo", DI, 44:353-4.

56. Cartas régias de 26/1 e de 19/2/1696. Para uma discussão geral desta legislação, ver A. Perdigão Malheiros, *A escravidão no Brasil*, Petrópolis, 1976, 1:147-249; e Perrone-Moisés, "Legislação indígena colonial".

57. Relatório de 1858 do presidente da província de Amazonas, Francisco José Furtado, citado em F. A. de Varnhagen, *Os índios bravos e o sr. Lisboa*, Lima, 1867.

5. SENHORES E ÍNDIOS (PP. 189-231)

1. "Protesto de Domingos de Góis", inventário de João Furtado, 1653, AESP--INP, CX. 1.

2. Devido à ilegalidade da escravidão indígena, existem poucos registros de venda que possam servir de base para um arrolamento de preços. A partir da década de 1670, no entanto, aparecem nas listas de índios administrados "alvidrações", ou avaliações dos valores dos "serviços", que permitem construir uma

tabela de preços. Para um esboço preliminar, ver Monteiro, "São Paulo in the seventeenth century", p. 255, Tabela 11.

3. Para uma interessante discussão do conceito de "crioulização", ver C. Joyner, *Down by the riverside*, Urbana, 1984, sobretudo a Introdução e pp. 246-7.

4. Petição de Maria Pacheco, 11/6/1670, no inventário de João Pires Monteiro, 1667, AESP-INP, CX. 9.

5. Escritura de troca entre Cornélio Rodrigues de Arzão e Antonio Lopes Benavides, 17/1/1681, AESP-Notas Parnaíba, 1680.

6. Testamento de Maria da Cunha, Mogi das Cruzes, 1681, AESP-Mogi.

7. João Barreto vs. Pedro Porrate Penedo, 1686, AESP-AC, CX. 3434-1.

8. Ver nota 2, acima.

9. Inventário de Antonio Rodrigues Velho, 1616, AESP-IE, CX. 1, doc. 3.

10. Inventário de Antonio Correia da Silva, Parnaíba, 1672, AESP-INP, CX. 12; inventário de Juliana Antunes, Mogi das Cruzes, 1682, AESP-INP, CX. 12.

11. Inventário de Simão de Araujo, Mogi das Cruzes, 1653, AESP-Mogi.

12. É curioso notar que, de acordo com Pedro Taques de Almeida Paes Leme, os jovens mulatos — filhos mestiços de índias e africanos — frequentemente exerceram, no século XVII, o papel de "pajens".

13. Para uma discussão mais detalhada da mortalidade, ver J. Monteiro, "Os escravos índios de São Paulo no século XVII", *Revista SBPH*, 5, 1989-90.

14. Não existe nenhum estudo sistemático sobre as epidemias coloniais. As notícias relacionadas aqui foram compiladas da documentação local, sobretudo as *Atas da Câmara de São Paulo*. Ver, entre outros, CMSP-Atas, 4:73 (ata de 14/12/1630); Camargo, *História de Parnaíba*, pp. 101-3. Ver, também, a discussão no capítulo 2, acima.

15. Exploro esta dinâmica em Monteiro, "Escravidão indígena e despovoamento".

16. Testamento de Domingos Leite de Carvalho, 1692, AESP-INP, CX. 21.

17. M. da Fonseca, *Vida do venerável padre Belchior de Pontes*, São Paulo, s. d., pp. 128-9; inventário de Pedro Vaz de Barros, 1697 (IT, 24).

18. Por exemplo, ver CMSP-Atas, 5:535 (ata de 9/11/1652).

19. Livro de contas de Martim Rodrigues Tenório de Aguilar (IT, 2:75).

20. Testamento de Manuel Temudo, 1660, AESP-INP, CX. 5; testamento de Gaspar de Oliveira, 1696, AESP-IPO, 15 620.

21. "Treslado da concessão da ordem com que se eregiu a capela da Senhora da Conceição", 1660, in "Livro de tombo" de Mogi das Cruzes, 1747, Arquivo da Cúria Diocesana de Mogi das Cruzes.

22. "Protesto de Domingos de Góis", inventário de João Furtado, 1653, AESP-INP, CX. 1.

23. Inventário de Maria Moreira, Taubaté, 1675, Museu de Taubaté, cx. 1; inventário de Catarina Tavares, Parnaíba, 1671, AESP-INP, cx. 12. Catarina Tavares foi mulher do sertanista Sebastião Pais de Barros, que naquela época realizou uma grande expedição para a região do Tocantins, tendo chegado a Belém.

24. Batizados, Santo Amaro, 25/3/1699 e 18/7/1700, AMDDLS 04-02-23.

25. Batizados, Sorocaba, 21/1/1685, 31/1/1685 e 1/2/1685, ACDS, Livro 1.

26. Batizados, Sorocaba, 20/2/1685.

27. No contexto desta discussão, "branco" refere-se a integrantes da classe dominante, o que incluía um amplo leque de tipos étnicos e raciais.

28. Embora não seja surpreendente a preferência manifesta por padrinhos brancos, os dados da região paulista oferecem forte contraste aos resultados obtidos por Schwartz para a paróquia em torno do Engenho Sergipe do Conde. Na Bahia, dentre 234 casos de batismo registrados, apenas nove índios figuravam entre os padrinhos e 21 índias entre as madrinhas. Deve-se salientar, contudo, que a qualidade das informações dos livros do Sergipe do Conde é inferior, com a falta de dados específicos sobre a origem étnica de pais e padrinhos em quase a metade dos registros (Schwartz, *Sugar plantations*, p. 61, Tabela 6).

29. Batizados, Sorocaba, 8/10/1690.

30. Inventário de Maria Tenória, 1620 (IT, 44).

31. Os estudos sobre a evolução histórica do dialeto caipira são poucos, mais interessados no aspecto folclórico do que propriamente no emolinguístico. A maior parte dos historiadores insiste na noção de que o tupi era falado por todos em São Paulo colonial. Uma exceção curiosa é Joaquim Ribeiro, *Folclore dos bandeirantes*, Rio de Janeiro, 1946, que sustenta que os paulistas comunicavam-se em dialeto local do português. Para uma boa introdução geral ao tema da cultura caipira, veja-se C. R. Brandão, *Os caipiras de São Paulo*, São Paulo, 1983.

32. Carta de d. frei Francisco de Lima, bispo de Pernambuco, Ennes, *As guerras nos Palmares*, p. 353.

33. Domingos Jorge Velho à Coroa, 15/7/1694 (Ennes, *As guerras nos Palmares*); AESP-Notas Parnaíba, 1691.

34. Auto de genere de Salvador Sutil, 1696, AMDDLS, 1-2-32.

35. Exemplos da etimologia guarani de diversas palavras do dialeto caipira encontram-se em A. Amaral, *O dialeto caipira*, São Paulo, 1982.

36. Tendência similar foi destacada por Schwartz em seu estudo sobre o trabalho indígena na Bahia, onde os portugueses cunharam uma série de termos que refletiam não apenas os preconceitos dos europeus como também a definição precisa de diferentes categorias sociais e ocupacionais. Schwartz, "Indian labor", pp. 61-2.

37. Sobre estes termos, ver J. Monteiro, "A escravidão indígena e o problema da identidade étnica em São Paulo colonial", *Ciências Sociais Hoje*, 1990.

38. A difusão do termo *carijó* tem criado certa confusão etnográfica, sobretudo quando aparece como etnônimo nas regiões de Minas Gerais, Goiás e Mato Grosso. Na verdade, a presença de Carijó naquelas regiões associava-se à expansão paulista durante o primeiro quartel do século XVIII. Os colonos se dirigiam para lá acompanhados por numerosos escravos indígenas, chamados carijó para diferenciá-los dos escravos africanos, estes presentes em números cada vez maiores. Num capítulo interessante das relações luso-indígenas, um grupo significativo de cativos carijó fugiu dos colonos em Goiás, estabelecendo em seguida comunidades autônomas ao longo do rio Tocantins e resistindo a avanços subsequentes da colonização europeia. Estes grupos ficaram conhecidos como Canoeiro, ou Avá-Canoeiro (sugerindo uma possível — e passível de debate — origem guarani). Para um relato etno-histórico de grande interesse, ver A. A. de Toral, "Os índios negros ou os Carijó de Goiás", *Revista de Antropologia*, 27-8, 1984-5.

39. "Carta de liberdade a Maria Carijó", 30/9/1722, AESP-Notas Sorocaba.

40. Testamento de Pedro Dias Pais, Parnaíba, 1726, AESP-INP, CX. 28.

41. Testamento de Margarida da Silva, 1726, AESP-INP, CX. 28.

42. O debate sobre as origens do termo *mamaluco* é antigo, com alguns (inclusive os jesuítas espanhóis do século XVII) associando-o aos *mamluks* (mamalucos) do Egito, os escravos-guerreiros dos séculos XV e XVI. Contudo, na documentação paulista, a palavra invariavelmente é grafada como *mamaluco*, o que levou Sérgio Buarque de Holanda a optar por esta versão. Já um glossário brasiliano-tupi do século XVII classifica o termo como palavra de origem tupi. "Vocabulário da língua brasílica", Biblioteca Municipal de São Paulo, ms. *a* 4. Ver, também, a análise linguística de P. Ayrosa, "Mameluco é termo árabe ou tupi?", *Revista do Arquivo Municipal*, 1, 1934.

43. Outros termos do final do século XVII apontaram para a crescente heterogeneidade da população paulista. Na década de 1680, aparecem pela primeira vez os termos *caboclo* e *curiboca*, referentes a filhos de união tanto entre brancos e índios quanto entre africanos e índios. Já os termos *cabra* e *pardo* tinham sentidos variados.

44. Testamento de Estevão Furquim, 1660 (IT, 16:201).

45. IT, 14:208.

46. Testamento de Francisco Cabral de Távora, Jundiaí, 1692, AESP-INP, CX. 21.

47. Antonio Rodrigues, S. J., "Carta da missão que no ano de 99 fizeram dois religiosos da Companhia de Jesus na vila de São Paulo e mais vilas adjacentes", 25/1/1700, ARSI Brasilia 10, f. 3v. É de se notar que as práticas matrimoniais entre pessoas livres pobres também aproximavam-se a este padrão até o século XIX.

48. Inventário de Antonio Ribeiro Roxo, 1653, AESP-INP, CX. 1.

49. Inventário de Garcia Rodrigues, 1632 (IT, 8:405).

50. Monteiro, "São Paulo in the seventeenth century", Apêndice 3.

51. Sobre este assunto, ver Monteiro, "Os escravos índios de São Paulo".

52. Batizados, Santo Amaro, Livro 1 (1686-1725), AMDDLS 04-02-23. Ver Tabela 7, acima.

53. Testamento de Antonia de Oliveira, Parnaíba, 1632 (IT, 8).

54. Testamento de Maria Diniz, 1682, AESP-INP, cx. 16. Certa vez, no seu esforço de pouco empenho para preservar os aldeamentos, a Câmara Municipal de São Paulo procurou desestimular o casamento entre administrados e índios do aldeamento (CMSP-Atas, 6 bis:356, ata de 1/3/1664). Já a justiça colonial encarou a questão com mais seriedade, tendo um ouvidor estabelecido que, no caso de casamentos forçados, o senhor teria de restituir *ambos* os envolvidos ao aldeamento (CMSP-Atas, 6:384-9, ata de 10/11/1675).

55. Depoimento de Pedro Mulato Papudo, 10/10/1718, Justiça vs. Bartolomeu Fernandes de Faria, AESP-AC, cx. 6, doc. 98.

56. Para a menção de habitações indígenas, ver, entre outros, inventário de Isabel da Cunha, 1616 (IT, 4:319); inventário de Maria Pais, 1616 (IT, 4:454); inventário de Matias de Oliveira, 1628 (IT, 6:276); inventário de Paulo da Silva, 1633 (IT, 32:73); "Cartas de datas de terras", Jundiaí, 1657, Museu Histórico de Jundiaí; inventário de Antonio Correia da Silva, Parnaíba, 1672, AESP-INP, cx. 12; escritura de venda de terras de Francisco de Proença a Antonio Dias Diniz, 26/10/1682, AESP-Notas Parnaíba, 1680.

57. Por exemplo, em seu depoimento perante a justiça, o criminoso José Grande Carijó referiu-se, casualmente, a seu lugar na *sanzala* (Justiça vs. Bartolomeu Fernandes de Faria, AESP-AC, cx. 6). Já o inventário de Bento Amaral da Silva, de 1719, arrola "várias casas de palha e senzalas", evidentemente para abrigar seus 42 escravos africanos e 21 índios administrados (AESP-IPO, 14 308).

58. Inventário de Antonia de Chaves, 1640 (IT, 14).

59. Inventário de José Preto, 1653, AESP-Mogi, cx. 1.

60. Testamento de Jerônimo de Brito, 1644, AESP-IE, cx. 2, doc. 4.

61. Testamento de Pedro Morais Dantas, 1644 (IT, 14:289).

62. Por exemplo, escritura de venda de Gaspar de Brito Silva a Simão Jorge Velho, 8/5/1690, e Paulo de Proença a [ilegível], 18/10/1700, AESP-Notas Parnaíba.

63. Inventário de José Ortiz de Camargo, 1663, AESP-INP, cx. 7; doação do capitão-mor Guilherme Pompeu de Almeida, 11/2/1687, "Livro de tombo" de Santana de Parnaíba, f. 3l, Arquivo da Cúria Diocesana de Jundiaí, cód. 505.

64. Paes Leme, *Nobiliarquia paulistana*, 1:130.

65. Inventário de Manuel Alves Pimentel, 1626 (IT, 31:168); testamento de Antonio Vieira Tavares, Itu, 1710, AESP-INP, cx. 26.

66. CMSP-Atas, 5:261 (ata de 2/2/1647); Atas, 5:295 (2/3/1647); Atas, 6 bis:216

(8/12/1660); e Atas, 6 bis:382 (8/8/1664). Maria Odila Leite da Silva Dias, em *Quotidiano e poder*, São Paulo, 1984, também ressalta a presença constante da Câmara Municipal no mundo informal do pequeno comércio da São Paulo oitocentista.

67. Testamento de Grácia de Abreu, Parnaíba, 1660, AESP-INP, CX. 5.

68. Ação cível de Francisco Cubas contra os herdeiros de José Ortiz de Camargo, 1664, AESP-AC, CX. 6033-1.

69. Uma sólida análise da criminalidade escrava na província de São Paulo, inclusive na sua relação com atividades de mercado, encontra-se em Maria Helena P. T. Machado, *Crime e escravidão*, São Paulo, 1987, especialmente pp. 100 ss. Ver, também, a discussão de E. Genovese, *Roll, Jordan, roll*, Nova York, 1974, pp. 599-613. Um excelente artigo pioneiro que compara a resistência indígena à africana no Caribe inglês é Michael Craton, "From Caribs to black Caribs", in *In Resistance*, Lexington, 1986.

70. Por exemplo, no litígio de 1691 entre padre Domingos Gomes Albernás e frei João Batista Pinto, referente ao roubo de dinheiro por um dos índios do frei Pinto, o autor observou que, se o caso envolvesse um índio seu, restituiria imediatamente o valor desviado, "sem contenda de juízo". AESP-AC, CX. 1, doc. 22.

71. Sobre o conceito, ver a introdução em S. Stern, *Resistance, rebellion and consciousness in the Andean peasant world*, Madison, 1987.

72. CMSP-Atas, 3:56 (ata de 21/10/1623).

73. CMSP-Atas, 7:280 (17/4/1685).

74. CMSP-Atas, 8:275 (19/2/1712).

75. CMSP-Atas, 3:79-80 (ata de 27/1/1624); A. E. Taunay, *Piratininga*, São Paulo, 1925, pp. 28-9.

76. Câmara Municipal de Parnaíba, Atas, Livro 1, fls. 19v-20, ata de 17/2/1680, AESP, CX. 6049-1; Câmara Municipal de Sorocaba, Vereanças, ata de 5/6/1669, AESP CX. 472-1; Câmara Municipal de Guaratinguetá à Câmara Municipal de São Paulo, s. d., AHMSP, Correspondência Avulsa, CX. 4.

77. "Protesto do padre presidente frei Anselmo da Anunciação", 1672, Câmara Municipal de Sorocaba, Livros de Vereança, AESP, CX. 472-1.

78. "Requerimento do capitão do povo", 24/6/1675, Câmara Municipal de Sorocaba, Livros de Vereança, AESP, CX. 472-1.

79. Paes Leme, *Nobiliarquia paulistana*, 1:200.

80. Padre Manuel da Cruz ao Conselho Ultramarino, 24/8/1739, AHU-SP Aditamentos, CX. 252.

81. Antonio Bororo vs. João Lopes Fernandes, 1733, *Boletim do Arquivo do Estado*, 7:53-4.

82. Grimaneza, filhos e companheiros vs. Maria Pedrosa e Domingas Moreira, 1717, AESP-AC, CX. 5, doc. 80.

83. Este cálculo baseia-se na razão de quarenta índios por proprietário, a média verificada para a década (ver Tabela 2, acima), dividido por cinco (a média de brancos por família proprietária).

84. Inventário de João de Oliveira, 1653, AESP-INP, CX. 1; inventário de Manuel Alves de Aguirra, 1666, AESP-INP, CX. 9.

85. "Auto de correção, capítulo 18", 7/6/1653, CMSP-Atas, 6:37; e Atas, 6 bis:101-2 (24/12/1658).

86. CMSP-Atas, 6 bis:211-2 (8/11/1660).

87. Inventário de Antonio Pedroso de Barros, 1652 (IT, 20:55-6).

88. Inventário de Antonio Pedroso de Barros, 1652 (IT, 20, passim).

89. Inventário de João Sutil de Oliveira e Maria Ribeiro, 1652 (IT, 42).

90. Inventário de Bartolomeu Nunes do Passo, Mogi das Cruzes, 1660, AESP-Mogi; inventário de Antonio Pedroso de Lima (primeiro marido de Maria Diniz de Mendonça), 1651 (IT, 41).

91. Inventário de Francisco Coelho da Cruz, Parnaíba, 1660, AESP-INP, CX. 5.

92. CMSP-Atas, 6 bis:209-12 (2/11 e 8/11/1660). Sobre a tese do complô, ver Câmara Municipal do Rio de Janeiro a Antonio de Mariz, S. J., s. d., RIHGB, 3:22-3.

93. Inventário de Luís Pedroso de Barros, Parnaíba, 1662 (IT, 43).

94. De acordo com os dados dos inventários, houve um aumento sensível nas fugas durante a década de 1660, atingindo uma taxa de 59 fugitivos por mil cativos. Nas décadas subsequentes, esta taxa recuou para 39 por mil, ainda alta. Ver Monteiro, "São Paulo in the seventeenth century", Tabela 19.

95. Petição de Diogo Mendes, 29/10/1619, no inventário de Isabel Fernandes, 1619 (IT, 30:214-5).

96. Depoimento de Manuel Ruivo Bastardo, 12/9/1718, Justiça vs. Bartolomeu Fernandes de Faria, AESP-AC, CX. 6.

97. Testamento de Cristóvão Diniz, Parnaíba (Itu), 1650 (IT, 41:135).

98. Depoimento da informante Úrsula, Catarina do Prado vs. Bartolomeu Bueno Cacunda, 1682, AESP-AC, CX. 1.

99. Ver, por exemplo, o inventário de Francisco Borges, 1649 (IT, 39:97-8); o testamento de Domingos Dias Félix, Taubaté, 1660, Museu de Taubaté, CX. 1; e o inventário de Maria da Cunha, 1670 (IT, 17:488).

100. Testamento de Pedro Vaz de Barros, Parnaíba (São Roque), 1674, AESP-INP, CX. 22.

101. Salvador Moreira vs. Braz Moreira Cabral, 2/7/1690, no inventário de Salvador Moreira, Parnaíba, 1697 (IT, 24).

102. Inventário de Antonia Chaves, Parnaíba, 1640 (IT, 14:LXII).

103. Testamento de Manuel Rodrigues de Góis, 1662, AESP-INP, CX. 6.

104. Inventário de Estevão Furquim, 1660 (IT, 16:278-9).

105. Testamento de Ana Machado de Lima, 1684, AESP-INP, CX. 17.

106. Testamento de João Missel Gigante, Parnaíba, 1645 (IT, 32:122).

107. Testamento de Pedro Vidal, 1658, AESP-INP, CX. 4.

108. "Capítulo de correção", 16/3/1649, CMSP-Atas, 5:367; "Correção, capítulo 9", 7/6/1653, CMSP-Atas, 6:34; "Capítulos de correção", 10/11/1675, CMSP--Atas, 6:389; e "Capítulo de correção", 30/12/1687, CMSP-Atas, 7:342-3.

109. Testamento de Onofre Jorge, 1688, AESP-IPO, 14 645.

110. Petição de João Vaz Madeira, s. d., no inventário de Antonio Pereira Magalhães, Mogi das Cruzes, 1679, AESP-Mogi.

111. Antonio João de Moura vs. herdeiros de João Pires Monteiro, 7/10/1671, no inventário de João Pires Monteiro, 1667, AESP-INP, CX. 9.

112. "Auto de sequestro", 18/6/1718, Justiça vs. Bartolomeu Fernandes de Faria, AESP-AC, CX. 6, doc. 98.

113. Justiça vs. Bartolomeu Fernandes de Faria, 1718, AESP-AC, CX. 6.

114. Sobre o uso da tipoia, originalmente associada a sociedades guarani e posteriormente difundida pelos jesuítas, ver A. Métraux, "The Guarani", in *Handbook of South American Indians*, org. Julian H. Steward, Washington, 1946, 6:82.

115. Sobre a questão do paternalismo, ver, por exemplo, Genovese, *Roll, Jordan, roll*, esp. cap. 1. Para o Brasil oitocentista, consultar a interessante discussão de Robert Slenes, "The demography and economics of Brazilian slavery 1850-1888", tese de doutorado, Stanford, 1976.

6. AS ORIGENS DA POBREZA RURAL (PP. 232-56)

1. "Livro do rol das pessoas para o pedido real do ano de 1679", AHMSP, CM-1-19.

2. Sobre os primeiros anos do donativo, ver CMSP-Atas, 6 bis:393 (ata de 1/11/1664); também, governador Francisco Barreto à Câmara Municipal de Guaratinguetá, 20/1/1663 (BNRJ-DH, 5:186).

3. "Auto de correção", 8/9/1679, AESP, Atas da Câmara Municipal de Parnaíba, cx. 6063-1. Em princípio, o donativo destinava-se ao pagamento tanto da indenização dos holandeses expulsos do Brasil em 1654 (Tratado de 1661), quanto do dote de Catarina de Bragança, rainha da Inglaterra.

4. "Relação das quantias oferecidas pelos moradores do bairro de Araritaguaba", 24/11/1728, AHU-SP, doc. 653. O título do documento é incompleto, pois, além de Araritaguaba (posteriormente Porto Feliz), a relação inclui listas dos moradores da vila e dos demais bairros de Itu.

5. A difusão da pobreza rural no Brasil colonial e imperial tem sido o tema

de uma interessante vertente na historiografia brasileira recente. Ver, por exemplo, L. de Mello e Souza, *Desclassificados do ouro*, Rio de Janeiro, 1982, notável estudo do processo de marginalização da maioria da população livre no desenvolvimento e declínio dos centros de mineração das Gerais no século XVIII; L. Volpato, *A conquista da terra no universo da pobreza*, São Paulo, 1987, que discute as origens do Mato Grosso colonial de forma inovadora, embora sustentando algumas das posturas convencionais da historiografia paulista; e D. Lindoso, *A utopia armada*, Rio de Janeiro, 1984, que contém informações reveladoras sobre os estratos sociais mais pobres no interior do Nordeste durante a primeira metade do século XIX, ressaltando a relação entre estes e a economia agroexportadora no contexto da Guerra dos Cabanos. Sobre a pobreza urbana, ver a importante obra de Dias, *Quotidiano e poder*.

6. Os bairros rurais paulistas têm sido objeto de inúmeros estudos sociológicos, faltando, no entanto, um tratamento mais detalhado da sua dimensão histórica. Ver, entre outros, Antonio Candido de Mello e Souza, *Os parceiros do Rio Bonito*, São Paulo, 1979, 5ª ed., e M. I. Pereira de Queiroz, *Bairros rurais paulistas*, São Paulo, 1973.

7. É de se notar que Sérgio Buarque de Holanda, num ensaio publicado postumamente, debateu-se com esta questão, lançando o binômio paradoxal "Grande propriedade, pequena lavoura". Com isto, ele se contrapõe às posturas anteriores de Alfredo Ellis Júnior e outros historiadores, que defendiam a pequena propriedade como um dos pilares do caráter peculiar dos antigos paulistas. Holanda, *Monções*, versão ampliada, pp. 181-4.

8. Sobre a fundação e função de capelas no Brasil colonial, ver Eduardo Hoornaert, *História da Igreja no Brasil*, Petrópolis, 1979, 1:292-4. É interessante comparar estas iniciativas particulares aos projetos coletivos posteriores, que eram caracterizados pela fundação de capelas nas comunidades camponesas.

9. "Relação das quantias oferecidas pelos moradores do bairro de Araritaguaba", AHU-SP, doc. 653.

10. Sobre as divisas entre os municípios, ver "Auto de medição", Parnaíba, 1681, AESP, CX. 6066-18; e "Demarcação do distrito de Mogi das Cruzes", 23/10/1665, Registro do Foral, Arquivo da Prefeitura de Mogi das Cruzes.

11. Dois desses últimos apresentaram, já na década de 1680, populações suficientemente densas para justificar sua elevação à categoria de freguesia, mesmo estando situados bem próximos à vila de São Paulo. As freguesias de Santo Amaro e Guarulhos (Caucaia) foram criadas, respectivamente, em 1684 e 1686. O terceiro, Caaguaçu, mais disperso em termos de sua distribuição populacional, transformou-se na freguesia pobre da Penha na primeira metade do século XVIII. Salienta-se que este termo da língua geral, significando algo como "mato grande", aparece em diversos locais ao longo da história do planalto, in-

clusive como referência ao espigão onde surgiria, mais tarde, a avenida Paulista. Sobre este último Caaguaçu, ver o minucioso trabalho de demografia histórica de M. L. Marcílio, *A cidade de São Paulo*, São Paulo, 1973.

12. Os índices apresentados aqui foram calculados de acordo com as fórmulas em C. M. Dollar e R. Jensen, *Historian's guide to statistics*, Nova York, 1971, pp. 121-4.

13. A. Canabrava, "Uma economia de decadência", *Revista Brasileira de Economia*, 26, nº 4, 1972, p. 112.

14. Uma discussão útil do emprego de inventários na análise dos níveis da riqueza encontra-se em G. L. Main, "Inequality in early America", *Journal of Interdisciplinary History*, 7, 1977.

15. Ver as tabelas apresentadas em J. Monteiro, "Distribuição da riqueza e as origens da pobreza rural em São Paulo no século xvii", *Estudos Econômicos*, 19, nº 1, 1989. Estes dados podem ser comparados à posse de escravos africanos em outras partes do Brasil colonial. Ver, sobretudo, Stuart B. Schwartz, "Patterns of slaveholding in the Americas", *American Historical Review*, 87, nº 1, 1982; e F. V. Luna, *Minas Gerais: escravos e senhores*, São Paulo, 1981, esp. pp. 123-36.

16. Esta rota é estudada em Fina, *O chão de Piratininga*.

17. Sobre este assunto, com referência a Santana de Parnaíba no século xviii, ver A. Metcalf, "Fathers and sons".

18. Os dados genealógicos aqui relacionados provêm de diversas fontes, tais como testamentos, inventários e registros paroquiais, bem como das seguintes obras indispensáveis: Paes Leme, *Nobiliarquia paulistana*, e Silva Leme, *Genealogia paulistana*.

19. Paes Leme, *Nobiliarquia paulistana*, 3:79.

20. "Traslado da sesmaria concedida a Amador Bueno (16 de agosto de 1627)", 11/6/1756, in Mazzuia, *Jundiaí e sua história*, pp. 88-91.

21. Existe, ainda hoje, um povoado no município de Mairiporã com o nome da aldeia original, Maracanã.

22. Paes Leme, *Nobiliarquia paulistana*, 1:75-6.

23. A respeito da bandeira de 1666, ver discussão no cap. 2, acima.

24. Silva Leme, *Genealogia paulistana*, vol. 4; inventário de Luzia Leme, Parnaíba, 1653, AESP-INP, CX. 1.

25. "Escritura de dote", 27/1/1641, AESP-Notas Parnaíba, 1641, cx. 6074-26. Para abordagens interessantes sobre a aplicação do dote em São Paulo no Período Colonial, ver Metcalf, "Fathers and sons"; Muriel Nazzari, "Dotes paulistas", *Revista Brasileira de História*, 17, 1988-9, além do estudo mais amplo dessa mesma autora, *Disappearance of the dowry*, Stanford, 1991.

26. Inventário de Maria Bueno do Amaral, 1673 (IT, 18).

320

27. Atas de 3/7 e 29/11/1666, CMSP-Atas, 6 bis:428-9 e 508-9.

28. Atas de 13 e 25/5/1669, CMSP-Atas, 6:161-2 e 165.

29. Paes Leme, *História da capitania de São Vicente*, São Paulo, s. d., p. 149, onde se afirma que Camargo possuía mais de quinhentos guerreiros na época. Sobre a sesmaria e a capela, ver W. F. da Silveira, *História de Atibaia*, São Paulo, 1950, pp. 114 e 119.

30. Sobre a capela de Nossa Senhora do Desterro do Juqueri, ver "Livro de tombo" da Freguesia da Sé, 1747, AMDDLS.

31. Para uma lista dos provedores da Misericórdia, ver L. Mesgravis, *A Santa Casa de Misericórdia de São Paulo*, São Paulo, 1976, pp. 48-55.

32. CMSP-Registro, 3:547-50.

33. Sobre os conflitos sociais na década de 1650, ver Monteiro, "São Paulo in the seventeenth century", pp. 367-73. A principal referência sobre as lutas de família no Brasil colonial, embora apoiada num quadro teórico bastante frágil, permanece L. A. da Costa Pinto, *Lutas de famílias no Brasil*, São Paulo, 1980, sobretudo pp. 37-94, onde se refere aos Pires e aos Camargo. Ver, igualmente, Taunay, *História seiscentista da vila de São Paulo*, vol. 2, onde o autor compara as famílias aos Capuleto e Montecchio, "de shakespeareana memória"; e F. A. Carvalho Franco, *Os Camargos de São Paulo*, São Paulo, 1937.

34. Inventários de Francisco de Camargo, 1672, AESP-INP, CX. 10, e Marcelino de Camargo, 1684 (IT, 21).

35. BNRJ-DH, 3:271; atas da Câmara, Parnaíba (ata de 23/6/1679), AESP, CX. 6063-1.

36. Inventário de Isabel Fernandes, 1641 (IT, 28:160). Estas terras pertenciam ao aldeamento de Barueri. Sobre a espoliação das terras deste aldeamento, ver o interessante relato anônimo do século XVIII, "História de Barueri", BNRJ, Coleção Morgado de Mateus, 30.24.19.

37. As doações de terras indígenas são reproduzidas em *Cartas de datas*, vols. 2 e 3, e em CMSP-Registro, 3. Mais tarde, a distribuição chegou a ser sancionada pelo ouvidor João da Rocha Pita (CMSP-Atas, 7:27, auto de correção de 8/5/1679) mas, no início do século XVIII, a legitimidade destas datas foi contestada na justiça.

38. Petição de Henrique da Cunha Gago, 15/1/1661 (CMSP-Registro, 3:12-3).

39. CMSP-Atas, 3:56 (ata de 21/10/1623).

40. CMSP-Atas, 5:367 (auto de correção de 16/3/1649).

41. CMSP-Atas, 5:468-9 (ata de 6/5/1651).

42. Carta de Agostinho Barbalho Bezerra ao Conselho Ultramarino, 18/8/1664, AHU-SP, doc. 23.

43. Carta patente a Antonio [sic] Ribeiro Baião, 5/10/1671, BNRJ 1.2.9, nº 140.

44. CMSP-Atas, 7:217 (ata de 3/7/1683).

45. Parecer de Salvador Correia de Sá, 1679, apud Boxer Salvador de Sá, pp. 139-40.

46. CMSP-Atas, 7:67-8 (ata de 7/9/1680); CMSP-Registro, 3:467 (provisão de 21/1/1679) e 2:581-2 (27/7/1660).

47. Inventários de Jerônimo da Veiga, 1660, AESP-INP, CX. 5; Maria da Cunha, 1670 (IT, 17); e Maria do Prado, 1670, AESP-INP, CX. 7.

48. CMSP-Registro, 3:547-50 (25/1/1660).

49. CMSP-Atas, 6 bis:337 (ata de 6/10/1663).

50. Inventário de Francisco Cubas Preto, 1673 (IT, 18).

51. Para uma relação razoavelmente completa das capelas rurais de São Paulo seiscentista, ver Monteiro, "São Paulo in the seventeenth century", Quadro 28, Apêndice.

52. Testamento de Francisco Cubas (cópia parcial), "Livro de tombo" da freguesia de Conceição, 1747, Arquivo da Cúria Diocesana de Guarulhos. Uma das filhas, Maria Antunes, se casou, impetrando um processo que tentava anular o testamento do pai. As três irmãs solteiras, contudo, conseguiram uma sentença favorável, mantendo a estipulação do testamento e evitando assim que Maria Antunes e seu marido usufruíssem dos bens e índios vinculados à capela. AMDDLS, processo-crime de 1695.

53. Fornecemos mais detalhes sobre esta capela, objeto de um longo litígio, no último capítulo deste trabalho.

54. *Cartas de datas*, 3, passim.

55. Petição de Antonio Ribeiro Maciel, 1723, AESP-AC, CX. 12, doc. 170.

7. OS ANOS FINAIS DA ESCRAVIDÃO INDÍGENA (PP. 257-78)

1. Para uma descrição detalhada das mudanças ocorridas na primeira metade do século XVIII, a obra de Boxer, *The golden age of Brazil*, permanece indispensável. No que diz respeito à historiografia paulista, esse período é considerado como de transição. Ver Alfredo Ellis Júnior, *Resumo da história de São Paulo*, São Paulo, 1942, e, com Myriam Ellis, *A economia paulista no século XVIII*, São Paulo, 1950, entre outros trabalhos. Sérgio Buarque de Holanda, *Caminhos e fronteiras*, encara o rush do ouro com certa cautela, associando-o à expansão concomitante do tropeirismo e das monções, movimentos essenciais na acumulação de capital comercial para a expansão agrícola posterior, assim proporcionando um elo entre o frugal sertanista do passado e o rico fazendeiro do futuro. A meu ver, ambas as visões descaracterizam a sociedade paulista do século XVII ao negar a existência da lavoura comercial e ao ignorar a dinâmica da escravidão indígena.

2. Por exemplo, João Pedroso Xavier, um dos descobridores de ouro em Sumidouro, integrou cerca de vinte índios oriundos das minas à sua fazenda em Parnaíba durante a primeira década do século XVIII (AESP-INP, CX. 24); ver também "Coleção das notícias dos primeiros descobrimentos das minas na América" (Cód. Costa Mattoso), Biblioteca Municipal de São Paulo, f. 14. Outros documentos referentes ao descobrimento das minas estão em A. E. Taunay, *Relatos sertanistas*, São Paulo, 1953.

3. O papel das populações nativas de Minas Gerais nesses anos iniciais da economia do ouro ainda carece de um bom estudo. O Códice Costa Mattoso, citado extensamente por Boxer (*The golden age of Brazil*) para outros assuntos, contém valiosas informações a respeito dos índios.

4. A respeito da formação de uma identidade nobre entre os paulistas, intrinsecamente vinculada às origens e evolução de uma "mitologia" bandeirante, ver K. M. Abud, "O sangue intimorato e as nobilíssimas tradições", tese de doutorado, São Paulo, 1985; ver também S. Schwartz, "The formation of a colonial identity in Brazil", in *Colonial identity in the Atlantic World*, Princeton, 1987. Faz-se necessário, neste contexto, repisar o terreno fértil da historiografia paulista no que diz respeito ao papel da mestiçagem na formação da sociedade e das elites paulistas. Duas visões clássicas, porém radicalmente diferentes pelas abordagens e pressupostos teóricos, são Ellis Júnior, *Os primeiros troncos paulistas e o cruzamento euro-americano* — reedição de *Raça de gigantes* —, São Paulo, 1976, e Holanda, *Caminhos e fronteiras*. Finalmente, o livro pouco conhecido de E. Zenha, *Mamelucos*, aborda o tema a partir de um enfoque sobre a escravização dos Guarani.

5. Fonseca, *Vida de Belchior de Pontes*, pp. 109-10.

6. Testamento de Antonio Nunes, 1643 (IT, 38:19).

7. Testamento de Catarina de Mendonça, 1671, AESP-INP, CX. 12. O termo *mulato*, neste caso, refere-se ao filho de pai africano e mãe indígena.

8. Domingas Mamaluca vs. Pe. Bernardo de Quadros, Itu, 1700, AESP-AC, cx. 2, doc. 28.

9. "Lançamento de um escripto de venda e troca", 17/4/1722, e "Carta de liberdade a Maria Carijó", 30/9/1722, AESP-Notas Sorocaba, cx. 6020-1.

10. Embora enfoquemos, aqui, a área rural, é importante lembrar que processo semelhante ocorria nas vilas. Por exemplo, o testamento de Ana Bastarda demonstra a luta de uma mãe solteira, pobre, encarando um mundo que buscava classificá-la enquanto escrava: "Declaro que sou mulher pobre solteira forra e liberta e nunca fui casada filha de Eliador Eanes e de Simoa índia e tenho um filho por nome Mateus e uma filha por nome Mariana o filho é de Inácio do Prado seu pai havera colhido e o levara para sua casa e a filha peço pelo amor de Deus ao Reverendo Padre Vigário a recolha em sua casa em companhia da se-

nhora sua irmã Leonor Gomes para ensinar e doutrinar no amor e serviço de Deus e também peço ao Reverendo Padre Vigário queira pelo amor de Deus ser meu testamenteiro para que se faça para minha alma alguma esmola que adiante de Deus achara...". Testamento de Ana Bastarda, 1676, em AESP-AC, CX. 3, doc. 44. O litígio em questão refere-se ao processo de liberdade de Mariana, no poder do juiz ordinário Francisco de Godoi.

11. Dos 318 filhos de índias e bastardas batizados em Santo Amaro nos anos derradeiros do século XVII, 169 (53%) foram registrados como de "pai incógnito", enquanto 139 (44%) o foram como filhos de casais declarados. Ver Tabela 8, p. 199. AMDDLS, 04-02-23, "Batizados", Santo Amaro, Livro 1.

12. Testamento de Pedro Vaz de Barros, 1674, no inventário de Brás de Barros, AESP-INP, CX. 22.

13. Enquanto a questão da liberdade dos índios tem sido amplamente discutida na historiografia, sobretudo nos seus aspectos legislativos, a questão da alforria mal tem sido abordada. Uma exceção notável, referente ao Maranhão, é David Sweet, "Francisca: Indian slave", in *Struggle and survival in Colonial America*, Berkeley, 1981.

14. Testamento de Inês Pedroso, 1632 (IT, 8:365).

15. Petição de Madalena Índia, 18/6/1634 (IT, 9:9).

16. Testamento de Francisco Pinto Guedes, 1701, AESP-IPO, 13 998.

17. Carta de alforria, 1690, AESP-Notas Parnaíba.

18. Carta de alforria de José Ortiz de Camargo a Paulo, 1663, Cartório do Primeiro Ofício, Jundiaí, Notas, 1663, f. 35.

19. "Reclamação de uma alforria", 1/3/1681, AESP-Notas Parnaíba, 1680.

20. Carta de alforria, 28/7/1672, e escritura distratando alforria, 11/1/1681, Livros de Notas de Jundiaí, Cartório do Primeiro Ofício, Jundiaí.

21. Carta de alforria, 8/2/1700, AESP-Notas Parnaíba, 1699.

22. Testamento de Sebastiana de Oliveira, 1713, AESP-INP, CX. 25.

23. Testamento de Gaspar Favacho, 1681, AESP-INP, CX. 16.

24. Inventário de Maria de Lima Barbosa, 1715, AESP-INP, CX. 26.

25. Testamento de Ângela de Siqueira, 1728, AESP-INP, CX. 32.

26. Testamento de Ambrósio Mendes, 1642 (IT, 13:481).

27. Paes Leme, *Nobiliarquia paulistana*, 3:19, afirma que a escravidão indígena foi extinta em todo o Brasil por volta de 1732. Esta afirmação está equivocada, pois, na verdade, o evento a que se refere é o da exigência feita por um bando do governador Sarzedas de que todos os índios fossem colocados nos aldeamentos para que pudessem ser utilizados nas guerras contra os Paiaguá de Mato Grosso. Este erro foi reproduzido por muitos autores.

28. Artur de Sá e Meneses à Coroa, 5/5/1700, AHU-Rio de Janeiro, doc. 2513.

29. Desenvolvi este tema com maiores detalhes em Monteiro, "Sal e justiça social em São Paulo colonial", trabalho inédito, Rio de Janeiro, 1989.

30. Antonio Rodrigues, S. J., "Carta de missão", 25/1/1700, ARSI Brasilia 10, f. 1v.

31. João Pires Rodrigues vs. João Rodrigues da Fonseca, 1666, AESP-AC, CX. 1.

32. Micaela Bastarda vs. prior do Carmo, 1721, AESP-AC 1700-1800, CX. 15, doc. 320; sentença cível a favor de Micaela Bastarda, 1724, AESP-AC, CX. 13, doc. 190; Domingos Lopes de Godoi vs. convento do Carmo, 1730, AESP-AC, CX. 25, doc. 428.

33. Registro de petições criminais, diversas datas (século XVIII), AESP, CX. 437-79.

34. Justificação de Maria Leme do Prado, 1723, AESP-AC, CX. 12.

35. Boletim do Arquivo do Estado, 7:37-8, 61.

36. Boletim do Arquivo do Estado, 5:17-8.

37. A capela, na verdade, localiza-se em Guarulhos, no bairro atual de Bonsucesso. Na época, porém, apesar da distância, fazia parte do bairro de São Miguel.

38. Francisco Cubas de Miranda vs. Marta Miranda del Rei, 1721, AESP-AC, CX. 9, doc. 133.

39. O melhor trabalho sobre a expansão da lavoura comercial no final do século XVIII permanece M. T. S. Petrone, A lavoura canavieira em São Paulo, São Paulo, 1968. Ver, também, Ellis Júnior e Ellis, A economia paulista no século XVIII.

40. Os preços aqui citados provêm dos inventários de bens, o que de fato — junto com os registros paroquiais — proporciona as evidências mais sólidas para o crescimento da população de origem africana em São Paulo. Este material ainda espera um levantamento mais sistemático para o período. Deve-se observar que os traficantes de escravos demonstraram certo entusiasmo com a perspectiva de suprir o mercado mineiro através de São Paulo, sobretudo quando a Câmara Municipal da vila solicitou ao Conselho Ultramarino permissão para manter comércio direto entre Santos e Angola. Contudo, os capitães das embarcações mostraram-se contra semelhante empreendimento, alegando a falta de mercadorias a serem embarcadas em Santos. Ver AHU-SP, docs. 56 (12/2/1700) e 60 (1700).

41. Verificam-se, em Boxer, The golden age of Brazil, fartos exemplos de conflitos entre agricultores e comerciantes, bem como entre colonos portugueses e brasileiros, que se intensificaram nesse período em diversos cantos da Colônia. Ao passo que grande parte da historiografia tem enfocado a luta entre paulistas e emboabas, são abundantes na documentação as queixas contra os abusos de atravessadores, contratadores monopolistas, usurários e administradores régios a

partir da abertura das minas, às vezes resultando em violência substantiva. Quanto à assimilação dos imigrantes portugueses na sociedade paulista, chegou a tal ponto em meados do século que um ouvidor recomendou ao Conselho Ultramarino que se suspendessem os privilégios outorgados aos Pires e aos Camargo, que se alternavam no controle do conselho municipal, visto o aumento de reinóis na cidade de São Paulo. AHU-SP, doc. 1820, 20/1/1749.

42. Além do fluxo de comerciantes da Metrópole, a Coroa também começou a marcar presença mais forte, o que era de se esperar diante dos benefícios fiscais e comerciais proporcionados pelas minas. Infelizmente, a maioria dos estudos recentes sobre a administração pública tem enfocado o período pombalino, sendo que o único trabalho relevante para esse período — além do de Boxer — permanece sendo o de Washington Luís, *Capitania de São Paulo, governo de Rodrigo Cezar de Meneses*, São Paulo, 1938.

43. A melhor descrição da inflação que se abateu sobre os distritos mineiros é A. J. Antonil, *Cultura e opulência do Brasil* [1711], ed. fac-similar, Recife, 1969, esp. pp. 139-43. Ver, também, Boxer, *The golden age of Brazil*, pp. 54-56 e 187 ss.

44. Dois estudos importantes sobre o provisionamento das minas: M. Zemella, *O abastecimento da capitania de Minas Gerais no século XVIII*, São Paulo, 1990, e M. Ellis, *Contribuição ao estudo do abastecimento das áreas mineradoras do Brasil*, Rio de Janeiro, 1961. Estes dois estudos baseiam-se sobretudo nos contratos de monopólio e nos direitos de passagem. Além desta esfera oficial, os inventários contêm inúmeros exemplos das relações comerciais com as minas, mas estas atividades são melhor ilustradas no copiador do padre Guilherme Pompeu de Almeida, publicado na RIHGSP, 58 (1960), e no seu testamento de 1710, AESP-INP. O padre Pompeu tinha grandes fazendas em Parnaíba e Itu, com uma força de trabalho de aproximadamente trezentos índios e africanos. Quando da sua morte em 1713, as propriedades passaram para o Colégio dos jesuítas em São Paulo, uma parte formando a imensa fazenda de Araçariguama. O copiador, junto com outra documentação inédita e pouco conhecida, é analisado em H. Cahn, "Padre Guilherme Pompeu de Almeida e suas atividades comerciais", tese de doutorado, São Paulo, 1967. Curiosamente, para não se desviar das convenções da historiografia paulista, Cahn assevera (p. 9) que os escravos africanos da posse do padre Pompeu — bem como de outros paulistas da época — teriam sido para fins ostentativos e não produtivos.

45. Pedro Taques de Almeida ao governador Lencastre, 20/3/1700, Ajuda, cód. 51-IX-33, f. 450. Sobre as condições do transporte para as minas, ver também o Cód. Costa Mattoso, f. 21.

46. Timóteo Correia de Góis ao Conselho Ultramarino, 8/9/1710, AHU-SP, doc. 83.

47. M. L. Viana Lyra, "Os dízimos". Para uma discussão mais geral do dízimo em Minas, ver M. Cardozo, "The collection of tithes in colonial Minas Gerais", *Catholic Historical Review*, 38, 1952.

48. Governador Meneses ao governador Saldanha, 8/3/1724, AHU-SP, doc. 371.

49. Governador Pimentel ao Conselho Ultramarino, 18/4/1730, AHU-SP, 760.

50. A difusão e dimensão da pobreza como resultado da expansão para as minas são bem exploradas nos interessantes trabalhos de Mello e Souza, *Desclassificados do ouro*, e Volpato, *A conquista da terra no universo da pobreza*.

51. Bartolomeu Lopes de Carvalho, "Manifesto a Sua Magestade", s. d., Ajuda, cód. 51-IX-33.

Referências bibliográficas

FONTES MANUSCRITAS

Archivum Romanum Societatis Iesu, Roma
Fundo Geral
    Brasilia 3-4. Eppistolae, 1550-1737. 2 vols.
    Brasilia 5-6. Catalogi triennales et breves, 1556-1757. 2 vols.
    Brasilia 8-10. Historia brasiliae, 1600-1756. 3 vols.
    Brasilia 15. Brasiliae historiae, 1549-99. 2 vols.
    Paraquaria 1-3. Eppistolae, 1608-1772. 3 vols.
    Paraquaria 4. Catalogus rerum.
    Paraquaria 11. Historia paraquariae, 1600-95. 1 vol.
Fondo Gesuìtico
    Collegia 202/3, doc. 2, f. 11. Anôn., "Resposta a uns capítulos", s. d.
    Collegia 203/1588/12. "Certidões de como os moradores de São Paulo e de outras vilas cativam índios", 1630.
    Collegia 203/1588/12. "Embargos com que vêm os religiosos do convento da N. S. do Carmo da vila de São Paulo", 1648.
    Collegia 203/1588/12. Luís Mamiani, S. J. "Memorial sobre o governo temporal do Colégio de São Paulo", 1701.
    Missiones 721/I. Francisco Ferreira, S. J. "La causa del Brasil estar en el triste estado en que está son las injusticias notables que en él se hacen contra los índios", s. d.

Missiones 721/1. "Memorial dos moradores de São Paulo para Sua Santidade", s. d.

Missiones 721/1. Anôn., "Relação certa do modo com que no Brasil se conquistam e cativam os índios", s. d.

Arquivo da Cúria Diocesana, Guarulhos

"Livro de batizados pardos e índios", Freguesia da Conceição, 1688-1721.

"Livro de tombo da Freguesia da Conceição", 1747.

Arquivo da Cúria Diocesana, Mogi das Cruzes

"Livro de tombo", Santana de Mogi das Cruzes, 1747.

Arquivo da Cúria Diocesana, Jundiaí

Códs. 49-50. "Livros de batizados pardos", Itu, 1704-30.

Cód. 487. "Livro de tombo", N. S. da Candelária de Itu, 1747.

Cód. 505. "Livro de tombo", Santana de Parnaíba, 1747.

Arquivo da Cúria Diocesana, Sorocaba

"Livro de batizados servos", Freguesia de N. S. da Ponte, 1684-94.

Arquivo da Cúria Metropolitana, Rio de Janeiro

Não catalogado. Censo eclesiástico do bispado do Rio de Janeiro, c. 1687.

Não catalogado. "Assentos de batismos, casamentos e óbitos feitos pelos padres jesuítas na igreja de São Francisco Xavier (Engenho Velho)", 1641-1759.

Arquivo da Cúria Metropolitana, São Paulo

01-03-14. "Livro de batizados", Freguesia da Sé, 1640-62.

04-02-23. "Livro de batizados, casamentos e óbitos", Santo Amaro, 1686--1725.

19-2-41. "Capelas curadas; aldeamentos de índios".

1-2-3. "Autos de erecções e patrimônios de capelas".

Vários. "Autos de genere e moribus" (42 casos examinados), 1640-1706.

Não catalogado. "Livro de tombo", Sé, 1747.

Não catalogado. "Livro de tombo", Santo Amaro, 1747.

Não catalogado. "Livro de tombo", N. S. do Desterro de Jundiaí, 1747 (cópia manuscrita).

Arquivo do Estado de São Paulo

Cxs. 478-1 a 510-33. "Inventários e testamentos não publicados", 1651-1730 (AESP-Inv.).

Cxs. 605-1 a 612-8. "Inventários e testamentos estragados", 1613-1749.

Cxs. 613-1 a 794-182. "Inventários do Primeiro Ofício" (282 processos pesquisados), 1629-1732 (AESP-IPO).

Caixas 357-107, 459-1 e 3434-1. Livros de notas (fragmentos), São Paulo, 1645, 1648, 1654, 1685.

Cxs. 470-1, 3684-251, 6061-13, 6074-26, 6075-27, 6076-28, 6077-29. Livros de notas, Parnaíba (alguns incompletos), 1630, 1636-8, 1640-2, 1651, 1655, 1658, 1659-62, 1665, 1673-4, 1680-3, 1688-90, 1699-1701, 1706-7 (AESP-Notas Parnaíba).

Cx. 6020-1. Livro de notas, Sorocaba, 1722-8.

Caixa 6074-24. "Rol dos culpados", Parnaíba, 1763.

Caixa 6066-18. "Livro da medição e aforamento de Terras da Câmara Municipal de Parnaíba", 1722-1828.

Cxs. 6033-1 e 6034-2. "Petições diversas", 1658-85.

Cx. 6036-1. "Petições de Parnaíba", 1672-1708.

Cxs. 3434-1 a 3458-25. "Autos cíveis", São Paulo, 1621-1730.

Cx. 3684-251. "Autos cíveis", Parnaíba, 1690-1778.

Cx. 3696-1. "Autos cíveis", Atibaia, 1721-69.

Cx. 3853-1. "Autos cíveis", Sorocaba, 1720-9.

Cx. 6063-1. "Atas da Câmara Municipal", Parnaíba, 1679-92.

Cx. 472-1. "Livros de vereança", Sorocaba, 1667-1704.

Cartório do Segundo Ofício de Notas de Mogi das Cruzes. "Inventários antigos", 1616-1720 (AESP-Inventários de Mogi).

Arquivo Histórico Municipal "Washington Luís", São Paulo

Cód. CM-1-19. "Lançamento do pedido real", 1679-1738 ("Livro do rol das pessoas para o pedido real do ano de 1679").

Cód. A-8-1. "Registro do foral e rocio do concelho", 1748.

Avulsos, cxs. 1-6. "Correspondência ativa e passiva da Câmara Municipal de São Paulo", séculos XVII e XVIII.

Não catalogado. "Livro das despesas da Câmara Municipal de São Paulo", 1655-68.

Arquivo Histórico Ultramarino, Lisboa

São Paulo, catalogados

Doc. 3. "Devassa tirada sobre a morte de um índio principal, Timacaúna, por uns pombeiros dos brancos", 5/6/1623.

Doc. 14. "Representação da Câmara Municipal de São Paulo ao Conselho Ultramarino", 15/4/1648.

Doc. 21. Antonio Raposo da Silveira à Coroa, dez. 1656.

Doc. 23. Agostinho Barbalho Bezerra ao Conselho Ultramarino, 18/8/1664.

Doc. 56. 12/2/1700.

Doc. 60. "Parecer do Conselho Ultramarino sobre escravos", 1700.

Doc. 83. Timóteo Correia de Góis ao Conselho Ultramarino, 8/9/1710.

Doc. 371. Governador Rodrigo César de Meneses ao governador Saldanha, 8/3/1724.

Doc. 583. Provincial dos capuchinhos de Rio de Janeiro ao Conselho Ultramarino, 14/2/1727.

Doc. 653. "Relação das quantias oferecidas pelos moradores do bairro de Araritaguaba", 24/11/1728.

Doc. 712. Governador Pimentel ao Conselho Ultramarino, 1/5/1730.

Doc. 750. Governador Rodrigo César de Meneses ao Conselho Ultramarino, 26/10/1725.

Doc. 751. Ouvidor Rafael Pires Pardinho ao Conselho Ultramarino, 15/12/1730.

Doc. 760. Governador Pimentel ao Conselho Ultramarino, 18/4/1730.

Doc. 1820. 20/1/1749.

São Paulo, aditamentos

Cxs. 235, 237, 240, 249, 251 e 252.

Rio de Janeiro, catalogados (índice de Castro e Almeida)

Doc. 1218. "Informação do secretário do Conselho Ultramarino acerca dos moradores de São Paulo", 6/6/1674.

Doc. 2357. "Representação da Câmara Municipal de São Paulo", 25/4/1700.

Doc. 2513. Artur de Sá e Meneses à Coroa, 5/5/1700.

Bahia, catalogados (índice de Luíza da Fonseca)

Doc. 810. Pedro Vilhasanti à Coroa, 14/11/1638.

Doc. 1266. Antonio de Couros Carneiro (capitão-mor de Ilhéus) ao Conselho Ultramarino, 11/4/1647.

Doc. 2531. "Desembargo da relação da Bahia sobre a forma de julgar as causas crimes dos índios e escravos", 10/5/1673.

Doc. 2562. "Consulta do Conselho Ultramarino sobre a guerra do gentio", 16/10/1673.

Doc. 2802. "Minutas de cartas régias a Matias da Cunha, Fernão Dias Pais, Brás Rodrigues de Arzão, et al.", 4/12/1673.

Rio Grande do Norte, catalogados

Cx. 1, doc. 18. Relatório de José Lopes de Ulhoa, 22/3/1688.

Pernambuco, papéis avulsos

Cx. 3. Governador conde Castelo Melhor à Câmara Municipal de São Paulo, 27/2/1650.

Códs. 232 e 239 (Consultas do Conselho Ultramarino).

Arquivo da Prefeitura, Mogi das Cruzes

"Registro do Foral da vila de Mogi das Cruzes", 1748.

Biblioteca do Palácio da Ajuda, Lisboa

50-v-36, f. 51. Pedro de Sousa Pereira à Coroa, 15/12/1658.

50-v-37, doc. 80. "Papel feito a Sua Alteza contra Estevão Ribeiro Baião sobre as insolências que com outros de São Paulo fazia ao gentio para os cativar e vender", s. d.

50-v-37, doc. 84, fls. 242-3*v*. Padre Francisco de Matos, S. J., "Parecer sobre as missões e o cativeiro dos índios", s. d.

50-v-37, doc. 135, fls. 403-4*v*. "Papel sobre o comércio de negros que necessitam as Índias Ocidentais", s. d.

51-v-42. Correspondência-miscelânea do governador Câmara Coutinho à Coroa, 1692.

51-IX-33, fls. 370-3*v*. Bartolomeu Lopes de Carvalho, "Manifesto a Sua Magestade sobre os índios cativos pelos moradores de São Paulo", s. d.

51-IX-33. Pedro Taques de Almeida ao governador Lencastre, 20/3/1700.

51-IX-33, fls. 460-7. "Parecer sobre os caminhos de São Paulo ao rio São Francisco", s. d.

Biblioteca Municipal "Mário de Andrade", São Paulo

Cód. A 4. Anôn., "Vocabulário da língua brasílica", 1621.

Cód. A 46. "Coleção das notícias dos primeiros descobrimentos das minas na America", 1749 (cód. Costa Mattoso).

Biblioteca Nacional de Lisboa

Mss. cx. 30, doc. 216. Carta de Pedro Rodrigues, S. J., 9/12/1599.

Cód. 2298, fls. 123-9*v*. "Provisão sobre a liberdade da gente gentia dos estados do Brasil e da gente do Japão e sua liberdade", s. d.

Coleção pombalina, cód. 643, fls. 340-7*v*. Frei Gaspar da Madre de Deus ao governador Lorena, 6/3/1792.

Biblioteca Nacional, Rio de Janeiro

Fundo Geral

1.2.9, docs. 140-3. Cartas patentes a Antonio Ribeiro Baião (São Miguel), Manuel Rodrigues de Arzão (Barueri), Henrique da Cunha Machado (Conceição) e Pascoal Rodrigues da Costa (Pinheiros), 5/10/1671.

7.1.30, doc. 815. "Portaria para o provedor-mor fretar embarcação para os prisioneiros que tomaram na conquista", 19/1/1673.

Coleção Morgado de Mateus

30.24.19. "Relatório sobre o estado das aldeias e a origem de Barueri", século XVIII.

30.24.32. "Concerto amigável entre os jesuítas e a Câmara Municipal do Rio de Janeiro", 1640.

Biblioteca Nazionale Centrale "Vittorio Emanuele", Roma

Fondo Gesuìtico

1255/13. Visita do padre provincial Francisco de Matos, 1701.

1255/14. Ordenações do visitador Manuel de Lima, 1607.

1255/38. Anôn., "Algumas advertências para a província do Brasil", s. d.

1249/3. Jacobo Roland, S. J. "Apologia pro paulistis".

Biblioteca Pública Eborense, Évora

CXVI, 1-13, doc. 3. Anôn., "Parecer sobre a conservação do Brasil", 2/9/1654.

CXVI, 2-13, doc. 17. "Instrumento de inquirição de testemunhas que provam que a aldeia de Marueri foi fundada pelo sr. dom Francisco de Sousa", 28/8/1667 a 4/9/1657.

Cartório do Primeiro Ofício de Notas, Jundiaí

Livros de notas, Jundiaí, 1660-95.

Instituto de Estudos Brasileiros, São Paulo

Mss. 4 a 25. "Relação das despesas do terço paulista", 19/8/1702.

Coleção Lamego 19.30. A8. "Carta régia", 1/3/1536.

Coleção Lamego 42.3. "Voto do reverendo padre Antonio Vieira sobre as dúvidas dos moradores da cidade [sic] de São Paulo acerca da administração dos índios", 12/7/1692 (cópia manuscrita).

Instituto Histórico e Geográfico Brasileiro, Rio de Janeiro

Lata 89. "Livro que contém o que fez Rodrigo Cezar de Meneses".

Lata 219. Lourenço de Mendonça, S. J. "Súplica a Sua Majestade", 1637 (cópia manuscrita).

Instituto Histórico e Geográfico de São Paulo

"Documentos relativos à fundação da cidade de Jundiaí".

Museu de Taubaté

Cx. 1. "Inventários e testamentos", Taubaté, 1651-99.

Cx. 47. "Livros de notas", Taubaté, 1693-1700.

Não catalogado. "Ações de liberdade".

Museu Histórico e Cultural, Jundiaí

"Registro de cartas de datas de terra", 1657.

"Atas da Câmara Municipal de Jundiaí", 1663-9.

Museu do Ipiranga, São Paulo [Museu Paulista]

Doc. 512. "Documento genealógico sobre a família Toledo Piza", 1652-92.

Doc. 1150. "Conta de mercadorias enviadas de Lisboa por Antonio Correia Monção e pelo dr. Antonio de Almeida Carvalho destinadas ao padre Guilherme Pompeu de Almeida", 1705.

Doc. 1169. "Carta de Garcia Rodrigues Pais Betim a Pedro Taques de Almeida sobre negócios particulares", Pitangui (Minas Gerais), 1715.

RELATOS COLONIAIS E DOCUMENTOS IMPRESSOS

ABBEVILLE, Claude d'. *História da missão dos padres capuchinhos na ilha do Maranhão e terras circunvizinhas* [1614]. Tradução de Sérgio Milliet. 2ª ed. São Paulo, Edusp; Belo Horizonte, Itatiaia, 1975.

Actas da Câmara Municipal da vila de Santo André da Borda do Campo. São Paulo, Prefeitura Municipal, 1914.

ANCHIETA, José de, S. J. "Informação dos casamentos dos índios do Brasil". *Revista do Instituto Histórico e Geográfico Brasileiro*, 8, 1845, pp. 254-62.

_____. *Cartas: correspondência ativa e passiva.* Org. e notas Hélio Abranches Viotti, S. J. São Paulo, Loyola, 1984.

ANTONIL, André João (pseud.). *Cultura e opulência do Brasil* [1711]. Ed. fac-similar. Recife, Universidade Federal de Pernambuco, 1969.

Atas da Câmara Municipal da vila de São Paulo. Diversos volumes. São Paulo, Prefeitura Municipal, 1914-.

Bandeirantes no Paraguai, século XVII. São Paulo, Prefeitura Municipal, 1949.

BENCI, Jorge, S. J. *Economia cristã dos senhores no governo dos escravos* [1700]. Ed. org. Serafim Leite, S. J. Porto, Livraria Apostolado da Imprensa, 1954.

CAMPOS, Antonio Pires de. "Breve notícia... do gentio bárbaro que há na derrota da viagem das Minas do Cuiabá". *Revista do Instituto Histórico e Geográfico Brasileiro*, 25, 1862, pp. 437-49.

CARDIM, Fernão, S. J. *Tratados da terra e gente do Brasil.* 3ª ed. org. Rodolfo Garcia. São Paulo, Nacional, 1978.

Cartas de datas de terra. São Paulo, Prefeitura Municipal, 1937-. Diversos volumes.

CASAL, Manuel Ayres do. *Corografia brasílica* [1817]. 2ª ed. Rio de Janeiro, José Olympio, 1945. 2 vols.

CASTRO E ALMEIDA, Eduardo de. *Inventário dos documentos relativos ao Brasil existentes no Archivo da Marinha e Ultramar de Lisboa.* Rio de Janeiro, Biblioteca Nacional, 1913-36. 8 vols.

CHARLEVOIX, F. X. de, S. J. *Histoire du Paraguay.* Paris, Didot, 1756. 3 vols.

CLETO, Marcelino Pereira. "Dissertação a respeito da capitania de São Paulo, sua decadência e modo de restabelecê-la" [1782]. *Anais da Biblioteca Nacional do Rio de Janeiro*, 21, 1900, pp. 183-254.

CORDEIRO, José Pedro Leite, org. "Documentação sobre o capitão-mor Guilherme Pompeo de Almeida, morador que foi na vila de Parnaíba". *Revista do Instituto Histórico e Geográfico de São Paulo*, 58, 1960, pp. 491-579.

CORTESÃO, Jaime, org. *Pauliceae lusitana monumenta historica.* Rio de Janeiro, Real Gabinete Português de Leitura, 1956-61. 2 vols.

_____. e VIANA, Hélio, orgs. *Manuscritos da coleção de Angelis.* Rio de Janeiro, Biblioteca Nacional, 1951-70. 7 vols.

Departamento do Arquivo do Estado de São Paulo. *Boletim do Departamento do Arquivo do Estado.* São Paulo, Arquivo do Estado, 1942-8. 8 vols.

_____. *Documentos avulsos de interesse para a história e costumes de São Paulo.* São Paulo, Arquivo do Estado, 1954. 5 vols.

_____. *Inventários e testamentos.* São Paulo, Arquivo do Estado, 1920-77. 44 vols.

_____. *Publicação oficial de documentos interessantes para a história e costumes de São Paulo.* São Paulo, Arquivo do Estado, 1895-. 94 vols.

_____. *Sesmarias.* São Paulo, Arquivo do Estado, 1921-37. Vols. 1-3 bis (1602-1736).

Documentos históricos da Biblioteca Nacional do Rio de Janeiro. Rio de Janeiro, Biblioteca Nacional, 1928-55. 110 vols.

Documentos para a história do açúcar. Rio de Janeiro, Biblioteca Nacional, 1954--63. 3 vols.

"Excerto de uma memória manuscrita sobre a história do Rio de Janeiro durante o governo de Salvador Correia de Sá e Benavides". *Revista do Instituto Histórico e Geográfico Brasileiro*, 3, 1841, pp. 3-38.

FONSECA, Luíza da, comp. "Bahia: índice abreviado dos documentos do século XVII existentes no Arquivo Histórico Colonial de Lisboa". Separata dos *Anais do Primeiro Congresso de História da Bahia*. Salvador, 1950.

FONSECA, Manuel da, S. J. *Vida do venerável padre Belchior de Pontes, da Companhia de Jesus da província do Brasil* [1752]. Ed. fac-similar. São Paulo, Melhoramentos, s. d.

GANDAVO, Pero de Magalhães. *Tratado da terra do Brasil e história da província de Santa Cruz*. 2ª ed. São Paulo, Edusp; Belo Horizonte, Itatiaia, 1980.

KNIVET, Antony. "The admirable adventures and strange fortunes of master Antonie Knivet". In *Hakluytus postumas or Purchas his pilgrimes*. Org. Samuel Purchas. Ed. fac-similar. Nova York, AMS Press, 1965, 20 vols., vol. 16, pp. 177-289.

LEITE, Serafim, S. J., org. *Monumenta brasiliae*. Monumenta Historica Societatis Iesu 78-81, 87. Roma, Archivum Romanum Societatis Iesu, 1956-60. 5 vols. (os volumes 1-3 foram publicados no Brasil como *Cartas dos primeiros jesuítas do Brasil*, São Paulo, Comissão do IV Centenário, 1956-8).

_____. org. *Novas cartas jesuíticas* (*de Anchieta a Vieira*). São Paulo, Nacional, 1940.

LEME, Pedro Taques de Almeida Paes. *Informações sobre as minas de São Paulo; A expulsão dos jesuítas do Colégio de São Paulo*. Org. Afonso d'Escragnolle Taunay. São Paulo, Melhoramentos, 1946.

_____. *Nobiliarquia paulistana histórica e genealógica*. 5ª ed. Org. Afonso d'Escragnolle Taunay. São Paulo, Edusp; Belo Horizonte, Itatiaia, 1980. 3 vols.

_____. *História da capitania de São Vicente*. São Paulo, Melhoramentos, s. d.

LÉRY, Jean de. *Viagem à terra do Brasil*. Trad. Sérgio Milliet. 2ª ed. São Paulo, Edusp; Belo Horizonte, Itatiaia, 1980.

MADRE DE DEUS, Fr. Gaspar da. *Memórias para a história da capitania de São Vicente, hoje chamada São Paulo* [1797]. 2ª ed. São Paulo, Edusp; Belo Horizonte, Itatiaia, 1975.

MADUREIRA, Pedro de Moraes (autor provável). "Expulsão dos jesuítas e causas que tiveram para ela os paulistas desde o anno de 1611 ate o de 1640, em que os lançaram para fora de toda a Capitania de São Paulo e São Vicente". *Revista do Instituto Histórico e Geográfico de São Paulo*, 3, 1898, pp. 57-123.

MALDONADO, Miguel Ayres. "Descrição... dos trabalhos e fadigas das suas vidas, que tiveram na conquista da capitania do Rio de Janeiro e São Vicente com a gentilidade e com os piratas n'esta costa" [1661]. *Revista do Instituto Histórico e Geográfico Brasileiro*, 56, 1893, pp. 345-400.

MELLO, José Antônio Gonsalves de, org. *Fontes para a história do Brasil holandês*. I: *A economia açucareira*. Recife, Museu do Açúcar, 1981.

MENDONÇA, Antonio Manuel de Mello Castro e. "Memória econômica-política da capitania de São Paulo". *Anais do Museu Paulista*, 15, 1961, pp. 81-248.

PEREIRA, Estevão, S. J. "Descrição da fazenda que o Colégio de Santo Antão tem no Brasil e de seus rendimentos" [1635]. *Anais do Museu Paulista*, 4, 1927.

PITTA, Sebastião da Rocha. *História da América portuguesa* [1730]. 2ª ed. São Paulo, Edusp; Belo Horizonte, Itatiaia, 1980.

"Processo das despesas feitas por Martim de Sá no Rio de Janeiro, 1628-33". *Anais da Biblioteca Nacional do Rio de Janeiro*, 59, 1937, pp. 5-186.

Registro geral da Câmara Municipal de São Paulo. São Paulo, Prefeitura Municipal, 1917-23. 20 vols.

RENDON, José Arouche de Toledo. "Memória sobre as aldeias de índios da província de São Paulo, segundo as observações feitas no ano de 1798". *Revista do Instituto Histórico e Geográfico Brasileiro*, 4, 1842, pp. 295-317.

RUÍZ DE MONTOYA, Antonio, S. J. "Primeira catechese dos índios selvagens feita pelos padres da Companhia de Jesus". Texto em português e abañeenga (guarani). *Anais da Biblioteca Nacional do Rio de Janeiro*, 6, 1878, pp. 91-366.

RUYER, Claudio, S. J. "Relación de la guerra y victoria alcanzada contra los portugueses del Brasil, año 1641". *Revista do Instituto Histórico e Geográfico de São Paulo*, 10, 1905, pp. 529-53.

SCHMIDL, Ulrico. *Relato de la conquista del Río de la Plata y Paraguay, 1534-1554*. Trad. Klaus Wagner. Madri, Alianza Editorial, 1986.

SOUSA, Afonso Botelho de Sampaio e. "Notícia da Conquista e descobrimento dos sertões do Tibagi". *Anais da Biblioteca Nacional do Rio de Janeiro*, 76, 1956.

SOUSA, Gabriel Soares de. *Tratado descritivo do Brasil em 1587.* 2ª ed. São Paulo, Nacional, 1971.

SOUSA, Pero Lopes de. *Diário de navegação de 1530 a 1532.* São Paulo. Obelisco, 1964.

STADEN, Hans. *Duas viagens ao Brasil.* Trad. Guiomar de Carvalho Franco. 2ª ed. São Paulo, Edusp; Belo Horizonte, Itatiaia, 1974.

_____. *The captivity of Hans Staden of Hesse, in A. D. 1547-1555 among the wild tribes of Eastern Brazil.* Trad. Albert Tootal com notas de Richard Burton. Edição fac-similar. Nova York, Burt Franklin, s. d.

TAUNAY, Afonso d'Escragnolle, org. *Relatos monçoeiros.* São Paulo, Comissão do IV Centenário, 1953.

_____. *Relatos sertanistas.* São Paulo, Comissão do IV Centenário, 1953.

TECHO, Nicolás del, S. J., *Historia provinciae paraquariae Societatis Iesu.* Liège, J. M. Hovii, 1673.

"Termo de erecção da capella da freguezia de Nossa Senhora do O, anno de 1618, petição". *Revista do Instituto Histórico e Geográfico de São Paulo,* 6, 1900, pp. 473-7.

THÉVET, André. *As singularidades da França Antártica.* Trad. Eugênio Amado. 2ª ed. São Paulo, Edusp; Belo Horizonte, Itatiaia, 1978.

VASCONCELOS, Simão de, S. J. *Crônica da Companhia de Jesus no Brasil.* 3ª ed. Petrópolis, Vozes, 1977. 2 vols.

_____. *Vida do padre João de Almeida da Companhia de Jesus na Província do Brasil.* Lisboa, I. da Costa, 1658.

_____. *Vida do venerável padre José de Anchieta.* Rio de Janeiro, Imprensa Nacional, 1943. 2 vols.

VIEIRA, Antonio, S. J. *Cartas.* Org. João Lúcio de Azevedo. Coimbra, Imprensa da Universidade, 1925-8. 3 vols.

VILHENA, Luiz dos Santos. *Recopilação de notícias da capitania de São Paulo.* Salvador, Imprensa Oficial, 1935.

LIVROS, ARTIGOS E TESES

ABREU, Daisy Bizzocchi de Lacerda. *A terra e a lei: estudo de comportamentos socioeconômicos em São Paulo nos séculos XVI e XVII.* São Paulo, Secretaria de Estado da Cultura, 1983.

ABREU, João Capistrano de. *Capítulos de história colonial e os caminhos antigos e o povoamento do Brasil*. Ed. revista e anot. José Honório Rodrigues. Brasília, Universidade de Brasília, 1982.

ABUD, Kátia Maria. "O sangue intimorato e as nobilíssimas tradições (A construção de um símbolo paulista: o bandeirante)". Tese de doutorado inédita. Universidade de São Paulo, 1985.

AGUIRRE, João Baptista de Campos. "Relação das sesmarias concedidas na comarca da capital entre os anos de 1559 e 1820". *Revista do Instituto Histórico e Geográfico de São Paulo*, 25, 1925.

ALDEN, Dauril. "Black robes versus white settlers: the struggle for freedom of the Indians in colonial Brazil". In *Attitudes of colonial powers toward the American Indian*. Org. H. Peckam e C. Gibson. Salt Lake City, University of Utah Press, 1969.

_____. "Economic aspects of the expulsion of the jesuits from Brazil: a preliminary report". In *Conflict and continuity in Brazilian society*. Org. H. H. Keith e S. F. Edwards. Columbia, University of South Carolina, 1969.

_____. "Indian versus black slavery in the state of Maranhão during the seventeenth and eighteenth centuries". *Bibliotheca Americana*, 1, nº 3, 1983, pp. 91-142.

_____. e MILLER, Joseph C. "Out of Africa: the slave trade and the transmission of smallpox to Brazil, c. 1560-1830". *Journal of Interdisciplinary History*, 18, nº 1, 1987, pp. 195-224.

ALENCASTRO, Luiz Felipe de. "O aprendizado da colonização". *Economia e Sociedade*, 1, agosto, 1992, pp. 135-62.

ALMEIDA, Aluísio de. "A fundação de Sorocaba". *Revista do Arquivo Municipal*, 57, 1939, pp. 197-202.

ALMEIDA, Luiz Castanho de. "Bandeirantes no Ocidente". *Revista do Instituto Histórico e Geográfico de São Paulo*, 40, 1941, pp. 343-82.

ALVES FILHO, Ivan. *Memorial dos Palmares*. Rio de Janeiro, Xenon, 1988.

AMARAL, Amadeu. *O dialeto caipira*. 4ª ed. São Paulo, Hucitec, 1982.

AMARAL, Antonio Barreto de. *Dicionário da história de São Paulo*. Coleção Paulística nº 19. São Paulo, Governo do Estado, 1980.

AMARAL, Aracy. *A hispanidade em São Paulo: da casa rural à capela de Santo Antonio*. São Paulo, Perspectiva, 1983.

ARRUDA, Terezinha de Jesus, e SIQUEIRA, Elizabeth Madureira. "Mão de obra ao pé da obra: a presença do índio no processo produtivo do Brasil-Colônia". *Leopoldianum*, 11, nº 31, 1984, pp. 43-56.

AYROSA, Plínio. "Mameluco é termo árabe ou tupi?". *Revista do Arquivo Municipal*, 1, 1934, pp. 21-4.

_____. "Os primitivos habitantes de São Paulo". Conferências do Clube Atlético Bandeirante 4. São Paulo, Clube Atlético Bandeirante, 1934.

AYROSA, Plínio. *Estudos tupinológicos*. São Paulo, Instituto de Estudos Brasileiros, 1967.

AZEVEDO, Aroldo de. "Aldeias e aldeamentos de índios". *Boletim Paulista de Geografia*, 33, 1959, pp. 23-40.

_____. *Vilas e cidades do Brasil Colonial*. São Paulo, Universidade de São Paulo, 1956.

AZEVEDO, Victor de. *Manuel Preto, "O herói de Guairá"*. Coleção Paulística nº 22. São Paulo, Governo do Estado, 1983.

BARREIROS, Eduardo Canabrava. *Roteiro das esmeraldas: a bandeira de Fernão Dias Pais*. Rio de Janeiro, José Olympio, 1979.

BARRO, Máximo. "O bairro de Nossa Senhora do Ó". História dos Bairros de São Paulo nº 13. São Paulo, Prefeitura Municipal, 1977.

BELOTTO, Heloísa Liberalli. "Trabalho indígena, regalismo e colonização no estado do Maranhão nos séculos XVII e XVIII". *Revista Brasileira de História*, 4, 1982, pp. 177-92.

BENCI, Jorge, S. J. *Economia cristã dos senhores no governo dos escravos* [1700]. Edição organizada por Serafim Leite, S. J. Porto, Livraria Apostolado da Imprensa, 1954.

BEOZZO, José Oscar. *Leis e regimentos das missões: política indigenista no Brasil*. São Paulo, Loyola, 1983.

BOXER, Charles Ralph. *Portuguese society in the tropics: the municipal councils of Goa, Macau, Bahia and Luanda, 1510-1800*. Madison, University of Wisconsin Press, 1965.

_____. *Race relations in the Portuguese colonial empire, 1415-1825*. Oxford, Oxford University Press, 1963.

_____. *Salvador de Sá and the struggle for Brazil and Angola, 1601-1686*. Londres, Athlone Press, 1952 (Ed. brasileira: *Salvador de Sá e a luta pelo Brasil e Angola, 1602-1686*, São Paulo, Nacional, 1973).

_____. *The golden age of Brazil, 1695-1750: growing pains of a colonial society*. Berkeley e Los Angeles, University of California Press, 1962 (Ed. brasileira: *A idade de ouro no Brasil*, São Paulo, Brasiliense, 1963).

BRANDÃO, Carlos Rodrigues. *Os caipiras de São Paulo*. Coleção Tudo é História nº 75. São Paulo, Brasiliense, 1983.

BRUNO, Ernani Silva. *Viagem ao país dos paulistas*. Rio de Janeiro, José Olympio, 1966.

CAHN, Herbert. "Padre Guilherme Pompeu de Almeida e suas atividades comerciais (1686-1713)". Tese de doutorado inédita. Universidade de São Paulo, 1967.

CAMARGO, mons. Paulo Florêncio da Silveira. *História de Santana de Parnaíba.* São Paulo, Conselho Estadual de Cultura, 1971.

CANABRAVA, Alice P. "Uma economia de decadência: os níveis de riqueza na capitania de São Paulo, 1765-67". *Revista Brasileira de Economia,* 26, nº 4, 1972, pp. 95-123.

_____. *O comércio português no Rio da Prata: 1580-1640* [1944]. 2ª ed. São Paulo, Edusp; Belo Horizonte, Itatiaia, 1984.

CARDOZO, Manoel. "Dom Rodrigo de Castel-Blanco and the Brazilian El Dorado, 1673-1682". *The Americas,* 1, nº 2, 1944, pp. 131-59.

_____. "The collection of tithes in colonial Minas Gerais". *Catholic Historical Review,* 38, 1952, pp. 175-82.

CARDOZO, Ramón I. *El Guairá: historia de la antigua provincia, 1554-1676.* Assunção, El Arte, 1970.

CASAL, Manuel Ayres do. *Corografia brasílica* [1817]. 2ª ed. 2 vols. Rio de Janeiro, José Olympio, 1945.

CASTRO, Eduardo Viveiros de. "Bibliografia etnológica básica tupi-guarani". *Revista de Antropologia,* 27-8, 1984-5, pp. 7-24.

CÉSAR, José Vicente. "Situação legal do índio durante o Período Colonial: 1500--1822". *América Indígena,* 45, 1985, pp. 391-426.

CLASTRES, Hélène. *Terra sem mal: o profetismo tupi-guarani.* Trad. Renato Janine Ribeiro. São Paulo, Brasiliense, 1978.

CLASTRES, Pierre. *A sociedade contra o Estado: pesquisas de antropologia política.* Trad. Théo Santiago. Rio de Janeiro, Francisco Alves, 1978.

_____. *Arqueologia da violência: ensaios de antropologia política.* Trad. Carlos Eugênio Marcondes de Moura. São Paulo, Brasiliense, 1982.

Comissão Pró-Índio de São Paulo. *Índios no estado de São Paulo: resistência e transfiguração.* São Paulo, Yankatú, 1984.

CORDEIRO, José Pedro Leite. "Sobre a fundação de Jundiaí". *Revista do Instituto Histórico e Geográfico de São Paulo,* 57, 1959, pp. 41-50.

_____. *O Engenho de São Jorge dos Erasmos.* São Paulo, Nacional, 1945.

CORTESÃO, Jaime. "A maior bandeira do maior bandeirante". *Revista de História,* 22, 1961, pp. 3-27.

_____. *Raposo Tavares e a formação territorial do Brasil.* Rio de Janeiro, Imprensa Nacional, 1958.

CRATON, Michael. "From Caribs to black Caribs: the Amerindian roots of servile resistance in the Caribbean". In *In resistance: studies in African, Caribbean, and Afro-American history.* Org. Gary Y. Okihiro. Lexington, University of Massachusetts Press, 1986, pp. 96-116.

CUNHA, Manuela Carneiro da. *Antropologia do Brasil: mito, história, etnicidade.* São Paulo, Brasiliense, 1986.

CUNHA, Manuela Carneiro da, org. *História dos índios no Brasil*. São Paulo, Companhia das Letras, 1992.

_____. e VIVEIROS DE CASTRO, Eduardo B. "Vingança e temporalidade: os Tupinambá". *Journal de la Société des Américanistes*, 79, 1987, pp. 191-208 (também publicado em *Anuário Antropológico/86*, Rio de Janeiro, Tempo Brasileiro).

_____. et alii. *Os direitos do índio: ensaios e documentos*. São Paulo, Brasiliense, 1987.

CUSHNER, Nicholas P. *Jesuit ranches and the agrarian development of colonial Argentina, 1650-1767*. Albany, State University of New York Press, 1983.

DANTAS, Beatriz G., et alii. "Os povos indígenas no Nordeste brasileiro: um esboço histórico". In *História dos índios no Brasil*. Org. Manuela Carneiro da Cunha. São Paulo, Companhia das Letras, 1992.

DAVIDOFF, Carlos Henrique. *Bandeirantismo: verso e reverso*. Coleção Tudo é História nº 47. São Paulo, Brasiliense, 1982.

DEAN, Warren. "Ecological and economic relationships in frontier history: São Paulo, Brazil". In *Essays on frontiers in world history*. Org. George Wolfskill e Stanley Palmer. Austin, University of Texas Press, 1981.

_____. "The Indigenous population of the São Paulo-Rio de Janeiro coast: trade, aldeamento, slavery and extinction". *Revista de História*, 117, 1984, pp. 3-26.

DERBY, Orville. "As bandeiras paulistas de 1601 a 1604". *Revista do Instituto Histórico e Geográfico de São Paulo*, 8, 1903, pp. 399-423.

DIAS, Maria Odila Leite da Silva. *Quotidiano e poder em São Paulo no século XIX*. São Paulo, Brasiliense, 1984.

DICKASON, Olive P. *The myth of the savage and the beginnings of French colonialism in the Americas*. Edmonton, University of Alberta Press, 1984.

DOLLAR, Charles M., e JENSEN, Richard. *Historian's guide to statistics*. Nova York, MacMillan, 1971.

ELLIS JÚNIOR, Alfredo. *O bandeirismo paulista e o recuo do meridiano*. 2ª ed. São Paulo, Nacional, 1936.

_____. *Os primeiros troncos paulistas e o cruzamento euro-americano*. 2ª ed. São Paulo, Nacional, 1976.

_____. "A queda do bandeirismo de apresamento". *Revista de História*, 1, 1950, pp. 301-8.

_____. *Resumo da história de São Paulo*. São Paulo, Rothschild, Loureiro e Cia., 1942.

_____. e ELLIS, Myriam. *A economia paulista no século XVIII: o ciclo do muar, o ciclo do açúcar*. São Paulo, Universidade de São Paulo, 1950.

ELLIS, Myriam. "A presença de Raposo Tavares na expansão paulista". *Revista do Instituto de Estudos Brasileiros*, 9, 1970, pp. 23-61.

————. "Pesquisas sobre a existência do ouro e da prata no planalto paulista nos séculos XVI e XVII". *Revista de História*, 1, 1950, pp. 51-72.

————. *Contribuição ao estudo do abastecimento das áreas mineradoras do Brasil no século XVIII*. Rio de Janeiro, Biblioteca Nacional, 1961.

ENNES, Ernesto. *As guerras nos Palmares*. São Paulo, Nacional, 1938.

FARAGE, Nádia. *As muralhas dos sertões: os povos indígenas do Rio Branco e a colonização*. Rio de Janeiro, Paz e Terra/ANPOCS, 1991.

FAUSTO, Carlos. "Fragmentos de história e cultura tupinambá: da etnologia como instrumento crítico do conhecimento etno-histórico". In *História dos índios no Brasil*. Org. Manuela Carneiro da Cunha. São Paulo, Companhia das Letras, 1992, pp. 381-96.

————. "O ritual antropofágico". *Ciência Hoje*, nº 86, 1992, pp. 88-9.

FERNANDES, Florestan. *A função social da guerra na sociedade tupinambá*. 2ª ed. São Paulo, Pioneira, 1970.

————. *A investigação etnológica no Brasil e outros ensaios*. 2ª ed. Petrópolis, Vozes, 1975.

————. *A organização social dos Tupinambá*. São Paulo, Instituto Progresso Editorial, 1949 (2ª ed., São Paulo, Difel, 1963).

————. *Mudanças sociais no Brasil*. 3ª ed. São Paulo, Difusão Europeia do Livro, 1979.

FERREIRA, Manuel Rodrigues. *As bandeiras do Paraupava*. São Paulo, Prefeitura Municipal, 1979.

FERRY, Robert J. "Encomienda, African slavery, and agriculture in seventeenth-century Caracas". *Hispanic American Historical Review*, 61, nº 4, 1981, pp. 609-35.

FINA, Wilson Maia. *O chão de Piratininga*. São Paulo, Anhembi, 1965.

FORSYTH, D. W. "Beginnings of Brazilian anthropology: jesuits and Tupinambá Indians". *Journal of Anthropological Research*, 39, 1983, pp. 147-78.

FRANCO, Francisco de Assis Carvalho. *Dicionário de bandeirantes e sertanistas do Brasil*. São Paulo, Comissão do IV Centenário, 1954.

————. *História das minas de São Paulo: administradores gerais e provedores, séculos XVI-XVII*. São Paulo, Conselho Estadual de Cultura, 1964.

————. *Os Camargos de São Paulo*. São Paulo, Editora S. P. S., 1937.

FREITAS, Affonso A. de. *Os Guayanás de Piratininga*. São Paulo, Laemmert, 1910.

FRENCH, John. "Riqueza, poder e mão de obra numa economia de subsistência: São Paulo, 1596-1625". *Revista do Arquivo Municipal*, 195, 1982, pp. 79-110.

FUKUI, Lia Freitas Garcia. *Sertão e bairro rural: parentesco e família entre sitiantes tradicionais.* São Paulo, Ática, 1979.

GADELHA, Regina A. Fonseca. *As missões jesuíticas do Itatim: um estudo das estruturas socioeconômicas do Paraguai, séculos XVI e XVII.* Rio de Janeiro, Paz e Terra, 1980.

GALLOIS, Dominique T. *Migração, guerra e comércio: os Waiãpi na Guiana.* São Paulo, FFLCH/USP, 1986 (Antropologia 15).

GAMA, José Mário. "O patrimônio da Companhia de Jesus da capitania de São Paulo: da formação ao confisco, 1550-1775". Dissertação de mestrado inédita. Universidade de São Paulo, 1982.

GAMBINI, Roberto. *O espelho índio: os jesuítas e a destruição da alma indígena.* Rio de Janeiro, Espaço e Tempo, 1988.

GARAVAGLIA, Juan Carlos. "Um modo de produção subsidiária: a organização econômica das comunidades guaranizadas durante os séculos XVII-XVIII na formação Alto Peruano-Rio Platense". In *Conceito de modo de produção.* Org. Philomena Gebran. Rio de Janeiro, Paz e Terra, 1978.

GENOVESE, Eugene. *Roll, Jordan, roll: the world the slaves made.* Nova York, Pantheon, 1974.

GIUCCI, Guillermo. "A colonização acidental". *Ciência Hoje,* nº 86, 1992, pp. 19-23.

GOMES, Mércio Pereira. *Os índios e o Brasil: ensaio sobre um holocausto e sobre uma nova possibilidade de convivência.* Petrópolis, Vozes, 1988.

GORENDER, Jacob. *O escravismo colonial.* Ed. rev. São Paulo, Ática, 1985.

GRINBERG, Isaac. *Gaspar Vaz, fundador de Mogi das Cruzes.* São Paulo, Edição do Autor, 1980.

HAUBERT, Maxime. *Índios e jesuítas no tempo das missões.* Trad. M. Appenzeller. São Paulo, Companhia das Letras, 1990.

HELMS, Mary W. "Miskito slaving and culture contact: ethnicity and opportunity in an expanding population". *Journal of Anthropological Research,* 39, nº 2, 1983, pp. 179-97.

HEMMING, John. *Red gold: the conquest of the Brazilian Indians, 1500-1760.* Cambridge, Harvard University Press, 1978.

HENRETTA, James. *The evolution of American society, 1700-1815.* Boston, D. C. Heath, 1973.

HOLANDA, Sérgio Buarque de. "A fábrica de ferro de Santo Amaro". *Digesto Econômico,* jan.-fev. 1948.

————. "Expansão paulista em fins do século XVI e princípios do XVII". *Boletim do Instituto de Administração,* nº 29, 1948.

————. *O Extremo Oeste.* São Paulo, Brasiliense, 1986.

HOLANDA, Sérgio Buarque de. "Movimentos da população em São Paulo no século XVIII". *Revista do Instituto de Estudos Brasileiros*, 1, 1966, pp. 55-111.
_____. *Caminhos e fronteiras*. Rio de Janeiro, José Olympio, 1957.
_____. *Monções*. 3ª ed. ampl. São Paulo, Brasiliense, 1990.
_____. coord. *História geral da civilização brasileira. Época colonial*. São Paulo, Difusão Europeia do Livro, 1960. 2 vols.
HÖNER, Urs. *Die Versklavung der brasilianischen Indianer: der Arbeitsmarkt in portugiesisch Amerika im XVI. Jahrhundert*. Zurique, Atlantis Verlag, 1980.
HOORNAERT, Eduardo, org. *História da Igreja no Brasil: ensaio de interpretação a partir do povo*. Petrópolis, Vozes, 1979. 2 vols.

IANNI, Octávio, org. *Florestan Fernandes. Sociologia*. São Paulo, Ática, 1986.
IHERING, Hermann von. "Os índios patos e o nome da lagoa dos Patos". *Revista do Museu Paulista*, 7, 1907, pp. 31-45.

JAEGER, Luiz Gonzaga. *As invasões bandeirantes no Rio Grande do Sul, 1635-41*. Porto Alegre, Ginásio Anchieta, 1940.
JOHNSON, Harold B. "The donatary captaincy in perspective: Portuguese background of the settlement of Brazil". *Hispanic American Historical Review*, 52, nº 2, 1972, pp. 203-14.
JOSÉ, Oíliam. *Indígenas de Minas Gerais: aspectos sociais, políticos e etnológicos*. Belo Horizonte, Movimento, 1965.
JOYNER, Charles. *Down by the riverside: a South Carolina slave community*. Urbana, University of Illinois Press, 1984.

KERN, Arno Alvarez. *Missões: uma utopia política*. Porto Alegre, Mercado Aberto, 1982.
KIEMEN, Mathias, O. F. M. *The Indian policy of Portugal in the Amazon region, 1614-1693*. Washington, D. C., Catholic University Press, 1954.
KRACKE, Waud H. *Force and persuasion: leadership in an Amazonian community*. Chicago, University of Chicago Press, 1978.
KUZNESOF, Elizabeth Ann. "The role of the merchants in the economic development of São Paulo, 1765-1836". *Hispanic American Historical Review*, 60, nº 4, 1980, pp. 571-92.
_____. *Household economy and urban development: São Paulo, 1765-1836*. Boulder, Westview Press, 1986.

LAGA, Carl. "O Engenho dos Erasmos em São Vicente: resultado de pesquisas em arquivos belgas". *Estudos Históricos*, 1, 1963, pp. 113-43.

LAMEGO, Alberto. *A terra goytacá à luz de documentos inéditos.* Bruxelas, Éditions d'Art; Niterói, Governo do Estado, 1913-43. 6 vols.

LAPA, José Roberto do Amaral, org. *Modos de produção e realidade brasileira.* Petrópolis, Vozes, 1980.

LEITE, Francisco Rodrigues. "Preços em São Paulo seiscentista". *Anais do Museu Paulista,* 17, 1963, pp. 41-120.

LEITE, Serafim, S. J. "Os jesuítas e os índios Maromomis na capitania de São Vicente". *Revista do Instituto Histórico e Geográfico de São Paulo,* 32, 1935, pp. 253-7.

————. *História da Companhia de Jesus no Brasil.* Lisboa, Portugália; Rio de Janeiro, Civilização Brasileira, 1938-50. 10 vols.

————. *Novas páginas de história do Brasil.* São Paulo, Nacional, 1965.

————. *Páginas de história do Brasil.* São Paulo, Nacional, 1937.

LEME, Luiz Gonzaga da Silva. *Genealogia paulistana.* São Paulo, Duprat, 1903-5. 9 vols.

LEONZO, Nanci. "As companhias de ordenanças na capitania de São Paulo, da origem ao governo do Morgado de Mateus". *Coleção Museu Paulista. Série de História,* nº 6, 1977.

LÉVI-STRAUSS, Claude. "Guerra e comércio entre os índios da América do Sul". *Revista do Arquivo Municipal,* 82, 1942, pp. 131-46.

LEVY, Maria Bárbara. *História financeira do Brasil colonial.* Rio de Janeiro, Instituto Brasileiro de Mercados de Capitais, 1979.

LIMA, João Francisco Tidei. "A ocupação da terra e a destruição dos índios na região de Bauru". Dissertação de mestrado inédita. Universidade de São Paulo, 1978.

LIMA, Ruy Cirne. *Pequena história territorial do Brasil: sesmarias e terras devolutas.* 2ª ed. Porto Alegre, Livraria Sulina, 1954.

LINDOSO, Dirceu. *A utopia armada: rebeliões de pobres nas matas do Tombo Real, 1832-1850.* Rio de Janeiro, Paz e Terra, 1984.

LINHARES, Maria Yedda, e TEIXEIRA DA SILVA, Francisco Carlos. *História da agricultura brasileira: combates e controvérsias.* São Paulo, Brasiliense, 1981.

LOMBARDI, Mary. "The frontier in Brazilian history: an historiographical essay". *Pacific Historical Review,* 44, 1975, pp. 437-57.

LUGON, Clovis. *A República "Comunista Cristã" dos Guaranis, 1610-1768.* Trad. Álvaro Cabral. Rio de Janeiro, Paz e Terra, 1968.

LUNA, Francisco Vidal. *Minas Gerais: escravos e senhores. Análise da estrutura populacional e econômica de alguns centros mineratórios (1718-1804).* São Paulo, FIPE/USP, 1981.

LUNA, Luis. *Resistência do índio à dominação do Brasil.* Rio de Janeiro, Leitura, 1965.

LYRA, Maria de Lourdes Viana. "Os dízimos reais na capitania de São Paulo: contribuição à história tributária do Brasil colonial (1640-1750)". Dissertação de mestrado inédita. Universidade de São Paulo, 1971.

MACHADO, José de Alcântara. *Vida e morte do bandeirante.* 3ª ed. São Paulo, Martins, 1943.

MACHADO, Maria Helena P. T. *Crime e escravidão. Trabalho, luta e resistência nas lavouras paulistas, 1830-1888.* São Paulo, Brasiliense, 1987.

MACNICOLL, Murray Graeme. "Seventeenth-century Maranhão: Beckman's revolt". *Estudos Ibero-Americanos,* 4, nº 1, 1978, pp. 129-40.

MAFFEI, Lucy de Abreu, e NOGUEIRA, Arlinda Rocha. "O ouro na capitania de São Vicente nos séculos XVI e XVII". *Anais do Museu Paulista,* 20, 1966, pp. 7-136.

MAIN, Gloria L. "Inequality in early America: the evidence from probate records of Massachusetts and Maryland". *Journal of Interdisciplinary History,* 7, 1977, pp. 559-81.

MAKINO, Miyoko. "Jundiaí: povoamento e desenvolvimento, 1655-1854". Dissertação de mestrado inédita. Universidade de São Paulo, 1981.

MALHEIROS, Agostinho Marques Perdigão. *A escravidão no Brasil: ensaio histórico-jurídico-social* [1867]. 3ª ed. Petrópolis, Vozes, 1976. 3 vols.

MARCHANT, Alexander. *From barter to slavery: the economic relations of Portuguese and Indians in the settlement of Brazil, 1500-1580.* Baltimore, Johns Hopkins University Press, 1942 (Ed. brasileira: *Do escambo à escravidão,* São Paulo, Nacional, 1943).

MARCÍLIO, Maria Luíza. "Crescimento demográfico e evolução agrária paulista (1700-1836)". Tese de livre-docência inédita. Universidade de São Paulo, 1974.

_____. *A cidade de São Paulo: povoamento e população, 1750-1850.* São Paulo, Pioneira, 1973.

_____. *Caiçara: terra e população.* São Paulo, Edições Paulinas/CEDHAL, 1986.

MARKS, Shula, e ATMORE, Anthony, orgs. *Economy and society in pre-industrial South Africa.* Londres, Longmans, 1980.

MARQUES, Manuel Eufrásio de Azevedo. *Apontamentos históricos, geográficos, biográficos, estatísticos e noticiosos da província de São Paulo* [1876]. 3ªed. São Paulo, Edusp; Itatiaia, Belo Horizonte, 1980. 2 vols.

MAZZUIA, Mário. *Jundiaí e sua história.* Jundiaí, Prefeitura Municipal, 1979.

MELIÀ, Bartomeu, S. J. *El Guaraní conquistado y reducido.* 2ª ed. Assunção, Universidad Católica, 1988.

MESGRAVIS, Laima. *A Santa Casa de Misericórdia de São Paulo (1599?-1884).* São Paulo, Conselho Estadual de Cultura, 1976.

METCALF, Alida C. "Fathers and sons: the politics of inheritance in a colonial Brazilian township". *Hispanic American Historical Review*, 66, nº 3, 1986, pp. 455-84.

_____. *Family and frontier in colonial Brazil: Santana de Parnaíba, 1580-1811*. Berkeley, University of California Press, 1992.

MÉTRAUX, Alfred. *A religião dos Tupinambás e suas relações com a das demais tribos tupi-guaranis*. Trad. Estevão Pinto. 2ª ed. São Paulo, Nacional, 1979.

MILLER, Joseph C. "Capitalism and slaving: the financial and commercial organization of the Angolan slave trade, according to the accounts of Antonio Coelho Guerreiro (1684-1692)". *International Journal of African Historical Studies*, 17, nº 1, 1984, pp. 1-56.

MILLIET, Sérgio. *Roteiro do café e outros ensaios*. 2ª ed. São Paulo, Hucitec, 1982.

MINTZ, Sidney. "Slavery and the rise of peasantries". *Historical Reflections/ Réflexions Historiques*, 6, 1979, pp. 213-42.

MONTEIRO, John M. "Celeiro do Brasil: escravidão indígena e a agricultura paulista no século XVII". *História*, 7, 1988.

_____. "Distribuição da riqueza e as origens da pobreza rural em São Paulo no século XVII". *Estudos Econômicos*, 19, nº 1, 1989.

_____. "Escravidão indígena e despovoamento: São Paulo e Maranhão no século XVII". In *Brasil nas vésperas do mundo moderno*. Org. Jill Dias. Lisboa, Comissão dos Descobrimentos Portugueses, 1992.

_____. "A escravidão indígena e o problema da identidade étnica em São Paulo colonial". *Ciências Sociais Hoje*, 1990.

_____. "Os escravos índios de São Paulo no século XVII: alguns aspectos demográficos". *Revista da Sociedade Brasileira de Pesquisa Histórica*, 5, 1989-90, pp. 11-7.

_____. "From Indian to slave: forced native labour and colonial society in São Paulo during the seventeenth century". *Slavery and Abolition*, 9, nº 2, 1988, pp. 105-27.

_____. "Os Guarani e a história do Brasil meridional, séculos XVI-XVII". In *História dos índios no Brasil*. Org. Manuela Carneiro da Cunha. São Paulo, Companhia das Letras, 1992.

_____. "Sal e justiça social em São Paulo colonial: o caso Bartolomeu Fernandes de Faria". Trabalho inédito apresentado na IX Reunião Anual da Sociedade Brasileira de Pesquisa Histórica. Rio de Janeiro, 1989.

_____. "São Paulo in the seventeenth century: economy and society". Tese de doutorado inédita. University of Chicago, 1985.

_____. "Tupis, Tapuias e história de São Paulo: revisitando a velha questão guaianá". *Novos Estudos Cebrap*, 34, 1992, pp. 125-35.

MONTEIRO, John M. "Vida e morte do índio: São Paulo colonial". In *Índios no estado de São Paulo: resistência e transfiguração*. Org. Comissão Pró-Índio de São Paulo, São Paulo, Yankatú, 1984.

MORAES, Rubens Borba de, e BERRIEN, William, orgs. *Manual bibliográfico de estudos brasileiros*. Rio de Janeiro, 1949.

MÖRNER, Magnus. *The political and economic activities of the jesuits in the La Plata region: the Habsburg era*. Estocolmo, Institute of Ibero-American Studies, 1953.

MORSE, Richard, org. *The bandeirantes: the historical role of the Brazilian pathfinders*. Nova York, Alfred Knopf, 1965.

_____. "Some themes in Brazilian history". *South Atlantic Quarterly*, 61, nº 1, 1962.

_____. *From community to metropolis: a biography of São Paulo*. Gainesville, University of Florida Press, 1958 (Ed. brasileira ampl.: *Formação histórica de São Paulo*, São Paulo, Difel, 1970).

MOSCOSO, Francisco. *Tribu y clase en el Caribe antiguo*. San Pedro de Macoris, República Dominicana, Universidad Central del Este, 1986.

MOTT, Luiz R. B. "Os índios e a pecuária nas fazendas de gado do Piauí colonial". *Revista de Antropologia*, 22, 1979, pp. 61-78.

NAZZARI, Muriel. *Disappearance of the dowry. Women, families and social change in São Paulo, Brazil, 1600-1900*. Stanford, Stanford University Press, 1991.

_____. "Dotes paulistas: composição e transformações (1600-1870)". *Revista Brasileira de História*, 17, 1988-9, pp. 87-100.

_____. "Transition towards slavery: changing legal practices regarding Indians in seventeenth-century São Paulo". *The Americas*, 49, nº 2, 1992, pp. 131-55.

NECKER, Louis. *Indiens guarani et chamanes franciscains: les prémières réductions du Paraguay, 1580-1600*. Paris, Anthropos, 1979.

NEME, Mário. "Apossamento do solo e evolução da propriedade rural na zona de Piracicaba". *Coleção Museu Paulista. Série de História*, nº 1, 1973.

_____. "Dados para a história dos índios Caiapó". *Anais do Museu Paulista* 23, 1969, pp. 190-48.

_____. *Notas de revisão da história de São Paulo: século XVI*. São Paulo, Anhembi, 1959.

NEVES, Luis Felipe Baêta. *O combate dos soldados de Cristo na Terra dos Papagaios: colonialismo e repressão cultural*. Rio de Janeiro, Forense Universitária, 1978.

NEWSON, Linda. *The cost of conquest: Indian decline in Honduras under Spanish rule*. Boulder, Westview Press, 1986.

NIMUENDAJÚ, Curt. *Mapa etno-histórico do Brasil e regiões adjacentes*. 2ª ed. Rio de Janeiro, Instituto Brasileiro de Geografia e Estatística, 1981.

NORDENSKIÖLD, baron Erland. "The Guarani invasion of the Inca empire in the sixteenth century: an historical Indian migration". *Geographical Review*, 4, nº 2, 1917, pp. 103-21.

NOVAIS, Fernando. *Estrutura e dinâmica do antigo sistema colonial*. 2ª ed. São Paulo, Brasiliense, 1986.

OLIVEIRA, José Joaquim Machado de. *Quadro histórico da província de São Paulo até o ano de 1822*. 3ª ed. São Paulo, Governo do Estado, 1978.

_____. "Notícia raciocinada sobre as aldeias de índios da província de São Paulo, desde o seu começo até a atualidade". *Revista do Instituto Histórico e Geográfico Brasileiro*, 8, 1846, pp. 204-54.

_____. "Os Cayapós". *Revista do Instituto Histórico e Geográfico Brasileiro*, 24, 1861, pp. 491-524.

OVERTON, Mark. "Estimating crop yields from probate inventories: an example from East Anglia, 1585-1735". *Journal of Economic History*, 39, nº 2, 1979, pp. 363-78.

PASTELLS, Pablo. *Historia de la Compañía de Jesus en la provincia del Paraguay*. Madri, Victoriano Suárez, 1912-49. 8 vols.

PERRONE-Moisés, Beatriz. "A guerra justa em Portugal no século XVI". *Revista do SBPH*, 5, 1989-90, pp. 5-10.

_____. "Índios livres e índios escravos: os princípios da legislação indigenista do período colonial (séculos XVI a XVIII)". In *História dos índios no Brasil*. Org. Manuela Carneiro da Cunha. São Paulo, Companhia das Letras, 1992, pp. 115-32.

_____. "Legislação indígena colonial: inventário e índice". Dissertação de mestrado inédita. Universidade Estadual de Campinas, 1990.

PETRONE, Maria Theresa Schorer. *A lavoura canavieira em São Paulo*. São Paulo, Difusão Europeia do Livro, 1968.

PETRONE, Pasquale. "Os aldeamentos paulistas e sua função na valorização da região paulista". Tese de livre-docência inédita. Universidade de São Paulo, 1964.

PINTO, Luis de Aguiar da Costa. *Lutas de famílias no Brasil: introdução ao seu estudo*. 2ª ed. São Paulo, Nacional, 1980.

PORTO, Aurélio. *História das missões orientais do Uruguai*. Rio de Janeiro, Serviço do Patrimônio Histórico e Artístico Nacional, 1943.

PRADO JÚNIOR, Caio. *Formação do Brasil contemporâneo: Colônia*. 14ª ed. São Paulo, Brasiliense, 1976.

_____. *História econômica do Brasil*. 17ª ed. São Paulo, Brasiliense, 1974.

PRADO, J. F. de Almeida. *Os primeiros povoadores do Brasil*. São Paulo, Nacional, 1935.

PRADO, J. F. de Almeida. *São Vicente e as capitanias do Sul do Brasil: as origens, 1501-1531*. São Paulo, Nacional, 1961.

PRADO, Paulo. *Retrato do Brasil: ensaio sobre a tristeza brasileira*. 7ª ed. Rio de Janeiro, José Olympio, 1972.

PRESTAGE, Edgar. *D. Francisco Manuel de Mello, esboço biographico*. Coimbra, Imprensa da Universidade, 1914.

PRICE, David. "Nambiquara leadership". *American Ethnologist*, 8, 1981, pp. 686-708.

QUEIROZ, Maria Isaura Pereira de. *Bairros rurais paulistas: dinâmica das relações bairro rural-cidade*. São Paulo, Duas Cidades, 1973.

QUINTILIANO, Aylton. *A guerra dos Tamoios*. Rio de Janeiro, Reper, 1965.

RADELL, David. "The Indian slave trade and population of Nicaragua during the sixteenth century". In *The native population of the Americas in 1492*. Org. W. Denevan. Madison, University of Wisconsin Press, 1976, pp. 67-76.

RAMOS, Alcida Rita. *Hierarquia e simbiose: relações intertribais no Brasil*. São Paulo, Hucitec, 1980.

_____. *Sociedades indígenas*. Série Princípios nº 59. São Paulo, Ática, 1986.

REIS, Paulo Pereira dos. *O indígena do Vale do Paraíba*. Coleção Paulística nº 16. São Paulo, Governo do Estado, 1979.

RIBEIRO, Berta. *O índio na história do Brasil*. História Popular nº 13. São Paulo, Global, 1983.

RIBEIRO, J. C. Gomes. "Os indígenas primitivos de São Paulo (Guayanazes, Tapuias ou Tupis?)". *Revista do Instituto Histórico e Geográfico de São Paulo*, 13, 1908, pp. 181-95.

RIBEIRO, Joaquim. *Folclore dos bandeirantes*. Rio de Janeiro, José Olympio, 1946.

RICARDO, Cassiano. "O negro no bandeirismo paulista". *Revista do Arquivo Municipal*, 47, 1938, pp. 5-46.

_____. *Marcha para o Oeste: a influência da "bandeira" na formação social e política do Brasil*. 3ª ed. Rio de Janeiro, José Olympio, 1959.

RUSSELL-WOOD, A. J. R. "Local government in Portuguese America: a study in cultural divergence". *Comparative Studies in Society and History*, 16, 1974, pp. 187-231.

_____. "Women and society in colonial Brazil". *Journal of Latin American Studies*, 9, nº 1, 1977, pp. 1-34.

SALVADOR, José Gonçalves. *Os cristãos novos e o comércio do Atlântico meridional, com enfoque sobre as capitanias do Sul (1530-1680)*. São Paulo, Pioneira, 1978.

SALVADOR, José Gonçalves. *Os cristãos-novos: povoamento e conquista do solo brasileiro, 1530-1680.* São Paulo, Pioneira, 1976.

SAMARA, Eni de Mesquita. *A família brasileira.* Coleção Tudo é História nº 71. São Paulo, Brasiliense, 1983.

SAMPAIO, Theodoro. "Os Guayanãs na capitania de São Paulo". *Revista do Instituto Histórico e Geográfico de São Paulo,* 8, 1903, pp. 159-69.

SANTOS, Corcino Medeiros dos. *Economia e sociedade no Rio Grande do Sul.* São Paulo, Nacional, 1983.

SCATAMACCHIA, Maria Cristina Mineiro. "Tentativa de caracterização da tradição tupi-guarani". Dissertação de mestrado inédita. Universidade de São Paulo, 1981.

SCHADEN, Egon. "Os primitivos habitantes do território paulista". *Revista de História,* 8, nº 18, 1954, pp. 385-406.

———. *Aspectos fundamentais da cultura guarani.* São Paulo, Universidade de São Paulo, 1974.

SCHWARTZ, Stuart B. "Indian labor and New World plantations: European demands and Indian responses in Northeastern Brazil". *American Historical Review,* 83, nº 1, 1978, pp. 43-79.

———. "Patterns of slaveholding in the Americas: New evidence from Brazil". *American Historical Review,* 87, nº 1, 1982, pp. 55-86.

———. "The formation of a colonial identity in Brazil". In *Colonial identity in the Atlantic World, 1500-1800.* Org. Nicholas Canny e Anthony Pagden. Princeton, Princeton University Press, 1987, pp. 15-50.

———. *Sovereignty and society in colonial Brazil: the high court of Bahia and its judges, 1609-1750.* Berkeley e Los Angeles, University of California Press, 1973.

———. *Sugar plantations in the formation of Brazilian society: Bahia, 1550-1835.* Nova York, Cambridge University Press, 1985 (Ed. brasileira: *Segredos internos,* São Paulo, Companhia das Letras, 1989).

———. org. *A governor and his image in baroque Brazil.* Minneapolis, University of Minnesota Press, 1979.

SERRANO, Antonio. *Etnografía de la antigua provincia del Uruguay.* Paraná, Melchior, 1936.

SERRÃO, Joel, coord. *Dicionário de história portuguesa.* Lisboa, Verbo. 5 vols.

SERVICE, Elman. *Spanish-Guarani relations in early colonial Paraguay.* Ann Arbor, University of Michigan Press, 1954.

SHERMAN, William L. *Forced native labor in sixteenth century Central America.* Lincoln, University of Nebraska Press, 1979.

SILVA, dom Duarte Leopoldo e. *Notas de história ecclesiástica.* São Paulo, Augusto Siqueira, 1916.

SILVA, Janice Theodoro da. *São Paulo 1554-1880: discurso ideológico e organização espacial*. São Paulo, Moderna, 1984.

SILVEIRA, Waldomiro Franco da. *História de Atibaia*. São Paulo, Edição do Autor, 1950.

SIMONSEN, Roberto. *História econômica do Brasil, 1500-1820* [1937]. 8ª ed. São Paulo, Nacional, 1978.

SIQUEIRA, Elizabeth Madureira. "O segmento indígena: uma tentativa de recuperação histórica". *Leopoldianum*, 12, nº 33, 1985, pp. 129-41.

SLENES, Robert W. "The demography and economics of Brazilian slavery 1850-1888". Tese de doutorado inédita. Stanford, 1976.

SOUSA, Washington Luís Pereira de. *Capitania de São Paulo, governo de Rodrigo Cezar de Meneses*. 2ª ed. São Paulo, Nacional, 1938.

SOUZA, Antonio Candido de Mello e. *Os parceiros do Rio Bonito*. 5ª ed. São Paulo, Duas Cidades, 1979.

SOUZA, Laura de Mello e. *Desclassificados do ouro: a pobreza mineira no século XVIII*. Rio de Janeiro, Graal, 1982.

_____. *O diabo e a Terra de Santa Cruz: feitiçaria e religiosidade popular no Brasil colonial*. São Paulo, Companhia das Letras, 1986.

STERN, Steve J. *Peru's Indian peoples and the challenge of the Spanish conquest: Huamanga to 1640*. Madison, University of Wisconsin Press, 1982.

_____. org. *Resistance, rebellion and consciousness in the Andean peasant world, 18th to 20th centuries*. Madison, University of Wisconsin Press, 1987.

STEWARD, Julian H., org. *Handbook of South American Indians*. Washington, D. C., Smithsonian Institution, 1946-50. 7 vols.

SUSNIK, Branislava. *Dispersión tupi-guarani pre-histórica*. Assunção, Museo Etnográfico Andrés Barbero, 1975.

_____. *El indio colonial del Paraguay*. I: *El guarani colonial*. Assunção, Museo Etnográfico Andrés Barbero, 1965.

SWEET, David G. "A rich realm of nature destroyed: the middle Amazon valley, 1640-1750". Tese de doutorado inédita. University of Wisconsin, 1974.

_____. "Black robes and 'black destiny': jesuit views of African slavery in seventeenth-century Latin America". *Revista de Historia de América*, 86, 1978, pp. 87-133.

_____. "Francisca: Indian slave". In *Struggle and survival in colonial America*. Org. D. Sweet e G. Nash. Berkeley e Los Angeles, University of California Press, 1981.

TAUNAY, Afonso d'Escragnolle. "A fortuna do padre Pompeu, 1656-1713". *Revista do Arquivo Municipal*, 19, 1935, pp. 41-50.

_____. "A Guerra dos bárbaros". *Revista do Arquivo Municipal*, 22, 1936.

TAUNAY, Afonso d'Escragnolle. "O preço da vida em São Paulo em fins do século XVII e em meados do século XVIII". *Anais do Museu Paulista*, 3, nº 1, 1927, pp. 389-405.

_____. *História geral das bandeiras paulistas*. São Paulo, H. L. Canton, 1924-50. 11 vols.

_____. *História seiscentista da vila de São Paulo*. São Paulo, H. L. Canton, 1926-9. 4 vols.

_____. *Non ducor, duco: notícias de São Paulo, 1565-1820*. São Paulo, H. L. Canton, 1924.

_____. *Piratininga. Aspectos sociaes de São Paulo seiscentista*. São Paulo, H. L. Canton, 1925.

_____. *Sob El-Rey Nosso Senhor: aspectos da vida setecentista brasileira sobretudo em São Paulo*. São Paulo, Diário Oficial, 1923.

_____. *Trigais paulistanos dos séculos XVI e XVII*. São Paulo, Secretaria da Agricultura, Indústria e Comércio, 1929 (separata da *História seiscentista*).

TESCHAUER, Carlos. *História do Rio Grande do Sul nos dois primeiros séculos*. Porto Alegre, Livraria Selbach, 1918-22. 3 vols.

THOMAS, Georg. *Die Portugiesische Indianerpolitik in Brasilien, 1500-1640*. Berlim, Colloquium Verlag, 1968 (Ed. brasileira: *A política indigenista dos portugueses no Brasil, 1500-1640*, São Paulo, Loyola, 1982).

TORAL, André Amaral de. "Os índios negros ou os Carijó de Goiás: a história dos Avá-Canoeiro". *Revista de Antropologia*, 27-8, 1984-5, pp. 287-326.

VARNHAGEN, Francisco Adolfo de. *História geral do Brasil*. 7ª ed. São Paulo, Edusp; Belo Horizonte, Itatiaia, 1980. 5 vols.

_____. *Os índios bravos e o sr. Lisboa*. Lima, Imp. Liberal, 1867.

VIANNA FILHO, Luis. "O trabalho do engenho e a reacção do índio: estabelecimento da escravatura africana". *Congresso do Mundo português. Publicações*. Lisboa, Comissão Executiva dos Centenários, 1940. 10 vols., vol. 10, pp. 11-29.

VIOTTI, Hélio Abranches, S. J. "A aldeia de Maniçoba e a fundação de Itu". *Revista do Instituto Histórico e Geográfico de São Paulo*, 71, 1974, pp. 389-401.

VOLPATO, Luiza Rios Ricci. *A conquista da terra no universo da pobreza: formação da fronteira oeste do Brasil, 1719-1819*. São Paulo, Hucitec, 1987.

ZEMELLA, Mafalda. *O abastecimento da capitania de Minas Gerais no século XVIII*. 2ª ed. São Paulo, Hucitec, 1990.

ZENHA, Edmundo. *Mamelucos*. São Paulo, Revista dos Tribunais, 1970.

_____. *O município no Brasil, 1552-1700*. São Paulo, Progresso, 1948.

Mapas e tabelas

MAPAS

1. Esquema geral das expedições de apresamento, 1550-1720, p. 15.
2. Região de São Paulo no final do século XVII, pp. 16-7.

TABELAS

1. Distribuição dos índios na matrícula de 1615, p. 83.
2. Proprietários e índios, região de São Paulo, 1600-1729, segundo os inventários de bens, p. 98.
3. Razão de masculinidade da população adulta indígena, São Paulo e Santana de Parnaíba, 1600-89, p. 103.
4. Composição da população indígena por grupo étnico, p. 103.
5. Distribuição dos índios na produção de trigo por sexo, idade e tamanho de posse, Santana de Parnaíba, 1628-82, p. 147.
6. Composição da população indígena em algumas fazendas de trigo, região de São Paulo, 1638-82, p. 148.
7. Procedência étnica de pais e padrinhos de crianças batizadas em Sorocaba, 1684-92, p. 198.
8. Procedência étnica de pais e padrinhos de crianças batizadas em Santo Amaro, 1686-1710, p. 199.

355

9. Proporção de índios casados entre a população adulta, São Paulo e Santana de Parnaíba, 1600-89, p. 207.

10. Distribuição do donativo real (em réis) por bairros e contribuintes, São Paulo rural, 1679, p. 237.

11. Distribuição de contribuintes e de contribuições segundo faixas de avaliação, São Paulo rural, 1679, p. 239.

12. Indicadores da concentração de riqueza, São Paulo rural, 1679, p. 240.

13. Composição da população africana em propriedades agrícolas, São Paulo e Santana de Parnaíba, p. 274.

14. Composição da população africana em propriedades envolvidas no comércio ou na mineração, São Paulo e Santana de Parnaíba, p. 275.

Índice remissivo

abastecimento de gêneros alimentícios, 29, 36, 38, 70, 112, 123, 126, 140, 142, 210, 217, 250, 303n45

Abeiguira, sertão dos, 102

Abreu, Capistrano de, 8, 297n103

Abreu, Domingos de, 305n66

Abreu, Grácia de, 213

Açores, arquipélago dos, 143

Açu, vale do, 118

Adorno, Afonso Rodrigues, 96

África, 36, 122

Agostinho, índio, 214

agricultura comercial, 71, 73, 123, 140, 143, 152, 154-5, 157, 210, 257, 261, 272, 282n32, 305n58

Aguiar Barriga, Antonio de, 130

Aimoré, índios, 63

Albana, índia, 196

aldeamentos, 44, 51-63, 80, 82, 90, 115, 125, 127, 131, 134, 137-8, 154, 161-2, 174-80, 183, 190, 208, 219-20, 245, 249-51, 253, 255, 265-6, 268-9, 287n96

aldeias indígenas, 25, 27, 35, 37, 41, 47, 52, 67, 70

Alekhine, Nicolau, 300n11

alforria, 182, 259-69

alianças, 25, 31, 34, 36, 39-40, 48, 63-4, 68, 81, 117

Almeida Lara, Francisco de, 216

Almeida Miranda, Miguel de, 252

Almeida, João de, S. J., 290n21

Alvarenga, Bento de, 191

Alvarenga, Francisco de, 130-1, 243

Alves Pimentel, Manuel, 212, 218

Amaral da Silva, Bento, 315n57

Amaral, Paulo do, 179

Amaro, índio, 200

Amazônia, 7, 100, 188

Amboapira (teveminó), índios, 101

Ambrósia e Ambrósio, índios, 220

América espanhola, 73

Ana Bastarda, 323n10
Ana de Pernambuco, escrava, 168
Ana Tobajara, índia, 111
Anayo, índios, 116
Anchieta, José de, S. J., 26, 28, 31, 40, 42, 48, 50, 52, 59-60, 281n12, 282n18, 285n75, 286n84
Angola, 96, 119, 122, 142, 303n44, 325n40
Anhaia de Almeida, João, 110
Anhembi, rio, 97
Antilhas, 50
Antônio Bororo, índio, 216
Antonio Bueno, bairro, 102, 236-7, 242, 245
antropofagia, 31, 33, 40, 60, 79
Antunes Maciel, Gabriel, 260
Antunes, Maria, 322n52
Antunes, Petronilha, 139, 302n34
Apolonia, índia, 194
Apuatiyara (tobajara), índios, 101
Aracambi, índio, 291n29
Araçariguama, fazenda, 180, 326n44
Araguaia-Tocantins, região, 99
Araritaguaba (Porto Feliz), 268
Araújo, Simão de, 192
Araxá, índios, 76, 81, 291n29
Arruda de Sá, Francisco, 243
artesãos indígenas, 212
Arzão, família, 127
Ascensa e Ascenso, índios, 220
Atibaia, 102, 237, 239, 245-6
Atibaia, rio, 101, 130, 219, 234, 243, 245
Atlântico, oceano, 9, 70, 143, 157, 159, 273
Ayres do Casal, 285n69

Bahia, 25, 58, 63, 72, 81, 95-6, 114, 116-7, 123, 142, 157, 168, 177, 284n54, 294n68, 304n57, 313n28
Baião Parente, Estêvão Ribeiro, 115, 252
bairros rurais, 102, 134-5, 142, 149-50, 232-48, 252, 254
Bananal, ilha do, 99
bandeirantismo ver expedições de apresamento
Baquirivu, rio, 253
Barbosa Calheiros, Domingos, 114
Barbosa, Maria de Lima, 264
Barreiro, Antonio, 53
Barreto, Francisco, 114, 300n11
Barreto, João, 191, 228
Barreto, Nicolau, 74, 76, 89
Barros, Valentim de, 141
Bartira, índia, 283n49
Barueri, aldeamento, 62, 127, 134, 150, 174-6, 208, 237, 239, 249, 251, 309n31, 321n36
Batatais, arraial dos, 111
batismo de índios, 53, 58-9, 196, 199, 200, 220
Batista Pinto, João, 316n70
Beira, Portugal, 22
Belém, 7, 100, 313n23
Benci, Jorge, 186
Bicudo de Brito, família, 244
Bicudo de Brito, Fernão, 108
Bicudo de Mendonça, Salvador, 109, 213
Bicudo Leme, Antonio, 108
Bicudo Tavares, Fernão, 221
Bicudo, Maria, 109
Bilreiros (kayapó meridionais), índios, 78

358

Bilreiros, sertão dos, 74
Biobeba, 168
Bom Jesus dos Perdões, 246
Bonsucesso, capela, 270
Borba Gato, Manuel da, 299n123
Borges, Francisco, 107
Borges, Gaspar, 107
Branca, índia, 206
Branco, Manuel João, 90
Brás, Afonso, 59
Brito, Jerônimo de, 211
Buarque de Holanda, Sergio, 141
Bueno Cacunda, Bartolomeu, 101, 224
Bueno da Ribeira, Amador, 242, 244, 247
Bueno da Veiga, Amador, 260, 270, 309n34
Bueno de Camargo, Francisco, 112
Bueno, Amador, o moço, 243
Bueno, Antônio, 102, 109, 243-4
Bueno, Bartolomeu, 116, 225
Bueno, Diogo, 244
Bueno, família, 111, 132, 149, 246
Bueno, Jerônimo, 116
Buenos Aires, 77, 293n54

Caaçapaguaçu, 94
Caaguaçu, bairro, 237, 253, 255, 319n11
Caatinga, índios, 99
Cabo Frio, 42, 81, 180
Cabral de Távora, Francisco, 205
Cabral, Pedro Álvares, 165
Caeté, índios, 51
Caiubi, índio, 25
Câmara Municipal de São Paulo, 44, 55, 61, 66, 75, 85, 89, 119, 124, 134,

140, 143, 149, 151, 161-3, 177, 179, 194, 212, 215, 245, 249, 251, 300n15, 308n19, 325n40
Camargo, família, 132, 149, 218, 242, 246-7, 301n30, 326n41
Camargo, Fernão de, 116, 245, 302n34
Camargo, Francisco de, 248
Camargo, Jerônimo de, 102, 109, 246, 254
Camargo, Marcelino de, 248
Caminho do Mar, 150-1
Canabrava, Alice, 240
Cananeia, vila, 285n68
Candelária, missão, 88
Canindeí, 298n119
Canoeiros (avá-canoeiros), índios, 314n38
Cantareira, serra da, 67, 131, 241
capitão dos índios, 61
capuchinhos, 33
caraíbas, 29, 31, 59
Carajaúna, índios, 99
Carambeí, fazenda, 261
Carapicuíba, fazenda jesuítica, 54, 175-6, 180
Cardim, Fernão, S. J., 23, 28
Cardoso de Almeida, família, 246
Cardoso de Sampaio, Sebastião, 115
Cardoso, Domingos, 110
Cardoso, Feliciano, 115
Cardoso, Francisco, 110
Caribe, 316n69
Carijó, índios, 38, 45-6, 52, 62, 64, 75, 80, 82, 89, 95, 127, 215, 218-9, 223, 268, 291n29, 314n38
Carijós, sertão dos, 75
carmelitas, 108, 305n60
carregadores índios, 150-3, 258

359

casamento de índios, 41, 206, 208, 260, 284n62

Castanho da Silva, Antônio, 107

Castanho Taques, Lourenço, 144, 212

Castelo Branco, ouvidor, 227

Castelo Branco, Rodrigo, 119, 299n123

Cataldino, padre, 85

Catarina de Bragança, rainha da Inglaterra, 318n3

Catarina, índia, 204

catequese, 19, 52, 58-9

Caucaia, bairro, 238, 252

Ceará, 117

César de Meneses, Rodrigo, 277

Céspedes y Xería, Luís, governador do Paraguai, 89

Chaves, Antônia de, 211, 226

Coelho da Cruz, Francisco, 221

colégio dos Jesuítas de São Paulo, 25, 45-6, 151, 175, 180, 186, 255, 326n44

Colônia, 9

compadrio, 197-8, 200-1

Conceição dos Guarulhos, aldeamento, 130, 163, 177, 198, 219, 221, 245, 249, 252, 268, 319n11

concubinato, 41

Confederação dos Tamoios, 20, 31, 42, 44, 48

Conselho Ultramarino, 251, 325n40, 326n41

Cordeiro, Antônio, 106

Correia da Silva, Antonio, 192

Correia de Sá, Manuel, 109

Correia de Sá, Salvador, 251

Correia Soares, Geraldo, 253

Correia, Gaspar, 154

Correia, Jorge, 161

Correia, Pedro, S. J., 37, 39, 41, 60

Correia, Tomás, 223

Cortesão, Jaime, 8, 100

Costa Colaço, Antônio da, 106

Costa Veiga, Baltasar da, 102, 116, 243-4

Costa, Miguel da, 223

Cotia, bairro, 142, 175-6

Cristo, João de, 109

Cristóvão, índio, 206

Cubas Preto, Francisco, 102, 110, 253

Cubas, família, 254

Cubas, Francisco, 213, 253, 270

Cubas, João, 214

Cubatão, 151-2, 155, 305n66

Cuiabá, 295n74

Cunha Gago, Henrique da, 252

Cunha, Henrique da, 115

Cunha, João da, 176, 268

Cunha, Maria da, 191

Cunhambebe, índio, 28

Curitiba, 100

Custódia, índia, 262

Dias Carneiro, Belchior, 74

Dias de Siqueira, Francisco, 298n119

Dias Leme, Luís, 291n29

Dias Moreira, Rosa, 268

Dias Pais, Fernão, 92, 101, 119-20, 156, 225, 237, 254, 258, 299n123

Dias Pais, Pedro, 204

Dias, Benta, 134

Dias, Francisco, 269

Dias, Suzana, 133, 244

Dias, Úrsula, 269

Díaz Taño, S. J., 178

Diniz de Mendonça, Maria, 220

Diniz, Cristóvão, 223

dízimo, 125, 143, 277

doenças, 20, 35, 47, 57, 59, 68, 86, 94, 104, 115, 189, 193, 259

Domingas Mamaluca, 260

Domingas, índia, 191

Domingues de Faria, Diogo, 197

Domingues, Antônio, 170

Domingues, Pedro, 99

donativo real, 149, 232, 236, 240, 242, 245, 247, 252, 255, 296n79

dotes, 106, 142, 176, 181, 185, 241, 243, 254

Eanes Gil, Luís, 108

Eanes, Eliador, 323n10

Egito, 314n42

Ellis Jr., Alfredo, 319n7

Embiacica, fazenda, 109

Embu, fazenda jesuítica, 175, 180

engenhos de moer cana, 36, 97, 121, 124

escambo, 36, 38-9, 72, 78, 80-1

escravidão indígena, 9, 159-61, 168, 170, 174, 184, 257, 260, 271; aspectos morais, 49, 51, 62, 66, 160, 165, 167-8, 173, 184-5, 262; compra e venda de escravos, 36, 96, 181-2, 260; escravidão negra e, 9, 70, 147, 271, 273, 276; família, 205, 207; fugas, 89, 104, 219-29, 265; furtos, 213-5; origens, 22, 40, 69; posses de cativos, 102, 116, 134, 232, 242-3, 247, 257; preços de escravos, 191, 272, 294n68, 311n2; tráfico de escravos, 45, 79-80, 82, 84, 96-7, 285n69, 291n23; violência, 90-1, 93, 115-7, 185

Espanha, 122, 171, 291n29

Espírito Santo, 48, 59, 72, 95, 124, 180

Europa, 8, 126, 149

expedições de apresamento, 8, 65-121, 128-9, 132-5, 152, 177, 191, 193, 203, 225, 227, 234, 243-4, 250, 259, 295n74

Fausto, Carlos, 30

Favacho, Gaspar, 264

Felipa, bastarda, 263

Felipe IV, rei de Espanha, 91, 93

Félix, Jaques, 101

Fernandes Aragonês, Pedro, 147, 246, 268

Fernandes Camacho, Sebastião, 131

Fernandes de Faria, Bartolomeu, 102, 209, 223, 229

Fernandes Ramos, Manuel, 133

Fernandes, André, 89, 92, 98, 134, 208, 244, 293n54

Fernandes, Antônio, 230

Fernandes, Baltasar, 57, 98, 216

Fernandes, Domingos, 98, 148

Fernandes, família, 132, 149

Fernandes, Isabel, 170

Fernandes, João, 163, 230

Ferreira, Gonçalo, 249

Fonseca, Marcos da, 269

franciscanos, 179

Francisco Morato, cidade, 244-5

Franco, Manuel, 131

fundação de vilas, 100, 118, 133, 135, 138-9, 248, 301n30, 302n34

Furquim de Abreu, Claudio, 267

Furquim, Estevão, 205, 226

Furtado Mendonça, 115

Furtado, Antonio, 134

Furtado, Francisco José, 188

Furtado, Mateus, 108

Gabriel, frei capuchinho, 245

gado, 113, 116, 118, 121, 123-4, 126, 247, 250, 254, 276, 278

Gaia, Francisco da, 139

Garcia, Martinho, 197

Garcia, Miguel, 197

Gaspar da Madre de Deus, frei, 122, 158-9, 167, 278

Generosa, índia, 262

Geraldo Correia, Minas de (Minas Velhas), 253

Glimmer, Willem Jost Ten, 74

Goa, 284n62

Godoi Moreira, Baltasar de, 195

Godoi, Francisco de, 324n10

Goiá, índios, 168

Goiás, 101-2, 168, 278, 314n38

Góis Sanches, Luis de, 295n74

Góis, Domingos de, 104

Góis, Manuel de, 226

Gomes Albernás, Domingos, 316n70

Gomes, Fernão, 78

Gomes, Leonor, 324n10

Gonçalves Varejão, Pedro, 149

Gonçalves, Margarida, 263

Gonçalves, Maria, 175

Gouveia, Cristóvão de, S. J., 52

Grã, Luís da, 26, 47, 51, 60

Grande Carijó, José, índio, 315n57

Grimaneza, índio, 217

Grou, Domingos Luís, 54, 66, 161

Guaianá, índios, 23-4, 52, 62, 64, 66-8, 86, 97, 101-3, 105, 127, 160, 207, 217-20, 223, 225

Guairá, missões, 75-7, 82-101, 174-5, 203, 243, 303n40

Gualacho (kaingang), índios, 86

Guanabara, baía de, 289n5

Guarani, índios, 22, 38, 46, 63-4, 66, 71, 75-104, 120, 123, 132, 135, 152, 193, 202-3, 210, 230, 234, 241, 243, 293n54, 303n40, 306n69

Guaratinguetá, 100, 135, 216

Guarulhos, índios, 63, 66-7, 97, 101-2, 105, 160

Guarulhos, sertão dos, 268

Guaykuru, índios, 93, 113

guerra de 1560-63, 48

guerra dos Bárbaros, 118, 168, 202

guerra dos Cabanos, 319n5

guerra indígena, 20, 23, 27, 31-40, 62, 87, 283n44

guerra justa, 50, 63-4, 66, 95, 114, 116, 122, 165, 168, 185

Gurupá, entreposto militar, 7

Gusmão, Alexandre de, 183

Homem Albernaz, Pedro, 88

Ibérica, península, 51

Ibirabaquiyara, índios, 53

Iguape, 229

Inácio, índio, 268

índios de carga, 152-4, 277

Inhapuambuçu, aldeia, 25-6

Inocêncio, índio, 196

intermediários *ver* escambo

inventários, 76, 97, 99, 110, 118, 126, 128, 137, 141, 146, 153, 155, 168, 172, 185, 206, 217-23, 233, 240, 249

Ipiranga, bairro, 126

Iratim, índios, 294n59

Isabel, bastarda, 209, 263

Isabel, índia Itaberaba-açu, 226

Itanhaém, vila, 52, 285n68

Itaquaquecetuba, aldeia, 52

Itatim, missões, 100, 114
Itu, vila, 98, 100-1, 129, 135, 198, 208, 233, 236, 248, 318n4, 326n44

Jacareí, 100, 135, 229
Jacó, índio, 196
Jácome, Diogo, 26
Jaguaranho, índio, 47
Jaguari, rio, 252
Janduim, índios, 117
Japi-açu, índio, 28
Jaraguá, mina, 73, 127
Jê, índios, 23, 63, 78, 104
Jerubatuba, aldeia, 25-6
jesuítas, 19, 26-34, 43-63, 65, 67, 86, 93, 127, 133, 160-2, 171-88, 234, 247, 249-50, 258, 266, 287n95-6, 309n34
Jesús Maria, missão, 92
João IV, rei de Portugal, 179
João, bastardo, 263
João, índio, 112
Joaquim, índio, 268
Jorge Velho, Domingos, 117, 169, 201, 242
Jorge Velho, Salvador, 242
Jorge, Onofre, 228
José, índio, 268
José, mamaluco, 263
juiz de órfãos, 136-7, 172, 220, 228, 246, 249
juiz dos índios, 163
Jundiaí, 205, 248, 263, 268, 302n34
junta de 1566, 51
Juqueri, 133, 139, 142, 221-2, 237-8, 242, 246
Juqueri, rio, 102, 130, 241, 243
Juqueri-mirim, rio, 252

Kayapó, índios, 74, 78-9, 81, 113, 168, 290n18

Laguna (Santa Catarina), 290n19
Laura, índia, 197
Leão, André de, 74
legislação indigenista, 43, 50, 63, 75, 95, 162, 170, 172, 182, 208, 265-6, 271; posturas municipais, 164, 215-6, 227-8, 284n56
lei de 1570, 50, 63, 66
Leitão, bispo, 286n86
Leitão, Jerônimo, 65
Leite de Carvalho, Domingos, 194
Leite de Mesquita, Maria, 194
Leite Pais, Pedro, 94
Leite, Aureliano, 309n34
Leite, João, 182
Leite, Serafim, 286n84
Leme da Silva, Pedro, 216
Leme do Prado, Maria, 268
Leme do Prado, Pedro, 302n34
Leme, Lucrécia, 173
Leme, Luzia, 243, 262-3
Leme, Maria, 221
Léry, Jean de, 31-2, 42
línguas: dialeto caipira, 201, 313n31; guarani, 203; língua geral, 63, 186, 202; português colonial, 202; tupi, 201, 313n31
Lisboa, 22, 136, 216
litígios, 101, 107, 110, 112, 132, 190-1, 226-8, 260, 262, 265, 267-9
Lobo Franco, Manuel, 111
Lopes Benavides, Antonio, 191
Lopes de Carvalho, Bartolomeu, 164, 278
Lopes de Medeiros, Matias, 252

Lopes Fernandes, João, 216
Lopes, Gonçalo, 156
Lopes, Manuel, 102
Loreto, missão, 92
Luanda, Angola, 96
Luciano, escravo, 209
Luís e Luísa, índios, 220
Luís, Hilária, 172

Macedo, Antonio, 66
Maceta, Simón, S. J., 85, 89, 95, 177
Machado de Lima, Ana, 226
Madalena, índia, 262
Madeira, rio, 100
Magalhães Gandavo, Pero, 31
Mairiporã, 237, 246
Mamiani, Luís, S. J., 153, 186-7
Mandaqui, bairro, 243, 247
Maniçoba, aldeia, 62
Mansilla, Justo, S. J., 89, 95, 177
Mantiqueira, serra da, 73, 101, 104, 299n123
Mar, serra do, 46, 150, 163, 276
Maracajá, índios, 32
Maracanã, índio, 243
Maracujá, índio, 288n124
Maragogipe, 116
Maranhão, 118, 124, 183, 291n23, 294n66, 309n34, 324n13
Marchant, Alexander, 38, 284n54
Marcos, índio, 110
Maria Carijó, índia, 204
Maria, índia, 263
Maromini (guarulhos), índios, 53
Marta, índia, 268
Martins de Sousa, João, 143
Martins Guarulho, Diogo, índio, 252
Marueri, aldeia, 110

Mato Grosso, 111, 278, 314n38, 319n5, 324n27
Mbcy (Bartira), índia, 283n49
Mbororé, batalha de, 94, 294n59
Mbororé, rio, 94
Mello, Francisco Manuel de, 167, 307n10
Mendes de Vasconcelos, Antonio, 81
Mendes Geraldo, João, 101
Mendes, Ambrósio, 264
Mendonça, Lourenço de, 91
mercenários paulistas, 114, 116, 118
mestiçagem, 192, 205, 259, 261
Micaela, bastarda, 267
Minas Gerais, 101, 111, 120, 156, 225, 277, 295n74, 314n38
minas ver expedições de apresamento
Miranda, Pedro de, 146
Miranda, Salvador de, 226
Missel Gigante, João, 226
Moçambique, 119
Mogi das Cruzes, 66-7, 130, 133, 135, 138, 191, 195, 211, 220, 228, 237, 269, 301n24
Mogi, rio, 111
Mônica, bastarda, 263
Monteiro de Alvarenga, Inês, 133, 241
Monteiro, Jácome, 145
Monteiro, João, 156
Morais Dantas, Ascenso de, 221
Morais Dantas, Pedro, 211
Morais Madureira, Antonio de, 108
Morais Navarro, Manuel Alvares de, 117
Morais, Manuel de, 221
Morales, Manuel Juan, 91, 143, 171
Moreira Cabral, Braz, 225
Moreira Cabral, Jacinto, 216
Moreira, Antonio, 260
Moreira, Manuel, 217

Moreira, Maria, 196
Mota de Vitória, Gervásio da, 245
Moura, João de, 228
Mulato Papudo, Pedro, 209
Natividad, missão, 93
Nhambi, índios, 97
Nóbrega, Manuel da, S. J., 23, 28-9, 32-3, 35, 41, 44, 46, 48-50, 58-60, 281n12, 283n49, 286n84

Nordeste, 9, 53, 96, 113, 118, 143, 292n39, 298n122, 319n5
Norte, 96, 116-7
Nossa Senhora da Escada, aldeamento, 133, 269
Nunes de Siqueira, Mateus, 116, 245
Nunes do Passo, Bartolomeu, 220-1
Nunes, Leonardo, S. J., 38, 285n70

Obozio, Antonio, índio, 61
Oliveira, Antonia de, 208
Oliveira, Diogo Luís de, 249-50
Oliveira, Gaspar de, 194
Oliveira, João de, 217
Oliveira, Manuel de, 303n44
Oliveira, Marcela de, 268
Oliveira, Rafael de, 138-9, 302n34
Oliveira, Salvador de, 102, 109, 132
Oliveira, Sebastiana de, 263
Ortiz de Camargo, José, 102, 108, 213, 263
Ortiz de Camargo, Lucas, 105

Pacheco, Maria, 191
Paes Leme, Pedro Taques de Almeida, 111, 212, 216, 302n34, 309n34, 312n12
Paiaguá, índios, 93, 100, 112, 324n27

Pais de Barros, Fernão, 156, 216, 222, 237, 254
Pais de Barros, Sebastião, 99, 237, 313n23
Pais, José, 268
Paiva, Francisco de, 89
Palmares, quilombo, 117, 169, 242
Pantaleão, índio, 196
Paraguai, 46, 77, 84, 87, 89, 91, 291n28, 309n34
Paraguai, rio, 88, 93, 100
Paraíba, rio, 66-7, 72, 100, 108, 133
Paraíba, vale do, 135
Paraná, rio, 76, 87
Paranapanema, rio, 74, 76
Parapopi, índio, 290n22
Paraupava, rio, 73, 99
Paraupava, sertão do, 99
Pari, bairro, 205
Parnaíba ver Santana do Parnaíba
Páscoa, índia, 263
Patos, índios, 76, 78
Patos, laguna dos, 80, 290n19
Patos, porto dos, 79, 81
Patos, sertão dos, 75, 79-81, 84, 97, 178, 203
Paula, índia, 182
Paulista, avenida, 320n11
Paulo, índio, 263
Pedro II, rei de Portugal, 169
Pedro, índio, 206
Pedrosa, Gonçalo de, 267
Pedroso de Alvarenga, Antonio, 131, 292n39
Pedroso de Barros, Antonio, 101, 168, 218-9, 222, 225
Pedroso de Barros, família, 127
Pedroso de Barros, Jerônimo, 94

365

Pedroso de Barros, Luís, 222
Pedroso Xavier, João, 323n2
Pedroso, Antonio, 268
Pedroso, Inês, 170, 262
Pé-largo, índios, 62, 89, 168
Penha, freguesia, 319n11
Penha, Páscoa da, 305n65
Pereira de Avelar, família, 246
Pereira de Avelar, Paulo, 245
Pereira de Azevedo, Antonio, 114
Perina, índia, 220
Pernambuco, 38, 81, 96, 123, 142, 157, 179, 201
Peru, 50
Piauí, 117-8
Pinheiros, 53-4, 62, 67, 126, 163, 177, 249, 251, 269
Pinheiros, rio, 67, 126
Pinto Guedes, Manuel, 112
Pinto, Antonio, S. J., 142
Pinto, Manuel, 78
Piquerobi, índio, 25, 47
Piquiri, rio, 76
Piratininga, 25, 34, 50, 52, 126, 281n13, 285n70
Pires de Medeiros, Isabel, 242
Pires de Medeiros, Salvador, 241-2
Pires Monteiro, João, 228, 242, 247
Pires Rodrigues, João, 182
Pires, Alberto, 242
Pires, Antonio, S. J., 38-9
Pires, Diogo, 169
Pires, família, 149, 218, 241, 247, 301n30, 309n34, 326n41
Pires, Gonçalo, 179
Polinário, mulato, 260
Pompeu de Almeida, Guilherme, S, J., 107, 150, 212, 263, 294n68

população, 26, 36, 52-3, 82, 84, 86, 91, 103-4, 132, 147-8, 206-7, 223, 251, 274-5
Porrate Penedo, Pedro, 191
Porta Grande, índio, 29
Porto Seguro, 59
Portugal, 81, 122, 143, 167, 171, 211, 309n34
Potosí, 73, 153
Prado, Inácio do, 323n10
Prado, Joana do, 132
Prado, Maria do, 173
Prata, rio da, 84, 178
Preto Jorge, Manuel, 139
Preto, Antonio, 54
Preto, José, 211
Preto, Manuel, 76, 92, 253, 293n54, 306n69
Proença de Abreu, Paulo, 147-8, 305n65
Proença, Antonio de, 126
Proença, Francisco de, 179
Puri, índios, 104

Quadros, Antonio de, 181
Quadros, Diogo de, 82
Quitatina, bairro, 98, 175, 194

Ramalho, André, 36
Ramalho, João, 35-6, 40-1, 45, 283n49
Raposo Barreto, Antônio, 104
RaposoTavares, João Antonio, 7, 88-97, 100, 114, 174-5, 179
recôncavo baiano, 281n5
Regimento de Tomé de Sousa (1548), 43-4
Reis Cabral, João dos, 270
resistência, 20, 22, 40, 42-3, 47, 58,

61-2, 66, 92, 117, 121, 160, 203, 222, 257

Ressurreição, frei, 117

Restauração de 1640, 178

Ribeiro de Alvarenga, Estêvão, 224

Ribeiro de Morais, Antonio, 226, 244

Ribeiro Maciel, Antônio, 255

Ribeiro Roxo, Antonio, 206

Ribeiro, Antonio, 211

Ribeiro, Francisco, 78

Ribeiro, Maria, 219

Rio de Janeiro, 25, 48, 79-81, 93, 95, 97, 107, 123, 126, 136, 143, 150, 154, 157, 177-8, 180, 183-4, 202, 265, 309n34

Rio Grande do Norte, 116-7, 202, 299n122

Rio Grande do Sul, 92

Rocha do Canto, Domingos da, 147

Rocha Pita, João da, 232, 253

Rocha, Domingos da, 107

rocio, 125, 138, 253

Rodrigues da Fonseca, João, 143, 182

Rodrigues de Arzão, Cornélio, 191, 305n66

Rodrigues de Arzão, Manuel, 115

Rodrigues de Morais, Inês, 226

Rodrigues Guerreiro, Pedro, 300n14

Rodrigues Velho, Antonio, 192, 263

Rodrigues, Antônio, 206

Rodrigues, Diogo, 107

Rodrigues, Isidoro, 108

Rodrigues, Pascoal, 115

Rodrigues, Pedro, S. J., 77, 81

Rodrigues, Vicente, 38

Roland, Jacob, 186

Roma, 87, 122

Romana, índia, 268

Ruivo, Manuel, bastardo, 223

Ruiz de Montoya, Antonio, S. J., 87, 91, 153

Sá, Estácio de, 44

Sá, Mem de, 47-9, 51, 286n86

Sá, Salvador de, 218, 221

Sabarabuçu, 72, 74, 119, 295n74

Salazar, Diego, 88

Salvador, 95, 114-5, 136, 177, 309n34

San Cristóbal, missão, 93

San Ignácio, missão, 92

San Joaquín, missão, 93

San Miguel, missão, 92

Santa Ana, missão, 93

Santa Catarina, 22, 76, 303n45

Santana de Parnaíba, 67, 89, 97, 99, 129, 133, 135, 142, 146, 148-50, 155-6, 175, 204, 212, 216, 226, 237, 244, 248, 263, 272, 300n13, 301n30, 323n2, 326n44

Santana, fazenda, 180

Santo Amaro, 25, 73, 198, 200, 208, 238-9, 255, 261, 319n11, 324n11

Santo André, 45-7

Santo Ofício da Inquisição, 89

Santos, 44-5, 64, 93, 95, 122, 125-6, 142, 144, 150, 153-4, 178, 244, 276, 306n83, 325n40

São Bento, convento, Salvador, 95

São Bento, convento, Sorocaba, 216

São Francisco, rio, 72, 101, 116, 118, 120, 289n4, 298n119

São João de Peruíbe, aldeamento, 52

São Jorge, engenho, 65

São Luís, convento, 267

São Miguel, aldeamento, 25, 52-4, 163, 177, 249-55, 270, 325n37

São Paulo, 8-9, 23-4, 44, 47, 52, 64, 72, 74, 94, 122, 127, 137, 144, 149, 155, 174-81, 184-5, 190, 193, 198, 201, 207, 210, 212, 218, 223, 226, 230, 232-8, 246-9, 255, 264, 272, 309n34

São Paulo, capitania de, 277

São Roque, 222

São Vicente, 27-8, 34, 41-8, 54, 64, 81, 116, 124, 138, 157, 165, 281n12

São Vicente, capitania de, 19, 24, 26, 35, 49, 64, 68, 74, 79, 81, 144, 149, 157, 174, 178, 183, 232

Sapucaí, rio, 101, 111, 224

Sardinha, Afonso, 75, 175, 179, 254

Sardinha, bispo, 51

Sarzedas, governador, 324n27

Schetz, família, 36

Schmidel, Ulrich, 25, 41

Schwartz, Stuart, 284n54

Sebastião, índio, 200

Sefaroza, índia, 220

Serrão, Gregório, 62

sertanismo *ver* expedições de apresamento

Sicília, 122

Silva Guimarães, Domingos da, 244

Silva, Margarida da, 204

Silva, Pedro da, 129

Silvestre, índio, 194

Simão, africano, 197

Simoa e Simão, índios, 220

Siqueira, Ângela de, 264

Siqueira, Antonio de, 116

Siqueira, Joana de, bastarda, 229

Siqueira, Leonor de, 222

Siqueira, Lourenço de, 171

Soares de Macedo, Jorge, 119, 298n122

Soares de Sousa, Gabriel, 22, 24, 27, 31, 64

Soares Ferreira, Antonio, 252

Soares Guedes, Domingos, 95

Soares, João, 61

Sobrinha, Brígida, 229, 270

Sorocaba, 75, 98, 100, 129, 135, 197-8, 200, 204, 208, 216, 260, 299n6

Sousa Botafogo, João Pereira de, 72

Sousa Dormundo, Antonio de, 246

Sousa Freire, Alexandre de, 115

Sousa, Francisco de, 72-4, 126-7, 153, 177

Sousa, Martim Afonso de, 163

Sousa, Tomé de, 43

Staden, Hans, 24, 26-7, 31

Sudoeste, 123

Sul, 55, 73, 95, 123, 144, 309n33

Sutil de Oliveira, João, 219-20

Tamanduateí, rio, 46, 125, 282n13

Tamoio, índios, 23, 44, 47, 124, 168, 289n5

Tape, missões, 92, 174

Tapuias do Corso, índios, 64

Tapuias, índios, 22, 24, 53, 63, 96, 118, 196, 202, 280n3

Taques, família, 127

Taubaté, 100, 104, 135, 226

Taunay, Affonso, 309n34

Tavares, Catarina, 196, 313n23

técnicas indígenas, 125, 130-1

Tememinó, índios, 32, 42, 59, 66, 74, 77, 89, 289n5, 294n59

Temudo, Manuel, 194

Tenória, Ana, 170

Tenória, Maria, 201

Tenório de Aguilar, Martim Rodrigues, 74, 194

terras: datas municipais, 130, 138-9, 175, 180, 234; sesmarias, 118, 128-30, 132-3, 142, 234, 241, 243, 245, 250, 252-3, 277, 298n119
testamentos, 76, 105, 141, 164-5, 170-1, 212, 233, 240
Tetecola, índia, 223
Tibagi, rio, 76, 87, 90
Tibiriçá, Martim Afonso, índio, 19, 25, 28, 35, 40, 42
Tietê, rio, 35, 66-7, 72, 97-8, 126, 128, 150, 234, 249, 253, 300n8
Timacaúna, índio, 81
Tinoco de Sá, Isidoro, 265
Tocantins, rio, 99, 196, 313n23, 314n38
Tomás, índio, 192, 226
Tremembé, bairro, 247
Tremembé, bairro, 300n8
trigo, 122, 127, 131, 140-50, 155, 175, 234, 243-4, 247-8, 252, 254, 276-7, 303n40
Tubarão, índio, 80
Tupi, índios, 20-34, 39, 64, 89, 94, 101, 116, 201, 281n9, 281n11, 282n19, 283n44
Tupiná, índios, 161, 288n121
Tupinambá, índios, 22, 28-48, 73, 283n44, 285n69
Tupiniquim, índios, 19-52, 59-60, 62, 67-8, 160, 168

União Ibérica (1580-1640), 85
Úrsula, índia, 224
Urucujá, arraial, 111
Uruguai, missões, 92
Uruguai, rio, 92-4
Ururaí, aldeia, 25, 55, 253

Varejão, Antonio, 260
Vaticano, 174, 178
Vaz de Barros, Pedro, 75, 89, 99-100, 115, 150, 194, 218, 225, 237, 254, 261
Vaz Madeira, João, 228
Vaz, Gaspar, 133
Veiga, Jerônimo da, 101, 252
Veloso, Manuel, 109
Venezuela, 304n58
Vicente, índio, 268
Vidal, Francisco, 46
Vidal, Pedro, 226
Vieira Tavares, Antonio, 212
Vieira, Antonio, S. J., 7, 119, 153, 184-5
Villa Rica del Guayra, 76
Votorantim, bairro, 102, 237, 252
Voturuna, mina de, 73, 126-7

Xamanismo, 21, 29-30, 80
Xavier de Almeida, Francisco, 268
Xingu, rio, 7

Zúñega, André de, 197

1ª EDIÇÃO [1994] 4 reimpressões
2ª EDIÇÃO [2022] 2 reimpressões

ESTA OBRA FOI COMPOSTA PELA PÁGINA VIVA EM MINION E IMPRESSA
EM OFSETE PELA GRÁFICA BARTIRA SOBRE PAPEL PÓLEN SOFT DA SUZANO S.A.
PARA A EDITORA SCHWARCZ EM MARÇO DE 2024

A marca FSC® é a garantia de que a madeira utilizada na fabricação do papel deste livro provém de florestas que foram gerenciadas de maneira ambientalmente correta, socialmente justa e economicamente viável, além de outras fontes de origem controlada.